"百名法学家百场报告会"暨

南粤法治报告会文集

（第二卷）

广　东　省　法　学　会
广东省弘扬法治公益基金会　编

法律出版社 LAW PRESS · CHINA

图书在版编目(CIP)数据

"百名法学家百场报告会"暨南粤法治报告会文集. 第二卷 / 广东省法学会, 广东省弘扬法治公益基金会编. -- 北京 : 法律出版社, 2020(2020.8 重印)
ISBN 978-7-5197-4703-9

Ⅰ. ①百… Ⅱ. ①广… ②广… Ⅲ. ①法治-中国-文集 Ⅳ. ①D920.4-53

中国版本图书馆 CIP 数据核字(2020)第117893号

"百名法学家百场报告会"暨南粤法治报告会文集(第二卷) "BAIMING FAXUEJIA BAICHANG BAOGAOHUI" JI NANYUE FAZHI BAOGAOHUI WENJI (DI-ER JUAN)	广东省法学会 广东省弘扬法治公益基金会 编	策划编辑 赵明霞 责任编辑 赵明霞 装帧设计 汪奇峰

出版 法律出版社
总发行 中国法律图书有限公司
经销 新华书店
印刷 三河市龙大印装有限公司
责任校对 马 丽
责任印制 胡晓雅

编辑统筹 法商分社
开本 710毫米×1000毫米 1/16
印张 19.5
字数 311千
版本 2020年7月第1版
印次 2020年8月第2次印刷

法律出版社/北京市丰台区莲花池西里7号(100073)
网址/www.lawpress.com.cn
投稿邮箱/info@lawpress.com.cn
举报维权邮箱/jbwq@lawpress.com.cn
销售热线/400-660-8393
咨询电话/010-63939796

中国法律图书有限公司/北京市丰台区莲花池西里7号(100073)
全国各地中法图分、子公司销售电话:
统一销售客服/400-660-8393/6393
第一法律书店/010-83938432/8433
西安分公司/029-85330678
重庆分公司/023-67453036
上海分公司/021-62071639/1636
深圳分公司/0755-83072995

书号:ISBN 978-7-5197-4703-9
定价:68.00元
(如有缺页或倒装,中国法律图书有限公司负责退换)

序

党的十八大以来,以习近平同志为核心的党中央重视法治、厉行法治,形成了习近平同志关于全面依法治国的重要论述,推动社会主义法治国家建设取得巨大成就。随着新时代历史阶段到来,面对新的形势背景,作为治国理政的基本方式,法治的重要作用无疑越发凸显。无论是推进粤港澳大湾区建设、支持深圳建设中国特色社会主义先行示范区等国家战略,还是中央提出的支持民营经济和企业发展、营造良好的营商环境等部署要求,抑或在当前复杂严峻的国内外形势下稳就业保民生促发展,法治都是最坚实有效的保障。

党的十九届四中全会通过的《中共中央关于坚持和完善中国特色社会主义制度　推进国家治理体系和治理能力现代化若干重大问题的决定》再次强调"全民守法",并着重指出要加大全民普法工作力度,增强全民法治观念,夯实依法治国群众基础。要求各级党和国家机关以及领导干部等"关键少数"带头尊法学法守法用法。党中央高度重视"百名法学家百场报告会"法治宣讲活动(以下简称"双百"活动),中共中央政治局委员、全国人大常委会副委员长、中国法学会会长王晨在2020年"双百"活动组委会会议上强调,坚持以习近平新时代中国特色社会主义思想为指导,推动"双百"活动创新发展,加大全民普法工作力度,让民法典等法律走到群众身边、走进群众心里。

我省在法治建设工作中,紧紧围绕"建设中国特色社会主义法治体系、建设社会主义法治国家"总目标,全面深化依法治国的广东实践,加快推进法治国家、法治政府与法治社会一体建设。特别是在推进粤港澳大湾区建设、支持深圳建设中国特色社会主义先行示范区以及同等力度支持广州市推动“四个出新出彩”等重大战略部署中,都凸显了法治保障的重要地位。2014年,“双百”活动与我省特色普法品牌“南粤法治报告会”深度融合,简称“双百”活动暨南粤法学会报告会。截至2019年年底,“双百”活动暨南粤法治报告会举办报告会796场,直接听众42万人次;制作81个微视频,针对社会热点、难点问题采访宣讲专家共33人次、163条次。专访和微视频发布网站、微信公众号、微博等新媒体,让广大人民群众通过直观易懂的图片解析和简短精悍的视频接受法治教育。2019年9月25日举行的广东省委理论学习中心组学习会暨“百名法学家百场报告会”上,中央政治局委员、广东省委书记李希同志充分肯定指出,“双百”活动成为我省法治宣讲知名品牌,对推动法治广东建设发挥了积极作用。

为扩大我省“双百”活动的受众面,组委会决定将报告会的内容整理成集出版。2019年出版第一卷后,获得各方好评,尤其在基层法治建设工作者中引起强烈反响,现将2018年5月至2019年12月由广东省“双百”活动组委会主办以及部分地级以上市自行举办的报告会、有速录存档、经宣讲专家本人修改并授权编辑人员精心编审的报告文稿15篇,根据报告时间顺序整合成第二卷出版。本集报告文稿涵盖党领导法治建设、宪法学习宣传实施、科学立法、法治政府建设、司法体制改革、法治社会建设、法治化国际化营商环境建设、粤港澳大湾区法治服务保障、公共法律服务高地建设、法治人才队伍建设等法治广东建设的“十大工程”,是推进我省依法治省,加强和改进法治宣传教育的重要理论学习资料。

不平凡的2020年注定要在历史上画上浓墨重彩的一笔。新冠疫情肆虐全球,伟大的中国人民在以习近平同志为核心的党中央带领下不屈不挠、坚韧奉献、守望相助,逐步战胜疫情,凸显了中国特色社会主义的制度优越性。5月28日,全国人大通过了作为社会生活百科全书的《中华人民共和国民法典》,标志着全面依法治国即将进入到新的“民法典时代”。习近平总书记指出,依法治国是坚持和发展中国特色社会主义的本质要求和重要保障。面向未来,全面建成小康社会对依法治国提出了更高要求。我们必须坚持加强党的领导,进一步提升“双百”活动暨南粤法治报告会水平,为我省营造更加良好营商环境,推动高质量发展而努力。

目　录

CONTENTS

新时代中国特色社会主义宪法制度的新发展

付子堂

付子堂，西南政法大学党委副书记、校长，法学教授、博士生导师。 本文根据付子堂教授于2018年8月15日在汕头市委理论学习中心组的专场演讲录音资料整理而成。

非常高兴今天能够有这样的一个机会,向各位同志汇报最近学习宪法修正案尤其是2018年第五次宪法修正案的一些体会。在大家面前,尤其是在伟发会长面前,班门弄斧,如果有讲得不对的地方,还请大家多多包涵、多多批评!

汕头是一座魅力之城。汕头经济特区也是中国最早的四大经济特区之一,是广东省面积最大的经济特区。特别是今年,省委十四届四中全会将汕头定位为省域副中心城市,在市委市政府的领导下,汕头市现在正发挥着省域副中心城市的带动力、虹吸力、辐射力,正在绽放新时代的汕头魅力。我是搞法学研究的,特别注意到汕头特区在改革与法治共进的实践探索中,充分发扬敢想敢闯敢试、敢为人先的特区精神,坚持特区建设与民主法治建设同步发展。不管是在依法行使汕头特区立法权和较大市的立法权,还是在转变政府职能以及其他很多方面,都创造了全国率先,比如说率先对接并承担国家发展战略部分、建设21世纪海上丝绸之路门户城市,等等。因此,我们有充分的信心,汕头的建设会越来越好,汕头人民会越来越幸福。在这里,向汕头市广大党政干部、向汕头市广大群众表示崇高敬意。

今天,我受梁会长的指派,参加汕头市委理论中心组学习交流,主要是向大家汇报。刚才梁会长也讲到了,今天这一讲刚好是“南粤法治报告会”第五十讲,广东省法学会在梁伟发会长的领导下,在许多方面都抓得很紧,在全国各个省市自治区的法学会是走在了前列,受到了中国法学会的高度评价,乐泉会长也对伟发会长给予高度评价,梁会长是我们学习的榜样。

今天的讲座算是一个命题作文,是梁会长给我定的题目,要求我给大家报告一下“新时代中国特色社会主义宪法制度的新发展”。最近,中央下发了一个文件,要求全党上下、全国上下今年理论学习的重中之重,就是学宪法。我这里准备从6个方面给大家做汇报,因为时间关系,重点讲第二和第四个方面。

首先,需要从2018年“两会”谈起。今年3月召开了“两会”,一个是中国人民政治协商会议十三届一次会议,同时召开了第十三届全国人大第一次会议。今年的全国人大意义特别重大,首先是通过了宪法修正案,再就是通过了监察法,这在新中国法制史上必将载入史册,具有里程碑意义。就在3月11日宪法提交表决的前一天,3月10日,习近平总书记到重庆代表团参加审议,发表了一个长篇讲话。在长篇讲话之前,跟重庆的一些人大代表进行交流时有一些插话。西南政法大学校友、重庆市人大常委会主任张轩同志,谈到了一个问题,就是关于提高干部法治素养。这时,总书记有一个插话,强调“我们的党政领导干部都应该成为复合型干部”。所谓复合型干部,也就是说不管在什么岗位上,不仅是政法战线的干部,其他各个部门不同的岗位,比如说工业、农业、服务业等各行各业,不管在什么岗位工作,都要具备基本的知识体系,法律就是其中基本组成部分。可以说,总书记给我们提出了一个要求,即每一个党政领导干部都要学法、懂法,要善于用法。这就是复合型干部。不能说我搞经济仅仅懂经济,甚至对军队干部也有这样的要求,总书记强调要依法治军。不管在哪一个岗位,都要学法懂法,这就是全面依法治国。什么是全面?就是各行各业。这是3月10日总书记的部分讲话。

第二天,即3月11日下午,第十三届全国人大第一次会议第三次全体会议表决通过了第五次宪法修正案,应该说赞成票数相当高,不赞成票只有5票。3月20日,也就是第十三届全国人大第一次会议闭幕会上,又通过了一部法律,这就是《中华人民共和国监察法》。这部法律不赞成票稍微多了一点,反对票 28 票、弃权票 18 票。当然,今年全国人大通过的这两部法律,一部是宪法修正案,一部是监察法,相互之间是有关联性的。根据宪法修正案通过监察法,而宪法修正案总共是 21 条,其中有 11 条都涉及监察体制改革。我今天的报告,将这两个重要的法律文件结合起来讲。

3 月 11 日,也就是宪法修正案通过的当天,中共中央下发了“中发 4 号文”。我们现在要深入学习宣传、深入贯彻实施《中华人民共和国宪法》,这是习总书记反复强调的全面推进依法治国的一个重要举措。

今天我给大家报告“新时代中国特色社会主义宪法制度的新发展”,首先必须了解、理解中国特色社会主义宪法制度在中国特色社会主义伟大事业中的重要地位。党的十九大报告里强调了四个伟大——伟大斗争、伟大工程、伟大事业、伟大梦想,其中,中国特色社会主义伟大事业的重要组成部分就是中国特色社会主义法律体系建设,而中国特色社会主义法律体系的一个重要组成部分就是宪法制度。宪法制度的基本内容,除了大家手上的宪法典之外,还有其他的宪法相关法。

什么是宪法?简单来说就是规定权利和权力的法律,是国家的根本大法。宪法的功能有两个,一是规范国家权力,二是保障公民权利。今年上半年,大家都在隆重纪念马克思诞辰 200 周年。在马克思主义经典作家中,有两位是法学科班出身,本科是学法律的,一位是马克思,一位是列宁。列宁 1904 年讲过一句名言:“什么是宪法,宪法就是一张写着人民权利的纸。”换成我们今天的话来说,宪法要保障权利。因此,我们宪法的内容尽管有那么多,除了宪法典之外,还有二十多部宪法性法律,有那么多条文,概括起来无非是两个方面,一个方面就是国家权力,也就是在座各位,我们掌握国家权力,或者从宪法来说是在履行国家机构的重要职能;另一方面,我们掌握国家权力的目的是什么?就是要保障各种各样的公民权利。宪法的功能概括起来无非就是这样两点,一个是规范权力;二个是保障公民的权利,用政治话语说就是为人民服务,用法律话语说这就是权利本位——就是权利之法,就是保障公民的权利。我们在座各位的使命,就是保障公民的基本权利。

新中国宪法制度是怎么演进的呢?今天我们学习的宪法修正案,修正的是八二宪法。八二宪法又是怎么来的?所以,就要有一个历史的眼光,对新中国宪法制度的历史演进有一个大概的了解。为什么讲这个问题呢？因为在今年3月5日，十三届全国人大审议宪法修正案的时候，王晨副委员长做了一个非常好的说明，其中很多段落都是今年1月8日习总书记在十九届二中全会上重要讲话的原文。其中讲的一个核心意思，就是今年修改宪法不是重新制定宪法，而是修改“八二宪法”。而“八二宪法”的基础是什么？有两个：第一个基础是临时宪法，也就是1949年9月通过的《中国人民政治协商会议共同纲领》；第二个基础是新中国第一部宪法“五四宪法”。实际上后面还有两部，“七五宪法”和“七八宪法”，王晨副委员长没有提，因为这两部宪法是不好的宪法，所以说不能作为现行宪法的基础。我们要理解宪法修正案，要认真贯彻落实现行宪法，就必须对临时宪法和“五四宪法”有一个大概的了解。

首先是1949年的临时宪法。1949年10月1日，中华人民共和国成立，从法学上来讲必须要解决一个问题，即新中国成立的法律基础是什么？当然，我们也可以用合法性这个词，其合法性即法律基础就是《中国人民政治协商会议共同纲领》。因此，在10月1日新中国宣告成立之前，必须召开一次新政协。我们是中华人民共和国，谁代表人民？必须有一个载体，这个载体就是新政协。党和国家第一代领导集体，毛泽东、周恩来、刘少奇等老一辈革命家，费了很大的心血筹划召开中国人民政治协商会议，邀请各方面的社会贤达、各个民主党派的代表性人物到北京参加这次会议。这在当时那个历史背景、历史条件下，是相当不容易的，包括宋庆龄，还有一些社会贤达、知名人士，包括从香港，甚至从海外，一个一个把人家请回来。国民党特务在那儿不断地阻挠，有些人付出了生命的代价。1949年9月21日，正式召开中国人民政治协商会议。9月29日，正式通过《中国人民政治协商会议共同纲领》，规定即将诞生的中华人民共和国，也就是新中国的国家制度、社会制度以及其他方面的重要国策和总任务等。这部共同纲领就是临时宪法，就是新中国建立的法律基础，新中国的建立于是就具有了合法性。这里面有很多故事，时间关系我就不展开了。

同时，在这次会议上还通过了若干个国家标志，比如说将北平改为北京，将民国纪年改为公元纪年，将五星红旗确定为我们的国旗。国徽争论比较大，所以新中国成立时国徽还没有定下来。隔了一年，1950年9月20日才定下来。国歌临时确定为《义勇军进行曲》，后来被正式确定下来是进入2000年以后，一会儿讲宪法修正案的时候再跟大家说。

1949年新中国成立，相应地，新中国政法机构逐步建立起来。中华人民共和国成立时，正式宪法还没有制定出来。毛主席到苏联访问的时候，斯大林就跟他讲（斯大林对宪法也是很重视的，苏联宪法也叫斯大林宪法），斯大林跟毛主席提出一个忠告，说新中国成立了要抓紧制定宪法，不然的话西方——美国、欧洲等帝国主义国家会攻击你们，必须赶紧制定新宪法，不能老是用临时宪法。

毛主席亲自主持制定了"五四宪法"。当然，"五四宪法"是1954年第一届人大第一次会议通过的，在这次会议上刘少奇做了一个报告。实际上，这部宪法是毛主席亲自主持起草的，毛泽东亲自担任宪法起草委员会主席。为了起草第一部宪法，他在杭州住了77个日夜，一条一条推敲宪法条文。当时，他率领陈伯达、胡乔木、田家英到杭州去，在火车上有一个对话，他跟随行工作人员说，我们这次去是搞宪法，宪法是一个国家的根本法，从党的主席到一般老百姓都要按照它做，将来我不当国家主席了，谁当也要按照它来做，这个规矩要立好。这是在工作人员的回忆录里讲到的。在《毛泽东选集》中，我们也查到了毛主席关于第一部宪法的一些论述，比如说"搞宪法就是搞科学"，等等。这是我在杭州西湖拍的几张图片，建议在座的各位领导到杭州的时候可以去参观一下。具体时间是1953年12月24日下午4时，毛主席在杭州过了生日，过了春节，一下子住了77个日夜。

现在，杭州专门建立有"五四宪法历史资料陈列馆"，门口挂了一个牌子"毛泽东起草宪法处"。宪法的很多条文是毛泽东亲自写、亲自修改过的。具体时间是1953年12月28日到1954年3月14日，在这77个日夜中，毛主席起草的这个稿子叫"宪法西湖稿"。前几年，在法学家的呼吁下，2016年杭州才将这个陈列馆建起来，习总书记很重视，2016年12月5日专门做了一个批示。

毛主席对当时翻译过来的很多宪法，包括保加利亚、罗马尼亚等国家的宪法，当然还有资本主义国家的一些宪法，都进行了深入研究，他不是一般的学习，还做了很多批语。每一章、每一节、每一条，毛泽东都亲自参加讨论，许多条款还是毛泽东亲自起草的。我们可以看到他的一些手稿，他在杭州研究起草宪法，起草一条后马上送到北京去，刘少奇在北京主持进行审议讨论。这是毛泽东的手稿，可以看到密密麻麻的字迹。

1954年6月14日，毛主席提了一个论断，"搞宪法就是搞科学"。这句话，现在我们也经常引用。也就是说,搞宪法,推而广之,搞法律,不是随便写。这部宪法非常严谨。最后是1954年9月20日,以1197张票全票通过。这部宪法毛主席在起草的时候,定的方针是“以事实为根据,不能凭空臆造”。马克思曾经有一句名言,立法者不是在制造法律,不是在发明法律,而是在表述法律。什么叫表述法律呢?就像自然科学家那样,要善于发现社会规律,我们的任务就是将研究、发现出来的社会规律,表述在法律条文中,不能凭空臆造、不能搞发明,只能是“发现”。毛主席对宪法文风的要求是“能听的人听得懂、能看的人看得懂,要让老百姓都能理解宪法”。所以,毛主席非常注重深入浅出,大道理要用通俗的法律条文写出来。如果写得很深奥,老百姓也看不明白。这些思想,都是新中国成立初期非常好的法学思想。我们研究毛泽东的法治思想,要注意进行分段。当然早期他是讲人民立宪,比如说湖南时期、井冈山时期、延安时期。新中国成立初期,毛主席还是非常重视法律的,可惜的是后来没有坚持到底,我一会儿还要讲一些教训。

1954年起草第一部宪法时,毛主席讲了很多话,比如说关于“一个团体要有一个章程,宪法就是一个总章程,是根本大法”。这个话习总书记经常引用,什么是宪法?宪法就是根本大法。大家可以翻一下序言最后一段,专门讲了这个意思,宪法就是一个总章程、就是一个根本大法。当然那么多年,实事求是地说,估计我们中心组学习也是今年才开始专门学宪法,原来大家可能想不起来学宪法。我们经常听到一句话,“宪法是根本大法,根本大法根本没用”,这其实就是一种错误的法律观念。习总书记非常重视,“四个全面”中就有一个是全面依法治国,全面依法治国的一个基础和核心,就是依宪治国、依宪执政,我们执政党必须是根据宪法来执政。今年,我相信这次讲座载入中国法治史、法学教育史的史册,原来不可能某一个地方请法学界的人来专门讲宪法。

在正确思想的指导之下,新中国的政治生活包括政法战线都走上了正轨,也取得了很多成绩。1956年中共八大会上,董老提出了两个著名的论断,第一个就是“依法办事是加强法制的中心环节”。在新中国党和国家第一代领导集体中,唯一一位法学科班出身的就是董必武,他是学法律的,日本大学法律专业毕业。我也查了一些资料,毛主席年轻时在湖南,本来是考法政学堂,后来据说法政学堂学费太高,师范不要钱,就读了第一师范。毛主席实际上从骨子里,最早对宪法和法律的认识还是很到位的，他在中学时代写过一篇作文《商鞅徙木立信论》，讲商鞅变法，如果顺着这条路往下走，我们国家的政治生活，尤其是法制建设会取得非常好的成绩。

1956年，董老曾提出两个论断：第一，依法办事是加强法制的中心，现在我们也经常讲；第二，什么是法制？法制就是八个字，“有法可依、有法必依”。在这样的思想指导下，1954年9月，也就是第一部宪法颁布以后，到反右运动之前，我国立法事业取得了非常好的成绩。据统计，从中央层面来说，有法律效力的文件有730多件，这是很了不起的，短短不到3年时间，我们的立法工作就取得了很大进展。许多大法，比如刑事诉讼法、民法典，都在起草。像是民法起草了很多稿，十几稿，西南政法大学有一个镇校之宝，也是新中国的民法“活化石”金平教授，他老人家是现任最高人民法院院长、国家首席大法官、西南政法大学的校友周强同志的导师，周强同志的本科和研究生都是在西政读的，研究生学的是民法专业。他的老师金平教授，今年96岁，思路还非常清楚，他的手稿一摞，现在还在校史馆中保存着。可惜的是，《中华人民共和国民法典》到今天为止仍然没有出台。所以说，立法很不容易。有法学家说过，立法就像是分娩一样，要经过阵痛，要经过艰苦的过程，这样立出来的法大家才珍惜。习总书记下很大决心，2020年必须将民法典编纂成功，这是法学界几代人的重要使命，也希望大家多关注。《刑事诉讼法》1979年才出台。

习总书记反复讲宪法的生命在于实施，反复强调全面依法治国的重要性，与全面建成小康社会、全面深化改革、全面从严治党并列，意义主要就是在这儿，这是总结我们新中国的历史教训，最后得出来的这样一个结论，我们要珍惜。

“文化大革命”除了在立法和政治方面带来了一些不良后果外，还有一个恶果，就是砸烂公检法。我们国家曾经20年没有司法部，10年没有检察院。在座的有不少是检察系统的领导，大家都知道，法制受到严重破坏不是一句空话，有具体的实例。比如，“公安六条”代替了宪法，它不是人大制定的，这是一部“恶法”，这在法学界有定论。为什么？因为它发明了一个非常恶劣的罪名，这就是恶毒攻击罪，它将意识形态泛化，不管什么罪都是“现行反革命”，杀人、盗窃、流氓、强奸，都是反革命，这就是意识形态的泛化，是泛意识形态观念在刑事法律方面的反映。“公安六条”发明的恶毒攻击罪，本身就是践踏法制的，制造了大量的冤假错案，包括将原来主张法制的一些人打成反革命，包括政法战线的很多老领导，都被打成了反革命，轻则作为右派分子,重则作为反革命被迫害致死。这些例子,时间关系我就不展开了。

这就是第一部宪法的命运。第一部宪法于1954年9月通过,第一部宪法,没有得到很好的实施。

第二部宪法是"七五宪法"。

"七五宪法"只有四章、30条。大家看我们现在的这部宪法,有130多条。但当时"七五宪法"只有30多条,非常简单。

新中国第三部宪法,是1978年3月5日第五届人大第一次会议通过的。

习总书记在十九届二中全会上讲,现行宪法的基础是1949年临时宪法、1954年第一部宪法。将"七五宪法""七八宪法"跳过去了,道理主要就是在这里。当然,"七八宪法"虽然是一部"有明显缺陷的宪法",但还是有好的一面,比如说根据"七八宪法"将检察院恢复了。1978年年底、1979年年初,正式恢复检察院,当时全国非常缺乏检察干部,西南政法学院当时办了一期"检察班",两年制的大专,当时"检察班"中的学生现在很多都在检察系统的领导岗位上。为了恢复原来被破坏的法制局面,我国制定了"七八宪法",可惜的是,马上通过、马上过时。

1978年3月5日,第五届全国人大第一次会议通过"七八宪法";1978年12月召开党的十一届三中全会,新中国进入到一个新的历史时期,这就是历史的大转折。所以,"七八宪法"很快就过时了。

在这里,我附带建议汕头市的党政领导干部们,最近都能重温一下十一届三中全会。因为2018年下半年,中央将有更大的动作,这就是隆重纪念十一届三中全会40周年。十一届三中全会标志着我国改革开放的开始。这里给大家推荐两本书:一本是于光远写的《1978大转折——我亲历的那次历史大转折》;另外一本是胡乔木秘书朱佳木写的《我所知道的十一届三中全会》。最近我估计书店里关于改革开放四十周年的书会有很多。

在党的十一届三中全会之前,召开了长达36天的中央工作会议:1978年11月10日下午开幕,11月12日陈云做了一个发言,开了第一炮,一下子收不住场,所以这个会开了36天。在召开的过程中,大家对天安门事件、对彭德怀问题、对陶铸问题、对杨尚昆问题、对薄一波问题等产生了激烈的争论。这本书是这么写的,我将目录拍下来给大家看一下。"从此以后,中央工作的主导权逐渐由华国锋转到邓小平手中”，包括“英明领袖”这几个字不准再提的问题，都是在中央工作会议上，由这些老前辈们也就是第二代领导集体的这些老爷子们提出来的。这算是一个标志，以邓小平为核心、为舵手的第二代领导集体正式形成。在中央工作会议上，1978 年 12 月 13 日，邓小平发表了长篇重要讲话，这是邓小平亲自拟写的提纲，大家可以到四川广安，在邓小平故居中有两张半纸，那是邓小平的手稿。根据这个手稿，胡乔木和于光远着手起草讲话稿，这部讲话稿是非常好的，实际上是后来召开的十一届三中全会的主题报告。因为十一届三中全会是 12 月 18 日到 22 日召开的，邓小平的这个讲话是 12 月 13 日发表的，所以《邓小平文选》下面加了一个注，“本讲话实际上是后来召开的党的十一届三中全会的主题报告”。我估计中央最近可能会号召我们大家重温这个报告，它是改革开放的一个标志，是新的起点。标题本来还有四个字“开动脑筋”，我们上大学的时候还在学，“开动脑筋、解放思想、实事求是、团结一致向前看”。

党的十一届三中全会公报中有两句话：一句是“为了保障人民民主必须加强社会主义法制”，这是邓小平的原话，被写到了公报里；另一句话，就是社会主义法制的“16 字方针”。其中，“有法可依、有法必依”，这 8 个字是董必武 1956 年在八大上讲的；后来，总结了“文化大革命”惨痛的血的教训，邓小平又加了 8 个字“执法必严、违法必究”，加起来就是著名的社会主义法制“16 字方针”，这就是邓小平在董老当年的基础上提出来的社会主义法制的基本要求。最近，我们西南政法大学正在编写一本书《新时代党政领导干部法治概论》，希望大家对法治的基本知识都能够掌握。习近平总书记指出，法律是党政领导干部必须掌握的基本知识中的基本组成部分。关于法治的最基本的知识就是“16 字方针”，包括老 16 字方针、新 16 字方针。新 16 字方针是“科学立法、严格执法、公正司法、全民守法”，基础就是邓小平所提到的老 16 字方针，“有法可依、有法必依、执法必严、违法必究”。

1978 年，由于很快就召开了党的十一届三中全会，所以“七八宪法”基本可以说是马上通过、马上过时。1979 年修改宪法，将革委会废掉——原来没有人民政府，有革委会，比如说汕头市革命委员会等。将革委会恢复为人民政府，把“四大”取消。实际上“四大”在七五宪法中写上去了，七八宪法也写上去了，所以说，七八宪法是一个不好的宪法。根据七八宪法，我国立法重新走上正轨的一个标志，就是“一日七法”，即 1979 年 7 月 1 日，一次通过了七部法律，包括选举法、组织法、刑法、刑事诉讼法等。这是讲改革。而开放的标志,从法学、法律上来看,这就是《中外合资经营企业法》,当时任务下达以后,法学界大家都不知道怎么起草,去问邓小平,邓小平说有总比没有好,你们随便写,搞不出详细的就搞一个粗的,反正要有。《中外合资经营企业法》在1979年就制定出来了。大家可以想象一下1979年是怎样的状况,全国懂外贸的没有几个人,如果按照今天的标准搞到完美,那是不可能的。邓小平还有一句话,成熟一条就写一条。这就是中外合资经营企业法,从此之后我们算是正式进入了开放时期。

以上加起来就是"改革开放"。所以说,不管是改革还是开放,都得有法律依据。这里面还有一些故事,时间关系我就不展开了。

另外,司法部重新恢复,法学教育界经常说五院四系,西南政法学院在1978年复办,由于当时没有司法部,而是由最高人民法院主管法学教育。最高人民法院里面的司法行政职能,在1979年9月独立出来,就恢复了司法部。这样,时隔20年之后,我们重新有了司法部。司法部成立以后,主管几个政法学院,包括西南政法学院。大概的历史脉络就是这样的。

还有律师工作的恢复。当然,现在回过头来看《律师暂行条例》,也是非常幼稚,比如什么是律师,原来说律师是为坏人辩护的职业,这是错误的。在这个时候恢复律师职业,《律师暂行条例》第1条写"律师是国家法律工作者"。在座很多这方面的领导,可能还有印象。当时还没有"公务员"这个词。我们大学毕业时,很多人分到了法律顾问处,法律顾问处是国家干部,是干部编制。后来,正式制定律师法,才将律师改为"社会法律工作者",就不是体制内了。当然,后来又有改革,对律师职业又有一些新的定位。不管怎么说,这都是历史的进步,我国的法制建设就是这样一步步艰难地往前推进。

在推进的过程中,还有一个著名的案例,这就是1980年到1981年上半年审判林江反革命集团。这是邓小平的伟大之处,用法律手段解决政治问题,这是一个标志。当然,在这个时候,大家对什么是法制、什么是刑事诉讼,理解得还是不到位,包括审判人员和公诉人员都要坐主席台,这个主席台的安排本身也很有意思。说明一方面我们的法制在往前进,但另外一个方面也是很艰难,大家的认识都很不到位。不像今天,审判长坐主席台,公诉人检察人员只能坐旁边,不能都坐主席台。当时争执不下,认为检察长和法院院长的级别是一样的,都得坐在主席台上。这是审判林江反革命政治集团的政治意义和法制意义。

1981年,在审判"四人帮"的同时,就开始着手起草新宪法了。第二年,1982年12月4日,大家手上这部小册子,我们看第一页下面的括号:1982年12月4日第五届全国人大第五次会议通过。12月4日,现在是作为宪法日,原来是作为法制宣传日,每年我们都要纪念宪法。

这部"八二宪法"是新中国成立以来最好的一部宪法。2018年1月19日通过的党的十九届二中全会的公报里,对"八二宪法"也有一个高度评价。我们今天学习宪法,实际上就是学"八二宪法"及其五次修改。这部宪法有五个基本特点,具体我就不照着念了。它的主要内容是四章、138条,大家手上拿着的条文加了5条,还是四章。

关于序言,有13个自然段;关于总纲,有32条,规定了国家的一系列基本制度,包括我们的国体政体、国家结构形式、民族区域自治制度、特别行政区制度等;第二章,是公民的基本权利和义务,概括起来有9项基本权利、7项基本义务。其中有一条大家要特别注意,这就是劳动和受教育。中华人民共和国公民有劳动的权利和义务,也就是说劳动既是权利又是义务;受教育也是这样,既是权利也是义务。这是两个非常特殊的条文。我们讲宪法,要强化公民的权利,所以宪法和党章相比,是将权利放在了前面,先讲公民的基本权利,再讲公民的基本义务。先讲公民的基本权利和义务,再讲国家机构。宪法的结构其实是有一些基本考虑的。特别请大家看第33条,作为"公民基本权利和义务"的第一条,其中一款规定"国家尊重和保障人权"。所以,各位领导干部的使命之一就是要保障人权。

"八二宪法"的第三章国家机构,本来是七节,大家手上拿到的小册子是八节,加了第七节,也就是关于国家监察委员会,将监察委员会放到人民法院和人民检察院之前,"一府两院"改为"一府一委两院"了。

第四章大家注意标题,本来是三个词,现在我们手上拿的小册子是四个词,多了一个词即"国歌",这是后来才改的。

我国现行宪法典的整体结构,大体上就是这样。

"八二宪法"通过以后,到今年为止共进行了五次修宪,今天我们重点讲第五次修宪,但需要了解前四次修宪,小册子上都有。

几次修宪是按照条文顺序连续往下排。第一次修宪第1条、第2条,然后1993年修宪从第3条开始。

1988年第一次修宪,主要是解决土地使用权的转让问题,原来禁止出租,后来将“出租”这两个字去掉了。

1993年第二次修宪,共修改了9条,涉及初级阶段、改革开放进入宪法,等等。改革开放是从1978年党的十一届三中全会开始的,但是,“八二宪法”的文本中实际上基本没有讲改革开放。其中,“改革”这个词只出现在一个地方,即“改革少数民族的习惯”,没有“开放”这个词语。“改革开放”自1993年正式进入宪法,在第七自然段里面加了“坚持改革开放”。第15条,“市场经济”入宪。“八二宪法”原来写的是计划经济,1992年邓小平南方谈话以后,修改宪法将“市场经济”写了进去。当时,很多人接受不了,据说北大某个教授还为此跳楼自杀了,说我讲了一辈子计划经济,怎么一下子就要搞市场经济?市场经济是资本主义、资产阶级的!所以说,有时候观念也真的是要命。1993年修改宪法意义重大,而最重要的就是第15条。

1999年第三次修改宪法,将邓小平理论写进去了。另外就是第5条,“法治入宪”,今年修宪也涉及这个问题。再就是第28条,将“反革命罪”废掉,从此以后我们国家就没有“反革命罪”这个概念了,这是总结“文化大革命”教训,将反革命罪改为危害国家安全罪,然后马上修改《刑法》,刑法分则第一章将反革命罪改为危害国家安全罪。

第四次修宪是2004年。请大家注意,第33条加了一句话作为第3款,“国家尊重和保障人权”,这是“人权入宪”了,意义特别重大!作为党政领导干部,各位不要看到“人权”这两个字就过敏。中央有一位领导也讲,说现在很多党政领导干部怕谈人权、怕谈法治,所以,中国人权研究会的一个重要任务就是“人权脱敏”,不要提到人权就敏感,这是国家宪法里规定的。还有就是,习总书记对人权问题非常重视,9月在人民大会堂还要召开北京人权论坛。我们对人权问题要理直气壮地讲!另外,就是第四章的章名改了,加了两个字“国歌”,我们唱了几十年国歌,实际上国歌被宪法正式确立下来,是在进入新世纪以后的2004年。大家可能还有印象,应该是20世纪70年代末、80年代初,国歌歌词还改过一回,后来又恢复为《义勇军进行曲》的原歌词。2004 年,在《宪法》第 136 条中增加了一款,正式规定"中华人民共和国国歌是《义勇军进行曲》"。

习近平总书记非常重视以上这几次宪法修改。在 2018 年 1 月 18 日十九届二中全会上,习总书记对四次宪法修改进行了全面的总结,习总书记说,四次宪法修改的主要内容包括 10 个方面:一是对宪法序言第七自然段有关内容先后三次作出修改;二是对《宪法》序言第十自然段有关内容两次作出修改;三是对《宪法》第 5 条作出修改,规定实行依法治国、建设社会主义法治国家;四是对《宪法》第 6 条作出修改;五是对《宪法》第 8 条两次作出修改,规定实行家庭承包经营为基础、统分结合的双层经营体制;六是对《宪法》第 11 条先后三次作出修改,主要涉及非公有制经济的法律地位问题;七是对《宪法》第 14 条作出修改;八是对《宪法》第 15 条作出修改,规定国家实行社会主义市场经济;九是对《宪法》第 33 条作出修改,规定国家尊重和保障人权;十是对《宪法》第 81 条作出修改,规定国家主席进行国事活动。此外,还有其他一些修改。这就是习总书记在十九届二中全会讲话中对前面几次宪法修改——1988 年、1993 年、1999 年、2004 年四次修宪的 10 个方面的总结。

在四次修宪的基础上,2018 年进行第五次宪法修改。接下来我给大家汇报,重点讲一下今年最新的宪法修正案。

2018 年的宪法修正案,总共是 21 条,排序是从第 32 条开始。为什么从第 32 条开始?因为从 1988 年第一条修正案,一直连续计算到今年。在宪法修正案出台之前,召开了十九届二中全会,中共中央对宪法修改部分内容提出建议,实际上在 3 月 11 日全国人大正式通过时,对 1 月 19 日党中央的这个建议条文进一步又做了一些改动和补充。

我们先看第 32 条,即 2018 年修正案第 1 条,主要涉及三个内容:一是宪法指导思想的丰富。也就是说,将科学发展观和习近平新时代中国特色社会主义思想正式写入宪法。大家都知道,胡锦涛同志担任总书记的 10 年没有修改宪法,上次修改宪法是 2004 年,所以,科学发展观一直没有写入宪法。这次修宪,将科学发展观和习近平新时代中国特色社会主义思想一并写入了宪法,这是将党的意志通过法定程序上升为国家意志。我国法律的一个重要使命,就是要将党的意志上升为国家意志。党的十九大将习近平新时代中国特色社会主义思想作为党的指导思想,2018 年 3 月 11

日宪法修正案正式将习近平新时代中国特色社会主义思想作为国家的指导思想。这样,党的指导思想和国家指导思想就统一起来了。大家特别要注意,习近平新时代中国特色社会主义思想不仅仅体现在《宪法》序言第七自然段,实际上是贯穿于整个修正案,是一个宏观的指导思想。我们党政领导干部首先在政治上、在政治方向上一定要把握好。二是将序言第七自然段,健全社会主义“法制”二字,改为“法治”。这里面有很多道理,时间关系我就不展开讲了。简单来说,国家从“法制”到“法治”,一路走过来,十分不容易。三是将新发展观念写入宪法,大家都了解,我就不再展开了。

第33条,即2018年修正案第2条,涉及宪法第十自然段,在总结新中国的历史时,原来写的是“革命、建设”,现在加了“、改革”,两个词变为三个词。还有,中国梦入宪,即将“致力于中华民族伟大复兴”写入宪法,这样就将统一战线进一步扩大了。

第34条,即2018年修正案第3条,讲民族和谐。

第35条,即2018年修正案第4条,主要涉及三个问题:一是改革,二是和平发展,三是人类命运共同体。将这几点写入宪法,尤其是将习近平总书记提出的人类命运共同体理念写入宪法,这是我们作为一个大国走向强国的一个很重要的标志,或者说,一个重要的显性的、可见的指标,就是如何看待超国家形式的问题。什么叫超国家形式?比如,联合国、WTO、G20、人权理事会,如此等等。2017年到2018年,尤其是2018年,国际斗争非常激烈,美国退出人权理事会,就是想让这些国际组织运行不下去,实际上它是高看了自己,有人还在猜测说,美国要不要退出联合国?美国是在控制着这些国际组织,我们当年加入WTO的时候是多么艰难,美国人层层给我们设卡,我们付出了很多代价,原来是叫“复关”,后来说是“入关”,WTO原来叫关贸总协定。在国际舞台上,关于这些超国家形式的问题,充满了斗争,而且斗争还相当激烈。美国最近刚刚退出人权理事会,原来美国曾利用人权理事会攻击我们,说中国这样不行那样不行。党的十八大以后,习总书记对人权问题非常重视,我们每年都到国际舞台上,包括我们西政的一些教授,代表国家去跟美国等西方国家进行面对面的论战,在国际舞台上吵架,结果美国人吵不过了,就说我退出,我们说你退你的吧!这些都是习近平新时代中国特色社会主义思想的具体内容,不是抽象的口号,我们要将这些理论具体化。在对待超国家形式这个问题上,我们要以人类命运共同体这个理念,在国际上团结更多的朋友。所以说,要推动构建人类命运共同体,这是习近平新时代中国特色社会主义思想的重要内涵之一,它的意义主要在于,对20世纪50年代周恩来总理首创的“和平共处五项原则”在新时代进行创造性发展。我们学宪法,不要小看这几个字,每一段、每一个字,甚至每一个标点,都有深刻内涵。作为党政领导干部,大家一定要充分领会,有一个正确的认识。

第36条,即2018年修正案第5条更是这样。2018年的修正案第5条,在“八二宪法”总纲第1条第2款加了一句话“中国共产党的领导是中国特色社会主义最本质的特征”。这可以说是宪法的灵魂,对此我们要旗帜鲜明、理直气壮。《宪法》第1条第2款增写的这句话是今年宪法修改的一个重大亮点。原来,党的领导是写在宪法序言中,有人攻击说宪法序言没有法律效力,这在法学界曾发生过争论,他们的意图就是取消党的领导,这是绝不能允许的。这次修宪,明确写入国体中。《宪法》第1条就是规定国体,宪法总纲规定国体、政体、国家结构形式等。这次宪法修改的重大亮点,意义非常重大,课件上具体总结为四点,时间关系我就不照着念了。在这个问题上,我们一定要好好宣传,这是政治方向问题,今天我们是党委中心组学习,必须强调这一点。

第37条,即2018年修正案第6条,修改的是《宪法》第3条,增加“监察机关”。

第38条,即2018年修正案第7条,修改的是《宪法》第4条,涉及民族和谐。

第39条,即2018年修正案第8条,涉及社会主义核心价值观。

第40条,即2018年修正案第9条,涉及宪法宣誓制度。

今年3月17日,大家通过各种途径都看了全国人大宪法宣誓实况,习近平总书记第一次以国家主席的身份进行宣誓,履行国家元首的职责。这是首次在全国人民代表大会上举行宪法宣誓仪式,习总书记以国家主席、国家军委主席的名义进行宣誓,意义非常重大。

从法理上来讲,为什么要规定宪法宣誓制度?著名的宪法学家袁曙宏做过一个研究,2014年就提出,世界上有142个国家有成文宪法。(宪法有两种,一种是刚性宪法,另一种是柔性宪法。我们是刚性宪法,美国宪法也是刚性宪法。以英国为代表,没有什么英国宪法文本,而是柔性宪法,实际上就是惯例,不成文宪法。)世界上142个国家有成文宪法,其中有97个国家规定了宪法宣誓制度,每次宣誓时要手抚宪法,面向国旗宣誓,这是一项宪法制度。2014年,党的十八届四中全会关于全面推进依法治国若干重大问题的决定中,第一次将宪法宣誓写入党的文件,2018年写入宪法。宣誓是一个仪式,这个仪式很重要,一定要深刻领会为什么这样规定,其实就是强化我们的法治信仰。大家注意这个誓词,誓词曾改过两次。第一稿是65个字,第二稿是70个字,稍微改了一下。今年是75个字,其中涉及"三忠于",原来只有两忠于,65个字的文本里写了"忠于祖国、忠于人民",今年把"拥护"改为"忠于",大家要捍卫宪法、捍卫祖国、捍卫人民,也就是说为了宪法、为了祖国、为了人民,可以牺牲一切,这就是"三忠于"。我们要建设富强民主文明和谐美丽的社会主义强国,这也是今年改的。誓词75个字,每一句话、每一个标点,希望大家都能够内化于心。

为什么要进行宪法宣誓?它的意义主要就在于,要树立一种宪法至上的理念,或者说要树立一种法治信仰,这也是习总书记在一次讲话时提到的。有人经常说信仰缺失,党政领导干部要信仰共产主义、要信仰宪法、要信仰法治,这就是法治信仰。为什么要树立一种法治信仰呢?十九大报告里将前几年提的社会主义法治理念内容改变了,不知道大家有没有注意这一点,原来的社会主义法治理念内容是五句话"依法治国、执法为民、公平正义、服务大局、党的领导"。按照十九大报告新的提法,社会主义法治理念的新内涵,一是宪法法律至上,二是法律面前人人平等,后面没有"等"字。"法律面前人人平等"原来只是作为司法的原则之一,现在上升为一般的社会主义法治理念。另外一句话我想重点强调,"宪法法律至上"。有一段时间指导错误,包括报纸、出版社,见到"法律至上"就划掉,这些情况发生在十八大之前。十九大专门强调,要树立"宪法法律至上"的理念,因此,设计了比如说宪法宣誓制度,还有宪法委员会、合宪性审查等,都是从抽象到具体,一步步落实下来的。我们要树立法治信仰,就是要树立宪法法律至上的法治理念。

宪法宣誓制度的意义简单来说就两点:一是对宣誓人来讲有一种神圣感。就像年轻人结婚要举行婚礼,当着亲朋好友进行一番表白,这是一种仪式,会感觉婚姻神圣,不是那么草率,所以必要的仪式还是很重要的。当进行宪法宣誓的时候,你对宪法就充满了敬畏,至少会油然而生一种敬畏之感。今天,我们进行宪法宣誓,将誓词内容念一遍,对宪法就加深了认识,知道今后从事公务活动不能丢开宪法。二是对观看宪法宣誓的人来说,也是一个深刻的教育。这就是,在全社会烘托尊重宪法、宪法法律至上的氛围,我们观看国家主席习近平宣誓时,神圣感油然而生,这就是树立宪法的权威。

第41~43条,即2018年修正案第10~12条,关于监察委员会。在21条修正案里,有11条都涉及监察委员会。

第44条,即2018年修正案第13条,除了对"八二宪法"第67条增加一项之外,后半部分对第70条第1款进行了修改,这不是十九届二中全会建议里的内容,党中央的建议里本来没有这个内容。今年1月18日到19日召开二中全会,2月28日召开三中全会,三中全会深化党和国家机构改革。因此,根据三中全会的新精神,尽管中央没有提建议,但全国人大以主席团的名义正式提出议案,修改原来的第70条,即将原来的"法律委员会"改为"宪法和法律委员会"。之前,我们也开过一次研讨会,很多学者提出专门设宪法委员会,后来中央没有完全采纳,只是将法律委员会改为宪法和法律委员会。这也是落实十九大报告关于合宪性审查的精神。

第45条,即2018年修正案第14条,关于国家主席的任期,后面删掉了几个字"连续任职不得超过两届"。对这个问题,我想大家都有一个正确的认识。如果社会上有不正确的认识,大家作为领导干部,一定要善于进行解释。从法理上来讲,这就是"三个有利于":一是有利于坚持和加强党的全面领导,二是有利于坚持和完善党和国家领导体制,三是有利于维护以习近平同志为核心的党中央权威。当然,从理论上讲,就是党的最高领导人、国家元首和军队统帅三位一体,这也是历史经验教训的总结,最后形成了这个结论。党章和宪法要进行衔接。

第46条,即2018年修正案第15条,涉及生态文明问题;第47条,即2018年修正案第16条,涉及地方立法问题;2018年修正案第21条,是增加了一节,国家机构一章加入了第七节"监察委员会",共五个条文,第123~127条,放在人民法院和人民检察院之前。原来的"八二宪法"138条加5条,现行宪法的总条文数共143条。

下面,给大家简单梳理一下监察体制改革的法治化问题。

2018年修改宪法的一个重要考虑,就是推进国家监察体制改革。有人提出修宪时机不成熟,说再往后放一放。中央认为,今年必须修宪。为什么?因为如果不修宪的话,监察体制改革就没有办法进行下去了。2018年全国人大通过的这两部重要法律文件,相互之间是联动的。中央也有两个要求,一是要求全党全国学宪法,二是要求学监察法。

国家监察体制改革,改什么？就是改《中华人民共和国行政监察法》,不是一般的改,而是将这个法废掉。在《中华人民共和国监察法》的最后一条(第69条),规定本法自公布之日起施行,就是2018年3月20日,“《中华人民共和国行政监察法》同时废止”。为什么要废止？因为行政监察法仅仅是讲行政或政府系统的事,比如说监察局是人民政府下面的一个局,监察部是国务院下面的一个部,局限性很大,所以说要进行监察体制改革。监察体制改革从十八大开始提出,稳步推进,而且还在北京、山西和浙江进行了试点。经过试点,总结了八点经验。去年6月,形成监察法的一审稿,原来曾经想叫国家监察法,后来将“国家”两个字去掉了。十九大报告对监察体制改革又有一些新的要求。十九大以后,征求意见后于12月6日形成了二审稿,大家讨论非常热烈,据说是所有征求意见的法律草案中意见最多的法律,共13268条,说明关注监察法的人不仅仅是党政领导干部。最近,在一个地方看到一个标语“国家监察法,关系你我他”,写得很好,说明这部法律不仅仅是纪委监察系统、人民法院、检察院的同志在关心,老百姓也很关心。经过广泛征求意见,征求到13000多条意见,最后全国人大正式通过。

党的十九届二中全会提出,宪法修正案和监察法提交全国人大,但不能“同时”。大家想一下,为什么不能同时？因为监察法第1条里有8个字“根据宪法制定本法”。当时,讨论草案的时候,有一些法学家提出来不要这8个字,后来说不行,我也是主张必须写上,不根据宪法怎么行啊?!所以,要先改宪法,3月11日修改宪法之后,20日通过监察法,这就是“根据宪法”制定监察法。

具体涉及五个方面:一是产生问题,二是选举和任免问题,三是任期规定问题,四是领导体制问题,五是与其他机关的关系问题。当然,实事求是地说,争论还是比较大,所以不赞成票稍多了一点,但现在已经正式通过了,我们必须维护监察法的权威,认真贯彻落实好。

在贯彻落实监察法时,要注意同刑法、诉讼法相衔接。当然,刑法下一步还要改,现在还没有启动,正在论证。诉讼法修改已经启动,肯定也要大改。根据刑法,涉及六大类、88个罪名,涉及纪检监委和检察院的衔接,另外还有与公安机关的衔接问题。在座的党政领导干部要注意这些基本知识,比如六大类中,涉及贪污贿赂犯罪有17个罪名,比如利用影响力受贿罪,这是一个新问题,就是说已经不是原来的那种贪污了。滥用职权犯罪,也不仅仅是原来我们所理解的滥用职权罪,也包括了其他犯罪,比如说食品监管渎职罪等,这些规定都非常细。玩忽职守罪,包括签订履行合同失职被骗罪,因为是职务行为。我们在签字的时候,尤其是涉及签合同时,大家都要好好研究一下,中央要求各级党委政府以及其他单位都要聘法律顾问,有些地方做得好,开常委会的时候让法律顾问过来,法律顾问把把关,当一个防火墙,不能乱签,要法律顾问论证后再去签,否则出了问题如果严重的话,就构成了被骗罪,被别人骗了也要承担责任。

关于监察法与刑事诉讼法的衔接问题,现在正在改刑事诉讼法,这里面涉及很多很多问题,涉及纪委监委与原来的反贪局之间的工作衔接,还有纪检监委与检察院的工作衔接,以及留滞和逮捕的衔接等。这些在十九大报告中都有提到。再一个是证据转化问题,都非常具体,在座的同志有些研究得比我要深,以后有时间了再交流。当然,这方面的法律涉及十几部,以后要慢慢改。还有其他的相关制度,比如党内法规,涉及问责条例,涉及党内监督条例,还涉及其他法,比如跟人大的关系问题等。

还涉及监察官法的制定问题。现在实行法官员额制、检察官员额制,入额法官、检察官待遇要提高。在座的有一些法官、检察官,入额以后和其他人员相比,待遇大幅度提高,还要分级别——首席大法官大检察官、高级法官、高级检察官。监察官法要与检察官法衔接,监察官法要规定高级监察官,相对来说待遇要高些。不知道汕头做得怎么样,有些地方检察院的同志转隶后待遇不变,原来纪委系统的同志很不平衡,下一步应该统一起来,让大家的待遇都能普遍提高,这样才是法治化。这个问题,今后有时间专门再给大家汇报。

最后,再简单说两句结论。宪法的生命在于实施,这句话是习总书记反复强调的,后来写在十九届二中全会的公报里。宪法的生命在于实施,宪法的权威也在于实施。总书记在十九届二中全会闭幕会议上讲了七点:一是宪法是我们党长期执政的根本法律依据,二是我们要继续完善以宪法为核心的中国特色社会主义法律体系,三是各人民团体、企事业单位都要成为维护宪法权威、自觉实施宪法的重要力量,四是宪法的根基在于人民发自内心的拥护,五是宪法宣传教育是法治建设的一项基础性工作,六是监督宪法的实施、解释宪法是宪法赋予的重要职责,重点是第七点宪法的实施同每一个国家工作人员的工作都密切相关。今天,汕头市委市政府专门安排学习宪法,这是提高大家捍卫宪法、维护宪法权威的一项重要举措。我们一定要落实习近平总书记的重要指示。总书记强调,依法治国首先是依宪治国,依法执政关键是依宪执政。我们作为党政领导干部,有责任将宪法在汕头落实好,要以宪法修改为契机,将汕头市全面贯彻实施宪法提高到一个新的水平。

我就讲这么多,谢谢大家!

现场提问

我是汕头法院的一名干警。这次宪法修正案对于立法、立法权都进行了规定,这对中国地方治理有什么积极意义?地方立法权逐渐增多的情况下,如何确保中国特色社会主义法律体系的统一性?谢谢!

付子堂

感谢您提了一个非常好的问题。2018年修改宪法,其中一个重要的内容,就涉及地方立法权问题,宪法修正案关于地方立法权有一些新的规定。当然,这些规定跟原来相比,也就是说,原来制定立法法时,也涉及地方立法问题。这次宪法修正案的主导思想,是扩大地方在立法方面的自主权。请大家看宪法修改条文,宪法修正案和原来2015年修改的立法法相比,对地方立法权有些扩大。扩大地方立法权的意义,主要是有利于推动经济社会的快速发展,因为地方建设中有些属于立法问题,如果按照原来的相关法律制度,地方自主权就比较少。第16条修正案,修改《宪法》第100条。《宪法》第100条的原文规定,设区的市的人民代表大会和常务委员会,在不同宪法法律、行政法规和本省地方性法规相抵触的前提下,可以依照法律规定制定地方性法规,报本省人民代表大会常务委员会批准后实施。比如说,汕头市人大,原来作为经济特区拥有一定的地方立法权,现在作为设区的市的地方立法权,和原来相比有很大的扩大。全国人大有位领导专门就这个问题做了一个解释,目前设区的市中有323个设区的市和自治州有立法权,这一块的立法对推动地方经济社会建设有很大的作用。但是,地方人大、人大常委会进行立法时,要注意四个防线:一是限权,地方立法不能什么都立，比如说刑事问题，关于犯罪问题就不能立，按照宪法和立法法的规定，地方立法仅仅存在于城乡建设与管理、环境保护、历史文化保护三个方面。二是不能与国家宪法、法律、国务院行政法规相抵触，当然也不能与省地方性法规相抵触。三是要报批。四是要备案。在这些方面，如果讲意义的话有三点：一是有利于推动经济社会的全面快速发展，二是有利于进一步提升地方政府依法行政的水平，三是有利于全面推进依法治理。汕头市在这一块做得非常好。

这里，我也拜托在座的人大系统的同志多关心西南政法大学。我们成立了地方立法研究院，曾经受委托对重庆市 1997 年直辖以后所有的地方性法规进行了全面清理，目的在于推动当地的经济社会发展。前几年我们还做了一件大事，对重庆地方性法规中不利于民营企业发展的一些条文进行修改、删除，为经济社会发展提供良好的法治环境。这一点非常重要。当然，如果从反面来说，甘肃省在这一块有教训，他们在环境保护方面对祁连山带来了严重破坏，后来追责，当然首先是追政府，最后追到人大，对人大相关方面的立法人员进行了处理，因为他们的立法也是扩权，按照国家立法在祁连山地区不准建那些厂，但他们说可以建，直接与国家法律、行政法规相抵触。这次修改宪法，对《宪法》第 100 条增加了这么一款，意义非常重大。不知道我的回答是否令你满意？

现场提问

我来自司法局。这次宪法的修改，篇幅最大的内容是在第三章“国家机构”这里增加了一节，这就是监察委员会。请问这样的修改，对我们的反腐工作有怎样的意义？谢谢！

付子堂

关于这个问题，刚才因为时间关系没有过分展开。我今天给大家报告的第五部分，就是监察体制改革的法治化。这一块确实正如您刚才所说，是今年宪法修改的一个重点，宪法修正案总共 21 条，其中 11 条涉及监察委员会。可以说，如果没有宪法修正案的话，后面的监察法就没有办法制定和通过。不管是修改宪法也好，还是制定监察法也好，最重大的意义主要有这么几点：一是体现了重大改革于法有据的原则。反腐败仅仅是一个方面的工作,但我们要把它放到全局进行理解,全面深化改革的一个重要内容即深化监察体制改革。当然,我们搞法律的平时关注比较多的是司法体制改革,全面深化改革包括司法体制改革、包括经济体制改革、包括政治体制改革,其中一个重要的内容,就是监察体制改革。二是确定监察委员会的宪法地位。也可以说,是从顶层设计上对国家权力结构进行重大调整,这就是我刚才反复讲到的,由原来的“一府两院”改为“一府一委两院”,从政治体制改革来讲具有重大意义。三是为反腐败向纵深发展提供了制度保证。这次修改宪法、出台监察法,实现对所有行使公权力的公职人员监察的全覆盖。课件中有一个地方讲到,监察法第一次使用了一个新概念“公职人员”,原来我们叫“国家工作人员”,这是反腐败的对象。但国家工作人员没有覆盖所有的公职人员,比如党委机关,还有民主党派机关,甚至包括人大机关、法院机关、检察院机关。监察法的制定过程中,其中都有一些涉及,公职人员监察全覆盖,当然有关领导对这个问题也做了解释性说明。监察可以覆盖到人大系统,但不是监督人大机关,而是监督人大机关里的工作人员。另外,还形成了巡视、派驻、监察三个全覆盖的权力监督格局,比如巡视制度、派驻制度和监察制度,三者要有机统一起来。四是表明了党中央惩治腐败的决心。可以说,体现了国家监察委员会的中国特色,这种中国特色首先是体现了党的全面领导,反腐败最终还是要推进全面从严治党、全面深化改革、全面依法治国,最终还是为了实现中国梦,为了全面建成小康社会。谢谢大家!

以社会主义核心价值观为引领，推动新时代法治文化建设

张苏军

张苏军，第十三届全国人民代表大会常务委员会委员、监察和司法委员会副主任委员，中国法学会党组成员、专职副会长。 本文根据2018年9月28日张苏军同志在东莞市委理论学习中心组专场报告会录音资料整理而成。

法治文化是一个既持久又时兴的话题。持久是因为我们从国家法治建设之初就高度重视法治文化建设，我们开展的法治宣传教育实际上就是一项面向广大人民群众的法治文化教育。我们现在正在进行第七个法治宣传教育的五年规划，在这过程中间，许多省积极开展群众的法治文化建设，各个行业各个部门也都开展了很有特色的法治文化的活动，陆续地提出一些有自己特色的法文化。例如，法院系统提出的法院文化，检察院系统提出检察文化，全国律协还提出了律师文化，司法行政管理的监狱也提出了监狱文化，等等。从不同的角度探讨法治文化的建设，都取得可喜的成果，为提升全社会的法治意识奠定了坚实的基础，所以说这是一个持久的话题。

但它又是个时兴的话题。从总体上看，法治文化这一概念所包含的实质性的、顶层性的、全局性的作用并没有被大家所理解：我们对于法治文化的理解还存在于比较浅显的层次，还没有将它上升到整体理

论的层次。因此对法治化建设的理解时实时虚,投入的力度时强时弱,实际的效果也时隐时现,尚未达到一种新型文化建设的高度,难以与全面推进依法治国的战略要求相适应,我们需要充分认识法治文化在整个中国特色社会主义事业中的地位、性质和意义,把建设法治文化提升到实现国家政治文明和坚定文化建设的高度。

中央十八届三中全会提出坚持依法治国、依法执政、依法行政共同推进,坚持法治国家、法治政府、法治社会一体建设。有的学者提出应该法治国家、法治政府、法治社会、法治文化一体建设,这个还需要再进一步的探讨,因为法治国家、法治政府、法治社会是实体中的,法治文化更多是精神层面的,能否并列起来还要进一步探讨。

但是毫无疑问,在法治国家、法治政府、法治社会的建设过程中,应当含有建设法治文化的内容,或者说法治文化的建设应该渗透贯穿于我们法治国家、法治政府和法治社会建设的全过程,这种认识不能仅仅停留在具体的宣传教育和文化活动层面,还要从政治高度去认识和把握。

为了进一步认识法治文化,今天着重讲几方面的问题。

一、习近平总书记关于建设中国特色社会主义法治文化的重要论述

(一)关于新时代中国特色社会主义思想和社会主义法治文化的概述

党的十八大以来,以习近平同志为核心的党中央围绕新时代坚持和发展什么样的中国特色社会主义、怎样坚持和发展中国特色社会主义这个重大时代课题,形成了习近平新时代中国特色社会主义思想。习近平新时代中国特色社会主义思想是马克思主义中国化的最新成果,也是党和人民实践经验和集体智慧的结晶,是全党全国人民为实现中华民族伟大复兴而奋斗的行动指南。党的十九大已经把习近平新时代中国特色社会主义思想确立为我们党必须长期坚持的指导思想,并写入党章,实现了党的指导思想又一次与时俱进。2018 年 3 月召开的第十三届全国人大一次会议把习近平新时代中国特色社会主义思想载入宪法,以国家根本法的形式确立习近平新时代中国特色社会主义思想在国家政治和社会生活中的指导地位,具有重大的现实意义和深远的历史意义。

建设社会主义法治文化是习近平新时代中国特色社会主义思想的重要论断。总书记在十九大报告中强调,要加大全民普法力度,建设社会主义文化,树立宪法法律至上、法律面前人人平等的法治理念。习近平总书记多次就社会主义法治文化建设作出重要指示,强调“全面推进依法治国需要全社会共同参与,需要全社会法治观念增强,必须在全社会弘扬社会主义法治精神,建设社会主义法治文化”,这为我们推动社会主义法治文化建设提供了根本遵循,指明了前进方向。

习近平新时代中国特色社会主义思想内容丰富,博大精深,关于法治建设的重要论述是这个科学理论体系的重要组成部分,集中体现了十八大以来我们党在法治领域的理论创新、制度创新和实践创新,对于建设社会主义法治文化具有更为直接的指导意义。

习近平总书记高度评价在世界几大法系中独树一帜的中华法系,要求注重挖掘和汲取中华传统法律文化的精华。他曾在很多场合强调,中国特色社会主义法治建设的重要特点是法治与德治相结合。法律是治国之重器、良法是善治之前提,法律的权威源自人民的内心拥护和真诚信仰,宪法法律的生命在于实施、宪法法律的权威也在于实施等一系列重要论述,都与我国传统法律文化一脉相承,充分体现了我们党对法治建设的道路自信、理论自信、制度自信和文化自信。所以说法治文化在习近平中国特色社会主义法治理论中占有重要的地位。

(二)社会主义法治文化是中国特色社会主义法治体系的重要基石

党的十八大以来,以习近平同志为核心的党中央,对建设中国特色社会主义法治文化作出一系列重要论述,对建设社会主义法治文化的重要意义、主要目标和具体内容做了深刻阐述。

第一,社会主义法治文化是社会主义法治实施的重要基础。《中共中央关于全面推进依法治国若干重大问题的决定》指出“增强全民法治观念,推进法治社会建设”,阐述了社会主义法治文化建设的重要意义,其中明确地提出:“法律的权威源自人民的内心拥护和真诚信仰。人民权益要靠法律保障,法律权威要靠人民维护。必须弘扬社会主义法治精神,建设社会主义法治文化,增强全社会厉行法治的积极性和主动性,形成守法光荣、违法可耻的社会氛围,使全体人民都成为社会主义法治的忠实崇尚者、自觉遵守者、坚定捍卫者。”这意味着社会主义法治文化可以外化为“守法光荣、违法可耻的社会氛围”,内化为“全体人民的守法精神”,构成“全体人民作为社会主义法治的忠实崇尚者、自觉遵守者、坚定捍卫者”的内在驱动力。从这个意义上讲,社会主义法治文化是中国特色社会主义法治建设的重要社会基础,建设社会主义法治文化是建设中国特色社会主义法治体系和法治国家的重要内容,是建设法治国家、法治政府和法治社会不可或缺的部分。在建设法治国家、法治政府和法治社会的过程中,要把法治文化建设嵌入进去,渗透进去、灌输进去。

第二,树立“宪法法律至上”理念是建设社会主义法治文化的重要目标。习近平总书记在十九大报告中明确指出“加大全民普法力度,建设社会主义法治文化,树立宪法法律至上、法律面前人人平等的法治理念”这一重要论述,不仅阐明了建设社会主义法治文化的重要方式之一就是“加大全民普法力度”,而且明确界定了社会主义法治文化的重要目标之一,就是“树立宪法法律至上、法律面前人人平等的法治理念”。某些领导干部之所以产生“以言代法、以权压法、逐利违法、徇私枉法”等违法违纪行为,其根源是违反法治精神的“特权思想”在作祟。因此,各级党组织和全体党员要带头尊法学法守法用法,消除“超越宪法法律”的“特权思想”,确立宪法法律至上的权威理念。这是我国社会主义法治文化建设的重要目标。

第三,“全民守法”的社会主义道德是社会主义法治文化的重要内容。党的十八届四中全会提出要“强化道德对法治文化的支撑作用”。社会道德观念、道德风尚、道德习惯是社会文化构成中的重要内容,弘扬社会主义核心价值观就需要重视道德的教化作用,弘扬中华传统美德,培育社会公德、职业道德、家庭美德、个人品德,以道德滋养法治精神,培育全体公民尊崇法律的理念,强化社会主义道德对法治建设的支撑作用,在法治文化建设的过程中实现法律和道德的良性互动、相辅相成。

习近平总书记在2018年8月24日中央全面依法治国委员会第一次会议上再次强调,要推进法治社会的建设,依法防范风险、化解矛盾、维护权益、加快形成共建共治的现代基层社会的治理新格局,建设社会主义法治文化。这是总书记论述关于法治文化与法治社会建设的关系,法治文化与法治社会建设关系更加密切,因为文化实际上更多地体现为一种社会行为、社会习惯、社会理念、社会精神。总书记提出了要加快制定法治社会建设的规划,因为法治政府已经出台了两轮建设规划,目前正在稳步推进和实施。十九大提出到2035年要“基本实现法治国家、法治政府和法治社会”,应该说法治社会建设相对来说是比较薄弱的,所以在这一方面要进一步加大建设力度,从整体上加强顶层设计规划。随着法治社会建设的规划与发展,法治文化建设将是一个重要的组成部分。这里我们回顾学习习近平总书记关于法治文化建设问题的重要论述,可以更加坚定我们加强社会主义法治文化建设的自觉性。

二、中国特色社会主义法治文化的独特内涵

文化具有很强的地域性,也有很强的民族性,中国特色社会主义法治体系建设,很重要的一个特色就体现在中国特色社会主义法治文化上。中国特色社会主义法治文化,是以习近平总书记关于法治建设的重要论述为指导,以社会主义核心价值观为核心理念,将中国特色社会主义法治思维、法治行为、法治环境融于一体的、多层次的文化系统,这是我们初步的一个归纳。有学者认为,法律文化研究是描述法治的时间形态与空间形态,既是描述性探索,追寻概念的历史,又是批判性探索,描绘法治的信仰结构,由此形成法治的“谱系学”与“构造学”。

(一)法治文化的谱系

按照通说,现代法治文化谱系主要由以下四种法治文化构成。

第一,英美法系的法治文化。到目前为止,英美法系在世界法律体系中还是占据了主导地位,主要体现普通法的性质,包括香港在内,也是适用英联邦的普通法。

第二,大陆法系的法治文化。这个相对于英美法系的经验主义哲学传统而言,欧洲大陆法系法治文化主要体现在法典编纂。这方面广大欧洲国家,包括我们的近邻日本文化,在法治文化里面都有很典型的大陆法体系的特点,这也是目前在国际上占主导地位的一种文化。

第三,新加坡等“威权国家”的法治文化。这些新兴国家的法治文化既融合了英美法系法治文化一些普通法的特色,又通过借鉴大陆法系做法治的提升,同时加上自身发展中的历史传统,形成了不同于上述两大法系的“威权国家”的法治文化。比如在东南亚一些后发达国家或者发展中国家体现出来。

第四,中国特色社会主义法治文化,或者说中国法系传统法治文化。这个社会主义法治文化是中国特色社会主义文化的有机组成部分,也是建设法治国家的基本要素和内生动力,同中国特色社会主义文化一道,源自中华民族五千多年文明历史所孕育的中华优秀传统文化,同时熔铸于党领导人民在革命、建设、改革中创造的革命文化和社会主义先进文化,根植于中国特色社会主义伟大实践。它以独有的教化人心的作用,成为培育法治国家、法治政府和法治社会的文化土壤。以社会主义核心价值观为引领,社会主义法律与社会主义道德的和谐共存、相互促进,是中国特色社会主义法治文化的主要特征之一。

上面就是我们初步梳理出来已经成型的四大类法治文化,就是英美法系为体系的法治文化、大陆法系为体系的法治文化、后发达国家或者新中发展中国家的“威权主义”特色法治文化,以及有中华文化法系特点、中国特色社会主义法治文化四大类型。

但是学界有不同的探讨,认为是否还应包括伊斯兰法系。伊斯兰国家明确提出以《古兰经》为指导,具有很浓厚的宗教色彩。但尽管如此,我认为仍然不存在伊斯兰法系,因为伊斯兰国家中间的差距很大。比如说伊朗,就是伊斯兰国家中间很重要的国家,它的法律特色是:宪法明确提出以《古兰经》为指导,或者说就是一个《伊斯兰宪法》。这个国家我去访问过,秩序井然,政治体系很独特,政治体系三权分立。而且实行普选,比美国的普选更为彻底,总统是直接由人民选出来的,不像美国的总统是选举产生选举团,然后再由选举团选举政党候选人。在《伊斯兰宪法》中规定,伊斯兰教有400人的教会团,这个教会团的领袖就是他的精神领袖,教会团负责帮大家指导思想,其他职能都没有描述,但是实际上重要的决策,比如说选总统,如果教会不同意,最高的决策领导就不同意,连去参选的资格都没有。所以教会团在国家治理中起到了很重要的作用。所以我们说伊朗的三权分立是在伊斯兰思想指导下的三权分立。三权互相制约,上面有一个指导思想,这个指导思想就是教会团,这也是他们的特色。

但是毫无疑问我们可以看出,在世界各国法治建设中有不同的文化谱系,这些不同的文化谱系同各个国家的政治、历史、传统、意识形态、道德风尚、社会风情都有密切联系,而不存在所谓放之四海而皆准的普世价值。有很多似是而非的理论,比如,有个很形象的标准叫“中心广场准则”，这个国家是不是法治的，就看能不能在任何一个公共广场中间随便上去胡说八道，能胡说八道的就是法治国家，不能胡说八道的就不是法治国家。他们认为只有西方法，英美法系的法治文化和大陆法系的法治文化是法治标准，是普世价值。这个论点是经不起推敲的，因为世界各国是丰富多彩的，不同民族、不同国家、不同文化都有自己的传统。

（二）中国特色社会主义法治文化的基本内涵

习近平总书记指出，文化的影响力首先是价值观念的影响力。核心价值观在一定社会的文化中是起中轴作用的，社会主义核心价值观是社会主义法治建设的“灵魂”，也是社会主义法治文化的“价值指针”。从哲学价值论的视角来看，中国特色社会主义法治文化的基本内涵，需要从文化主体、文化内容与文化本质的角度进行理解。

第一，中国特色社会主义法治文化的主体。我国《宪法》序言开篇即指出：“中国是世界上历史最悠久的国家之一。”古代四大文明中一直延续至今，在几千年历史发展中从未被中断过的就只剩下中华文化，其他的古文明都中断了。我们在历史发展的过程中间有几次大的外来文化的侵蚀，第一次是元朝统治了整个中原大地，第二次是清朝满族文化进入了中华文化。两次文化的侵蚀从政治上来说是外族统治中华，但是文化上来说，是他们自觉地融入了中华文化，或者说被中华文化所溶解。第三次近代的挫折，外来入侵者比如日本，打了 14 年，最后被我们打败了。中华文化几千年来形成了很大的包容性，它是唯一延续几千年而没有被打断的古代文明，所以说“中国是世界上历史最悠久的国家之一”，而我的想法是中国是世界上历史最悠久的国家，没有之一。

中国各族人民共同创造了光辉灿烂的文化。“人民”是中国“光辉灿烂的文化”的创造主体，当然也是中国特色社会主义法治文化的创造主体和行为主体。习近平总书记在第十三届全国人大第一次会议闭幕会上的讲话中指出：“中国人民是具有伟大梦想精神的人民，只要 13 亿多中国人民始终发扬这种伟大梦想精神，我们就一定能够实现中华民族伟大复兴。有这样伟大的人民，有这样伟大的民族，有这样的伟大民族精神，是我们的骄傲，是我们坚定中国特色社会主义道路自信、理论自信、制度自信、文化自信的底气,也是我们风雨无阻、高歌行进的根本力量。"以人民为中心是新时代坚持和发展中国特色社会主义的根本立场。社会主义法治文化建设,必须为了人民、依靠人民、造福人民,以维护最广大人民根本权益为出发点和落脚点,满足人民群众日益增长的法治文化需求,保障人民在依法享有权利和自由、承担义务,维护社会公平正义的过程中,通过各种途径和形式管理国家事务,管理经济文化事业,管理社会事务,进而使人民认识到法律既是保障自身权利的有力武器,也是必须遵守的行为规范,最终在全社会增强尊法学法守法用法意识,使法律为人民所掌握、所遵守、所运用,形成"守法光荣、违法可耻"的社会道德风尚。这是第一个本质特征,就是以人民为主体。

第二,中国特色社会主义法治文化的内容。在人类学家看来,"文化是通过学习而代代相传的传统与风俗,它构成并引导那些浸润在该种文化中的人们的信念与行为"。"文化传统是经历了许多世代的发展,对各种适当与不适当的行为所产生的风俗与观念。"但是,社会主义法治文化的内涵并不仅仅局限于"风俗""观念""信念""行为",它的内涵主要体现为:以"宪法法律至上"为基本理念,以"守法光荣、违法可耻"的社会道德观念为价值指针,以社会主义法治思维、社会主义法治行为和社会主义法治环境为基本表征。我们觉得中国特色社会主义文化的内容应该包含法律至上的基本理念,同时还有社会主义道德理念的价值提升,以及社会主义法治思维、社会主义法治行为和社会主义法治环境多种元素、多种层次的内容。

第三,中国特色社会主义法治文化的本质。社会主义法治文化的本质是什么?2018 年 3 月 11 日第十三届全国人民代表大会第一次会议通过的《中华人民共和国宪法修正案》第 36 条规定:宪法第 1 条第 2 款"社会主义制度是中华人民共和国的根本制度。"后增写一句:"中国共产党领导是中国特色社会主义最本质的特征。"坚持党的领导是中国特色社会主义法治的根本要求,是全面推进依法治国的题中应有之义,也是社会主义法治文化的本质。社会主义法治文化的本质就是中国共产党领导。社会主义法治建设要坚持党的领导这个中国特色社会主义最本质的特征,按照党的十九大部署,深入开展全民普法工作,真正让法治理念深入人心,让法治成为全社会的思维方式和行为模式。

三、中国特色社会主义法治文化的构成要件

中国特色社会主义法治文化作为中国特色社会主义文化的有机组成部分，主要有三方面的来源：(1)源自中华优秀传统法治文化，从几千年的优秀传统法治文化中汲取营养和养分；(2)在几十年的革命斗争中间形成了革命法治文化；(3)新中国成立以来在社会主义建设中所形成的社会主义先进法治文化。表现为社会主义法治思维、法治行为与法治环境，包括社会主义立法文化、执法文化、司法文化、廉政文化、守法文化等要素。

(一)社会主义法治文化的主要渊源

第一，传统法治文化。习近平总书记在哲学社会科学工作座谈会上指出："要加强对中华优秀传统文化的挖掘和阐发，使中华民族最基本的文化基因与当代文化相适应、与现代社会相协调，把跨越时空、超越国界、富有永恒魅力、具有当代价值的文化精神弘扬起来。"19 世纪以来，欧美列强以"文明等级论"为由，认定中国属于"半文明半开化"国家，因而在中国主张"治外法权"，迫使清政府仿照西方法律制定新律。受西方法学影响，中国古代"法治"理论在近代就被清末主持修律的大臣沈家本断定为韩非子、申不害等人的法家思想，"以刻核为宗旨，恃威相劫"，其价值被否定。另外，我们有一批改革家认为中国在历史上只有律，没有法，就是以强力、压迫为刑律的律，而没有法。实际上，中国传统法治并非单纯的刑律之治，而是"礼法之治"。中国古代的礼制，在相当程度上属于民事规范、宪政规范、行政规范以及道德规范的混合体，"礼法并用""德主刑辅"的"礼法传统"，构成了中国传统法治文化的重要特色。克服欧美法治文化对中华传统法治文化的偏见，深化对中华传统法治文化的认识，有助于我们理解传统法治文化的本质与特征，剔除其中的封建文化糟粕，从中汲取优秀传统文化的经验智慧，为建设中国特色社会主义法治文化提供借鉴。应该说，在传统文化中，"人治"的因素要远远大于"法治"的因素。所以在文化中"人治"的色彩也更加浓厚一点，确实有很多糟粕，特别是很多朝代在政权的交替过程中间出现了大量的权斗，后宫权斗、朝廷权斗，这都是"人治"很显著的特点，也形成了浓厚的

文化,创造出丰富的文学作品。优秀传统文化也有糟粕,我们要注意剔除。从文学作品角度和丰富广大人民群众的文化生活来说,打发业余时间还是能够起到娱乐作用的,但是法治文化要从中国传统优秀文化中挖掘出理法并治的优秀题材,构思出弘扬中华传统法治文化的优秀作品,在这些方面文学作品不是说没有,但相对来说比较少。

第二,革命法治文化。以中国共产党为主体的革命法治文化,形成于中国共产党带领中国人民走向独立、改革和建设的过程之中,它反映了中国共产党的优良的法治作风。深化对革命法治文化的认识,有利于指导我国进行改革和建设。2018 年 7 月,中共中央办公厅、国务院办公厅印发的《关于实施革命文物保护利用工程(2018—2022 年)的意见》中强调,“要以开展爱国主义教育、培育社会主义核心价值观为根本,以弘扬革命精神、继承革命文化为核心,统筹推进革命文物保护利用传承”。《中华人民共和国英雄烈士保护法》第 8 条第 2 款规定:“中央财政对革命老区、民族地区、边疆地区、贫困地区英雄烈士纪念设施的修缮保护,应当按照国家规定予以补助。”这充分说明已经将传承革命法治文化纳入法律之中。特别是 2018 年 4 月全国人大常委会通过的《中华人民共和国英雄烈士保护法》(以下简称《英雄烈士保护法》)是针对前一段时间对我们英雄烈士诋毁攻击的有利反击。包括对雷锋精神,说雷锋还是个年轻人,你去找他穿的衣服在当时是比较贵的了,喜欢照相,还喜欢打扮,挖掘这些细节是别有用心的,因为雷锋已经凝固成一个全心全意为人民服务的社会形象,从细节上找问题放大,以至于毁灭这个形象实际上是别有用心。包括狼牙山五壮士,从狼牙山五壮士每个人的经历中去否定,然后去解构英雄主体,实际上不是搞所谓的历史研究,这是别有用心。

第三,社会主义先进法治文化。习近平总书记在十九大报告中指出:“中国共产党从成立之日起,既是中国先进文化的积极引领者和践行者……当代中国共产党人和中国人民应该而且一定能够担负起新的文化使命,在实践创造中进行文化创造,在历史进步中实现文化进步!”中国特色社会主义文化是中国特色社会主义的重要组成部分,是激励全党全国各族人民奋勇前进的强大精神力量。中国特色社会主义法治文化既是中国特色社会主义文化的有机组成部分,也是建设法治国家的基本要素,是落实坚持全面依法治国基本方略的内生动力,在推动全面依法治国中具有重要作用。

(二)社会主义法治文化的基本形态

第一,社会主义法治思维。《全国人大常委会 2016 年工作要点》中提出:“提高运用法治思维和法治方式推动发展的能力,认真学习宪法和法律,不断增强法治观念、法治素养,认真学习人大的议事规则和工作程序,坚持民主集中制,坚持依法按程序办事,在法治轨道上推动国家各项工作开展。”法治思维在法治宣传教育、社会治理和国家治理中发挥着重要作用。一般认为,“法治思维”,也可称“法律思维”,系指“以合法性为出发点,追求公平正义为目标,按照法律逻辑和法律价值观思考问题的思维模式”。我们认为,符合法治精神的思维模式就是法治思维。法治思维的特点是:以合法性为出发点,凡事都要追问“是否合法”;以追求公平正义为目标,重视和强调证据、程序、权利义务的统一。“法治思维”的本质特征,即“法律权威思维”“法律规范思维”“法律程序思维”。社会主义核心价值观是社会主义法治建设的灵魂,对于党员和领导干部而言,“法治思维”还体现在善于将各种工作纳入法治化、制度化、规范化的轨道,同时把社会主义核心价值观融入法治建设、制度建设。这不仅是加强社会主义核心价值观建设的重要途径,也是领导干部提升法治思维的重要内容之一。所以说我们遇到具体事情都要有法律的权威意识、合法性的逻辑思维意识以及法治程序性意识。前不久我在辽宁省督导“扫黑除恶”的时候就强调,这一次“扫黑除恶”是要依法严惩,每一个案件都要办成经得起历史检验的案件,不下指标,不搞运动,对于督导中发现的一些地方为了扩大战果来提高等级的做法坚决予以制止,对一般性的刑事犯罪就按照刑事犯罪,不要往恶势力团伙上去搞,属于恶势力团伙就按恶势力团伙去定位,不要轻易地升格为恶势力集团;如果是恶势力集团就按照恶势力集团去做,不要进一步升格为黑社会性质集团犯罪。我们“扫黑除恶”有严格的标准,同时提出来在“扫黑除恶”中,对所有涉及黑恶的刑事案件实现律师代理全覆盖。所以说不能因为我们“扫黑除恶”就是要夸大战果,形成声势就忘了依法办事,一定要依法办事、依法严惩,我们遇到具体工作具体事情的时候都要问一下,是否符合法律准则、程序准则、规则准则。

第二,社会主义法治行为。社会主义法治行为需要以社会主义法律为依据,在法律的规范内行使国家权力,政府要依法行政,公民需要遵守法律的规定,按照法律行使自身的权利和履行自身的义务。但是,法律实施行为不能等同于法治实施行为或者“法治行为”。从本质上讲,“法治行为”是在法治思维支配下的行为,它是法治思维外化的结果。法治实施行为要完全符合法治精神与法治原则,需要在社会主义核心价值观的引领下,提高法治实施者的理论素养和道德素养。法治思维是和社会主义核心价值以及理论思维相联系,并且有序表现出来的行为方式。

第三,社会主义法治环境。中共中央办公厅、国务院办公厅印发的《关于进一步把社会主义核心价值观融入法治建设的指导意见》中指出:“各级党委要高度重视把社会主义核心价值观融入法治建设工作,加强组织领导,加大工作力度。人大、政府、政协、审判机关、检察机关要认真履职尽责,各领域各部门要充分发挥各自优势,积极主动开展工作。党委宣传部和政法委要加强工作指导,统筹各方力量、协调各方职能,形成齐抓共管的工作合力,为社会主义核心价值观建设创造良好法治环境。”社会主义法治环境建设,主要是通过推进宪法和法律实施,形成办事依法、遇事找法、解决问题用法、化解矛盾靠法的社会导向,形成人们不敢违法、不能违法、不愿违法的社会环境。要发挥社会主义法治在道德建设中的重要作用,依法惩处公德失范、诚信缺失的违法行为,大力整治突破道德底线、丧失道德良知的现象。通过法律机制加强社会信用体系建设,完善守法诚信褒奖激励机制和违法失信行为惩戒机制,加大司法执行中对失信被执行人信用的监督、威慑和惩戒力度。通过社会自治组织建设,深化政风行风建设,切实纠正行业不正之风。在社会主义核心价值观引领下,不断完善市民公约、乡规民约、学生守则、行业规章、团体章程等社会规范,发挥党和国家功勋荣誉表彰制度的引领作用、礼仪制度的教化作用,使社会规范与法律规范相得益彰,使全社会成为培育和践行社会主义核心价值观的实践基地,形成良好法治的氛围。

(三)社会主义法治文化的基本要素

社会主义法治文化的基本体系主要是社会主义立法、司法、执法、廉政以及守法,从各方面来谈社会主义法治文化的基本体系,就是五要素体系。

第一,社会主义立法文化。党的十九届二中全会指出,要贯彻科学立法、民主立法、依法立法的要求,注重从政治上、大局上、战略上分析问题,注重从宪法发展的客观规律和内在要求上思考问题,维护宪法权威。中共中央办公厅、国务院办公厅印发的《国家“十三五”时期文化发展改革规划纲要》提出：“加快文化立法进程，强化文化法治保障，全面推进依法行政。”《关于进一步把社会主义核心价值观融入法治建设的指导意见》明确指出：“要坚持以社会主义核心价值观为引领，恪守以民为本、立法为民理念，把社会主义核心价值观的要求体现到宪法法律、法规规章和公共政策之中，转化为具有刚性约束力的法律规定。”要加强重点领域立法，深入分析社会主义核心价值观建设的立法需求，把法律的规范性和引领性结合起来，坚持立改废释并举，积极寻找把社会主义核心价值观融入法律、法规的嵌入点，推进相关领域立法，使法律法规更好地体现国家的价值目标、社会的价值取向、公民的价值准则。要加快完善体现权利公平、机会公平、规则公平的法律制度，依法保障公民权利，维护公平正义。

比如刚才说的《英雄烈士保护法》整部法律就是在社会主义核心价值观指导下制定的，带有很强的历史时代特点。我在人大常委会每一部法律立法过程中都要进行思考，这个法律有没有法治文化的切入点。2018 年 8 月修正通过的《个人所得税法》，在规范扣除项目中，我提议应该将赡养老人放进去，不仅是税法的负担公平，更重要的是将赡养老人放入法律可以体现中国传统文化尊老敬老的优秀文化。

第二，社会主义司法文化。习近平总书记指出：“公正司法是维护社会公平正义的最后一道防线。”近年来，司法机关高度重视以社会主义核心价值观引领司法文化建设，颁发了一系列文件，取得了显著成绩。最高人民法院、中华全国归国华侨联合会《关于在部分地区开展涉侨纠纷多元化解试点工作的意见》中指出：“各级人民法院和侨联组织应当充分运用各种传媒手段，宣传多元化纠纷解决机制的优势。将华侨爱国主义、集体主义精神同中华传统解纷理念有机融合，引导广大归侨侨眷和海外侨胞加强自我管理、自主解决纠纷，不断发挥中华司法文化对完善中国特色社会主义司法制度的促进作用。”社会主义核心价值观是社会主义司法文化的灵魂，特别是“民主”“法治”“文明”“和谐”等价值要求。同时认真贯彻落实坚持依法治国和以德治国相结合的要求，加强社会主义核心价值观、人民司法优良传统的宣传教育，打牢干警公正廉洁司法的思想道德基础。

第三，社会主义执法文化。习近平总书记在十九大报告中指出，建设法治政府，推进依法行政，严格规范公正文明执法。加强行政体制改革，深化依法治国实践，完善中国特色社会主义法治体系。执法必须有法可依,国家机关必须严格依照法律的规定行使国家公权力,没有法律的授权,行政机关不得滥用国家权力。在具体实践中,社会主义执法文化主要体现为行政机关的执法文化。行政执法文化是行政执法部门在从事行政执法工作中表现出来的以价值理念为核心的特有思维、心理和行为方式。行政执法文化首先体现为行政执法部门严格执法、平等执法、公正执法的理念,其次体现为行政机关建立健全行政执法责任制,以及执法监督、制约机制,使得行政执法人员的执法行为受到全方位、全过程的监督。我们的法律中有执行性的法律、倡导性的法律和约束性的法律。执行性法律中80%以上是由行政机关执行,所以从执法角度来说,行政执法是主体,首先就是要严格执法,执法过程中要一视同仁,不能此轻彼重,同时还要建立行政执法责任制以及执法监督制约机制,使得行政执法形成良好的行政执法文化。

第四,社会主义廉政文化。习近平总书记在参加第十二届全国人大第三次会议江西代表团审议时指出,抓作风建设要着力净化政治生态,营造廉洁从政的良好环境。自然生态要山清水秀,政治生态也要山清水秀。严惩腐败分子是保持政治生态山清水秀的必然要求。党内如果有腐败分子藏身之地,政治生态必然会受到污染。因此,必须做到有腐必反、除恶务尽。从内容上看,社会主义廉政文化主要包括两个方面的内容,其一是廉政法律文化,其二是廉政党纪文化。党纪以中国共产党的党内法规为主要渊源,属于广义上的法律。党纪严于国法,与国法相辅相成。廉政文化建设,要求广大党员干部,特别是领导干部在思想上,把国家的法律、法规、党的纪律看作不能逾越的雷池,不可触碰的高压线,在廉政实践中,做到违反党纪国法的事不做,违反党纪国法的话不讲,严于律己,遵法执政。在廉政制度和廉政环境的建设上,要把权力关进制度的笼子里,形成不敢腐的惩戒机制、不能腐的防范机制、不易腐的保障机制。这是我们提出的廉政文化。十八大以来,中央提出建设社会主义法治体系,把党内法规体系纳入了社会主义法治体系的五大体系之中,如何把法律和党内法规融为一体,贯通起来,整体的建设,为此中国法学会专门成立了党内法规研究中心,加强党内法规和国家法律关系的研究。

第五,社会主义守法文化。习近平总书记在十九大报告中指出:"深入推进全民守法;各级党组织和全体党员要带头尊法学法守法用法,任何组织和个人都不得有超越宪法法律的特权，绝不允许以言代法、以权压法、逐利违法、徇私枉法。”“守法”是一个法治社会的共识，不仅是公民要遵守法律，政府在行使公权力时，也应当遵守法律的规定。守法文化作为一种法治文化，能够有效地促进法律的实施和依法治国实践。我们开展全民法治宣传教育的一个重要目标，就是提高尊法学法用法守法意识。我们制定了众多的法律，绝大多数也要靠公民自觉遵守，使得强制执行的比例越小越好。

今年10月全国人大常委会有一项重要工作，也是监察和司法委员会的重要工作，就是要听取最高人民法院关于2～3年内基本解决执行难问题的报告，并且还要开展专题询问。2016年周强院长提出来，要用2～3年时间基本解决执行难问题，为此全国法院做了很大的努力，主要是民商事执行的会战取得很大的成绩。我们调研发现，解决执行难问题除了要有完善的市场经济体制外，很大方面就要靠法律权威，全民守法，就是使自觉履行成为常态。欧美国家95%以上的法院判决，包括民商事、婚姻、财产分割等，法院判决就自觉履行了，真正要提交到法院去强制执行的是极个别的。在我们国家不需要申请执行的民商事判决只有40%，60%是申请执行。申请执行到法院以后，由于种种原因，有客观原因，比如说破产了等，但也有主观原因转移资产，就是执行不能，没有资产执行了，这种情况又再加40%。剩下来的部分有很多要赖，使得执行成本很高，很多部门联动，找人找钱找物，采取强制措施，搞得轰轰烈烈才能完成。

现在提出来要长治久安，这样的会战虽然成效很大但不能解决根本问题，全国人大要抓紧制定《强制执行法》，我们也是想通过《强制执行法》执行几十年以后形成自觉履行判决的文化，就不需要靠强制执行，大多数能够自觉履行。我想制定《强制执行法》的时候一定要加上一条，凡是申请执行了并且是被强制执行的要在原判决之上要增加执行费用，使得自觉履行和被强制执行不一样，通过强制执行来促进自觉履行，不能使强制执行成为常态，要使得法院判完以后90%以上都承认这个判决，并自觉履行，真正需要强制执行的只是极个别，不能凡事都要靠国家强制力。所以守法意识一定要增强，要自觉遵守法律。从民商事案件法院执行的角度看，我们与法治国家、法治社会的要求还有很大的差距。

四、十八大以来中国特色社会主义法治文化建设的伟大成就

党的十八大以来,在以习近平同志为核心的党中央坚强领导下,各地区各部门积极运用法治思维和法治方式,加强问题导向,着眼落细落实,注重统筹协调,坚持依法治国和以德治国相结合,大力弘扬社会主义法治精神,全方位地推动社会主义核心价值观融入法治建设,各方面工作呈现向上向好的发展态势。十九大报告中明确指出:"科学立法、严格执法、公正司法、全民守法深入推进,法治国家、法治政府、法治社会建设相互促进,中国特色社会主义法治体系日益完善,全社会法治观念明显增强。"这是总的判断,我们在法治建设过程中已经有了翻天覆地的变化,取得了伟大成绩,其中全社会法治观念明显增强,这也是很明显的,虽然问题还有,但是进步也是很明显的。

(一)中国特色社会主义法治文化理论研究取得重大进展

第一,中国特色社会主义法治文化理论渊源于习近平总书记关于法治建设和社会主义文化建设的重要论述。从来源上看,习近平总书记关于法治建设的重要论述主要体现在习近平总书记关于全面依法治国的系列重要讲话,这中间习近平总书记提出来社会主义法治文化里的渊源是属于社会主义文化的有机组成部分,特别是关于社会主义核心价值观的重要内容和重要论述,也是我们中国特色社会主义法律文化理论的重要来源。

第二,社会主义核心价值观已经成为中国特色社会主义法治文化的核心理念与内在精神。中办、国办印发的《关于进一步把社会主义核心价值观融入法治建设的指导意见》中明确指出:"社会主义核心价值观是社会主义法治建设的灵魂。"进一步把社会主义核心价值观融入法治建设,进一步落实依法治国、以德治国相结合,进一步研究核心价值观和法治文化建设的关系,这是我们重要的发展方向。

(二)社会主义法治文化实践取得伟大成就

第一,社会主义核心价值观融入立法取得重要突破。《中华人民共和国国家安

全法》第 23 条规定:“国家坚持社会主义先进文化前进方向,继承和弘扬中华民族优秀传统文化,培育和践行社会主义核心价值观,防范和抵制不良文化的影响,掌握意识形态领域主导权,增强文化整体实力和竞争力。”《中华人民共和国公共文化服务保障法》第 3 条规定:“公共文化服务应当坚持社会主义先进文化前进方向,坚持以人民为中心,坚持以社会主义核心价值观为引领;应当按照‘百花齐放、百家争鸣’的方针,支持优秀公共文化产品的创作生产,丰富公共文化服务内容。”《中华人民共和国公共图书馆法》第 3 条规定:“公共图书馆是社会主义公共文化服务体系的重要组成部分,应当将推动、引导、服务全民阅读作为重要任务。公共图书馆应当坚持社会主义先进文化前进方向,坚持以人民为中心,坚持以社会主义核心价值观为引领,传承发展中华优秀传统文化,继承革命文化,发展社会主义先进文化。”包括刚才提到的《英雄烈士保护法》,体现了将社会主义核心价值观融入法律。《个人所得税法修正案》体现了尊老精神,可见社会主义法治文化正在通过立法逐步地纳入法律规范之中,这是取得的一个重要成就。

第二,社会主义核心价值观融入司法执法取得重要成就。2015 年 10 月 12 日,最高人民法院发布《关于在人民法院工作中培育和践行社会主义核心价值观的若干意见》,其中提出:“大力加强法官职业道德建设,保证法官正确履行宪法法律职责,促进全社会不断提高社会主义核心价值观的建设水平。”《关于新形势下加强人民法院文化建设的指导意见》也指出:“发挥法院文化功能推进司法为民、公正司法,用法院文化引导干警强化对中国特色社会主义司法制度的高度认同,强化对公平正义的执着追求,强化对法治原则的坚定恪守,强化对司法事业的忠诚热爱,正确认识和积极支持司法改革,努力为建设中国特色社会主义法治国家而奋斗。”2018 年 1 月 31 日,最高人民检察院印发的《关于充分发挥检察职能作用,深入开展扫黑除恶专项斗争的通知》中强调:“要运用法治思维和法治方式,突出打击重点,全面履行检察职责,确保依法、准确、有力惩处黑恶势力犯罪。加强组织领导和督促检查,充分发动和依靠群众,确保扫黑除恶专项斗争取得良好政治效果、法律效果和社会效果。”这次在扫黑除恶的整个过程中,我们督导的第一条内容就是要大力宣传,宣传工作相当努力,做到了深入人心,入村入户,我觉得这次扫黑除恶宣传工作也是很有针对性的一次普法行动,司法执法中也融入了法治文化的内容。

第三,社会主义核心价值观融入普法实践取得重要发展。习近平总书记深刻指出:“法律要发挥作用,需要全社会信仰法律。对法律有了信仰,群众就会自觉按法律办事。推进全民守法,必须着力增强全民法治观念,坚持法制教育与法治实践相结合,把全民普法和守法作为依法治国的长期基础性工作来抓。”全民守法,是法治中国建设的基础,是社会主义法治文化建设的核心。《关于进一步把社会主义核心价值观融入法治建设的指导意见》指出:“根植于全民心中的法治精神,是社会主义核心价值观建设的基本内容和重要基础。要坚持法治宣传教育与法治实践相结合,建设社会主义法治文化,推动全社会树立法治意识、增强法治观念,形成守法光荣、违法可耻的社会氛围,使全体人民都成为社会主义法治的忠实崇尚者、社会主义核心价值观的自觉践行者。”为了明确各部门的普法责任,2017 年 5 月,中共中央办公厅、国务院办公厅颁布《关于实行国家机关“谁执法谁普法”普法责任制的意见》,其中指出:要全面贯彻落实党中央关于法治宣传教育的决策部署,按照“谁执法,谁普法”的要求,进一步明确国家机关普法责任,健全工作制度,加强监督检查,不断推进国家机关普法工作的深入开展。十八大以来在普法过程中把社会主义法治文化融入其中,在增强人民的守法意识方面也取得了明显的进展,这是第四方面的内容。

五、新时代社会主义法治文化建设的目标与任务

随着中国特色社会主义文化写入党章,作为中国特色社会主义文化重要组成部分的法治文化建设也摆在了更加重要的位置。从知与行的角度,发掘每个人心底蕴藏的善良道德意愿、道德情感,让社会主义核心价值观,内化为社会群体和个人的意识,外化为群体和个人的行为规范,才能产生凝聚力、焕发战斗力,为法治文化建设注入不懈动力。新时代建设社会主义法治文化,要深入学习贯彻习近平新时代中国特色社会主义思想和党的十九大精神,进一步增强“四个意识”,坚定“四个自信”,以社会主义核心价值观为引领,更好地发挥法治和德治在国家治理中相互补充、相互促进、相得益彰的积极作用,推进国家治理体系和治理能力现代化,为全面依法治国提供法治精神支撑。

(一)以社会主义核心价值观引领社会主义立法文化建设

第一,中国特色社会主义立法文化建设的目标。习近平总书记在党的十九大报告中强调:“推进科学立法、民主立法、依法立法,以良法促进发展、保障善治。”法律是治国之重器,良法是善治之前提;立法文化建设的目标是树立社会主义“良法”理念,培育崇尚“科学”“民主”“法治”的“良法文化”。法律法规体现了鲜明的价值导向,社会主义法律法规直接影响人们对社会主义核心价值观的认知认同和自觉践行。要坚持以社会主义核心价值观为引领,恪守以民为本、立法为民理念,把社会主义核心价值观的要求体现到宪法法律、法规规章和公共政策之中,把具有可操作性的内容转化为具有刚性约束力的法律规定。如果说改革开放之初主要解决的问题是无法可依,那几十年来我们形成了比较完备的法律体系,中国特色社会主义法律体系已经基本形成,在新时代立法方面更要注重法律文化的职责作用,从一个法律大国向良法强国改变,提高我们立法的质量,通过法律的立改废机制,提高良法善治的基础。

第二,中国特色社会主义立法文化建设的任务。《中共中央关于全面推进依法治国若干重大问题的决定》指出:立法要“恪守以民为本、立法为民理念,贯彻社会主义核心价值观,使每一项立法都符合宪法精神、反映人民意志、得到人民拥护。要把公正、公平、公开原则贯穿立法全过程,完善立法体制机制,坚持立改废释并举,增强法律法规的及时性、系统性、针对性、有效性”。要培育崇尚“科学”“民主”“法治”的“良法文化”,首先应当树立“科学立法”的理念。宪法是国家的根本大法,每一项立法都要符合宪法规范,加强宪法备案审查制度,这次在宪法修改的过程中,把宪法审查的合宪性审查内容加进去,同时在全国人大常委会以法律委员会为基础,赋予合宪性审查制度。这样就可以在全社会进一步弘扬宪法精神,营造依法立法的氛围。第一次中央全面依法治国委员会第一次会议以后的重要动作,就是筹备开展宪法学习宣传贯彻工作的督导工作,对全国开展宪法宣传教育和贯彻执行的情况进行检查,强化宪法宣传教育实施工作。

(二)社会主义核心价值观引领社会主义司法文化建设

公正是法治的生命线。司法公正对社会公正具有重要的引领作用,司法不公对社会公正具有致命的破坏作用。必须完善司法管理体制和司法权力运行机制,规范司法行为,加强对司法活动的监督,努力让人民群众在每一个司法案件中感受到公平正义。所以说司法文化建设核心建设就是公正,司法公正,公平公正,这是我们的核心。另外,司法文化建设还要能提高司法的效率,要不断地完善司法改革,特别是要落实以司法责任制为中心的综合配套改革,通过改革使得司法的公正效能得到保证,所以说司法文化建设要围绕公正和效率来进行。

(三)中国特色社会主义核心价值观如何引领社会主义执法文化建设

执法文化建设就是要严格推行职能科学、权责法定、执法严明、公开公正、廉洁高效、守法诚信的法治政府。这是法治政府规划总结的重要目标,据此,我国执法文化建设的目标是建立社会主义法治政府,培育“严明”“公开”“公正”“廉洁”“高效”“守法”“诚信”的执法文化氛围。重要的内容就是要通过深化行政执法体制改革,根据不同层级政府的事权和职能,按照减少层次、整合队伍、提高效率的原则,合理配置执法力量,形成职能科学的执法体制。同时要推进各级政府事权规范化、法律化,推进机构、职能、权限、程序、责任法定化,推行政府权力清单制度,纠正不作为、乱作为,使各级政府官员养成权责法定的执法思维、执法严明的执法作风。同时,要坚持不懈地不断推进行政决策公开、执行公开、管理公开、服务公开、结果公开,使全体公职人员养成公开公正的执法理念,形成廉洁高效的执法风格,防止和克服地方和部门保护主义,坚决惩治执法腐败现象。

(四)以社会主义核心价值观引领社会主义廉政文化建设

《建立健全惩治和预防腐败体系2013—2017年工作规划》中指出:“积极借鉴我国历史上优秀廉政文化,把培育廉洁价值理念融入国民教育、精神文明建设和法制教育之中。发挥文化馆、纪念馆和廉政教育基地等的作用,加强廉政文化精品工程建设,开展廉政文化创建活动,扬真抑假、扬善抑恶、扬美抑丑,培育良好的民风社风。”我国廉政文化建设的目标是形成以廉为荣、以贪为耻的良好社会风尚,在广大党员干部中形成“不敢腐、不能腐、不愿腐”的“廉政作风”,确保各个部门都能做到干部清正、政府清廉。加强廉政教育激励、廉政文化的创意,保证国家廉政建设提供良好文化氛围,真正地引导良好的民风社风。

(五)以社会主义核心价值观引领社会主义守法文化建设

第一,自愿捍卫法治权威,自觉履行法律,形成“守法光荣、违法可耻”的文化氛围。第二,大力加强法治宣传教育,把法治宣传教育纳入国民教育体系和精神文明创建的内涵中,以及认真执行法治宣传教育责任制,特别是执法责任制,同时改进法治宣传教育方法,利用网络核心技术、人工智能技术,提高法治宣传教育和法律服务的实效性。第三,深入开展“普法万里行”活动,今天在这里举行了“普法万里行·走进东莞”活动,这是一次很好的活动,通过系列活动能够把我们的守法文化,通过守法的观念、精神,通过一系列活动,深入浅出地渗透到公民的意识中,更好地弘扬社会主义核心价值观,弘扬中国传统美德、培育社会公德、职业道德、家庭美德、个人品德,提高全民族的思想道德水平,为依法治国创造良好的人文环境与社会氛围。

时间关系,我就说这么多,探索性的提法希望大家批评指正,谢谢大家!

全面依法治国与第五宪法修正案

徐显明

徐显明，十三届全国人大常委会委员、全国人大监察和司法委员会副主任委员。曾任中国政法大学校长、山东大学校长、中央政法委副秘书长、全国人大法律委员会副主任委员、最高人民检察院副检察长。本文根据徐显明同志于2018年10月16日在广东省依法治省委员会专场报告会录音资料整理而成。
本文所谈“今年”为2018年。

我这是第三次到广东来做这种面向全省领导干部的大型报告了。今天准备和大家交流三个方面的问题：一是今年年份的特殊性，值得纪念；二是我们一起学习和领会一下习近平总书记关于全面依法治国的新理念新思想新战略；三是就这次宪法修改，我谈几点认识。

一、今年年份的特殊意义

第一个特殊，今年是马克思诞辰200周年，我们不应忘记200年前的5月5日。没有马克思的诞生就没有马克思主义。没有马克思主义也就没有以《国家与革命》为标志的列宁主义。没有列宁主义就没有“十月革命一声炮响，给我们送来了马克思列宁主义”，也就没有马克思主义的中国化，也就没有毛泽东思想，当然也不会有邓小平理论及中国特色社会主义理论体系。习近平新时代中国特色社会主义思想是对马克思主义的继承和发展,是当代中国的马克思主义,是当代世界的马克思主义。为感谢德国为世界贡献了这个“千年第一人”,中国政府赠送了一尊高达 6.3 米的马克思雕像于德国。该作品由中国当代最具代表性的雕塑艺术家吴为山先生完成,现矗立在马克思故乡特里尔市中心的西蒙教堂广场上。

第二个特殊,今年是《共产党宣言》发表 170 周年。没有《共产党宣言》,我们人类在探索社会发展规律的时候,可能还要在黑暗中摸索若干年。《共产党宣言》的问世,预示着马克思主义的形成。她的最大的贡献就是揭示了人类发展规律,将人类社会的高级历史形态描绘出来了,从此改变了人类历史命运,也改变了中国的历史进程。社会主义是共产主义的初级阶段,工人革命的第一步就是要争得政权,有了无产阶级政权以后才能建成社会主义,进而到达共产主义。《共产党宣言》的发表,也预示着马克思主义法学的产生。马克思主义法学把光怪陆离又纷繁复杂的所有法的现象,都归结为一种本质:法是统治阶级意志的集中体现,而这种意志的内容是由统治阶级所处的物质生活条件所决定的。法学从此走向科学。

今年还有第三个特殊性,社会主义国家的宪法产生 100 周年。1917 苏俄发生了革命,建立了人类历史上第一个社会主义政权。此后不到一年的时间,列宁亲自为这个政权起草了一部法律,这就诞生了社会主义国家的第一部宪法。在社会主义宪法诞生之前,人类历史上有若干宪法性文献,如 1215 年英国自由大宪章、1689 年英国权利法案、1776 年美国独立宣言、1787 年美国宪法、1789 年法国人权宣言、1791 年法兰西第一共和国宪法、1889 年亚洲第一部宪法《大日本帝国宪法》等。但无论怎么讲,以往所有宪法都是资产阶级性质的,社会主义的宪法于 1918 年第一次出现。资本主义宪法的核心是以自由为本位,社会主义宪法的核心是以平等为本位。社会主义的本质特征是人人在占有生产资料上平等。不只是政治上平等,在经济上平等这个巨大的价值就是社会主义宪法首先提供给人类的。

第四个特殊性,今年是世界人权宣言发表 70 周年。1948 年 12 月 10 日,大家要记住这个日子。这个日子现在被联合国确定为“世界人权日”。在这一天,联合国的世界人权宣言发表了。中国人对这个人权宣言做过巨大的贡献。这个宣言的起草委员会里有中国人做委员会副主席,名叫张彭春。他是著名教育家张伯苓的弟弟,曾任清华大学教育长、中国驻联合国代表。当苏美两大阵营争执不可开交的时候,美国阵营的代表是罗斯福夫人,她恰恰担任起草委员会的主席,所以她有强势的主导地位。苏联阵营,也就是社会主义阵营,不赞同她起草过程中提出的以自由、政治权利为主要内容的古典人权观,而主张以经济、社会、文化、平等为主要内容的新人权观。当两大阵营相持不下的时候,张彭春站出来说话了:能不能将各方所主张的自由主义的人权和平等主义的人权都反映在这部人权宣言中,我们用列举直录的方式将所有的权利都记载下来,但让这个宣言只具号召性,只有道德意义,而不必像联合国宪章那样,对加入者产生直接的约束力,而当具备条件的时候再分别制定单项的具有约束力的人权条约。联合国人权宣言的起草时间早于联合国宪章的起草时间,而宪章已生效了,人权宣言却还没着落,一年又一年往下拖,到了 1948 年大家终于接受了中国人的这个观点。这就是中国的中庸思想,一种折中的观点,双方达成一致,所以产生了人类伟大的人权宣言。它构成了今天世界人权宪章的基础。如果没有世界人权宣言,世界各个国家的宪法还都是古典宪法。有了世界人权宣言,在世界范围内、在宪法问题上就找到了一个新的共同点,宪法的目的就是要尊重和保障人权,所以人权就成为当代宪法共同的价值观。联合国目前有三大理事会:安全理事会,负责维护世界和平;经社理事会,负责推动世界经济社会发展;人权理事会,负责协调世界推行尊重和保障人权的价值观与制度。

第五个特殊性,对广东来说尤其重要。所有的特殊都集中在最后这一点上,今年是改革开放四十周年。1978 年,中国历史这架有轨电车开始变轨变向,中国人民的命运从此改变。习近平总书记有一个判断:改革开放是决定当代中国命运关键的一招,也是决定未来两个一百年关键的一招。到了广东,就让我想起了林则徐。1838 年他被清政府确定为钦差大臣到广东督导禁烟,1839 年的 3 月在广州上任。他在这里工作的时间不到 2 年,1841 年就被罢官了。他在走的时候,碰到了他这一生最好的朋友,这就是魏源。两个人彻夜长谈,林则徐将自己到广州之后编的一套资料,交给了魏源。

林则徐在广州的两年时间里都做了哪些事呢,在中国近代史上他的最大意义,就是他成为“睁开眼睛看世界的第一人”。他编了一本书《四州志》,将四大州的风土人情,特别是将各个国家的法律制度开始向中国介绍。他首先组织翻译了瑞士国际法学家华达尔写的一本书，当初林则徐将之译为《万国公法》，其实就是今天所讲的国际法。国际法第一次进入到中国，就是进入到广州。林则徐是了解国际法的中国第一人。林则徐把《四洲志》留给了魏源，魏源后来以它为基础，将各个国家的风土人情、历史风貌、科学技术、法律制度等，汇编成了影响中外的《海国图志》。

《海国图志》从200卷扩展到500卷，这本书是改变亚洲历史走向的一本书。可惜的是当时中国的知识分子和中国的官员很少有人读到这本书，后来被作为禁书。但是这本书偷运到了日本，据研究《海国图志》的日本专家统计，日本在当时约有10万左右的知识分子读了这本书。《海国图志》在日本前后有二十几个版本。这本书成为日本明治维新一代人的启蒙教科书，是它引导日本走上了近代化的道路。日本的知识分子看完这本书以后就在思考，什么原因让中国这样一个泱泱大国顷刻之间土崩瓦解？又思考西方灭亡东方的第二个国家是谁？他们立刻想到一定是日本。所以日本知识分子通过这本书，形成了一个共识，这就是抛弃汉学改学“兰学”。荷兰的“兰”，因为荷兰是西方列强到达东方的第一个国家，荷兰文化对日本影响巨大。日本知识界认为，兰学代表着当时西方最先进的思想和技术。日本人开始蔑视中国，要脱亚入欧。其中有像福泽谕吉这样的人获得启发后写了《文明论概略》，第一次提出与其等着像中国那样被西方来殖民，还不如做宗主国。怎样做宗主国呢？就是日本起来与西方一道再灭亡一次中国，这就形成了日本的军国主义。在我看来，福泽谕吉是日本军国主义的始作俑者。

《海国图志》对日本知识分子的启蒙，远远大于对中国知识分子所产生的影响。可是这本书中提出的“师夷长技以制夷”的观点到后来受到朝野的重视。中国学习西方，到今天来看一共是三部曲：第一部，我们为什么失败？就是因为我们的科学技术落后了，这也是《海国图志》得出来的结论，所以整个中国开始学习西方的器物技术，就是要将西方的技术拿来，然后再去打败西方。可是魏源没有想到，我们将西方的机器学来了，中国也能够造电灯了，中国也能够造枪炮了，中国也有了电报、铁路等，但是后来甲午海战，这一战中国又失败了。为什么我们的器物技术上来了，还是失败了？那时候我们有坐落于威海卫的亚洲第一的北洋水师。在南方，福建马尾还有南洋水师。北洋水师有27艘战舰，南洋水师有17艘战舰。定远号、致远号排水量都在7000吨以上，是亚洲第一舰，上面安装的克虏伯大炮口径达305毫米。日本舰队吉野号是旗舰,炮的口径只有100毫米,中国大炮的射程远超过日本。我们每一艘军舰上都有西方海军帮为操作,而且舰上的中国管代也都受过西方的正规训练。最后为什么我们还是对日本失败了,原因在哪里?有人得出结论说,光有科学技术是不够的,还必须有先进的制度。

甲午海战中国的失败,我认为,是旧制度对新制度的失败。所以中国知识分子学习西方的第二轮高潮,是模仿日本,学习西方的制度。这才有了公车上书,才有了戊戌变法,才有了近代的法律改革运动。沈家本主张:“以法救国”。他作为修律大臣,留下的名言至今对我们仍有意义。他说:对于中国的制度,“应改而不改谓之悖”;对于西方的制度,“应学而不学谓之愚”。改革到最后,人们发现最重要的制度是改不动的。清政府不允许中国像日本那样建立一个君主立宪制的国家,更不允许像美法那样建民主制国家。1908年清政府颁布了《钦定宪法大纲》,这是中国第一部宪法,距今正好110年。这部宪法在世界宪法史上有特殊的地位,它以反民主反历史潮流而臭名昭著。用宪法搞专制,是中国古人四大发明之外的第五大发明。大纲里规定“大清皇帝万世一系永永尊待”,谁也不能触动这个国体。爱新觉罗氏的家天下将永远存续下去。中国首部宪法是逆历史潮流而动的宪法,它为中国的宪政史开了一个坏头。用宪法搞专制,就成为北洋政府时期的一个传统,“袁记约法”就是典型。人们发现改良是改变不了中国的,必须革命。这就是广东香山人孙中山先生首先得出来的结论。通过辛亥革命推翻帝制。革命产生的最大成果就是《中华民国临时约法》。1912年中国人有了自己的民主宪法,但结果呢?该复辟的复辟,该做皇帝的做皇帝,该割据的割据。鲁迅先生有一句评价,说人民怎么样了,人民有了自由了吗?我们唯一的自由就是我们的人身是可以卖的。其实辛亥革命之后,人民并没有获得更多的权利和自由,而是军阀割据,在这个时间我们各种西式制度都试了一遍,看它们能不能在中国存活下去。总统制试一下,不行!内阁制试一下,不行!议会制试一下,也不行!联邦制也试了,搞什么“联省自治”,毛主席1920年专门为湖南起草了《湖南省宪法》,还提出过“湘人治湘”的口号,最后也失败了。

中国知识分子又开始思考了,为什么西方有效的制度到了中国就活不了?后来就发现一种制度一定和它的文化相适应,如果你不用自由主义的文化,就很难让民主的制度活下来。于是中国开始了学习西方的第三部曲。1915年陈独秀在上海办了

《青年》杂志,想唤起青年的觉醒。一年当中他的思想又发生了更大的变化,所以他从上海到了北京,又办了第二份杂志《新青年》,以示与《青年》的不同。《新青年》以介绍西方各种主义、介绍西方的文化作为自己的使命,这就是大家所熟悉的以“德先生”和“赛先生”为主要内容的新文化运动。除民主与科学外,法治(茹夫人)、人权(瑞小姐)等观念一并进入中国。

中国学习西方经历的这三个高潮:学器物技术的高潮、学西方制度的高潮、学西方文化的高潮,是中国走向近代化的三大主轴。三者中最重要的成果,我认为是新文化运动。新文化运动它促成了民族的整体觉醒,也让国人有了国家意识。是新文化运动催生了五四运动。五四运动之后工人阶级开始登上历史舞台,工人阶级登上历史舞台就为中国共产党的产生准备了主体条件。再加上十月革命后马克思主义在中国的快速传播,因而产生了中国共产党。李大钊因 1918 年发表《布尔什维克主义的胜利》而成为马克思主义者,陈独秀因 1920 年发表《谈政治》而成为马克思主义者,毛泽东则先后抛弃了改良主义、自由主义,借助无政府主义而在 1920 年十月完成向马克思主义的转变。这之后才有了新中国,才有了四十年前的改革开放。广东 160 年前的开放,是被帝国主义的枪炮打开的,是被迫的。40 年前我们的改革开放,是主动的,是自觉而为。在迎来改革开放四十周年的今天,我们要总结好这 40 年的经验,用好这决定中华民族命运的关键一招。胡耀邦同志曾留给我们一句话:允许在改革中犯错误,但不允许不改革。我相信,中国改革开放的大门一定会越开越大。

二、习近平总书记关于全面依法治国的新理念新思想新战略

改革开放 40 年,我们取得了三个历史性成就,也可以说是三大奇迹:

第一个奇迹是经济奇迹。新中国成立的时候,中国人均 GDP 只有 17 美元,世界排位倒数第一。改革开放之初,1978 年,我们的人均 GDP 增加到 156 美元,这个时候的世界排位,从倒数第一排到倒数第七,总算是进步了。现在我们的人均 GDP,2017 年的统计,是 8650 美元,现已排在世界第 70 位左右,这就是巨大的历史进步。改革开放之初,我们的 GDP 总量是 3645 亿元人民币,按照当时 13 人民币换一个美元计算,大概也就是 300 亿美元左右,这个时候中国 GDP 总量不足美国加州一个地区的

1/10。现在世界经济总量70多万亿美元,中国在这70多万亿美元中占的份额,从改革开放之初的不到1.8%,现在已经占到了15%。这就是我们的奇迹,中国已经成为世界第二大经济体,去年总数超过82万亿元人民币,这其中,广东做的贡献是最大的。在人类历史上,用这么短的时间发展成为一个排在世界第二,与原世界第二的日本拉开两倍差距的巨大经济体,被认为是不可思议的事情。中华民族5000年间,与辉煌文明相伴随的一直是贫穷,再过两年,当我们全面建成小康社会的时候,中华民族将彻底告别绝对贫困的历史。这是真正的千年不遇之大变局。

第二个奇迹是我们保持了40年的安全和稳定。中国目前是世界上最安全的国家之一。讲这个话是需要底气的。第一个根据,在恐怖主义席卷全球的背景下,2014年3月以后到今天,中国在内地没有发生一起暴恐案事件。广州过去也是一个暴恐受害地区,2014年以后广州是安全和平稳的。发生在内地的严重暴恐事件,大家知道2013年10月28日曾经到了北京的天安门前,2014年年初在昆明,这之后我们扼制住了暴恐案事件多发频发的势头。中国反恐的做法被认为是世界上最成功的。2014年以后法国18个月里,在巴黎就连续发生了4起,英国暴恐已经到了议会门口,德国从南部到北部连续发生暴恐,比利时已经到了布鲁塞尔。中国的《反恐怖主义法》独创了若干行之有效的制度,新疆也已一年多未发生恐怖的案事件了。

第二个根据,每10万人当中命案的发生率最低。一般认为每10万人当中发生0.6~0.8的命案就被认为是世界上最安全的国家:瑞士在0.3~0.6,东方的日本在0.6~0.8,中国恰恰进入到这个行列,是十万分之0.81,是世界上最低的几个国家之一。

第三个根据,是刑事案件的发案率。中国也是世界最低的国家之一。中国每年的刑事案件稳定在110万件左右,刑事案件的被告人,也就是刑事犯罪分子是130万左右。美国一年有2000余万件刑事案件,每年发生的光是暴力犯罪就超过100万件。因暴力而死亡的人数每年超过40万,仅仅枪击这一项,每年就超过10万人。命案发生率,美国是中国的6倍左右。所以,目前中国是世界上最安全的国家之一。西方安全部门的负责人总问我们一个问题:你们每年国家主场国际峰会众多,万人以上集会频频举行,为什么大事也不出,小事也不出?你们是怎样保证安全的?我们说,这就是中国的社会治理优势了。我们有社会治安的“护城河”,有基层政权的组织动员能力,我们可以瞬间将全社会的所有力量动员起来,这在西方是做不到的。你们西方主要靠法治,我们中国则一靠综治,二靠法治,既建法治中国,又建平安中国,这种优势是西方不具备的。西方也承认,中国创造了持续安全稳定的奇迹。

第三个奇迹是全面依法治国,也就是中国法治的奇迹。1978 年改革开放刚刚开始的时候,包括 1978 年宪法在内,中国一共是 8 部法律,我们用 8 部法律开始起步。到今天我们有多少部法律了呢?现在生效的法律是 269 部,这是直接被称为法律的。国务院行政法规,超过了 680 部。地方性法规,超过了 8000 部。一个以宪法为基础,由 7 个法律部门组成的中国特色社会主义法律体系已经形成。在立法上我们用 40 年的时间,走完了西方 300 年走过的道路。这是不是一个奇迹?

西方法学家到中国来和我们交流,他们说完全想象不到你们的法律体系为什么能用这么短的时间构建起来。法国法学家到中国来说,法国到目前为止也就是 60 部左右的法律。日本法学家说日本也就是 230 部左右。德国法学家说,他们有 210 部左右。我讲的这几个国家,他们都是大陆法系国家。他们中近代立法历史最短的是日本。日本是从 1868 年明治维新开始,至今一个半世纪才制定了 230 部法律。法国以中世纪罗马法复兴开始为基础,拿破仑法典是 1804 年由大革命后的国民议会制定出来的。拿破仑为制定这一部法典倾注了大量心血。这部法典在国民议会讨论了 102 次,拿破仑亲自参加讨论的有 97 次,到最后这次的时候,拿破仑说这部法典已经是完美无缺了,今天我交给你们讨论,你们给它增加一个字我认为就是多余的,如果要减一个字我认为就是有欠缺的,所以我希望一个字也不增加、一个字也不减少,能够全票通过。追求全票通过,这是我见到立法历史上的第一次。说完这些话以后,国民议会的委员们你看我、我看你,不知所措。拿破仑后来又做了一个补充,说我今天拉来了三门大炮,就放在国民议会的门口,你们要按照我这个意见,一个字不增、一个字不减地通过,我的大炮马上就会响起来,这是庆祝一部伟大法典诞生的礼炮。如果改了,我的大炮炮口就要调过来对准你们,今天就是各位伟大的葬礼。这部法律真的就是一个字没有增、一个字也没有减,全票通过。历史证明,它果然是资本主义最伟大的法典。

过了几年,拿破仑因为滑铁卢一战变成了英国人俘虏,一关就是 13 年。到第 13 个年头拿破仑体力不支,他知道自己不久于人世,发表了一番感慨。他说,人们说我是常胜将军,滑铁卢一战将我所有的战功归于灰飞烟灭。人们说征服世界要么是军队,要么是宗教,其实真正征服世界的既不是战争也不是宗教,而是我留给你们的法典。我死了,我这部法典将永远统治你们。过了不久,拿破仑见上帝去了,但拿破仑的预言也被应验了。今天,凡是有人群的地方无不奉行拿破仑法典。拿破仑的伟大就是因为这部伟大的法典。20 世纪末分子生物技术产生,法国人闷在心头百年秘密要解开,拿破仑到底怎么死的?在拿破仑的头发里,用分子生物技术发现,砷的含量超过常人一百倍,带着这个结果法国人问英国人,你们是怎样将拿破仑弄死的。当将这个检测的报告给英国人看的时候,英国人不得不将百年档案揭开。在关押拿破仑期间,唯恐拿破仑跑了东山再起,但是又不能让他马上死,后期在他的饭里每天加上微量的砒霜,所以拿破仑是被英国人毒死的。拿破仑法典真正复兴了罗马法,成就了大陆法系。当然拿破仑制定这部法典时,名字并不是拿破仑法典,是叫法国民法典。拿破仑死了,法国人将拿破仑的灵柩迎回来以国葬规格葬于先贤祠。安葬之后国民大会专门召开会议,只做了一件事,将法国民法典更名为拿破仑法典。法国从法国民法典到今天也就立了 60 多部的法律,而中国用不到 40 年的时间,我们就成就了一个独具特色的法律体系,所以中国创造了世界法治的奇迹。

这三个奇迹是什么关系呢?法治的奇迹保障了我们社会的安全和稳定,法治的奇迹 + 社会安全稳定的奇迹,成就了我们经济快速发展的奇迹。这三个奇迹之间有辩证关系。没有法治的奇迹就没有社会安全稳定的奇迹。没有法治和社会安全稳定的奇迹,也就没有经济快速发展的奇迹。

今年 8 月 24 日习近平总书记主持了第一次中央全面依法治国委员会的会议,在这次会议上他发表了重要讲话。先讲为什么要成立全面依法治国委员会,讲了三个必要性。第二就是讲了全面依法治国委员会今后长期要抓的七项工作,我可以简单给大家数一下。(1)要加强党对全面依法治国工作的领导;(2)要加强宪法的实施,全面实施宪法;(3)要加强科学立法,完善中国特色社会主义法律体系;(4)要加快推进法治政府的建设;(5)加快推进构建法治社会,为全面依法治国打好基础;(6)要加强法治工作队伍建设,为全面依法治国提供组织保障;(7)是要抓住领导干部这个关键少数。这次讲话中最核心的内容是总结了党的十八大以来全面依法治国我们已经形成的新理念新思想新战略,这“三新”我们把它概括为“十个坚持”。这也就是我今天下午要讲的重点。

(一)坚持加强党对全面依法治国的领导

这是全面依法治国的根本保证,这也决定了全面依法治国的性质和方向。总书记说:将党的领导贯穿到全面依法治国的所有方面和全过程,这是我们的一条基本经验。其实这条讲的就是党的领导和法治之间的关系,我概括为“一、二、三、四”。

“一”就是要坚持将党的领导作为社会主义法治的根本保证,也就是“一个根本”。没有中国共产党的领导,就没有全面依法治国,就没有我们今天所讲的社会主义法治。这个根本事关本质与方向。

“二”是指“两个必须”。第一个“必须”,社会主义法治必须坚持党的领导。第二个“必须”往往就被很多人忽视,而我认为它与第一个“必须”同等重要。总书记说,坚持党的领导必须依靠社会主义法治。离开了法治就不能实现党的领导。这个必须,是我们党对法治重要性认识的又一次升华。

“三”是“三统一”。第一个统一,将依法治国、依法执政、依法行政这三者统一起来,这三者在本质上是相同的,依法治国是我们中国共产党的基本治国方略,依法执政是中国共产党执政的基本方式,依法行政是法治政府建设的关键。上述三者本质是一致的。第二个统一,将党总览全局、协调各方与各方依法依章程行使职权、开展工作统一起来。对此,总书记打了一个比方:众星捧月。共产党像月亮在中间,众星围绕着它。共产党像军中帅,各方如相仕车马炮卒守护它。党的主张、党的意志是通过设在国家机关中的党组来实现,通过各党组贯彻党的路线方针政策,实现党对国家和社会的领导。依法、依章程行使职权开展工作,实际上就是实现了党的领导。第三个统一,要把党领导立法、保证执法与党在宪法法律范围内活动统一起来。我们讲了二十年的三句话:党领导人民制定宪法和法律,党领导人民实施宪法和法律,党也在宪法和法律的范围内活动,浓缩为一个统一。

“四”就是“四善于”。“四善于”是中国共产党处理与政权和法治关系的四门艺术。一是善于将党的主张通过法定程序上升为国家意志,这就是党领导立法。二是善于将党组织推荐的人选,通过法定程序,成为国家机关的领导人员,这就是党管干部。三是善于通过国家机关来实现党对国家和社会的领导。这就是告诉大家共产党执政是在政权里,不是在政权外面。四要善于运用民主集中制来维护中央的权威,实现党和国家的团结统一。民主集中制是法治原则,也是宪法原则。举一个例子大家就清楚了,我们的单一制是怎么运行的?单一制就是通过民主集中制来实现的。美国、英国、德国,这些国家都实行的是联邦制。日本实行地方自治,冲绳县的县知事坚决反对美国在那儿设立美军基地,与中央的决定对着干,县知事行使的是宪法赋予给地方的自治权。单一制和联邦制的区别在哪里?单一制国家的权力源泉,所有的权力都在中央,授多少给地方,地方就行使多少。反过来联邦制的权力都在地方,地方让渡多少给中央,中央就行使多少。这就是区别。我们实行的是单一制,将这条原则拿来处理中央和香港之间的关系,香港要搞清楚了,香港现在所拥有的“港人治港,高度自治”的所有权力都是中央授给你的,所以香港只不过是中国的一个地方政权,你有多少权力都是中央决定的。权源不在香港,而在中央。单一制的原则是由中央决定地方有多少权力,凡中央未授权的,地方都不具有。所以要通过民主集中制来维护中央的权威,实现党和国家的团结和统一。这四个善于,落在法治上的四个环节,就变成了这样四句话。第一句话,党领导立法。第二句话,党保证执法。第三句话,党支持司法。第四句话,党带头守法。理解了这一、二、三、四,就会正确理解什么是坚持党对全面依法治国的领导。

(二)坚持人民的主体地位

这个坚持回答的是什么?回答的是我们法治的本质。中国古代法家也主张法治,但中国古代的法治是治民的,是治老百姓的。我们今天的法治是坚持人民的主体地位,法治不是用来治老百姓的,相反,法治是老百姓拿它来管理国家的。这里也有四句话:(1)法治为了人民;(2)法治依靠人民;(3)法治造福人民;(4)法治保护人民。总书记有这样一个要求,要将公平正义始终作为法治的主线,不光是在每一个司法案件中让人民群众感受到公平正义,现在扩大了,还要让人民群众在每一个法律制度中感受到公平正义,这就是对立法提出要求。还要让人民群众在每一个执法活动中感受到公平正义,对执法也提出了要求。将公平正义作为整个法治始终不变的一条主线,这条主线最终是为了人民,为了实现人民的根本利益,为了实现人民的各种权益。法治的目的在于宪法已规定的“尊重和保障人权”,法治的真谛是人权。“约束公权,保障私权”是对法治最经典的解释。

(三)坚持中国特色社会主义法治道路

很多人说“道路”是看不清、摸不着的。总书记揭示这条道路有三个核心要义,一是要坚持中国共产党的领导。二是要坚持中国特色社会主义制度。制度对法治道路来说起什么样的作用?我们这条道路如果有路基的话,中国特色社会主义制度就是这条道路的路基。制度和法律是紧密联系在一起的。中国共产党领导的多党合作与政治协商制度;人民代表大会制度,没有人民代表大会制度就没有我们的法治道路;中国特色社会主义经济制度;公有制为主体,多种所有制经济共同发展;民族区域自治制度;基层群众自治制度。像这些制度,就铺就了我们这条道路的路基。三是贯彻中国特色社会主义法治理论。我们这条道路需要正确的理论指导。法治理论是这条道路的科学根据和学理支撑。总书记还将这三个核心要义转化为五个长期坚持,一是坚持党的领导,二是坚持以人民为主体,三是坚持法律面前人人平等。法律面前人人平等,这条原则我认为回答了这样一个问题:西方老是指责我们,说你们搞的那套法治跟我们不一样。今天我们要告诉他们,世界所有国家的法治没有完全相同的,但是所有的法治既有共性又有个性,个性是主要的,共性也能找到。世界所有国家法治的共性,这就是法律面前人人平等。任何国家奉行法治都要坚持法律面前人人平等,中国也不例外。在中国,没有铁帽子王,也没有丹书铁券,上到中央政治局常委,下到一般干部,只要违法乱纪都要受到法律的制裁。这就是法律面前人人平等。坚持法律面前人人平等,是我们这条道路与世界法治之间架起的桥梁。四是坚持依法治国和以德治国相结合。这是中国法治道路最鲜明的特色。世界治国模式林林总总,概括起来有三类。第一类就是已为世界所公认的所谓的法治国家。英美法系也好,大陆法系也好,这些国家基本上都是“法律+宗教”。他们离开宗教是无法形成法治的。甚至可以说,西方的法治起源于宗教。第二类就是中东阿拉伯国家。过去的两河流域,这些国家创下来的治国模式,法律就是宗教、宗教就是法律,二者合而为一。伊朗明确在宪法里规定,伊斯兰教就是他们国家的国教,政教不分。伊朗最高领袖不是总统,而是宗教领袖。“神权+政权”,实现政教合一,这是第二类治国模式。第三类治国模式就是中华民族早在两千年前即已创立的,被称为“东方瑰宝”的治国模式。我们把它叫作“法治+德治”。这是武王伐纣时发现的一个规律,人和神是可以分开的。西方一直在人与神之间排解不开,而在东方的中国就将这个困惑解开了,这是我们老祖宗了不起的地方。两千多年前中国就不再受神的困惑。商代思想家就发现了这样一条规律:敬天敬神不如敬人,敬人不如敬德。敬什么样的德呢?谁最有道德,谁有保民之德我们就敬谁。中国从周代开始,历代王朝都选择最有道德的人来做治国者,所以我们就留下了这样的传统,治国必靠道德和法律两手,亦即依法治国和以德治国要结合。周代文王和武王都重德,但是他们有一个缺陷,对法治重要性的认识跟不上,法治和德治一旦分离,重德治而轻法治,周代就出现了天下大乱。法治重大的功能和作用就是实现政令统一、国家统一。这一点是德治做不到的。而另外一个反面的例子,将法治运用到极致,排斥德治,专用法治,这就是秦始皇。秦始皇“天下事无大小一切皆由法”。所以秦二世而亡,加起来一共是统治了 15 年时间。习近平总书记总结,中国历史上凡是法治和德治结合比较好的都能够长治久安,凡是结合不好的,要么天下大乱,要么短促而亡。这是中国古代治乱兴衰的规律。这是老祖宗留给我们的一份宝贵遗产,我们要创造性地转化,创新性地发展,要把它继承下来,拿来治国就变成了我们的第四个坚持,即依法治国和以德治国相结合。

第五个坚持就是从中国的实际情况出发。这就告诉西方,中国搞法治不是给你们看的,也不是为了博得你们的掌声,我们是要实实在在走出自己的道路,同时告诉西方我们不会照搬你们的一套。西方的三权鼎立、两党制、军队国家化、司法独立,这些我们是不会照搬的。但是你们留给人类的共同文明,比如说宪法法律至上、法律不溯及既往、无罪推定、法不禁止即自由、法无授权不可为、权力制约、尊重和保障人权、公平正义、司法公开、辩护制度、罪行法定、正当程序,这些我们都可以拿来使用,但是我们不能走你们的道路。从中国的国情、历史、文化等实际情况出发,走自己的路。做到以上五条,再加上三个核心要义,这几个方面结合起来,就构成了中国特色社会主义法治道路。

(四)坚持建设中国特色社会主义法治体系

中国特色社会主义法治体系是一个全新的概念。这个概念是中国法学家原创的。在法律体系的基础上,再跃升一步就是法治体系。我们把它概括为五个子体系。

第一个子体系,要建设完备的法律规范体系,这就是指的立法。第二个子体系,要建设高效的法治实施体系。法律的生命在于实施,法律的权威也在于实施,这就要求严格执法、公正司法、全面守法。第三个子体系,要建设严密的法治监督体系。现在我们的监督有多少呢?第一有党内的纪律检查监督,这被认为是最有权威最有效的监督。第二有人大的国家权力监督,权力监督的本质就是人民当家作主。第三有政府专门的行政监察监督。第四有人民检察院国家法律的专门监督。第五有人民法院上下级之间的审判监督。第六有国家专门的审计机构进行的经济活动监督。第七有人民政协的民主监督。第八有新闻媒体的舆论监督。第九有人民群众的检举、控告、提出意见建议的社会监督。现在一个重要的新的监督出现了,要实现对所有公权力监督的全覆盖,这就是监察委员会。十八届四中全会开始酝酿设立国家监察委员会,就是因为我们前面这九大监督总还有漏洞,没有实现对公权力监督的全覆盖,所以中央决定要建立严密的法治监督体系,必须实现对所有行使公权力人的监督全覆盖。第四,建设有力的法治保障体系,指的主要是建立高素质、德才兼备的法治工作队伍,按照专业化、正规化、职业化的要求建设法治工作队伍。现在我们的设想是五路大军奔法治,第一路大军是立法者队伍,要高素质,总书记对立法有要求,立法者的素质应该是很高的,必须以政治家的境界统揽全局。第二支队伍是执法者队伍,要严格执法。第三支队伍是司法者队伍。这三支队伍是主力军。后面还有两支,一个是以律师为主体的法律服务者队伍,还有一个就是以法学教育和法学研究为主业的法学教育研究者队伍。五路大军共奔法治。这五路大军建设好了,我们的法治就有组织保障了。在以上四个子体系的基础上,还应该增加一个,即第五个,建设完善的党内法规体系。大家算一下,加上这个体系是不是五个了。五个子体系,构成了一个法治体系。在中国,仅有依法治国还不够,还必须依规治党,使两者有机统一。把依法治国与依归治党统一起来,是中国法治的又一鲜明特色。

(五)坚持依法治国、依法执政、依法行政共同推进,法治国家、法治政府、法治社会一体建设

这是总书记全面依法治国总体布局的思想。法治国家、法治政府、法治社会三者是怎样的关系?法治国家是我们的建设目标,法治政府建设则是法治国家建设的主

体工程、重点工程,法治社会则是全面依法治国的基础工程。要进行“三共同”“三一体”建设,这就要求要增加全面依法治国的整体性、统一性和协同性。这句话是有针对性的。全面依法治国不能在一个领域里进行,不能各自为战,不能你建你的、我建我的。也不能在一个部门进行,更不能在一个地域进行,要防止全面依法治国的地域化、领域化、碎片化。坚决消除法治建设中的部门主义,坚决消除司法中的主客场主义。司法权本质上是中央事权,司法体制改革的第一步,先将县这一级的人财物管理权收归省级统管。全面依法治国要加强顶层设计。以司法体制改革为例:什么叫司法体制改革?过去也有改革,凡体制改革第一个特点,一定是党的领导下进行,党的领导是指党中央的集中统一领导,这是一个特点。第二,司法体制改革一定是顶层设计的改革,而不是部门和领域的自我改革。第三,凡体制改革一定会涉及公权力和公权力的重新配置。这次司法体制改革为什么要建立以审判为中心的刑事诉讼制度,就是要改变过去已形成的“侦查中心主义”。立案制改革就是要缩减法院的公权力,立案难是因为有法院的审查制,审查之后认为不符合立案标准就不给立了,现在立案制改革就是将这样的审查权予以限制,实行有案必立。第四,所有的体制改革最后都要落在满足人民群众权利的需求上。具备这四个特点才叫“体制改革”,所以全面依法治国一定要加强中央的顶层设计,“三共同”“三一体”就是以此为指导思想。

(六)坚持依宪治国、依宪执政

2012 年 12 月 4 日,总书记发表了一篇重要讲话,这篇讲话的核心就专门讲的宪法的实施。要全面依法治国就要全面实施宪法,要将全面实施宪法作为全面依法治国的首要任务和基础性工作。全面实施宪法是习近平重要的宪法思想。总书记有一个判断,宪法的生命在于实施,宪法的权威在于实施。一个国家选择了什么样的宪法,就等于给这个国家和人民选择了什么样的命运和前途。我给大家讲几个宪法故事吧。法国的法兰西第一共和国宪法,这是我们今天见到的世界上最激进的宪法。法国大革命初期,法国人被分为两类,革命的、反革命的。“反革命”这个词我们就是从这里学到的。一旦被革命者认为反革命,其就有可能人头落地。协和广场被认为是世界最美丽的广场之一,但法国大革命期间就是杀人场,每天有大量的人头落地。

过去杀人是用绳子绞，太费劲了，死相也太难看，有人向国民议会提出建议，能不能快一点。为了杀更多的人和使人无痛苦，就发明了断头台。断头台的发明者是一位有医学背景的议员，断头台问世并被改进后，杀人速度明显加快。所以每天到了傍晚一车车的人头拉出去。选择了一部激进的宪法，就要选择人头落地。法国大革命的推动者、领导人，好几位都血洒广场。罗伯斯皮尔是法国大革命的旗手，最后也死于断头台。据统计，从断头台投入使用，1792～1794 年不到 3 年，被斩首的反革命分子超过 6 万人。伊藤博文给日本制定了大日本帝国宪法，奉行对亚洲所有的国家都进行侵略。日本制定了灭亡中国的三部曲，从丰臣秀吉时就有设想了。首先就是把中国的附属国琉球和中国的台湾拿过去，也包括澎湖、钓鱼台。第二步将中国的东北拿过去，第三步就是将首都搬到北京或者是保定，然后君临天下。日本因制定了帝国宪法而走上军国主义的道路。上帝要让谁灭亡就先让谁疯狂。日本现在是什么样的状态呢？二战结束之后，麦克阿瑟统治日本时，日本连制定宪法的权力都没有。现在日本的宪法是麦克阿瑟命令 25 个美国年青人用 7 天的时间给日本拟定的。为什么安倍晋三上台之后一定要将日本变成完全的国家？因为他始终不满意美国人强加给他们的宪法。我们再讲一个社会主义国家。戈尔巴乔夫修改苏联的宪法，就是变了一句话，第 6 条里规定苏联共产党领导国家政权，将这句话修宪的时候取消了。改了一句话垮了一个党，然后垮了一个庞大无比的苏联。上面这些事例告诉我们：选择什么样的宪法，就选择了这个国家什么样的前途和命运。总书记为什么这么重视宪法？就是因为他把握住了宪法的规律。总书记还有几个判断，“宪法是国家的根本大法”，“宪法是治国安邦的总章程”，治国安邦只能靠宪法，其他的法律只能调整社会生活的一个方面，所以宪法是国家的政治法；“宪法是党和人民共同意志的集中体现”，党的主张、人民的意志高度统一在宪法中。所以宪法学家有一个观点，宪法是一个国家在认识上的、在观念上的最大公约数。总书记还说道，“宪法是全面依法治国的总依据”。为什么要全面实施宪法？就是从这个思想来的，最后总书记还有一个揭示，“宪法是中国共产党长期依法执政的总依据”。这五句话，五个关于宪法本质的判断，就决定了我们依法治国首先就要依宪治国，要依法执政首先就要依宪执政。

(七)坚持全面推进科学立法、严格执法、公正司法、全民守法

这四句话是新时代全面依法治国的四个环节,揭示了全面依法治国的基本内涵,说明全面依法治国各环节是有机衔接的整体,缺一不可,抓住这四个环节就抓住了依法治国的“全面”。

科学立法,现在讲立法一般讲“三立”。科学立法、民主立法、依法立法。这三句里核心的是科学立法。科学立法决定着我们的立法质量,质量提升是没有止境的。科学立法要求立法时把握社会发展规律,把握法治的规律,把握立法的规律,把握权利义务关系的规律,把握法律所要调整的对象与其他社会事务之间关系的规律,把握此法与彼法与法律体系间关系的规律。六大规律缺一不可。所以要将科学立法放在第一位。严格执法,现在我们对执法有四个基本要求,严格、公正、文明、规范,而将严格放在第一位。执法不严,是现在法治不张的主要原因,所以将严格放在第一位。公正司法,让人民群众在每一个司法案件中都感受到公平正义,所以将公平正义既作为目标又作为价值观。全民守法是指所有的国家机关、各政党、武装力量、社会组织、公民,这五类主体无一例外都要普遍守法。守法面前也人人平等,即平等守法,普遍守法。全民守法是全面依法治国的四大环节之基。

(八)坚持处理好全面依法治国的辩证关系

这里有四组关系是最重要的。第一组,处理好法治和政治之间的关系。法治和政治比较起来,法治要服从于政治、服务于政治。当然,政治也不能脱离法治的轨道,正所谓法治政治。总书记发现了法治和政治之间的规律,所有的公法其实都是政治术语的法律表达。每一种法治形态背后都有一种政治逻辑,每一条法治道路中都包含了一种政治立场。司法是政治在公民生活中的延伸。法律的后面一定有价值,价值一定有它的逻辑起点,这个逻辑起点就是政治。美国 114 位大法官,从建国到今天,刚刚任命的这个大法官卡瓦诺是第 114 位。奥巴马在位期间 8 年没有机会任命大法官,奥巴马说这是他做总统最大的遗憾。特朗普不到两年的时间,就任命了两位大法官了。这将是特朗普总统生涯中最值得骄傲的政绩。因为大法官终身任职,他可能在政治舞台、法律剧场中活跃 30 年。总统任命大法官,他选择的法官一定是政

治倾向和自己一致的。西方社会所谓“法官不党”，也就是法官不参加政党，其实这都是政治假象。处理好政治和法治之间关系的核心，就是要处理好党的领导和法治之间的关系。有一个命题是党大还是法大，这是一个伪命题，伪就伪在党是政治力量，法律是规则体系，两个完全不同的事物放在一起比较，这就违背了逻辑学上的同一律。违背了同一律的命题就是伪命题。但是人们明知道是伪命题，为什么还要提出来？因为提这个问题的人给你设置了政治陷阱，无论怎么回答都会落到这个陷阱里。大家不防试一下。当你说党比法大，人家就会说，我就知道你们不可能建成法治国家，只要有比法律大的东西存在，这个国家就永远不会成为法治国家。不是法治国家那是什么国家？那你一定是人治国家。西方就是这样抹黑我们的，我们就会掉入陷阱里。如果反过来回答，法比党大，人家又笑了。你赶快制定一个约束共产党的法给我们看看！所以又掉入人家的陷阱。党大还是法大，这是伪命题。解决政治和法治关系最本质的问题，是处理好党法关系。这二者关系处理好了，则党兴、国家兴、人民幸福。反之则党衰、国衰、人民不幸。

第二组关系是改革与法治之间的关系。总书记说，重大改革必须于法有据。过去包括广东在内的一些沿海省份曾总结出经验，凡改革一定要突破法律。这条经验在早先是可行的，但今天已经过时。不能再遇到红灯绕着走、见到黄灯快点走。这些做法已经不适合建设法治国家的基本要求。要全面依法治国，建设社会主义法治国家，必须处理好改革与法治的关系。改革必须于法有据。过去说不破不立，破字当头、立在其中。现在反过来，不立不破，要破先立。就是要在立法的引领之下推进改革，用法治保障改革，所有的改革都是法治之下的改革。辩证法的另一方面，通过改革再完善法治。这就是改革与法治之间的辩证关系。总书记对改革与法治之间的关系尤为重视，他打比方说：改革与法治，如车之两轮、鸟之双翼，要使二者相辅相成、相得益彰。我们反对突破法律的改革，要求所有的改革必须要于法有据，这样才能建立法治国家。

第三组关系是依法治国与以德治国的关系。法和德各有各的作用，大学的《法理学》在讲它们关系时一般要两课时，但是总书记用 8 个字概括了：“法安天下、德润人心”。法的作用是安天下的，德的作用是滋润心灵的。总书记说，法律和道德是怎么形成的？“法律是成文的道德，道德是内心的法律”。总书记又说，“法律是调整人们行为的,道德是调整人的内心的"。"法律和道德要相辅相成、相得益彰"。这就是法律和道德之间的基本关系。

第四组关系,要处理好依法治国和依规治党之间的关系。总书记有一个新的重大判断:只有依规治党深入人心,依法治国才能深得民心。我们要将依法治国和依规治党相统一。依规治党是法治体系的重要组成部分。以上这四组关系是最重要的,在这四组关系之外还有维稳与维权之间的关系。维稳的本质是维权,哪一个地方的人民群众权益受到侵害,哪一个地方就没有稳定,这是总书记所发现的规律。要通过维护人民群众的权益来维稳,要把维权作为维稳的基础。还要处理好社会秩序和社会活力之间的关系。社会秩序很重要,这个社会波涛汹涌不行,而这个社会死水一潭更不行。这两句话都是总书记的话,所以法治工作既要维持社会秩序,又要激发社会活力。办一个案子就办垮一个企业,这就是没有理解何谓法治,也就没有理解何谓政治。我们的法治要保护民营企业、也要平等保护民营企业家的财产权,更要保护民营企业家人身安全。要保护所有知识分子的创新。这些都是激发社会活力。还要处理好民主与专政之间的关系。对人民就是要用法治的方式、用协商的方式、用民主的方式,只对极少数人才依法用专政。1998 年习仲勋同志在纪念刘志丹诞辰 95 周年时于《人民日报》发表一篇文章,他说永远记得刘志丹教给他的政治箴言:所有的革命工作都是为了一个目的,就是要将革命分子搞得多多的、将反革命分子搞得少少的。这句话毛主席和胡耀邦也探讨过。毛主席说政治讲起来要说三天三夜,而本质上就是两句话,什么是政治呢,政治就是将我们的人搞得多多的、将反对我们的人搞得少少的。全面依法治国目的也就是将拥护我们的人搞得多多的、将反对我们的人搞得少少的。处理民主与专政的关系就是要遵循这个原则。当然总书记也说过处理好法治与经济之间的关系,把市场经济建成法治经济。还要处理好法治与推进国家治理体系与治理能力现代化之间的关系,说到底就是法治的现代化。像这些都属于全面依法治国中的辩证关系。

(九)坚持建设德才兼备高素质的法治工作队伍

这里有三个要义,第一是法治工作队伍要坚持政治标准,这就是德的问题,政治道德,忠于党、忠于国家、忠于人民,还一定要忠于法律。第二个要义是高素质,要按照专业化、正规化、职业化的要求来建设。第三个是要将法治人才的培养作为全面依法治国的基础工程，创新法治人才培养的方式。总书记在去年的5月3日到中国政法大学视察，我也陪同去了。总书记讲的第一句话，全面依法治国是一项长期而重大的历史任务。要将法治人才培养作为全面依法治国的重要一环。在法治领域里法治人才培养上不去，不能法治人才辈出，全面依法治国也是难以实现的。总书记第一次专门讲法治人才培养问题。8月24日又专门讲到要创新法治人才培养的方式。最近中央政法委和教育部下发了一个文件，继续推进卓越法治人才培养计划。高校是法治人才培养的第一阵地，这是总书记定位的。虽没有说第二阵地，但是我们政法部门要主动承担起第二阵地的责任，因为总书记说法治人才、法学是实践性很强的学科。第一阵地和第二阵地要把资源打通。法院、检察院要把法治人才培养作为分内工作，司法机关也负有培养法治人才的重要使命。

(十)坚持抓住领导干部这个关键少数

这是总书记非常重要的法治理念。为什么要抓住领导干部这个关键少数呢？第一个理由，所有的领导干部手里都握有法治的资源，要么是立法者，要么是执法者，要么是司法者，要么是法治工作的领导者。你对法治的态度与言行，就决定了法治的水平。第二个理由，中国从秦代就已经形成了“民以吏为师”的传统，老百姓向领导干部看齐。领导干部尊重法律，老百姓就尊重法律；领导干部如果视法律为儿戏，老百姓也不会尊重法律。第三个理由，领导干部比一般公民多一层义务，领导干部要做尊法、学法、守法、用法的模范。基于这样三个理由，抓住领导干部这个关键少数，就抓住了全面依法治国的关键。中国的法治道路怎么走？我们这条道路就是人民群众自下而上的推动，与中国共产党通过各级领导干部自上而下的带动，这两个力相结合，我们才能走通中国的法治道路。

以上这十个坚持，就是全面依法治国新理念新思想新战略的核心要义。它是马克思主义法治理论中国化的最新理论成果，是全面依法治国的根本遵循，是建设法治国家的行动指南。

三、关于第五宪法修正案

这次宪法修改一共修改了 21 处,是"八二宪法"自实施以来修改内容最多的一次。前面 4 次修改,宪法的条数没有发生变化,始终保持 138 条。这次宪法修改,为了给国家监察委员会的产生提供宪法依据,专门增加了 5 个条款。目前我们的宪法,从 138 条增加到 143 条。修改的 21 项内容当中,有 11 项和监察委员会有关系。我就 21 项中最重要的部分给大家分析一下。

1. 习近平新时代中国特色社会主义思想入宪。十九大一项重要的议程是修改党章。习近平新时代中国特色社会主义思想已成为党的指导思想。此次宪法修改,就是把习近平新时代中国特色社会主义思想从党的指导思想转化为国家的指导思想。此一修改,目的是为国立魂、为民立魂、为军立魂,这是最重大的修改。国家的指导思想实现了与时俱进。

2. 中国共产党的领导写进宪法的正文。我们现在宪法序言里有 5 处提到了党的领导。但是在这次宪法修改之前,党的领导只是暗含在正文当中,没有明示出来。本次修改明确将党的领导写入了正文。宪法第 1 条中暗含着中国共产党的领导,这条是这样规定的:中华人民共和国是工人阶级领导的以工农联盟为基础的人民民主专政的社会主义国家。这是第 1 条的第 1 款。工人阶级领导的,其实就是中国共产党领导的,但是它没有明示出来,是包含在里面。这次宪法修改专门增加了 1 款,这就是将十九大报告八个明确中的最后一个明确转化为宪法条文,"中国共产党领导是中国特色社会主义最本质的特征。"这句话入宪,就将中国共产党的领导在正文中出现了。这里预示着有两个变化,一个变化是从序言到正文的变化,第二个变化是从暗含到明示的变化。党的领导已经变成了宪法规范。由此可以判断,反对共产党的领导就是直接违宪,这是一个方面。第二个方面,为实现党对一切工作的领导,即全面加强党的领导提供宪法依据。

3. 完善了国家的发展目标。过去宪法序言中表述文明的时候,只是表述了物质文明、政治文明和精神文明,这次宪法修改增加了社会文明和生态文明。这五个文明,就和我们五位一体的总体布局相一致了。与经济建设、政治建设、社会建设、文化建设和生态文明建设相对应了。这个目标在表述的最后又增加了一句话,“实现中华民族的伟大复兴”。“中华民族”这个概念第一次进入宪法。我们过去几次修宪,一直想将这个概念加入进去却都没有如愿,这次实现了。中华人民共和国成立的时候有一个故事,毛主席给这个国家起的名字是“中华人民民主共和国”。国共谈判时国民党的代表张治中留下来参加我们的政协会议,张治中说我试试共产党的雅量,要对国名提出不同的意见。他说我是孙中山的学生,在孙先生的思想里,“共和”和“民主”是同一个含义,甚至说“共和”里包含着“民主”,所以我认为“民主”与“共和”不能并立。毛主席一听,这可是一个大问题啊,所以他和周恩来商量,再征求一下宋庆龄的意见。没有想到宋先生讲的和张治中讲的一样。孙先生在去世时反复讲一句话,只有共和是兄弟所主张的,其余兄弟不负那个责任。孙先生是中国共和之父,这是世所公认的。中国共产党人的雅量表现出来了。按照张治中的建议,毛泽东决定把新中国的国名改为“中华人民共和国”。“中华”是我们的民族特色,“人民”是我们的国体,“共和”是我们的政体。七个字表达了三层含义。可是在“五四宪法”及后来的“七五宪法”、“七八宪法”和“八二宪法”中始终没有出现“中华民族”的概念,所以这次修宪,用“实现中华民族伟大复兴”一句,很巧妙地把这个概念入宪了。

4. 修改了国家主席任期的有关规定。这个修改意义非同寻常,举世关注。两会期间,我还根据安排,专门回答了外国记者就该问题的提问。为什么要修改任期的有关规定？基于这样几个考虑。第一,为了实现宪法和党章在任期问题规定上的一致。党章里对党的总书记、对党的中央军委主席任期没有规定。第二,为了使党的核心、国家的领袖和军队的统帅实现三位一体。第三,为适应二十一世纪大国外交及元首外交这个世界外交趋势而作的制度安排。进入二十一世纪以后,外交上有两大变化,第一个变化就是重要的外交都变成了大国外交,小国外交不起作用,小国跟着大国走。第二个变化所有的大国外交都是元首直接外交,职业外交官的作用明显下降。中国为适应这种变化,2004 年修宪时为国家主席增设了代表国家“进行国事活动”的权力,此次任期修改,也仍是为了适应这种需要。第四,基于我们党 40 年行宪的经验和教训。1982 年制定宪法的时候,党的领导人、国家的领导人、军队的领导人分别由不同的人担任,运行的结果是党和国家出现了不稳定。从 1993 年开始,三位一体了,我们的国家发展、党内的团结趋于稳定,这就是执政的经验和教训,要将这个宝贵经验吸收到宪法当中。基于以上四点,所以修改了国家主席任期的规定。需要指出的是,取消国家主席任期的规定,不等于恢复领导干部职务终身制。经十九大修改后的党章第38条规定:党的各级领导干部,无论是由民主选举产生的,或是由领导机关任命的,他们的职务都不是终身的,都可以变动或解除。年龄或健康状况不适宜于继续担任工作的干部,应当按照国家规定退、离休。

5. 为建立党领导的集中统一权威高效的监察制度提供宪法依据。刚才已经讲了,有11项修宪内容涉及监察委员会。监察委员会的设立完善了整个国家的权力结构。一个国家无论有多少种权力,归根到底就是三类,一类是决策性权力,在我国就是由党中央、人大等行使。第二类就是执行性权力,以国务院为主体来行使。第三类就是监督性权力,过去宪法上只有人民检察院是国家专门的法律监督机关,监督没有覆盖所有的公权力。现在设立国家监察委员会,其宪法职责是监督所有的公权力,是中国专门的反腐败机构。这是一项重大的制度创新。可以说改革开放40年来,我们国家政治体制最大的改革和创新就是该机构的设立。在修宪的同时,十三届人大一次会议还制定了《中华人民共和国监察法》,共69条。该法赋予监察机关广泛、集中、刚性的诸多权力。因它与党的纪律检查委员会合署办公,是政治机关,因而具有政治领导权。如果赋予其制定监察法规的权力,则其具有立法权。因《监察法》主要由其执行,因而其具有执法权。因赋予其对物对人的强制手段,故具有司法权。该系统实行自上而下的领导体制,故其拥有人事权。该系统的性质是实现对所有行使公权力的人监督全覆盖,其具有专属的监督权。该机构集六权于一身,是目前国家机构中权力最庞大、最集中的国家机关。监察制度在中国既有古老的历史,在今天又是个新生事物。如何监督该机关,解决好监督者如何受监督的问题,如何使监察权的运行走向法治化,这是全面依法治国遇到的新课题。现代法治的规律表明,制约比监督更重要,制约比监督更有效。

6. 完善宪法和法律实施的相关规定。十八大以来我们为了推动宪法实施,第一个努力是设立了国家的宪法日,12月4日为国家宪法日,这是为提高全民的宪法意识而采取的重大法律举措。第二是设定了宪法宣誓制度,这次宪法修改将宪法宣誓入宪,国家工作人员在履行公职之前必须进行宪法宣誓。我也可以告诉大家誓词的变化,开始65个字,后来变为72个字,今天是75个字了。原稿为"我宣誓:拥护中华人民共和国宪法”，审议的时候我说，宪法宣誓不同于入党宣誓，入党只是表达一个政治态度，可以用“拥护”。现在你是国家工作人员，你手里握有公权力，你的公权力行为和维护宪法的态度必须统一起来，所以光用一个“拥护”不足以表达，应该将“拥护”改为“忠于”。现在按照这个意见已经修改过来了。“我宣誓：忠于中华人民共和国宪法”。第二句话，“维护宪法权威”，原稿与今相同。第三句话，原来写的是“履行宪法职责”。审议的时候我建议，将“履行宪法职责”改为“履行法定职责”。因为并不是所有行使公权力的人都在履行宪法职责，只有在宪法上有地位的人，他履行的职责才是宪法职责，而对一般公职人员来说，履行的就是法定职责。现在的誓词已按照我的修改建议改过来了。

7. 关于法治的表述。一个字的改动，把“健全是社会主义法制”改为“健全社会主义法治”。一字之改，总书记做了一个评价，预示着我们党的执政理念和执政方式发生了一次飞跃。这一字之差差在哪里呢？有四个区别：法制只注重立法，法治则更加注重法律的实施，将法律的实施作为生命，法制是静态的，法治是动态的。这是一个区别。第二个区别，法制没有价值观的要求，好的坏的都可以。而法治要求必须是良法善治，制定的法是善法，要依据良法推动善治、保障善治。法治有价值观的要求，要求维护公平正义，要求尊重和保障人权，要求追求程序公正。而法制是没有这些要求的。第三个区别，法制在任何社会形态中都有，奴隶制时期，封建制时期，资本主义时期，我们在改革开放之前的计划经济时代也有。但是法治是人类社会进入近代以来才有的产物，是法制的高级形态。它要求有两个基础，缺一不可。一是政治上的民主化，以民主为基础；二是经济上的市场化，以市场经济为基础。法治是建立在民主政治和市场经济上的一种国家治理形态。第四个区别，是在功能上的区别。法制解决不了法律和权力之间的关系，有时候正好相反，法律变成了权力的工具，权大于法。而法治有一个特有的功能，这就是要将权力装进制度的笼子里，约束公权是法治特有的功能，法大于权。这就是法制和法治之间的四个区别。这个改动，表面我们的法治观念又进步了一个阶梯。

8. 授予设区的市地方立法权。2015 年修改立法法的时候，全国有四个不设区的市，包括广东东莞市、中山市，另外还有甘肃嘉峪关市、海南三沙市。在讨论的时候，前三个我们先放在旁边先不考虑，有共识的是要授予三沙市地方立法权。三沙市现在常住人口 2500 人左右,户籍人口不到 500 人,是全国最小的市,但同时也是全国最大的市,管辖着 200 余万平方公里的海域。通过环境保护、基建规划、文物保护等地方性立法,可以有效行使国家主权,维护国家主权,宣示国家主权,所以决定一定要授予三沙市地方立法权。这个想法形成以后,讨论的时候其他的几个不设区的市同时也获得了地方立法权。尽管现在宪法上说设区的市拥有地方立法权,但是实际上你们广东东莞和中山也拥有了地方立法权,这是完善了国家的立法体制。

9. 序言中增加了贯彻新发展理念的内容。搞经济的同志认为这是重大修改,我也认为是。从事文化和宣传的同志认为还有一个变化,这就是增加了贯彻社会主义核心价值观。社会主义核心价值观也是第一次入宪,这也是重大修改。

以上这九项修改,我个人认为是本次修宪最重要的内容,大家学习第五宪法修正案,应把重点放在这几个方面上。

时间关系,今天就讲到这里。如有不当,欢迎大家批评指正。谢谢!

国家监察体制改革及相关法律问题

付子堂

付子堂，西南政法大学党委副书记、校长，法学教授、博士生导师。 本文根据付子堂教授于2018年12月12日在东莞市委理论学习中心组专场报告会录音资料整理而成。

尊敬的伟发会长，尊敬的东莞市各位领导、各位同志，大家下午好！

非常高兴今天能有机会来东莞，向大家汇报一下我个人对于今年刚刚通过的《中华人民共和国监察法》以及国家监察体制改革相关法律问题的一些学习体会。

东莞是中国近代史的开篇地，更是改革开放的先行地。尤其是进入新时代以来，东莞更是抓住了粤港澳大湾区建设的历史机遇，已成为全国最具有经济活力的城市之一。西南政法大学位于美丽的山水之城重庆。西南和岭南，虽然远隔千山万水，但联系非常紧密。据不完全统计，目前西政在东莞的校友大概有800多人，今天在座的就有不少西政校友。你们都是西南政法大学的优秀学子，大家在东莞挥洒青春、成就梦想，为东莞的经济社会发展做出了贡献。当然，我也希望西政今后能有更多的机会，以自己的学科优势，为东莞的民主法治建设和经济社会发展进一步贡献力量。借此宝贵机会，衷心感谢并拜托在座各位，以后继续支持西政的发展。

今天是2018年12月12日,我觉得这个时间节点非常好。大家知道,就在8天前,12月4日,我们刚刚纪念了国家宪法日。2014年,党的十八届四中全会确定每年的12月4日为国家宪法日,每年各地都要举行一系列纪念活动。昨天,我刚刚在北京参加了中央全面依法治国委员会专家会议,有关领导也对全国开展的宪法日活动给予了充分肯定。

从今天往后算,再过6天,就是12月18日。大家已经注意到,12月18日中央将隆重纪念改革开放40周年。1978年12月18~22日,具有跨时代意义的党的十一届三中全会召开,开启了我国改革开放的新征程。今年12月18日上午,习近平总书记将发表重要讲话,这一段时间全国上上下下都在开展相关纪念活动。所以,我觉得省法学会梁伟发会长非常英明,当然也是东莞市委高度重视,安排今天在这里专门举行“南粤法治报告会”。今天讲的这个题目“国家监察体制改革及相关法律问题”,是一个比较新的题目。前一段时间,我跟随伟发会长,在惠州、汕头、潮州等地,给市委中心组学习会讲了几次宪法。关于国家监察法,我讲得比较少,尤其是,今天在座的有很多是纪监委系统的领导,我在大家面前班门弄斧,如果讲得不对,还请大家多多包涵。

从法治建设上来看,今年是特殊的一年。除了刚才讲到的我们马上要隆重纪念十一届三中全会40周年之外,在法律界、法学界,大家都非常关注两部法律,中央也专门发布了学习通知,提出了专门要求。今年3月11日,全国人大通过了《中华人民共和国宪法修正案》(以下简称《宪法修正案》),这是现行宪法的第五次修正案,这次修改宪法的动因就是国家监察体制改革。宪法修正案共21条,其中,有11条与监察体制改革相关。紧接着,3月20日,全国人大又通过了《中华人民共和国监察法》(以下简称《监察法》)。深化监察体制改革,是以习近平同志为核心的党中央作出的重要决策部署,意义非常重大。

与监察体制改革有关的在法律制度上采取的一些重大战略举措,用法学术语来讲,属于宪法保留事项。所谓宪法保留事项,是指只能由宪法加以规定的事项,不能由其他法律加以规定。一般而言,涉及国家最上层的组织、关于国家基本政策的决定,或者公民基本权利保障的部分,都应该由宪法加以规定。这是宪法学上给“宪法保留”所做的名词解释。通俗一点讲,就是关系到国家的根本事项,不能由其他法律只能由宪法来加以保障。所以,这次改革最大的亮点,就是把原来大家都熟悉的“一府两院制”,即人民政府、人民法院、人民检察院这一在人民代表大会体制之下形成的体制,改革为“一府一委两院制”。从今年开始,不能再说“一府两院”了,要说“一府一委两院”。所以,认真研究国家监察体制改革,认真研究与这一重大改革相关的法律问题,认真学习监察法的具体制度规定,意义重大。

下面我想讲七个方面的问题,由于时间比较紧张,有些地方就不展开讲了,只是放课件简单提一下。

一、监察法在我国法律体系中的地位

我们首先大概了解一下,监察法在法律体系中的地位。刚才,我们讲到“一府一委两院”中“一委”的建立,是一个重大改革举措。原来也有监察,但属于行政体制之下的,就是人民政府下的一个部门,如东莞监察局属于东莞市人民政府管。今年3月,第十三届全国人大第一次会议通过了《宪法修正案》和《监察法》,就改变了我们国家适用了很多年的体制。所以说,从法治发展来看,监察体制改革的意义非常重大,监察机关的地位也非常特殊。

请大家稍微注意一下这个票数(课件)。《宪法修正案》通过的票数非常高,只有5票不赞成;《监察法》不赞成大概是46票,在所有的法律当中不赞成票偏多,这说明对监察体制改革的认识不大统一,里面很多改革攻坚的难点还比较多。虽然在制定过程中确实有一些争议,但还是顺利通过了。3月11日通过的《宪法修正案》,21条中有11条与监委有关。因此,《宪法修正案》《监察法》的通过,标志着形成了一种新时代的宪法新秩序。具体来说,就是从原来的行政监察到现在的国家监察,国家监察取得了宪法地位。国家监察体制改革,使我们的反腐败的工作机制有了宪法依据。它的意义涉及几个“全面”,比如全面依法治国、全面从严治党、全面深化改革,可以说这次监察体制改革与这几个“全面”都有关联,它直接影响到我们的最终目标——全面建成小康社会。

从监察法本身来看,在法律体系金字塔般的层次级中,跟原来相比有一个重大变化。原来它属于行政法。我们知道,中国特色社会主义法律体系包括7个组成部分,其中一个就是行政法。监察法原来属于行政法,现在就不属于行政法了,现在属于宪法部门。《中华人民共和国宪法》仅仅是宪法法律部门中的一个法律文件,除了宪法典之外,还应该包括一系列宪法相关法。在这些宪法相关法中,就包括《监察法》。原来叫《行政监察法》,改革以后就叫《监察法》。监察法跟其他的如选举法、组织法等,都属于宪法部门,它不再属于行政法而属于宪法相关法。

习近平总书记所作的党的十九大报告,对监察体制改革有一些重要论述和要求,所以,今年全国人大通过《宪法修正案》,通过《监察法》,也是落实党的十九大精神的具体举措。

二、中国监察法律制度的发展历程

我们研究任何问题,都要有历史的眼光。这也是习近平总书记提出的一个重要要求。尤其在座的都是东莞市的党政领导干部,总书记对我们党的领导干部提出要求,必须提高政治站位,必须树立历史眼光,看待任何问题都要明确从哪儿来、到哪儿去,这是党政领导干部的基本素质。为什么我们要纪念改革开放40周年?为什么要纪念十一届三中全会?也就是说,我们今天取得的这些成就,很重要的要归功于改革开放的历程,实际上,就是要回顾一下改革开放的历史。

同样,理解监察体制改革,必须对中国传统文化,包括中国优秀的传统监察文化有一定了解。按照总书记的说法,就是历史和现实相贯通,我们要更好地认清当前所做的事情,更好地明确未来的发展方向,必须从历史文化中汲取经验,在治国理政的历史中总结经验。必须认识到,中国特色国家监察体制符合中国古代监察制度和中国传统政治文化的历史逻辑。因此,我们要回顾一下我国源远流长的监察制度。由于时间关系,我这里把课件尽快放一遍。

在中国法制史上,秦代以来就有相关的监察制度。但是,从古文字考察,时间可以再往前追溯。比如,在甲骨文中,监察的“监”就是一个人照镜子,下面是个镜子,上面是个人,后来就演变成了今天的“监”字。“察”就是仔细观看,“监察”的词义就是监督察看。这是从字面望文生义。

从制度上来看,秦代有御史大夫,汉代有御史丞和御史中丞,相当于今天的纪委监委。大家要注意一个制度，现在的司法区划基本上与行政区划一致。最高人民法院现在设了几个巡回法庭，打破了原来的传统行政司法区划。目前，我们的监察区划与行政区划基本上也是对应的，但是在汉代，监察区划与行政区划没有统一。今年，是监察法颁布的第一年，下一步如果再往下改革，就会推进到这一步。有学者提出，行政区划与监察区划应该错位，这是目前学术界正在研究的一个问题，大家可以关注一下。

汉代有《御史九条》，相当于今天的监察法，后来出现了御史台，大家可能在有的古装戏、影片中看到过这么一个称谓。隋、唐叫御史台。至于明代，最近有一部电视片《大清盐商》，其中有一个监察御史。从明到清，明清时期的都察院制体现了监察的法治化，这里面就发生了很多案件。可以说，在明清时期，尤其是清康熙时候，出于反腐败的需要，出现了很多非常有名的监察官，在当时叫监察御史。这就是优秀的监察文化。

在中国古代优秀的监察文化中，特别强调监察官的选任标准与条件。今年通过的监察法，对于从事监察工作的人员，用的称谓就是监察官。《监察法》第 14 条规定了国家如何选任监察官，哪些人可以担任，可以胜任监察官，借鉴了古代监察官的选任标准和条件。

到了 20 世纪初，孙中山先生创立了“五权宪法”学说。所谓“五权”，其中就包括监察权。

从我们中国共产党的历史来看，先后出现过监察委员会、审查委员会，还有党务委员会这些名称。新中国成立后，出现了纪律检察委员会。在党史上，1927 年 4 月，中共五大决定成立监察委员会。大家可以想一下，1927 年是什么样的背景？在那个血雨腥风的社会背景下，亟须加强党的建设，因为出现了大量的叛徒，当然也有很多英雄、很多烈士。在这个时候，作为党建的一项重要举措，第一次成立中央纪律监察机构。中央监察委第一任主席叫王荷波，是一位非常著名的革命家。

到抗日战争时期，《陕甘宁边区施政纲领》相当于边区政府的宪法文件，其中也有相关规定。1943 年，陕甘宁边区政府还专门颁布了一部法律《陕甘宁边区政纪总则草案》，实际上就相当于今天的监察法。

1948 年，华北人民政府成立了专门的人民监察院。今天这个监察委员会，包括名称,在讨论时有一种意见,说是不是也叫人民监察院?还有一种建议,不过这个建议被没有采纳,叫作人民监察委员会。为什么要这样提?因为我们的立法机关就是各级人民代表大会,行政这块是各级人民政府,我们的法院叫人民法院,检察院叫人民检察院,所以,有些学者提出来,是不是我们的监察委员会也叫人民监察委员会,或者干脆就叫监察院,形成“一府三院”。但是,这个观点后来没有没有得到采纳,在最后正式通过的《监察法》里,就叫监察委员会。

1949 年,新中国成立前夕,9 月 29 日,通过了具有临时宪法地位的《中国人民政治协商会议共同纲领》,其中第 19 条规定设人民监察机关,与人民司法机关平级。后来,根据《中华人民共和国中央人民政府组织法》,在中央人民政府组织体系当中,政务院下设人民监察委员会,第一任主任是谭平山,当时与人民监察委员会同时设置的还有其他机构。1950 年,制定过了《中央人民政府人民监察委员会组织条例》。

1954 年,根据新中国第一部宪法和国务院组织法,政务院改为国务院,人民监察委员会改为监察部,第一任监察部部长是钱瑛,一位女部长。这里还有一个特殊情况,曾经有一段时间,我国既有监察部,又有监察委员会。国家机构里面有监察部,党内机构有监察委员会,监察部和监察委员会同时存在。

1955 年 3 月,成立中国共产党监察委员会,代替原来党的纪律监察委员会。在 20 世纪五六十年代,党内监督和政府监督分立。今年,监察法改革的最大亮点和举措,就是党政合一。在五六十时代,党内监督和政府监督是分开的,后来越来越不正常,1959 年撤销司法部和监察部。我们国家曾经至少 20 年没有司法部,10 年没有检察院,将近 30 年没有监察部,这是极其不正常的。后来,“七五宪法”和“七八宪法”对监察制度也没有进行明确的规定。

然后就到了 1982 年宪法,就是现行宪法,即 1982 年 12 月 4 日通过的《中华人民共和国宪法》。“八二宪法”规定,恢复行政监察机关的设置,即第 89 条和第 107 条,规定国务院作为行政机关的职权,其中包括行政监察。所谓行政监察,大前提下属于行政,也就是在行政机构——从中央来讲,就是国务院下面设监察部。我国从 1959 年以后一直没有监察部,至 1986 年才正式恢复监察部。

1997 年 5 月 9 日,第八届全国人民代表大会常务委员会第二十五次会议又通过了《中华人民共和国行政监察法》,这就是今年 2018 年 3 月 20 日通过的《监察法》最后一条即第69条所指向同时废止的一部法律。在20世纪90年代通过的行政监察法,具有其历史意义。

三、国家监察体制改革与《监察法》

从学术研究史上来考证,我们西南政法学院的老前辈,我们德高望重的老师王连昌教授,早在1981年就提出了今年才实施的模式。可以说,王连昌教授是全国法律界首倡党的纪委和国家监察系统合署办公的学者,这一主张直到今年才得以转化为现实。

《中华人民共和国行政监察法》于1997年通过后,2010年6月25日第十一届全国人民代表大会常务委员会第十五次会议通过《关于修改〈中华人民共和国行政监察法〉的决定》进行了一次修正。从条文上来看,逐条法律反复强调的是“行政”两个字,反复强调“政府”两个字,监察只是属于行政系列当中的一个部门,实际上降低了其地位。为了适应新时代全面从严治党、全面深化改革的新要求,必须进行监察体制改革,具体原因有四点,我就不念了,节省时间。

基于这些思考,从新时代的第一年——我们经常讲“新时代”,有很多同志不大注意从什么时候开始,“新时代”是从2012年党的十八大开始的,这是习总书记强调过的。2012年,新时代的第一年,党的十八大提出“健全纪检监察体制”,所以,我们研究习近平新时代中国特色社会主义思想,也要注意学习十八大的一些新概念。党的十八大第一次提出健全纪检监察体制。2013年召开了两次会议,尤其是党的十八届三中全会,提出了一些具体要求。2014年也有两次会议,特别是党的十八届四中全会,通过了《中共中央关于全面推进依法治国若干重大问题的决定》,这是中央第一次以法治为主题召开的一次最高级别的会议。2016年也开了若干次会议,其中,我们要特别注意的是提出了监察体制改革试点方案,并且上升为国家的法律。根据2016年12月26日全国人大常委会通过的具有法律意义的决定,在北京、浙江、陕西三个地方率先进行监察委员会试点。有些地方的牌子跟省委挂在一块,像浙江则是跟人民政府挂在一块,山西是跟纪委和人民检察院挂在一块。北京、山西和浙江分别采取三种模式,按照中央的决定,分别进行试点,思路也不一样,试点的结果总结出了

8 点成绩,这个我就不照着念了,以后有时间再与各位分享。

2016 年 12 月 31 日,在试点的基础上,提出修改原来的行政监察法,即对原来的《中华人民共和国行政监察法》进行修改,但其实也不是修改的问题,而是推倒重来的问题。到 2017 年 6 月,监察法一审稿出台,共 10 章 67 条。2017 年 10 月,党的十九大召开,对监察体制改革提出了更加明确的要求:第一,合署办公;第二,监察全覆盖。原来的纪检部门只能管党内,比如学校作为事业单位,民主党派比较齐全,有些党外人士老是在那说贵党怎么样,好像他们就可以为所欲为,这个问题在全国引起热议。所以,这次监察体制改革的一个重要思路,就是“全覆盖”。有学者用了一个词,叫“一网打尽”——一会儿我再讲什么叫“一网打尽”。

按照党的十九大报告的要求,要实现对所有行使“公权力”的公职人员进行监察全覆盖。这就决定了监察法不是修改的问题。重新制定监察法,其中的一个核心问题就是全覆盖的对象,这是十九大的明确部署。2017 年 10 月 25 日党的十九大闭幕之后,10 月 29 日就通过了试点方案,11 月 4 日把试点方案进行推开实施,11 月 7 日,把一审稿公布出来征求意见。在征求意见的过程中,除了我们纪检监委的同志关注之外,社会各界都高度重视。这里有几个数字,比如在一个月的征求意见期间内,发表意见的共有 3771 人,提出了 13268 条意见,这个在所有的法律草案征求意见中算是比较多的,原来也经常公布法律草案,但其实很多人并不关心。这次大家都很关注监察法,不仅仅从事纪检监委的同志关注,社会各界也关注,党的领导干部也关注,所以,监察法不仅仅与干部有关,可以说与整个社会都是有关的。在大街上挂有一条标语“国家监察法,关系你我他”,说明监察法的确关系着我们整个社会。社会公众对监察法的高度关注,这是从事立法工作的同志们感到比较欣慰的一件事。

在征求意见的基础上,2017 年 12 月通过了二审稿。12 月 27 日,全国人大常委会决定,将这个草案提交全国人民代表大会全体会议进行审议。大家要注意一个现象,并不是所有的法律都由全国人民代表大会通过,有很多法律是由常务委员会通过的,全国人大通过的法律叫作基本法律,意义特别重大,比如《民法总则》。监察法不是由人大常委会通过,而是由人大常委会提交全国人民代表大会审议通过的。2018 年 1 月 11 ~ 13 日召开的中纪委二次全会、1 月 18 ~ 19 日召开的十九届二中全会,一个重要的内容,就是把宪法修正案和监察法草案提交全国人大常委会,随后由全国人大常委会决定将这两部法律草案提交十三届全国人大一次会议。但是,这里有一个常识性问题,即《宪法修正案》和《监察法草案》同时提交全国人大全会后,能不能同时表决通过?这是不能的。因为宪法属于国家根本法,而监察法地位再高也高不过宪法,所以,这个问题当时在法学界有很多争论,大家翻看第1条,最后有八个字"根据宪法,制定本法"。2017年通过《民法总则》的时候,也发生过类似讨论,讨论的问题就是,这八个字究竟要不要?很多学者说删掉,因为"根据宪法"不能"制定本法",因为宪法还没有改。所以,中央这次决定,把《宪法修正案》和《监察法草案》同时提交审议,但立法程序上应该是先通过《宪法修正案》,再通过《监察法》,宪法修改以后才能够"根据宪法,制定本法"。

这里大家看一下课件上照片,重庆监委的牌子是跟纪委挂在一起,这边是市委、纪委的牌子,监委跟纪委挂在一块,而纪委一般跟省委、市委挂一块,不能跟政府挂一块,跟检察院的牌子也不能挂在一块。2018年3月11日通过《宪法修正案》,3月20日通过《监察法》。《监察法》的内容在座的很多同志学得都比我好,共69条,每一条都有很多新理念,也包含着很多人的心血。从框架上来看,共有9章,一会儿我讲下面的内容时会稍微展开来讲。

四、新时代监察体制改革的法律基础

为什么要制定监察法?刚才我讲到"四个全面",监察法跟"三个全面"直接相关,最终目的是如期实现全面建成小康社会。

具体来说,第一,有利于破解"历史周期律"。这是借用黄炎培与毛主席的对话,就是说,我们中国共产党取得了执政地位,必须反腐败,而原有的反腐败体制存在一些问题,至少有三大问题。因此,在新时代必须有新举措,新的举措之一,就是要成立国家监察委员会。

第二,有利于通过促进权力监督加强党的领导。具体来说,就是要处理好党的领导与依法治国之间的关系。按照总书记的说法,我们党要长期执政,必须形成全覆盖的国家监察体系,把党内监督与国家监督结合起来,形成一种反腐败的合力。

第三,有利于凸显依法治国精神。这里有三个"法治化",具体内容我就不念了。

我们讲《监察法》的通过,意义非常重大,它实现了依规治党和依法治国、党内监督和国家监察的有机统一,这就叫“全覆盖”。监察法律体系,包括党内法规、国家法律法规。最近大家都在学党内法规,包括《纪律处分条例》,再次修订后与原来相比有很大的变化,这就是与履行监察职能密切相关的党内法规。最近,法学界正在研究建立“党内法规学”,准备开始招收这方面的硕士研究生和博士研究生,法律专业仅仅只研究国家法律,这是不够的,不能局限于狭义的法治。中办成立有党内法规局,所以请大家一起关注党内法规建设。

第四,有利于加强法治体系建设。按照党的十八届四中全会的提法,全面依法治国,要建设中国特色社会主义法治体系。从国家层面来看,要处理好监察法和其他的法尤其是三大法的关系,即宪法、刑法、刑事诉讼法与监察法,都要进行衔接,这就是法律体系。后面讲到这三个问题时再进一步向大家详细汇报。当然,还涉及联合国反腐败公约、国际公约等。

五、《监察法》与宪法相关制度的衔接

前面提到,宪法第五次修正案总共 21 条,其中有 11 条与监察体制改革有关。2018 年《宪法修正案》的第 6 条(总第 37 条)是对“八二宪法”第 3 条第 3 款的修改,大家注意这个排序,监察机关排在行政机关后面、审判机关和检察机关的前面,这就是“一府一委两院”的架构。从宪法地位上来看,“一府一委两院”都由人民代表大会产生,在人民代表大会之下,监察委员会排在政府之后、司法之前。总第 41、42、43、44、46、48、49、50、51 条,这些修正都跟监察委员会有关系。大家注意第 51 条,改的地方是没有了“监察”二字,实际上该条取消了两个字,在司法行政后面、计划生育前面原来有“监察”两个字,这次修正案把人民政府里面的监察职能取消了,把监察职能单列,跟政府平列,地位提高了。特别是修正案的最后一条第 52 条,宪法增加了一节,这一节总共 5 条。所以,我们的宪法原来只有 138 条,今年修改以后总条文数就增加到 143 条。(我曾考过学生:“现行的《中华人民共和国宪法》总共有多少条?最后一条是什么?”很多同学一下子回答不上来,“中华人民共和国首都是北京”,不是“北京市”)宪法 21 条修正案里面总共有 11 条与监察相关,这说明监察体制改革直

接涉及依宪治国、依法治国，直接涉及我们党依宪、依法执政这样一个重大问题。所以，监察体制改革属于宪法改革层面的一个重要问题。具体内容时间关系就不展开了，请大家看一下课件：一是关于监察委的产生，二是关于监察委组成人员的选举和任免，三是关于监察委主任的任期，四是关于领导体制的规定，五是关于监察机关和其他国家机关的关系。

监察体制改革要依宪有据，监察法要依宪有据，“根据宪法”制定监察法。《监察法》总共 69 条，下面大概从宪法的角度简单梳理一下。

关于监察委员会的法律定位问题。这个问题在起草监察法的过程中争论相当大，原来的监察局属于人民政府下面的一个局，是行政机关，后来设置监委。有人提出来说，这个监委是不是属于行政机关？好像不对。监委是不是司法机关？好像也不对。所以，我们先看法律条文，第 3 条写成各级监察委员会是行使国家监察职能的“专责机关”。从法学意义上来看，不能在条文中写成“政治机关”，监察机关的属性不仅仅是政治机关，当然不能否定它是政治机关。

经过研究，我们认为监察机关的性质可以从三个方面来确定。首先，它是政治机关。这个不能质疑，因为成立监察委员会既是全面依法治国的要求，更是全面从严治党的一个要求，所以，我们搞法律工作的一定要有政治站位，不能就事论事。因此，监察体制改革首要的任务就是捍卫党的领导，维护党中央的权威，维护党中央的集中统一领导。因此，监察机关首先是政治机关，但同时它也是法律机关，在这个问题上不能含糊。监察机关具有鲜明的政治属性，是政治机关。其次，根据宪法、监察法的有关规定来分析，监察机关的性质同时更是法律机关。为什么说是法律机关呢？因为监委的活动必须在宪法和法律的框架下进行，这是有宪法依据和法律依据的，同时还是一个执法执纪机关，带有执法性质，按照第 3 条的规定，它是执行监察法的专责机关。我们从学理上来推《监察法》第 53 条第 2 款“执法检查”一词，它不是司法机关，它是执法机关，因此属于法律机关，不仅仅是政治机关。最后，监委同时还是执纪机关。具体根据《监察法》第 11 条，监委不仅执法，而且执纪。所谓纪，包括党纪、政纪，所以，接受监察调查的不仅仅是党员干部，还可以是行使公权力的人，监委有权进行政务处分，也就是说，可以直接给予其处分，即“对违法的公职人员依法作出政纪处分决定”。

关于指导思想和原则方针。因为时间关系,大家看一下课件,涉及很多法律条文。

关于监察机关的职责。请大家重点关注第11条,这是非常重要的一条,"监察委员会依照本法和有关法律规定",履行三大职责:一是监督,二是调查,三是处置。这三个词是法律术语,监委要对所有行使公权力的公职人员进行监督监察,具体什么叫行使公权力,什么叫公职人员,后面再讲。

关于监察法律关系。这个问题有一定的学理性,在座的监委同志比我更了解。监察法律关系跟原来的行政法律关系,跟每天都在发生的民事法律关系都不同。首先,监察法律关系是内部法律关系。所谓内部法律关系,也就是监察对象与监察对象所属的组织之间有身份上的、组织上的隶属关系,这是我们的纪监委执法的法律基础。比如说,在座的各位党员,入党是自愿的,我们加入这个组织,或者我们在这个机构工作,存在一种身份上的、组织上的隶属关系。监察对象是自愿加入特定的组织,你既然自愿加入这个团体、组织,你就要受这个机构的约束,你跟社会上没有加入组织的人相比,要求要更高更严。也就是说,虽然对别人没有要求,但对我们有这个要求,这个道理很简单,叫内部法律关系。所以,总书记一直在强调,党员要忠于党,跟没有入党的其他人相比,人家可以随便乱说,但你不能,这一点我们要旗帜鲜明。但是,这种内部关系也可以转化为外部法律关系,条文依据是第45条。如果内部关系发生了一定的情形,可能会转为外部法律关系,如果有严重的违纪违法行为,监察法律关系就转化为刑事诉讼法律关系,适用的法律就不一样的了。

关于留置。原来属于行政权,现在不属于行政权。监察法所确定的国家监察,从理论上来看是大政府概念,这次监察法的改革力度很大,进行全覆盖。大政府是行使公权力的机关,都属于一个范畴。因此,监察机关对特定人员进行监督调查,是组织内部进行的活动,这叫内部法律关系。没有转化为外部法律关系之前,不适用行政诉讼程序和行政处罚程序。比如原来的"双规",十九大报告提出,把它改为留置。有很多律师,尤其是前几年,提的意见非常多,因为不可以请律师,党的领导干部包括那些高级干部被"双规"、留置之后,律师不能介入。那么,基于我刚才讲的监察法律关系是内部法律关系,是基于自愿加入形成的法律关系,还没有转化为外部法律关系之前,第三方是不能介入的,也就是说,不接受律师的介入,不得向法院提起行政诉讼。

除非监察委员会认为涉嫌犯罪，转化为外部法律关系，当然在移交检察院之前，仍然属于内部法律关系，律师是不能介入的。但是，一旦转化为外部法律关系，就可以请律师了，留置转为刑事拘留、转为逮捕，到那个时候就可以请律师了，就可以代表你在法律上进行辩护。不能一开始就请律师，到一定的程度后才可以请律师。

还有一个国家赔偿问题，与国家赔偿法二者之间也有一个衔接的问题。

总而言之，监察法律关系的内部化与刑事罪行的司法化，衔接点要把握好。这是与宪法相关的“法法衔接”，涉及很多问题。

六、《监察法》与刑法相关制度的衔接

梳理一下，主要涉及两个问题：一是监察对象，二是处置方式。首先是监察谁？监委的工作对象是什么人？是所有行使公权力的人，所有行使公权力的公职人员，这就是十九大报告提出的“全覆盖”。具体重点法条是第 15 条，这一条是整个监察法的核心条文，也是起草过程中争议最大的条文，最后把相关的问题处理得非常好。

我们来看法律原文，第 15 条规定，监察机关对下列公职人员进行监察：

（一）中国共产党机关、人民代表大会及其常务委员会机关、人民政府、监察委员会、人民法院、人民检察院、中国人民政治协商会议各级委员会机关、民主党派机关和工商业联合会机关的公务员，以及参照《中华人民共和国公务员法》管理的人员；

（二）法律、法规授权或者受国家机关依法委托管理公共事务的组织中从事公务的人员；

（三）国有企业管理人员；

（四）公办的教育、科研、文化、医疗卫生、体育等单位中从事管理的人员；

（五）基层群众性自治组织中从事管理的人员；

（六）其他依法履行公职的人员。

要理解以上这六个事项，我们首先要了解，关于监察对象并不是一开始就是这样规定的。新中国成立初期，主要是针对政府机关和服务人员，这是 1950 年 10 月《中央人民政府组织法》《政务院人民监察委员会试行组织条例》里面的相关规定。1954 年第一部宪法通过之后，监察对象是政府机关、国有企业、公私合营企业、合作社等工

作人员。1987～2004年,明确监察对象为行政机关及工作人员和国家行政机关认定的其他人员,局限于政府。2004～2018年,也就是到监察体制改革之前,监察对象还是这些人员,基本上还是行政系统的人员。此外,监察对象还包括具有管理公共事务职能的组织和行政机关依法委托的组织及其工作人员,包括行政机关委托的人员。即使如此,监察对象的范围还是非常窄。后来进行改革,从十九大开始到现在,尤其是今年3月20日通过《监察法》,改为"行使公权力的公职人员"。我认为第15条是整个监察法的核心条文,这一条内容非常多,其中的一些关键点、关键词一定要关注。

提醒大家关注的第一个问题,就是监察对象是人,而不是机关。

我们倒过来再看第15条的第1项,这一项的内容很多,里面有很多顿号,其中有两个字千万不要忘记——"机关",最后逗号"以及参照《中华人民共和国公务员法》管理的人员"。第一项内容很长,但最后归结为一个词"人员",什么样的人员?"机关"的人员。监察对象是人,而不是机关,是"机关"里的"人员"。这个问题很多人分不清,有些监委的同志说,我现在什么都可以管,但是监察法的规定不是这样的。监察机关进行监察的对象,是市委、省委、机关的工作人员。机关作为一个机构,不是你的监察对象,所以,要一再强调监察机关监察的对象是人而不是机关,不是省委、市委、人大,但是可以监察党的机关、立法机关的人员,包括政协各级委员会机关的委员。这一项法律规定的精神一定要吃透。

监察对象如何实现"全覆盖"?《监察法》第15条规定的标准很简明:(1)机关里面的人员,是以身份兼以岗位职责进行确定的。(2)管理公共事务的组织中"从事公务的人员"。(3)对公共资源、公共财产负有经营管理监督责任的人员。之所以叫"公职人员",就是利用公共资源、对公共财产负有监督管理的职责,实际上这里已经把公职人员进行细化了。比如,从学校来讲,这些都属于行使公权力,但并不是说,学校的每个老师都是监察对象。

可以说,监察法创设了一个法律新概念。我们在大学里学刑法,经常提到一个词"国家工作人员",但这次监察法在我国现行所有的法律中,第一次使用了"公职人员"这个词,而且前面没有"国家"二字。第15条规定,监察机关对"公职人员和有关人员"进行监察,没有说"国家人员",更没有说"国家工作人员",凡公职人员都是监察对象,这叫"一网打尽",这叫"全覆盖"。那么,"公职人员"的外延是什么?《联合国反腐败公约》第2条对公职人员作出了解释。所以,监察制度不仅仅包括监察法本身。监察对象的范围的扩大到基层群众性自治组织,还有其他的企事业单位中的人员,这些都属于监察对象。企业管理人员中,不仅包括国有企业领导班子成员,还包括其他的一些成员。总之,监察对象跟原来相比、跟刑法相比,有很大变化,不再仅仅是国家工作人员。

请大家关注的第二个问题,是关于监察处置方式。

这个问题专业性更强。监察法的另一个关键条文,就是第45条,这一条规定的内容也非常多。监察机关根据监督、调查结果,依法做如下处置,有5项。在这5种处置方式里,第四种处置方式与刑法有关,规定涉嫌职务犯罪的要移送人民检察院依法审查,提起公诉。这里就带来了一个问题,涉嫌职务的犯罪有哪些?根据《国家监察委员会管辖规定(试行)》,涉及的犯罪有6大类,88个罪名,我们大概浏览一下。

第一类贪污贿赂犯罪,这不是一个罪,是17个罪名,涉及24个条文,当然下一步如果刑法再修改,涉及的罪名估计会更多,包括大家知道的贪污罪、挪用公款罪、受贿罪等,还有利用影响力受贿罪、单位行贿罪、对有影响力的人行贿罪。大家特别要注意单位行贿罪,这个是单位犯罪,主体不是自然人,是某某单位犯什么罪,然后法庭对其主要负责人进行处理,这方面的规定会越来越细。

第二类是滥用职权犯罪,有15个罪名,这个规定也很细,包括食品监管渎职罪,等等。

第三类是玩忽职守犯罪,有11个罪名,除了玩忽职守罪之外,还有其他罪名,比如国有公司、企业、事业单位失职罪,这个规定也很细;还有签订、履行合同失职被骗罪,所以,在座担任领导职务的人员,要小心你的签字;还有环境监管失职罪,以及其他罪名,总共是11个。

第四类是徇私舞弊犯罪,包括15个罪名,这是对全面依法治国和全面从严治党的具体落实。像招收公务员、学生,徇私舞弊,到一定程度就构成犯罪,不是一般的错误。

第五类重大责任事故犯罪,包括11个罪名。就不再展开讲,请大家看课件。

第六类公职人员其他犯罪,比如破坏选举罪、利用未公开信息交易罪,比如从事特殊行业岗位的一些人泄露信息,利用未公开信息牟利,属于犯罪;其他还有违法发放贷款罪,等等。除了这些,还有其他司法解释,这个专业性更强,大家知道个大概就可以了。

以上是监察法与刑法有关的一些制度,叫作"法法衔接"。

七、《监察法》与刑事诉讼法相关制度的衔接

刑事诉讼法的地位非常特殊,号称"小宪法"。《中华人民共和国刑事诉讼法》于1979年7月1日通过,1996年、2012年和2018年做过三次重大修改,尤其是最近,于2018年10月26日,第十三届全国人大常委会第六次会议刚刚通过新刑事诉讼法,这次大修与监察法有关联。从整体上来看,需要特别注意以下7个问题:

第一,管辖规则。(1)地域管辖和级别管辖。(2)关于管辖权的调整,涉及移送问题。比如,某一案件属于公安或者审计机关管辖——审计也是一种监督,如果在办理案件时发现职务违法甚至是职务犯罪,也就是刚才讲的88个罪名,就应当移送监察机关。

第二,监察权限。涉及监察措施:(1)了解情况和调取证据。(2)谈话或者要求说明情况。这里的谈话,是专业术语,不是一般的谈话。(3)询问、讯问和要求做出陈述。(4)留置,这是《监察法》第22条所规定的措施,就是原来的"两规",这次依据十九大报告"用留置取代'两规'措施",第22条规定的留置涉及7个具体问题,比如留置适用的条件、适用的范围、审批程序、留置期限与执行留置场所等,还有其他如技术调查,最近有关方面又进一步做了法律解释,监听监控都有严格的程序,不能随便乱来。

第三,证据转化。在留置期间,监委取得的证据有法律效力,可以直接在法庭上运用。一些纪委的同志反馈,说监察法通过以后工作压力更大、要求更高,对收集证据的完整性、程序性、规范性要求更高,检察院系统的同志转隶过来,明显更加注重程序。当然,这里面也有一个相互学习的问题。

第四,留置和逮捕的衔接。今年修改刑事诉讼法,对监察机关已经采取留置措施的,由人民检察院先行拘留,留置措施自动解除,这样就解决了原来困扰大家的衔接

问题，即调查权和侦查权相衔接，监察是一种调查，检察院是侦查。

第五，移送起诉。中纪委印发了一些解释性的文件，这个专业性也很强，大家浏览一下课件。

第六，监察权和审判权的衔接。主要又涉及这样几个问题：一是证据收集，纪检监察系统进行调查时所取得的证据，将来在法庭上要经得起检验，监察机关收集证据的标准要从严，证据要扎实、合法，要经得起历史的检验，经得起人民的检验，至少经得起法庭上的质证，这是司法改革的要求。二是工作程序，做好相关刑事诉讼程序和监察程序之间的衔接，重庆目前正在办理贵州原省委常委、省政府原副省长王晓光案，这是国家监察委员会成立后立案调查的第一起案件，国家监委严格依照法定程序对王晓光涉嫌职务违法犯罪进行调查，调查终结之后给予王晓光开除公职政务处分，然后再起诉。这个案件下一步可能会成为一个模板。三是惩戒与教育相结合，这个问题现在意见不太统一，有人说发现问题就应该移送，还有人认为应当惩前毖后、治病救人，重在教育，不一定必然移送，各地监委系统都还在摸索经验。总之，监察法和修改后的刑事诉讼法为监察与检察机关之间更好地相互配合、相互制约，奠定了坚实的法律基础。

第七，监察法与其他法律和党内法规的衔接。例如，《监察法》第45条中规定的第1、2、3、5项，没有进入刑事诉讼程序，涉及其他法律和党内法规，如公务员法、问责条例等。再如，监督者也要被监督。《监察法》第七章规定了“对监察机关和监察人员的监督”。又分为内部监督和外部监督，外部监督首先是人大监督，还有民主监督、社会监督等。内部监督包括《监察法》第55～67条规定的相关制度，涉及其他的法律法规，比如下一步要制定监察官法，实行等级制。监察体制改革和司法体制改革，正是全面深化改革的两大重要内容。

总而言之，新时代新体制新机构新任务。

在新时代，形成了一种监察新体制，尤其是在座的纪检监察系统的同志们任务更重、责任更大。我们一定要充分认识到，监察法是一部反腐败国家立法，是一部对国家监察工作起统领性、基础性作用的法律。我们工作在其他各个部门、各个岗位的同志，也都要认真学习监察法，绝不能认为监察法仅仅是纪检监察机关的事，它与我们每个人都有关。只有牢固树立有权必有责、用权受监督的理念，全面依法治国进程才会越来越顺利。

最后,再次感谢大家一直以来对西政的关心和支持。我想再做个小广告,今年3月20日上午,《监察法》通过,当天下午我们就宣告成立了西南政法大学监察法学院。欢迎大家报考我们监察法学专业的硕士研究生和博士研究生。

谢谢大家!

推动形成全面开放新格局的法治保障

刘敬东

刘敬东，中国社会科学院国际法研究所国际经济法室主任，研究员。 本文根据刘敬东教授于2019年4月12日在广东省商务厅专场报告会录音资料整理而成。

2019年全国人大通过了《外商投资法》，这是我们国家对外开放，特别是在外资领域的一个重大历史性举措，而且当前中美贸易摩擦还在持续，尽管我们经历了九轮谈判，但对我们全面开放的法治建设也提供了机遇和挑战。

2018年是我国实施改革开放政策四十周年，四十年来的伟大实践证明，开放是国家繁荣发展的必由之路，以开放促改革、促发展，这是我国现代化建设不断取得新成就的重要法宝。党的十九大报告指出，推动形成全面开放新格局，强调开放带来进步、封闭必然落后，中国开放的大门不会关闭，只会越来越大，中国坚持对外开放的基本国策、坚持打开国门搞建设，发展更高层次的开放型经济。十九大报告的这些重要内容，是以习近平同志为核心的党中央适应经济全球化新趋势、准确判断国际国内形势的新变化、深刻把握国内改革发展新要求，作出的重大战略部署。党中央根据国际国内形势变化作出的重大战略部署的原因是多方面的，但有一点很重要，即当前国际形势波谲云诡，逆全球化现象不断显现,贸易和投资保护主义抬头,单边主义盛行,以WTO为核心的多边经贸体制及其法律规则正遭受前所未有的挑战。在这样的一个背景下,推进全面开放无疑将面临十分复杂的局面,可以说挑战前所未有、机遇亦前所未有,但机遇大于挑战,最终能否抓住机遇、克服挑战,关键在于我们能否坚持法治的理念和原则,将全面开放新格局建立在法治的基础上。

一、当前国际经济和国际关系的形势

(一)当前国际形势的三个特点

1.美国以其单边主义的行为冲击其一手建立的国际多边体制,并且给予毁灭性的打击

WTO前身是1947年的关税贸易总协定,这个总协定是战后以美国为首,美英等西方国家参与建立的战后国际贸易法律体制,这个体制70年来形成了一套完整、有效的全球贸易规则,它后来被在1995年成立的WTO所取代。这个体制我们说它是科学的,因为它建立在科学的经济学理论基础上,这个理论就是大家耳熟能详的比较优势论,是英国著名古典经济学家亚当·斯密和大卫·李嘉图的一个重要理论。我在哥伦比亚大学学国际贸易学时,上的第一课就是比较优势论,因为时间关系我不展开介绍理论内涵了,但是可以通俗一点来说,就是国际上的市场经济规则,就是要运用市场这只看不见的手来调整国际贸易关系,实现各国的比较优势。在这个理论的基础上,才有了最惠国待遇、国民待遇等国际贸易法的规则,这是跟纯粹的、我们传统民法不一样的,它是从经济学理论当中概括出来的一整套国际法规则。

为什么说它行之有效呢?因为战后它推动了贸易的大发展。与之相反的一个反例,战前资本主义第一次大危机时,美国政府率先通过了一个关税法案,30年的关税法案,坚壁清野、以邻为壑,坚持高关税的政策,结果其他国家一同效仿,最后造成国际贸易体系的崩溃,成为第二次世界大战的一个重要经济策源。正反两方面的经验和教训,都证明了古典经济学比较优势论的伟大,也证明了这一套行之有效的法律规则的效力。特别是1995年WTO成立以后,建立了独特的争端解决机制,这个争端解

决机制采取两审终审制，贸易争端要拿到WTO审，一审专家组、二审上诉机构，它所作出的判决对于各国都有约束力。强制管辖权，只要是你加入了WTO就必须要接受它的司法管辖；强制执行力，只要你不执行WTO裁决，WTO可以授权报复。这些都保证了战后，特别是1995年WTO成立以后国际贸易的大发展。

但是恰恰是美国，特朗普政府上台以来，打破了美国一手建立的这样一套多边体制。首先他以中美贸易不公平为由，单方面采取对中国的加税措施，完全置WTO国际法规则于无视。WTO这一套法律规则要求成员方必须遵守，而且它的争端解决机制，即便美国认为不公平，也可以诉诸WTO争端解决机制。但是美国完全抛开这一规则，实施单方制裁，回到了中国入世之前的中美贸易争端解决方式。从事贸易工作或者贸易法研究的同志都知道，中国没有入世之前，美国国会每年审议一次正常贸易国待遇、最惠国待遇，将人权、西藏问题等与贸易挂钩，一年一度审议。为什么我们加入多边？就是因为有多边规则在管制着中美贸易关系，结果美国恰恰完全抛开国际法规则，然后以其国内法为依据，比如国家安全原因等，包括301条款死灰复燃，美国政府在WTO做过承诺，特别是301条款，未经WTO的允许，美国承诺不能针对WTO成员实施，这是符合多边承诺的，但是现在美国政府完全置之不理。

2. 欧美、美加以及日本等主要贸易体，在区域性多边合作方面迈出了重要步骤，对我们形成了挑战

奥巴马政府执政时期推动形成了一个TPP文本，这个文本完全是国际经济法的最新高标准规则，无论是在环境保护、知识产权、国有企业、劳工标准等方面，都是一整套完整的国际经济法的最新规则体系，超越了WTO规则，用奥巴马自己的话来说是21世纪国际经济法的范本。后来特朗普上台以后美国退出了，但是TPP并未停止，在日本的推动下形成了现在的CPTPP。虽然文本上有一些改变，但是总体上未脱离原来TPP的文本规则标准。另外，美加墨废除了北美自由贸易协定，形成了现在的美墨加贸易协定，这里面出现了针对非市场经济的所谓毒丸条款，三方承诺只要是一方与非市场经济贸易体签订贸易合作、贸易协定，任何一方都可以自动退出美墨加协定。毒丸条款没有说是谁，但是针对性极为明显。还有，欧美正在积极磋商新一代21世纪自由贸易协定，并且在一些对华贸易政策的理念上趋于一致，比如说在国有企业的补贴、在知识产权保护、在技术转让等方面，特别是在WTO改革等方面趋

于一致,这对我国形成了很大压力。

现在WTO改革,中国已经提出了中国方案,我们提出了三个基本原则。一是坚持多边。WTO规则并不过时,当然还有需要完善的地方,比如说互联网经济这一块,当时建立的时候互联网经济并不像今天这么发达,这一块应该纳入进去。比如争端解决程序冗长、复杂,WTO裁决至少400日,这些都需要改革,但是必须坚持多边,不能以一国的强权来压制WTO成员方接受改革建议,必须大家谈判,这符合国际法的国家主权平等原则。二是我们坚持发展中国家地位。不仅仅是对中国,我们从国际外交战略考虑,我们永远是发展中国家中的一员,所以我们要维护发展中国家的正当权益。三是循序渐进,不能一蹴而就,WTO确实存在问题,不能说它存在问题就毁灭它,也不能够操之过急,大家有共识的先谈,没有共识的搁置争议慢慢磨合,关键是当前要推动多回合的一些重要议题的谈判。

3. 美国对国际法治的严重破坏程度前所未有

举一个例子,美国多次运用成员方的投票权阻止WTO上诉机构法官的遴选,法官任期到了,要增补新任,美国多次否决,而且公开指责法官个人。这一点连美国的学者都看不下去,我们知道法治社会的一个重要标志,就是对法院、对法官的尊重,除非你发现法官存在贪污受贿等舞弊行为,否则就不能指责法官,你可以对判决进行评论。美国联邦最高法院马歇尔大法官退休时,记者采访时问他,你为什么是美国最伟大的法官,他说不是因为我伟大,而是因为我是联邦最高法院的法官,我做出的判决就是有最终拘束力的,它可能不正确,但这是法治的体现。法官必须得到尊重,这不是对法官本人的尊重,而是对一个国家政体的尊重。但是美国在WTO多次阻止上诉机构法官成员遴选,造成上诉机构的大法官从7人减为1人,就剩中国籍的法官(赵红女士),即原来商务部WTO司司长,没法开庭了。

今天我们讲经济领域的对外开放,在政治领域,美国对国际法治的破坏就更多了,伊核协议,包括气候变化的巴黎协定,现在我只说经济方面对国际法治的严重破坏。所以,以习近平同志为核心的党中央,对国际形势的变化和判断是非常正确的。中央作出了推进形成全面开放新格局的重大战略决策,这是对国家、民族的高度负责,准确判断国际国内形势,作出的重大战略部署。我们面对这么一个百年不遇的大变局,坚持改革开放路线,坚持推动形成对外开放新格局,需要政治勇气和担当,这是为中华民族的复兴作出的重大战略部署。

(二)法治是推进形成改革开放新格局进程的前提

第一,全面依法治国的基本方略要求全面开放新格局必须坚持法治原则,将法治原则贯彻于每一项重大部署和政策之中,而国际法治则是其中的重要内核。以习近平同志为核心的党中央,将依法治国提升到国家战略的高度,而且专门成立了依法治国委员会。习总书记在前一段的几次重要讲话中都提出,法治是最好的营商环境,这样一个重大理论判断,值得我们去学习、去贯彻落实。形成对外开放新格局,这是我们国家作出的重大战略部署,那么按照全面依法治国的基本方略要求,也必须毫不例外地遵循法治的原则,推动开放。

国际法是人类文明进步的重要标志,从几百年前第一部国际法著作——格劳秀斯的《战争与和平法》——诞生以来,人类文明就进入了一个新的阶段。从历史长河来看,这本著作闪耀着智慧的光芒。那时候人类处于野蛮阶段,没有规则,清军入关时屠城扬州十日,欧洲十字军东征就是屠杀,没有规则,以胜利为唯一标准,但是他从战争中概括出很多规则,比如禁止伤害平民、对医疗机构的保护、对宗教设施的保护、禁止不宣而战,对战俘的保护等。现在的日内瓦公约不仅是条约,而且是国际习惯法,你不签署也照样对你有效。国际法首先是从战争法发展起来的,现在发展到政治、经济、文化等各个领域,并且,它的法律强制力不仅在于国内法这种法院的强制执行,而且在于对国家,更多地体现为软实力的伤害。至今没有一个国家敢公然声称违反国际法,所以这是判断一个国家是不是文明、是不是进步的重要标志,而且这种杀伤力和损害绝不仅仅是国内法院来强制进行冻结扣押这样一些手段能够达到的效果。另外,从国际法战后的发展趋势来看,国际法由软变硬趋势极为明显,比如 WTO 作出的裁决,中国政府是执行的一个典范。美欧诉中国知识产权案中,美欧认为中国《著作权法》第 4 条,即违反中华人民共和国法律法规不受本法保护这一内容违反了协定,要求中国修改立法。又如,前南战犯法庭是联合国安理会中国投赞成票建立的法庭,160 多名战犯列入名单,在无军队、无警察、无监狱的情况下,160 多名战犯全部落网,包括前南总统。包括现在我们看到的也是联合国安理会授权成立的红色高棉法庭,包括卢旺达法庭,这就是国际法由软变硬的体现。中国在这方面既是国际法治的坚定支持者,也是受益者。

第二,国际法治是全球治理的核心原则,作为中国参与全球治理的创新举措,推进形成全面开放新格局必须奉行国际法治原则,这是中国作为负责任大国应当履行的国际义务,更是在当前国际形势下肩负的重大使命。

现在国际形势波谲云诡,百年不遇大变局,美国对国际法治公然破坏,中国怎么办?我们是效仿、追随吗?没有,我们意识到国际法治是全球治理的核心,中国参与乃至引领全球治理,以及中国国内推进全面开放,必须要奉行国际法治原则。我们是负责任的大国,我们的眼光是长远的,是战略性的,而且奉行国际法治,特别是在推进全面形成新格局的过程中,在当前的形势下更显得弥足珍贵。这次全国人大通过《外商投资法》,包括一系列配套措施,现在各部委,包括商务部的配套措施,都是根据《外商投资法》要推动的,比如《国家安全审查条例》,这些都是在中国奉行法治的立场作出的法治方面的推动。

第三,国际法治将为推进形成全面开放新格局提供国际制度保障,这不仅有利于提升中国对外开放领域的法治建设水平,还将吸引更多的国家参与到中国全面开放的进程之中,中国在赢得国际声誉的同时,还将为全球治理中的国际法治贡献中国智慧。尽管现在的形势复杂,但是为我们中国提升国际规则的话语权提供了机遇。我们奉行在开放中的法治原则,为像“一带一路”这样的建设推进,“引进来”“走出去”这样的一个战略推进提供了国际制度的保障,因为规则和争端的解决体制,能够提高安全性、稳定性、可预见性,保证我们的“一带一路”建设。

我国的法律都是管自己人的,涉及外国人的管辖问题怎么处理?我们现在有一部分域外效力的,就是刑法中的一些特殊条款,比如外国人在中华人民共和国领域外对中国国家或者公民犯罪,或者是中国人在国外犯罪,以及一些普遍性管辖的条款,但在经济立法、民商事立法领域就很不足。广东省作为我国改革开放的前沿,特别是在大湾区建设、自贸区建设方面,能不能提供一些法治经验,加强中国法律域外适用的研究,尤其对于严重侵犯中国国家利益、中国企业法人、个人利益的一些行为予以惩处的问题。我们要研究在对外开放中法治建设等这些新课题,只有参与了才会形成新的国际规则,才会对全球国际法治建设贡献中国智慧。

目前我们在两个方面走得不错,一个是我们的反垄断法,在价格集中这一块有一部分是有域外效力的,当然现在学术界还有一些争议,比如在国外形成价格同盟,中国发现也可以管,还有去年根据中央深改组建立“一带一路”国际商事争端解决机制意见建立的国际商事法庭,这绝对是中国为国际法治贡献中国智慧一个最好的平台。第一商事法庭设在广东省深圳市,因为广东有自己的优势,它是改革开放的最前沿,广东省率先改革开放,而且广东毗邻香港,国际商事法庭要按照国际商事惯例,我们要学习借鉴香港的优势。这个法庭已经收案件了,据我所知目前有 6 个案件正在审理之中,而且全部是不改变中国国内民诉法的情况下引进国际先进经验,设立国际商事专家委员会。国际商事法庭有两个特点,一是先调解,只要法庭受理的案件就可以先进行调解,二是在外国法查明阶段可以聘请国际商事专家委员会的委员,涉及 33 个国家和地区,港澳台有 9 个人,大部分都是“一带一路”沿线国家的著名国际法学家和国内法学家,让他们来提供本国法产品。

我们在国际法治方面虽然面临着困难,但是中国必须参与甚至引领国际法治。中央多次要求我们培养涉外人才、提供中国的话语权,首先我们自身要做到在立法上有先进的理念,要树立开放的理念。域外适用就是中央给法学工作者提出的重要课题,我们要研究怎么样实现域外适用。还有就是通过我们的参与和判例,促使我们商事法庭的判决引领国际规则。我们不但是严格履行大国的法律义务,尊重国际规则,而且我们还在这个过程中创制规则,所以机遇大于挑战。

二、全面开放新格局的法治内涵

全面开放新格局的法治内涵,即在改革开放新格局当中究竟有什么样的法治内容,我概括出五点。

(一)“引进来”与“走出去”更好结合的法治内涵

改革开放之初,我们着重引进外资的数量和规模,过去我们认为引进外资的数量和规模是越多越好,新时期全面开放新格局更加注重引进的质量和水平,那些低端、高耗能、高污染的,尽管可能投资量很大,但是我们也要考虑考虑了,不像刚刚开始用自己的廉价劳动力来引进,现在更加注重质量和水平。这样的一个背景,就要求我们重新审视我国现有的《外商投资企业法》等外资领域的法律法规,清理一些包括国家层面、地方层面的一些对外资的超国民待遇。中共十九大提出要一律平等,内外资平等。这是"引进来""走出去"相结合法治内涵的一个重要内容,就是我们引进外资的形式发生了历史性的变化。

要改变监管格局,将国际经济法最新规则引入到外资管理之中,要实施两点:准入前国民待遇、负面清单。即监管方式要发生变化,改变以前的事前审批,事前程序过于繁杂的做法,改为事中监管、事后监督,这就对我们的立法、执法水平提出了新的要求,这是一个重大变化,这要求我们在引进外资时要改成备案制,目前我们引进外资的程序是备案,没有审批了。现在商务部正在制定细则,进来以后要管理外资,这就对我们的监管水平提出了更高要求。因此还需要立法要配套,比如国家安全审查,比如环保,比如一些对工人利益的保护,企业要安全生产等,需要加强这些方面的管理。

另一个就是进口,现在进一步降低进口关税税率,及时调整关税规则,而且要通过修改商业银行法、保险法,制定互联网企业促进法,不断扩大金融、保险、银行、互联网等服务业的准入。这对我们的外资监管管理水平提出了更高要求。我们对这些外资怎么监管,不能以相同于管理内资的一套手段,要有通行的一套国际规则,这里面的立法和执法任务非常繁重。这是在引进来方面,可能面临的法律建设的重要内容。

在走出去方面,当前及未来最为重要的一个问题就是如何防范中国对外投资的风险。我们已经从一个引进外资的大国,变为引进外资和对外投资都占世界第一。在防范对外投资风险方面,我们有很多的功课需要做,虽然近年来我国已经出台了一系列监管对外投资的政策措施,但是相对于巨大的海外投资规模而言,这些政策措施缺乏系统化、精细化,法律层级较低,我们没有对外投资法,难以适应中国对外投资管理和防范风险的要求。所以我个人建议要尽快制定对外投资法,规范对外投资行为,确立对外投资批准及防范风险等方面的法律规则。同时,根据国际投资法律规则的最新发展,尽快修订中国与他国之间的投资保护协定。这是引进来和走出去更好结合的法治内涵,这里面的功课很多,绝不是务虚。

（二）沿海开放与内陆沿边开放更好结合的法治内涵

改革开放是从沿海起步由东向西渐次推进，内地与沿边地区的开放，虽然取得了长足发展，但总体上还是对外开放的洼地，全面开放新格局离不开内陆与沿边地区的开放，不能仅仅说沿海地区开放、而内陆不开放。要在深化沿海开放的同时，推动内地与沿边地区从对外开放的洼地变成对外开放的高地，这是全面开放新格局的一个重要要求。具体工作应该包括如下几点：

首先，沿海地区作为改革开放的前沿，应当不断总结经验，特别是总结自贸区建设过程中已经形成或者运用的先进国际经贸规则的经验，适时纳入地方立法，并形成可复制可推广的经验，以自由贸易港的法治建设提升沿海地区对外开放的法治水平。在这个方面，国际贸易投资法律规则将发挥独特的作用。广东是自贸区的一个重镇，这几年来形成了很多可复制可推广的经验，要及时上升为地方立法然后推广到全国；另外，广东是不是可以推动大湾区立法，引进国际上最先进的贸易投资法律规则，这些都值得考虑。

其次，对于内陆地区而言，应当在学习和借鉴沿海地区对外开放法治经验的同时，系统清理阻碍开放的地方性政策法规，特别是要以消除地方保护主义为重点，根据国际规则和惯例以及国家相关立法，建立符合自身特点的地区性对外开放制度体系。内地首先就是要清理地方政策规范中相关的保护语言。中央有关部门应该充分授权沿边地区探索与相邻国家之间的贸易投资便利化的特殊政策措施，鼓励沿边地区政府与相邻国家地区之间商签符合当地边防习惯的地区性经贸合作协议，推动沿边地区的开放，这是内陆和沿边地区的特点。比如说云南、广西，包括东北，黑龙江对俄罗斯，吉林沿边对朝鲜，蒙古和内蒙古，新疆对几个相邻的东亚、中亚国家。中央要充分授权这些地区与相邻国家商定一些符合当地交易习惯的贸易规则，然后由中央政府与相关国家签订地区性的贸易协定。这是内地沿边地区，从改革开放的洼地变成高地的一个重要标志。

我认为沿边和沿海地区可以互帮互助、对口支援，建议有关部门将对外开放法治建设作为对外支援内陆和沿边地区的重要内容纳入考核内容。广东省干部今后支援内陆及沿边地区，在对外开放的法治建设方面可以作为一个考核内容，推动当地一些地方性法规和政策的出台,这样才能够推动沿海开放与内陆沿边开放更好地结合。

(三)制造领域开放与服务领域开放更好结合的法治内涵

当前应引进或者鼓励引进高端制造业,通过立法和地方性法规降低高端制造业的准入门槛,这些需要从地方立法开始,因为有些地方的高端标准不一样,广东省的高端标准可能跟黑龙江省的高端判断标准有所差别,要降低这个门槛。而且要加大环境保护、知识产权保护、安全生产保护等的执法,要对地方性的法律法规进行一次全面清理。

在服务业开放方面,应当尽快制定或者修改服务贸易领域的国内相关法律法规,特别是在准入门槛和股权比例分配方面要参照国际惯例,贯彻开放、公开、透明原则,确保服务业全面开放。这个方面我们有很多的功课可以做,服务业开放,也包括互联网的开放,网络服务等方面,这对我们的执法提出了更高的要求。在制造领域开放与服务领域开放更好结合的法治内涵方面,要更加注重这些方面的建设。

(四)向发达国家开放与向发展中国家开放更好结合的法治内涵

当前我们面临着巨大的困难,但还是应当积极推进与发达国家之间的开放。具体到法律方面,就应当推进中美、中欧、中日韩之间的贸易投资协定,尽早达成协议。与此同时,面对着美欧在市场经济地位、贸易救济、投资安全审查方面针对中国的歧视性做法,做好充分的法律准备。我个人的判断,由于经济实力对比的历史性改变,区别于以往与西方国家开放主要是谋求更多的合作而言,未来在与西方国家开放的过程中,法律斗争将成为中国对西方国家的常态。因为西方国家动辄以安全审查限制我们的外资,包括华为事件,包括欧洲的反垄断执法,包括非市场经济地位。法律真的不是闹着玩,必须要有这方面的专业知识,特别是在对外签署协定时,一句话、一个字都会产生重要的影响。广东省的进出口企业多,高科技企业多,怎么在这方面做好法律斗争准备、为企业提供服务是需要解决的问题。过去我们改革开放主要是合作,引进来、走出去,现在法律斗争是常态了,不可能过太平日子。

目前美国一家独大的形势没有改变,国际上想从中美争端中截取好处的大有人在。习总书记作出判断,中美关系有一千个理由好起来,没有一条理由进行中美对抗。我们要静等国际关系形势的变化,欧美现在面临很大的问题,英国脱欧,对我们的影响很大。甚至有学者说美国国内的形势也在变化。我们要看到国际关系的复杂性。我认为中美关系肯定能好起来,想将中美关系恶化并从中渔利是极其愚蠢的,中美两国的政治家都会作出正确判断。

在向发展中国家开放方面,我们要以“一带一路”建设为契机,遵循共商共建共享原则,尽快推动中国与东盟、中东、拉美地区商签新的自由贸易协定。在融入先进国际经贸规则的同时,根据不同地区的发展特点、发展阶段,商定双方都可以接受的法律条款,为中国和发展中国家之间的经贸往来打下坚实的法律基础,而且我们应当建立对发展中国家的普惠制,也就是更优惠的措施。原来我们都是享受发达国家给予发展中国家的普惠制,中国在这一轮开放中也应当给发展中国家提供中国方式、中国特色的普惠制,让广大发展中国家享受到中国改革开放释放的规则红利,我觉得这符合中央对外开放新格局的战略要求。在发展中国家,我们主要是要商签一些新的贸易协定,但是必须符合这些发展中国家的特点和发展阶段。我们跟发达国家之间签的一定是国际高标准的,如知识产权、劳工、环境等这些都是高标准的,但是跟发展中国家,我们不能学习美国,去强推这些高标准,要根据他们的特点和发展阶段来商签一些经贸协定。我们要更多地给予发展中国家中国开放的规则红利。

(五)多边开放与区域开放更好结合的法治内涵

我们的开放不仅仅是多边,还有区域性的。当务之急,一方面要向国际社会传递支持 WTO 多边体制的明确信号,通过自身更主动的开放,降低关税、降低服务业门槛、股比等主动开放措施来推动 WTO 多哈回合谈判,向全世界展示中国的真诚推动 WTO 多边谈判的愿望,而且向国际社会传递支持 WTO 的明确信号。与此同时,与各方共商推动 WTO 在投票权、争端解决、决策等各方面进行改革,这是我们必须要坚持的。

区域性开放是我们国家对外开放的重要方面,在法治建设方面也应当大力推进与相关地区的区域贸易安排,特别是当前的重点是与东盟国家、中东地区以及非洲拉美地区的贸易投资谈判,也应该支持推动亚太区域全面经济伙伴关系协定,也就是 RCEP 尽早达成、早期收获。日本挑头推动形成 2.0 版的 TPP,也就是 CPTPP,我们也要推动亚太地区的RCEP尽早达成。多边开放与区域开放是鸟之两翼,只有相互配合才能顺利前行。区域开放从国际法治的发展来说,它能够成为多边开放的试验田和开拓者,这就对我们新时期法治建设水平提出了更高要求,一方面我们要支持多边,要修改国内法律、降低门槛,引入更多的进口和外资,在利用方面我们要在区域进行开放,推动与区域的国家和地区商签新的贸易投资协定。

三、全面开放重要举措的法治路径

从目前来说,我国对外开放这一轮推进路径主要是这五个方面,即“一带一路”建设、贸易强国建设、投资强国、自由贸易港建设、促进贸易和投资自由化便利化。主要说一下“一带一路”。无论是从发展规模、覆盖范围,还是从国际影响力来评价,“一带一路”已经成为当今全球经济发展的主要推动力。作为中国首倡的全球经贸发展新路径,“一带一路”的制度建设和发展模式,对于21世纪全球经济治理最终能否成功会产生巨大的影响,只有构建一套法治化的体系,选择一条法治化的发展路径,实现国内法治与国际法治的良性互动,“一带一路”才能确保长期稳定和健康发展。

总结国际经济合作的模式,无非就是两条,一是小圈子式的,比如新中国成立初期跟苏联、东欧地区,包括跟朝鲜、越南,都是这种小圈子式的合作关系,主要是建立在国家友好关系的基础上;另外一个就是要走法治化道路,以规则为基础。实践证明,我们自己这方面也有经验和教训,小圈子式的合作一时热闹,并不长远,必须建立在规则的基础上。“一带一路”我们提出法治化的新要求,“一带一路”建设随着我们的投资走出去,规则也要跟上,不管是国际规则还是国内规则,这些都是“一带一路”法治建设中面临的新挑战。

要推动“一带一路”沿线国家的法律合作,还要解决司法管辖权冲突、国际平行诉讼以及司法判决、仲裁裁定的承认与执行。各个国家都有司法主权,中国法院的判决拿到国外“一带一路”沿线国家,必须得到其承认和执行,我们要推动国际判决的流动性,“一带一路”沿线国家之间要商签司法合作,包括追逃、追赃,包括民事判决的承认与执行。目前与仲裁裁决的承认与执行相关的公约是《纽约公约》,我们是

《纽约公约》的缔约国。最近又形成了一个新加坡调解公约,我们在研究是否加入。还有海牙国际司法协会的选择法院协议公约,这些都是在"一带一路"建设过程中,我们推动中国的司法判决、中国的仲裁裁决走出去并且得到承认与执行所作的努力。中国现在的判决已经得到了很多发达国家的承认和执行,包括以色列、德国、美国,韩国。当然我们也要执行他国的判决,这些是相互的。

再就是贸易强国。要降低关税,进一步调整进出口管制方面的法律法规,在这里我要着重讲的是国家安全观问题。在投资强国法治路径中很重要的是要树立新的国家安全观,将对外投资安全纳入国家安全范围,以此为基础建立保护对外投资法律机制。不同于传统的国家安全定义,新的国家安全应当将保护在本国境外公民的生命安全、资产安全,同保护本国境内的公民生命安全、资产安全,一道作为保护国家安全的重要内容。在这样一个新的国家安全观之下,如果本国公民或者是企业资产在境外遭受损害或者是损害危险,中国政府应当充分运用政治、经济、外交、法律以及国际法框架内的一切必要手段来保护本国公司、企业及公民的生命财产安全。我们要制定相应的法律,比如说在对外援助法中,是否引进国际的先进制度,如美国对外援助中就对受援助国对援助国投资的保护情况,每三年进行一次评估。如果你保护得不利,援助就减少,并且通过自身的影响力和投票权,推动国际组织减少或者撤销对这个国家或者地区的投资或援助。我们是否也应当建立这样的一些法律评估体制?我们对某一个国家或者某一个地区,三年一评估,如果前述国家或地区对中国的公民、企业的财产生命安全保护很好,我可能扩大对你的援助,如果三年一评估,你对我保护很差,不仅我要削减自己的援助,还要推动国际组织削减对你的援助,这就是规则,就不是那种小圈子了,这是一视同仁。在投资强国这个战略中,法治要着重强调新的国家安全观。

我们要尽快适应投资仲裁机制。我们是华盛顿公约投资仲裁协定的缔约方,中国政府承诺在这个公约之下,外国投资者可以依据公约在国际上提起对中华人民共和国政府的仲裁。我在最高法院的时候就遇到两个案件,是商务部协调的。一个是有关地方政府在清理高尔夫球场时,将外资的地直接买过来,结果该外商在《华盛顿公约》下的仲裁机构提起了仲裁,要求中华人民共和国政府首脑李克强总理接收传票。还有一个,地方法院对外资的一个正常案件久拖不决,说我们是不公正司法。后来这个案件就赶快协调,让地方法院赶快受理、赶快走程序,最终给予了一定的补偿。现在又有德国企业诉中国。广东省要研究学习国际投资仲裁方面的规则,做好企业服务,在重大的立法、执法,甚至是司法方面,要顾及到还有投资保护协定,还有《华盛顿公约》。地方政府的行为按照国际法是由中央政府负责任的,在国际上有独立国际法人格的是中央政府,不是地方政府。地方政府与外商发生纠纷,外商提起的诉讼的被告就是中央政府,当然具体处理是商务部。这些方面,都是我们亟待加强的。

更重要的就是人才培养,在国际商事仲裁界、投资仲裁界,我们的人太少了。前年,因为《华盛顿公约》在世界银行管理之下,要让中国法学会推荐一名管理撤销投资仲裁的中国籍专家,但是有三个条件,第一是精通国际法,第二是英语、法语熟练运用,第三是国际上有一定的知名度。一和三很多人符合,第二条基本上做不到。最后中国法学会推荐的前上诉机构主席、中国籍法官张月姣女士,张老师的英语、法语相当优秀,所以陈丽萍书记说她是国宝,我们这么大的国家,这么多学法律的人,英语和法语要熟练运用,而且还要熟悉国际法的人不好找,我在北京觉得很难,我不知道广东有没有这样的人才,可以给国家推荐。张老师说她去华盛顿刚刚回来,审撤裁案件,全程是法语开庭,不是光问候一下、吃个饭点个菜这么简单,是要用法语审案子的。我们的面孔在国际上很少,国际商事仲裁是国际法律精英控制的小圈子,短期内改变不了,为什么?因为这些西方国家的国际法教育、理论研究水平在我们之上,而且他们有语言优势,但是中国这几年正在赶,我们参加了国际商事仲裁大会,2016年是我去的,在毛里求斯,2017年是我的同事沈红雨法官去的,沈红雨法官原来是深圳中院涉外审判庭法官,非常优秀,现在是最高法院知识产权法庭的法官。下一届国际商事仲裁大会在我国香港特别行政区举行。我想广东今后有没有机会能举办国际商事仲裁大会呢?这对全面开放的法治建设也是非常有帮助的。

四、对《外商投资法》的解读

因为我作为专家学者多次参加了全国人大及其有关部门的专家论证会,所以下面讲一些《外商投资法》的具体条文,以及当时争论的一些事项。

第一个争议是第4条,我们规定了准入前国民待遇加负面清单,但是有一条争议比较大,即“中华人民共和国缔结或者参加的国际条约、协定对于外资准入待遇有更优惠规定的,可以按照相关规定执行”。原来规定的是“应当”,后来改成“可以”。我们签订的条约,比如说我们签订的国际双边贸易投资协定都有公平公正待遇,这个解读起来国际上有很多案例,哪个更优惠呢?我们担心这一规定导致我们陷入被动的局面,所以改成“可以”,因为在法律上“应当”是必须的意思,这一条希望大家在学习《外商投资法》时要注意。

第9条,外资企业依法平等适用国家支持企业发展的各项政策。这一点一定要注意,因为法不溯及既往,《外商投资法》于2020年1月1日实施后,地方制定的政策要平等地适用于外资。如果不平等的话,相对方取得了证据,就有权提起国际投资仲裁,控诉我国违反公平公正待遇以及《外商投资法》的规定。当时商务部的领导同志讲,清理任务很重,我们以前存在一些没有地方性的针对内资的特殊政策,以后如果要再出台的话恐怕就要考虑外资这一块。国家要建立外资投诉机制,当时这一条也有争议,有人认为内资还没有投诉机制。再就是投资仲裁,我们有《华盛顿公约》和中国与其他国家签订的贸易投资保护协定仲裁条款对中国形成约束,如果外资认为我国违反了公平公正待遇的话,就可以提起仲裁。《外商投资法》通过以后,这是一个巨大的进步,但是同时对我们今后国家出台产业政策,以及相关的扶植政策也提出了挑战,需要我们以更高的水平来提高立法执法水平。

第16条,要保障外商投资企业依法通过公平竞争参与政府采购,政府采购依法对外商投资企业在中国境内生产的产品、提供的服务平等对待。我们没有签署WTO的政府采购协定,但是我们国内法,如《外商投资法》规定了我们要保障外商投资企业公平参与政府采购,而且对于他们提供的产品和服务要平等对待,这也对我们政府采购部门提出了更高的要求。因为还涉及国家安全、保密,甚至有一些地方制定了一些不合理的竞标标准,低价者胜,政府采购都是低价,然后不断地补充耗材。如果政府采购部门都是不负责任,竞标标准是低价的话,外资就会有意见,因为政府采购要求物美价廉,物美在前面,如果就是便宜你就是不负责任,他可能就会投诉你。政府采购领域的执法、管理现在都有了新的要求。

第20条,对外国投资者征收要依照法定程序给予公平合理的补偿。何为公平合理?有大量的国际案例,我建议有关方面要加强研究,因为有可能存在征收、为了公共利益拆迁的情况,像是刚才说到的高尔夫球场可能要动的,涉及外商投资,同样适用于港澳台,广东可能有更多的港资。怎么给予公平合理的补偿,参照哪一个标准,国际上有很多的案例,这需要专业人员研究。什么叫合理?外国一个律师因为车祸死亡,要赔偿他的下一代的下一代,从他死亡那一天起,到他合法退休那天止,平均的年工资。民法学界原来说同命不同价,但是国际上还真的是,主要发达国家就是同命不同价,因为主要是考虑这个人可能创造的价值以及对家庭可能创造的价值进行补偿,而且这个命题本身是伪命题,赔偿不是对死的人,而是对他家属的补偿。命是无价的,不是说同命不同价,不是这样的概念,我们有些新闻舆论不是搞法律的就认为同命不同价、城乡不一致,根本不是这样的道理,这种补偿绝不是对命的评估,而是对他身后要抚养的子女、老人的补偿,当然就要计算这个人的价值。当然咱们国家的舆论有时候对司法、对案件的引导也比较大,所以法治建设要提出更高要求,不管是新闻媒体监督,还是其他的工作中,有些违反法律原则的常识还在大行其道,这是要改变的,问题是这个合理标准怎么确定,我建议商务厅,可能法律部门要研究,什么是公平合理的补偿。

第22条规定,国家鼓励在外商投资过程中基于自愿原则和商业规则开展技术合作,行政机关及工作人员不得利用行政手段强制转让技术。这一条是中美谈判的重要落脚点,美国多次提出中国强迫转让,实际上我们没有一条法律说强迫转让,当时的外资法是规定外商投资可以技术入股,外商可自行选择,但是美国指责我们这条立法就是强迫转让。一线的同志谈判时跟他们说,你拿出证据说哪一个政府强迫你转让了,他说我不能提供,因为在华企业害怕得罪地方政府。就这么胡搅蛮缠、不讲道理。我们这次新的《外商投资法》规定很清楚,作为国家立法规定了这一条,行政机关及其工作人员不得利用行政手段强制转让技术,这一条对我们的外资管理部门及其工作人员提出了更高的要求。

第25条也是争议很大,当时两会我们也旁听了代表们的发言。该条规定:地方各级政府及其有关部门应当履行向外国投资者、外国投资企业作出的政策承诺,以及依法订立的各类合同。我们政府为了招商引资,当年做了很多承诺,有的是担保,最后不了了之了,因为按照我们的合同法,政府担保的法律合同是无效的。这次《外商投资法》规定,政府作出的承诺,担保也是承诺,应当履行。在法律语言中,"应当"是必须的意思。第25条第2款规定:因国家利益、社会公众利益,需要改变政策承诺、合作约定的,应当依照法律权限和程序进行,并依法对外国投资者、外商投资企业因此受到的损失予以补偿。这一条非常重要,所以我们今后在管理外资、地方在出台相关外资政策的时候一定要注意这一点,避免做出一个市政府决定,外资视为对其的承诺,但是政府又不履行。这一点我和商务部的同志聊,内地很多地方你们要加强管理,内地很多都是政绩工程,吸引外资来了,说给奖励,政府就胡乱承诺,最后什么都不干,换了一届市长然后马上就变了,这个要给外资补偿的,而且后面还讲到投诉机制,中央政府要建立外资投诉机制。这一块我们要清理现有的承诺,今后出台政策要加强管理。包括安全审查也是最新规定,现在这些方面都在制定细则。

《外商投资法》具有三个特点:(1)先进,大家看得出来,将国际经贸法律规则最先进的引入了进来,比如说准入前国民待遇、负面清单;(2)具有国际性,很多都是国际法中的规则,直接纳入国内法;(3)行政的约束性。有的领导同志在参加两会时说这部法律主要是约束我们政府的,如政府的承诺、管理、采购、执法等,对外资的监管重于审批,这是它的行动约束性,这是《外商投资法》的特点。

《外商投资法》的意义和深远影响,我想概括为两句话。第一,《外商投资法》的通过展现了以习近平同志为核心的党中央在复杂的国际形势之下全面推进开放新格局形成的重大战略决心。这部法律在国际上引起了良好的、非常正面的意义和影响,特别是在保护主义、单边主义抬头的情况下。第二,《外商投资法》通过以后,对我们的商务行政部门、对我们的外资管理执法部门,乃至法院审理外资相关合同,包括对我们国际法理论界、实务界,都提出了巨大的挑战,希望要加强这方面的理论和实践研究,面对新的问题、新挑战,提出我们的应对之策。我相信在以习近平同志为核心的党中央正确领导下,我们能够抓住这次机遇、迎接挑战,推动中国的全面开放新格局的最终形成。

习近平新时代中国特色社会主义思想之法治观

陈小君

陈小君，广东外语外贸大学法学院教授、土地法制研究院院长。 本文根据陈小君教授于 2019 年 4 月 20 日在佛山市委理论学习中心组专场报告会录音资料整理而成。

尊敬的伟发会长，朱伟市长，佛山市各位领导，朋友们，大家好！广东作为中国改革开放的排头兵、先行地、试验区，在我们国家现代化建设大局和国家改革开放中的地位十分显赫。2012 年习近平当选中共中央总书记以后，首站考察的就是广东。当时他强调，改革不停顿、开放不止步，作出了"三个定位""两个率先"的重要指示。2014 年，习近平总书记在全国两会中参加了广东代表团审议，发表了重要讲话，给广东工作把脉定向。2017 年总书记对广东作出"四个坚持""三个支撑""两个走在全国前列"的重要指示，对广东发展寄予殷切希望。去年 3 月 7 日全国人大会议期间总书记来到广东团，指出广东是"两个重要窗口"，既是展示我国改革开放成就的重要窗口，也是国际社会观察我国改革开放的重要窗口，在给广东的定位中，其提出，广东要"四个走在全国前列"，包括构建推动经济高质量发展体制机制、建设现代化经济体系、形成全面开放新格局、营造共建共治共享社会治理格局。我看到许多报道，尤其是在高质量发展上，佛山已经在行动，并且行动很迅速。

“四个走在全国前列”是习近平新时代中国特色社会主义思想理论逻辑、实践命题在广东的具体化和生动展现。去年是改革开放40周年,时隔6年,10月23~24日习总书记再次来到这片热土考察了珠海、清远、深圳和广州,发表了重要讲话,数次提到依法治国和社会治理,体现了党中央在新时代全面依法治国、将改革开放继续推向前进的决心。佛山从来都是珠三角发展的最好地区之一。我曾经在前年年底,差不多用了一个多月时间,将整个广东有关农村地区8个市区全部走了一遍。深圳已经是全部城市化了,就没去。还有就是深汕特区也比较特别,所以也没去。调研珠三角农地改革的数据已汇合,并且写了9个报告。

据此,我了解到佛山是珠三角发展最好的地区之一,尤其是今年定位高质量发展的追求不停歇。因此,今天我们站在这样一个历史的新起点上,学习总书记新时代中国特色社会主义思想之法治观,对于法治建设,对于营造共建共治共享的社会治理格局,进而推进经济高质量发展和创新发展有着深远意义。下面我们分几个部分共同学习。

一、习近平新时代中国特色社会主义思想与中国法治40年发展轨迹

首先我们应了解,习近平新时代中国特色社会主义思想与中国法治40年发展轨迹是怎样对接、怎么延续,又是如何怎样创新的。这样的一个发展轨迹,可以分为三个阶段。我们先来看看中国法制40年历史画卷。①

第一个阶段,中国法制创建新时期,1978~1997年,差不多有20年时间。这个时期的法制建设目标是恢复重建,以全面修宪和大规模立法为突出特征。其间主要有五大重要历史节点和事件。

第一个突出事件是“一日七法”。中央十一届三中全会的召开,“文化大革命”形式上结束,但中国仍处于无法可依的状态,国家的法律在那时几乎是一片空白,所以当务之急是制定一批法律,迅速恢复法律秩序和以法律秩序为支撑的社会秩序。在党的领导下,1979年7月1日第五届全国人大第二次会议,一天之内通过了7部法

① 参见张文显:《中国法治40年:历程、轨迹和经验》,载《吉林大学社会科学学报》2018年第5期。

律,包括《刑法》《刑事诉讼法》《各级人民代表大会、地方人民政府组织法》《各级人民代表大会和地方人民代表大会选举法》《人民法院组织法》《检察院组织法》《中外合资经营企业法》。其中主要涉及经济的就是《中外合资经营企业法》,因为我国改革开放的窗口已经打开了,我们要大踏步往前走,并且刚刚摸到了市场经济的边,这个《中外合资经营企业法》太重要了。以被法学界称为中国法制史上著名的“一日七法”为先导,又陆续开始制定了《民法通则》《行政诉讼法》等,这些都是带有历史意义的法典,形成了中国特色社会主义法律体系的基本框架。

第二个重要的历史节点是“九九指示”,1979 年 9 月 9 日中共中央发出了关于坚决保证《刑法》《刑事诉讼法》切实实施的指示,这个指示不只是针对《刑法》《刑事诉讼法》的,它严肃分析批评了党内存在的忽视社会主义法制的错误倾向。指出:各级党委要坚决改变过去那种以党代政、以言代法,不按法律规矩办事、包揽司法行政事务的习惯做法。我想上述这样的情况,现在依然有,虽然不像 1979 年那么严重,但并未杜绝。“九九指示”特别指出,要切实发挥司法机关的作用,切实保障人民检察院独立行使检察权、人民法院独立行使审判权,使之不受其他行政机关、团体和个人的干涉。这是在改革开放初期,我们党着手清理法律虚无主义,纠正以党代政、以言代法、有法不依的错误习惯的重要文献。当时意志坚定,观点鲜明,语言犀利,意义重大,堪称前所未有。现在看来,这种语境、这样的立意,即使在整整 40 年后的今天,仍是十分鲜明和有针对性。

第三个重要历史节点是世纪审判。这个大家都知道,这是社会主义法制恢复重建的初期,对林彪、江青反革命集团的大审判,历时 4 个月之久。1980 年 11 月 22 日,人民日报发表了很重要的特约评论员文章《社会主义民主和法制的里程碑》,文章说,对林彪、江青反革命集团的审判是我国民主法制道路上一个引人注目的里程碑,充分体现了以法治国的精神。注意,当时是“以法治国”,不是提“依法治国”。坚决维护了法律的权威,认真贯彻了社会主义民主和法制的各项原则。这是“文化大革命”结束以后党的报纸、党中央的机关报,对现代法律原则的第一次重要概括,体现了现代法制的精神。

第四个重要节点是全面修宪。在我国党的历史中,有过新民主主义立法立宪实践,比如说 1931 年、1941 年,我们有宪法大纲、施政纲领,1946 年还有宪法原则,这些都是地区性的，例如陕甘宁、苏维埃等。中华人民共和国成立前夕中国人民政治协商会议制定了具有临时宪法作用的《共同纲领》，这是中国人民政治协商的《共同纲领》，为中央人民政府和地方政权提供了临时宪法依据，这是一个历史性的贡献。新中国成立之初，毛泽东主席高度重视修宪工作，亲自担任宪法起草委员会的主席。我前几个月上莫干山调研时，看到了主席在莫干山上亲自起草宪法文本的照片，令人感慨、感动。那时的莫干山可不像现在，现在是别墅群、是旅游点，那个时候是安安静静的一座山峰，甚至没有多少人知道这个地方，但主席在那里沉思，考虑国家宪法起草的问题。这部宪法以根本法、总章程的地位，以人民民主原则和社会主义原则为支点，构建了我们中国历史新纪元的宪法框架，构筑了中国社会主义法律制度，我们称为四梁八柱。但是在50年代后期，这部宪法的作用逐步削弱了，以至于在“文化大革命”的时候被束之高阁、弃之不用，宪法权威的削弱导致了民主法治的衰败，“文化大革命”中制定的“七五宪法”是国家在非常时期制定的，甚至于被认为是一部有严重错误和缺点的宪法。1978年的宪法虽然恢复了“五四宪法”一些好的规定，剔除了“七五宪法”中的一些错误规定，但是由于在政治上、理论上还有许多是非没有澄清，因此它还是保留了一些“七五宪法”的错误。虽然1979年和1980年全国有两次修宪运动，但只是修修补补而已，没有从根本上解决“七八宪法”的问题、缺点和错误，所以在1980年的时候中共中央决定全面修宪，经过29个月的艰苦努力，1982年12月4日第五届全国人大第五次会议通过了全面修改的《中华人民共和国宪法》。现在我们的宪法修宪，基本上就是在这样的一部宪法基础上进行修改。30多年来的发展历程充分表明，现行宪法及修正案有力地维护了中国共产党的领导及其权威，有力地保障了人民当家作主的权利，维护了国家的统一、民族团结和社会稳定，确定了一系列大政方针。现在我们所说的现行宪法，具有强大的生命力。

第五个时间节点是全民普法。50年代后期要人治、不要法制的法律虚无主义盛行，在法制恢复重建初期，即1985年11月22日，第六届全国人大常委会通过关于在公民中普及法律常识的决定。至今为止，我们已经制定了7个五年普法计划，这在中国普法历史上，也是人类历史上规模空前、影响深远的法制启蒙运动，是一场先进的思想观念和文化生活的宣传教育。这样的一个活动如此深入人心，并且我们广东还有自己创新的做法，今天就有广东省司法厅的依法治省领导小组到佛山来进行检查。我自己曾经有幸作为检查组成员,在去年专门就“谁执法,谁普法”的检查活动,参加了好几天的工作,当时主要是对省委、省政府的一些机关进行检查,是“谁执法,谁普法”的一次部门亮相。这个做法从广东实践开始,向全国铺开,接受专家团的检查评估打分。

第二个阶段,依法治国新阶段,1997~2012年。1997年中共中央十五大划时代地提出了一句话“依法治国建设社会主义的法治国家”,由此开启了依法治国的新起点,这是一个变革的信号。在这个阶段,有三个历史节点。

第一个历史节点,确立依法治国基本方略。不是“以法治国”了,是“依法治国”,紧紧依靠法律来治理国家、治理社会,也可以说治理我们的思想。1997年9月,江泽民同志在十五大报告中明确指出,进一步扩大社会主义民主、健全社会主义法制,依法治国,建设社会主义法治国家。并且讲,依法治国是党领导人民和治理国家的基本方略,是发展社会主义市场经济的客观要求,是社会文明进步的标志,是国家长治久安的重要保证。这个基本方略,深刻阐述了依法治国的本质特征和重要意义。1999年3月15日第九届全国人大第二次会议通过了《中华民族宪法修正案》第12~17条,正式将“依法治国,建设社会主义法治国家”纳入宪法中。我记得很清楚,因为1999年3月15日当时通过了两个,一个是《宪法修正案》,另一个是合同法的起草,我本人参加了合同法的起草工作,所以当时很激动,印象非常深刻。合同法是一个市场经济的规则,全世界较为统一的市场经济规则,依法治国当然就要把普世的规则引到中国来,将依法治国上升到政治文明的范畴。2007年十七大号召全面落实依法治国方略,建设社会主义法治国家。2012年党的十八大特别强调,多了两个字,“全面”推进依法治国。

第二个历史节点,确立依法执政的基本方式。这和我们每一个人的工作紧密相关,就像出台依法治国基本方略一样,提出依法执政的基本方式,也是中国法治新阶段的标志性事件。形成依法执政的理念、确立依法执政的基本方式,这是党的思想理念和执政理念的一次重大飞跃。依法治国落脚在什么地方,抓手在哪里?从国家治理最重要的这支队伍开始,反映了党和国家对政权运行规律的一种深刻认知,这是中国共产党执政思想的强化。依法执政的提出,被认为是依法治国的前提和关键,反映了党对依法执政、严格执法、公正司法的政治基础和根本保证的准确认识。1982年党的十二大通过的《中国共产党章程》中就讲了这么一句话,党必须在宪法和法律的范围内活动,这是第一次提出。1986 年中共中央又发出关于全党必须维护社会主义法制的通知,要求党委正确认识处理国家权力机关、行政机关、司法机关的关系,支持国家机关依法行使职权,从中央到基层都不能同国家的宪法和法律相抵触,只有模范遵守宪法和法律的义务,没有任何超越它的特权。进入 21 世纪,十六大首次提出依法执政的概念,这是在 2004 年 9 月 19 日,十六届四中全会通过中共中央关于加强党的执政能力的决定,到 2006 年 6 月 29 日,中央政治局又举行了以科学执政、民主执政、依法执政为内容的集体学习会。在这个集体学习会上,时任总书记的胡锦涛同志强调指出,依法执政是新的历史条件下马克思主义政党执政的基本方式,依法执政就是坚持依法治国、建设法治国家,领导立法、带头守法、保证执法,不断推进国家各项法治化、规范化建设,等等。依法执政的科学内涵要求,很清晰地通过这一系列的活动,把它表达出来了,以至于现在根深蒂固存在于国家机关工作人员的内心,甚至于有相当一部分工作人员将这种依法执政理念变为像在我们身体里流淌的血液,随时随地都存有并记住这个至高的理念。在这个时候,意味着我们党开启了依法治国基本方略和依法执政基本方式有效结合的治国理政新境界。

第三个历史节点,形成中国特色社会主义的法律体系。从 1997 年十五大提出,到 2011 年 3 月 10 日,第十一届全国人大会议上,时任全国人大常委会委员长的吴邦国先生在做全国人大常委会工作报告时庄严宣布,一个立足中国国情实际、适应改革开放社会主义现代化建设需要,集中体现党和人民意志的,以宪法为统领,以宪法和相关法律,比如民商法等多部法律为骨干,以法律行政法规、地方法规多个层次的法律规范构成的社会主义法律体系已经形成。包括一部宪法,236 部法律、690 多部行政法规、8500 多部地方法规,国家经济建设、政治建设、文化建设、社会建设、生态文明建设等各个方面实现有法可依。当时他讲这个话时,我自己在下面嘀咕,哪里实现了?民法典还没有颁布呢,虽然有散见的民商法律规范,但还远远不够。但后来仔细想一想,他是站在整个法律层面来讲的,带有类型化。宪法、基本法律群、地方法规,还有一些重要行政法规,这样一个庞大的法律体系已经形成。当然,在这过程中还有很多的事情要做。现在看来,很值得自豪的是我国只用了 30 多年的时间,走过了西方发达国家 300 多年的立法进程,堪称人类法制文明的奇迹。

第三个阶段,全面依法治国的习近平新时代中国特色社会主义思想法治观,这是从2012年一直延续到今天。

以党的十八大为历史节点,我们可以说中国特色社会主义进入新时代,中国法治也跨入了一个新时代。以习近平同志为核心的党中央,全面推进依法治国,加快建设中国特色社会主义法治体系和社会主义法治国家,创造性地发展中国特色社会主义理论,具有鲜明的时代特征、理论风格、实践特色。我想这样的一种特色社会主义法治观,可以从很多方面加以总结。总书记有很多话讲得十分生动:"凡属重大改革都必须于法有据",掷地有声;对中国重要的改革,提出要法律先行;要让人民群众能够在每一个案件办理中,感受和体会到公平正义,等等。而且,这里面有很多的标志,不是空泛而讲,比如明确定位法治小康,是指要建设一个法治国家,人民安康幸福必须有良好的法治保障,法治保障是为全面建设小康服务的。我自己对这一点体会深刻,现在我们讲粤港澳大湾区建设的"三宜",即宜居宜业宜游,并不是说国家的GDP要有多高,国家的国力要有多强,而是说对人民要宜居宜业宜游,这是对人民追求幸福的描绘,这是党中央对粤港澳大湾区做的规划要求,这里面要有很好的法治保障。在粤港澳大湾区建设中涉及法院审判、人民检察院检察工作和公安部门关于社会治安的保障等,这些都应紧密跟进,体现这一时代性。

第二个标志是提出法治十六字方针。过去我们也有十六字方针,即有法可依、有法必依、执法必严、违法必究,这些是我们很熟悉的。现在往前推进了一步:科学立法,也就是立法在先,严格执法、公正司法、全民守法。此十六字,替换了彼十六字,体现了依法治国新布局,为全面依法治国奠定了理论基础。

第三个标志是建设法治国家。建设法治国家这个问题,在后面我还会讲到,建设法治国家里面有很多理念,它的要义是依法治国、依法行政、依法执政共同推进,法治国家、法治政府、法治社会一体建立。

第四个标志是全面依法治国。其和依法治国一样,成为一个标准的概念,这也是"四个全面"之一,标志着我们站在一个新的历史起点,全面依法治国。要注意,我们讲的不是简单的法治国家,而是讲法治中国,法治国家和法治中国有不同的内涵。

第五个标志是建设社会主义法治体系。整个法治体系的建设,按照总书记的部署,既是总目标又是总抓手。中国特色社会主义法治体系是习近平同志提出的最具原创性和标志性的概念,提出的这个总目标,既明确了全面依法治国的性质和方向,又突出了依法治国的工作重点和总抓手。在十八届四中全会的决定中,对此进行了系统、深刻的阐述。

第六个标志是全面开启了依法治国新征程。十九大明确了两个阶段的法治建设目标,从现在到2020年、从2020年到2035年21世纪中叶。这两个阶段的法治建设目标为依法治国和法治中国指明了方向、基本任务、实现路径,这些都是比较清楚的,成为社会主义的基本方略。

中国法治40年发展特征和习近平新时代中国特色社会主义思想之法治观,有哪些不同呢?

第一,从法制到法治。改革开放初期,中国社科院法学所所长王家福先生为当时的党中央讲课,特别提出了法制和法治的不同,内涵和意义大不一样,法治突出了摒弃人治,法治国家意味着法律至上、依法而治、依法治权。和法制相比,法治意味着不仅有完备的体例,还要树立法律的权威,保障认真实施。法制是静态的,而法治是动态的,动态的法治包括了法制,也就是说把动态和静态都结合起来了,比如法院的审判不是法制,它是一个法治的过程,因此,法治的涵盖面更宽、内容更丰富,还对接了世界各国对于法制、法治的表述。

第二,从依法治国到全面依法治国。全面依法治国是十八大提出的重要部署和要求,十八届四中全会以全面推进依法治国为主题,将全面依法治国作为新时代坚持和发展社会主义的基本方略之一。提出全面推进依法治国就是表明,不管是对社会、对人民、对单位、对国家机关,包括对党,都要涉及依法治国。例如,我们的党要严格遵循宪法和法律,所以现在有对党内法规进行专门的研究。依法治国的思路越来越精准、越来越清晰。

第三,从建设法制体系到建设法治国家、法治体系。我想这不仅仅是一个单纯的概念问题,而是体系化建设中的升级版。建设法治国家不仅事关社会、政府,还有深刻的内涵,这个内涵要落实,而不是口号性的。依法执政、依法行政,要有法治硬实力和软实力建设的共同推进,特别是需要弘扬法治精神、建设法治文化、培育法治理念。我想这是一个跨越、一个深化,是一个拓新。

第四,从以经济为中心到以人民为中心。十一届三中全会果断地、历史性地将党的中心工作,从以阶级斗争为纲转向经济中心。当然为经济发展保驾护航,成为法制的核心价值。不管是检察院、法院,还是公安机关,都会紧紧抓住以经济为中心这一点来开展工作。当时法的机制体系,以经济为中心居于优先位阶。党的十七大以后,中央明确提出以人为本和可持续发展观,以人为本让人民生活得更幸福更有尊严。我以为这已经达到了一定高度。但十八大以后,党中央更加明确地提出了很重要的概念,即从以经济为中心转为以人民为中心的发展思想。这是一个巨大的,从某种意义可以说是一个颠覆性的发展思想。以经济发展为中心,只是以人民发展为中心当中的一角,而后者才是统揽全局、指导全面的思想,因此,可以说在习近平总书记的法治观里,很重要、很深刻,颇具内涵的一个词,就是“以人民为中心”。再联想到我的职业,感到自己的工作任重而道远。我们坚持法治为了人民,法治不是简单说为了经济,经济最终还是为了人民。为了人民、依靠人民、造福人民、保护人民,将实现好、维护好、发展好最广大人民群众的利益作为法治建设的根本目标。以人民为中心的发展思想,我们怎么评价、怎么样来阐明都不为过。

第五,从法制之治到良法善治。我们讲善时,是指有善意,这是很高的温暖的评价,而我们说法制之治、法律之治,就相较生硬,所以,从用词上可见,良法善治的提法是一个进步。十八大提出了十六字方针,即科学立法、严格执法、公正司法、全民守法,所以从理论到形式上都前进了一大步。十八大以来党更是提出法律是治国之重器,良法是善治之前提。习总书记在讲良法时这样说,人民群众对立法的期盼已经不是有没有,而是好不好,管用不管用,能不能解决实际问题;不是什么法都能治国、不是什么法都能治好国,越是强调法治越要提高立法质量。党的十九大报告进一步指出,以良法促进发展保障善治,没有良法何来善治,这是新时代法治作为形式法治和实质法治相统一的法治模式的精辟定型,也就是说,中国法治不仅应当是形式上的法治,更应当是实质上的良法之治。我想良法善治的理论和实践,超越了我们过去所讲的只是将法律作为一种工具,即认为自己作为法官、作为检察官依法办事就可以了,这是工具主义、形式主义,是法制的局限所在。我们从法律体系到法治体系,从义务本位到权利本位,从讲经济为中心到人民为中心,从法律之治到良法善治,都是极其有意义的。

从人治到法治。这是两种对立的治国方略,法治和人治的分界线就是当法律与当权者个人利益发生冲突时,法律是高于个人意志,还是个人意志凌驾于法律之上?是人依法还是法依人?习近平总书记尖锐地指出,人治和法治是人类政治文明史上的基本问题,是各国在实现现代化过程中必须面对和解决的一个重大问题,凡是顺利实现现代化的国家没有一个不是解决好了法治和人治的问题。我想他的这样一种指代是很宽泛的,《美国法律史》一书曾讲到历史上大概在20世纪30年代的美国政府,无限地迷恋权力,把人民的财产当成自己的财产,单方决定对方的财产价值。看到这里我想到很多地方所谓的打引号的征收,这个征收的背后当然主要是经济财政、土地财政问题,佛山的城镇化走得很快,当然佛山的城镇化当中,我以为这样的问题其实我们也经历过,但是现在我们不一样了,集体建设用地使用权入市作为全国土地改革试点,在佛山南海拍下集体建设用地入市的第一锤,建了国际幼儿园,说明市政府不与民争利,让利于民,即把土地权利、机会让利给集体。但如果都把地征过来,然后政府又作为出让方出让给开发商,可以获得大笔的土地财政,但是政府没有这么做,在南海已经不是一个项目这样操作了。全国许多地方都到南海取经,就是来看集体土地是如何入市的,很让人感慨。但是全国的情况并非如此,不少地方不仅仅对存量集体用地财产死守着不能入市,甚至村集体和村民整治了宅基地,将过去分散的村居集中起来,腾出了土地,但没意义,因为政府说没有规划指标。我们就要问了,为什么不给集体指标呢,按比例奖励也可以啊。事实上,是因为指标有限,城镇开发都不够用,怎么还会考虑分到乡村去呢?这是个普遍的问题。我在2017年7~8月走了7个省,除了广东南海之外,其他省都是这样。增量问题就更不用说了,集体根本就是靠边站,如果村民集中整理出来土地则等于让出了建设用地的指标,于是正好用于城市建设。这样的处理原则和做法,农民集体和个体会有土地改革的积极性吗?完全没有,因为整治出来对于他们没任何益处。有一些地方将集体建设用地做公租房项目也是不合适的,那不叫入市。说良心话,公租房是政府的义务,政府拿着土地去炒房地产、去出让土地,而将公租房的任务下达给农民集体,明确集体建设用地不能做交易买卖,只能做公租房,这么做也很不厚道很不合适。对这样一类问题的认知,其实是和实践中的许多具体事情紧密联系在一起的。

二、习近平总书记法治观的实践基础与理论渊源

这一内容是在追问:为什么总书记会有这样一种法治观?即他的法治观从哪里来?我总结为两点。

第一点,总书记法治观的实践基础。中国特色社会主义法治进入到新时代,习近平新时代中国特色社会主义思想之法治观的法治实践基础源于实践。什么实践呢?这就是国家的发展实践,人民的需求在不断变化的实践。从历史到今天,因社会主要矛盾的转化,带来了崭新的法治使命,这是总书记法治观的实践基础。总书记在十九大报告中有两句话一直很激荡人心:时代是思想之母,实践是理论之源。后来他还说到过,理论是行动的先导,等等。但是我觉得前两句话特别精彩,即时代是思想之母,实践是理论之源。习近平新时代中国特色社会主义思想,正是和这个时代一起产生的,深深植根于中国特色的实践基础之上。

纵向观察中国革命的历史,党和人民的民主法制历史早在党没有取得全国政权的时候就开始了,革命胜利之后党和人民继续践行民主法治,这个时代社会的主要矛盾按照十九大报告所讲的,是人民日益增长的物质文化需求同落后生产力之间的矛盾,所以当时的民主法制是以解放和发展生产力为价值追求,是为了释放人们建设的能量,大家一起来建设一个国家,是为了界定人民建设的成果。通过民主和法制建设的能量,释放和成果界定,解决了这个矛盾,所以使我们党成为世界上最成功的执政党,它开始使国家和人民成功地慢慢富裕起来。但是十八大以来,党对民主法治初心不改、矢志不渝,认定当下时代的主要矛盾已经发生了深刻变化。如果没有这样的研判,就没有我们今天新的法治观,这就是人民日益增长的美好生活的需要和不平衡不充分发展之间的矛盾。从实践看,的确不充分不平衡,例如,珠三角地区和粤东粤西粤北地区相比,差距不是一点点儿。珠三角不同地区相比,差距也是比较大的,比如肇庆和佛山相比、江门和广州相比,确实还是有很多问题。有经济学家告诉我说,你去珠三角的这八个地区做调研太有意义了,全国有关土地改革的模板在这些地区全部都可以找到样板,全方位展现。刚开始我不太相信,珠三角地区很发达,怎么可能找到全国土地改革的样板?全国还有不少较为落后的样板,比如固守着过去讲的一

亩三分田，不愿意搞规模经营，不愿意发展集体经济，这在全国很多，在珠三角地区会有吗？结果，我发现在珠三角地区还真的有，所以各个样板在这里都能找到，先进的样板例如南海的土地改革，自然就是走在全国的典范。

现在人们对美好生活的愿望，不是简单的有穿有吃有用的，而是多元需求。在这一点上，中央的定位和总书记报告的定位是非常准确的。广东省委李希书记最近有到佛山来考察，特别讲到用心用情用功办好民生实事，保护好佛山特色文化，筑牢守好社会民生领域风险底线，一切围绕民生。虽然李希书记是来考察科技发展、经济发展、高质量发展的，但是他将这个问题落实到了高质量发展是为了满足人民美好生活的需要上。省委李书记的站位、定位，不管是政治站位还是他的角色站位，我觉得都非常值得深思，非常好！所以，中国处在这样一种社会矛盾中，人民有这样的需求，自然就有习近平新时代中国特色社会主义思想之法治观的产生。

第二点，总书记法治观的理论渊源。我总结为，在于马克思主义法学思想和中国特色社会主义法治理论的结合。这里强调了习总书记在新时代科学运用马克思主义的法学基本原理解决中国的法治问题，将丰富的法治实践经验上升为中国法治理论，他的世界观和方法论用的是马克思主义的。总书记在清华读博时写的论文就是关于“三农”问题，这个论文现在还可以在国家图书馆检索到。其中他表达了自己的人本主义的世界观和方法论，揭示了人类历史发展中的本质属性、发展规律。为什么总书记会提出以人民为中心，为什么会提出全面依法治国而不是哪一个方面的，为什么会提出法治中国而不是一个法治国家，这是有不同内涵的，恰是他运用马克思主义的理论和法学思想，寻求马克思主义法学的当代价值和现实意义的结果，例如经济基础决定法律上层建筑、法律对经济基础有较大反作用，这些都是马克思主义非常重要的理论。法律有它的历史性、阶级性，法律和国家内在一致，坚持公有制等。这些马克思主义的系列理论，总书记运用得非常熟络，以此不断探索解决中国法治问题的路径，并在科学立法、严格执法、公正司法、全民守法上深入推进。我想这当然也和毛泽东法律思想，邓小平民主法治理论、依法治国理论，社会主义法治理念有关，虽然它们形成于不同的历史时期，面对不同的历史任务，具有不同的具体内涵，但其基本精神和价值取向是一致的，其中，有一个核心的观点，就是为人民谋幸福，为中华民族谋复兴。在此，马克思主义的观点和方法，构成了习近平新时代中国特色社会主义思想之法治观,这便是马克思主义法学中国化不断创新发展的逻辑主线。

三、习近平总书记法治观的突出特征与精神实质

习近平新时代之法治观的鲜明时代特征,我学习并梳理为五点:

一是理论的创新性。刚才我们已经讲过了,他继承发展了马克思主义的法学思想,结合国情提出了一些新思想新论断,体现了他底蕴深厚的理论自信。总书记提出依法治国首先是依宪治国,依法执政首先是依宪执政,将宪法放到了真正至高无上的地位;强调依法治国、依法行政、依法执政共同推进,坚持法治国家、法治政府、法治社会一体建设。这些都体现了社会主义法治的精髓和要义,推进了新时期不断发展的法治。

二是宏观的战略性。从宏观和战略的高度来谋划法治发展,突出法治在经济社会发展和"四个全面"布局中的作用。治天下善谋大事、决胜负者长于布局,所以他有极其深邃的政治智慧,抓根本、抓要害、抓基层,并且掷地有声,让人们能够很好体会,而不是说一些大话空话。总书记讲得很多话我们听了以后都感到极其务实、朴实和亲切。在法治的这样一个问题上,同样如此。

三是鲜活的实践性。这个有强烈的针对性,紧扣时代的实践。实践的属性,前面我们讲到了十六字方针,并且他提出要将纸上的法真正落实为行动中的法,讲了法的落实问题,提高立法质量的问题,还有透明、便民的阳光司法体制,加强法治宣传教育,将普法守法作为依法治国的两大基础性工作,普法和守法结合起来。以上这些都有鲜活的实践。今天佛山市关于依法治市的汇报也一定非常精彩,否则哪有今天这样好的经济社会与文明发展。

四是严密的辩证性。这是最有生命力的,不论什么东西只要讲科学性就有生命力、感召力和说服力。总书记的法治观坚持马克思主义基本原理,运用马克思主义基本方法,正确处理事关社会主义法治建设成败的若干重大关系,所以它体现的是缜密的思维方法。这里有几对科学辩证法的关系,在总书记那里阐述得非常清楚,比如党的领导和依法治国的关系。党法关系是法治和政治关系的集中体现,世界上没有无政治的法治,离开政治的法治根本不存在,事实证明每一种法治形态背后都有一种政

治逻辑。总书记非常明确、敏锐地洞察到党法关系是依法治国的核心,他说党和法的关系是根本性的关系,处理好则法治兴、党兴、国家兴,处理不好则法治衰、党衰、国家衰。党领导人民制定宪法法律,党领导人民执行宪法法律,党自身必须在宪法和法律的范围内活动,真正做到党领导立法、保证执法、带头守法。如果说党大还是法大是一个伪命题的话,那么对各级党政组织、各级党员干部来说,权大还是法大就是一个真命题,就把它具体化了。你要我们说党大还是法大,不能这么说,党领导人民制定法律,你说党大还是法大?但是讲你的权力的时候,是法大还是权力大的时候,这是一个真命题。习总书记还讲到了有关依法治国、以德治国的关系,我的体会是,法律是成文的道德,道德是内心的法律,也可以说法律是道德的底线。既然它们的关系这么密切,那么当然应当是相辅相成的。法治与德治的关系,习近平总书记说以法制承载道德理念,道德才有可靠的制度支撑,法律法规要树立鲜明的道德导向,弘扬美德,立法、执法、司法都要体现社会主义的道德要求,都要将核心价值观贯彻其中,成为良法善治。要重视道德的教化作用,提高全社会的文明程度。他还讲到改革与法治的关系,在法治下推进改革、在改革中完善法治,这就是我们说的改革与法治两个轮子的含义,两个轮子齐头并进,推进改革、完善法治。

五是鲜明的人民性。这是中国共产党的根本和我党的活力所在,坚持人民主体论、人民中心论,治国要义就在于公平正直,注重发挥法治公平正义的基本价值。总书记最精彩和掷地有声的金句之一,就是努力让人民群众在每个司法案件中都感受到公平正义。总书记说公平正义是我们党追求的非常重要价值,全心全意为人民服务的宗旨决定了我们必须追求公平正义,保护人民利益、伸张正义,全面依法治国紧紧围绕公平正义进行。他还强调,必须坚持人民的主体地位,切实保障公民享有权利和履行义务。包括司法体制改革,加强人权司法保障,要使司法权力真正在“玻璃房”中运行……这样的叮嘱很多,每次看到都觉得很受感动和鼓舞。

关于习近平新时代之法治观的精神实质,我不重复讲了,因为宪法法律至上,大家已非常熟悉,并且已有专门的宪法讲座。以人民为中心,也讲了很多,接下来的内容,也都是围绕以人民为中心展开的,这既是总书记法治观的特点,也是其精神实质。

四、习近平新时代之法治观的典型之一:“以人民为中心”的“三农”法治理论

为什么我要讲这一点呢？法学会当时也提出来,能不能讲一下有关经济建设的问题,包括粤港澳大湾区建设的问题。我这么认为,首先,这毫无疑问的是自己很熟悉的内容;另外,以人民为中心,在习近平总书记的“三农”法治观中体现得相当充分。因此,以此为例,启发大家举一反三、触类旁通的体会。而且我们国家的重大改革,特别是博眼球、动心扉、有成效、有针对性的改革,基本都集中在土地改革领域,实际上就是农村土地改革。因为城市土地改革方面的问题较少,主要涉及70年建设用地使用权到期后到底还续费不续费、该不该续,续多少费、怎么续的问题。再就是最近研究发现的新问题,即城镇内的小区物业管理问题引发了很多人的不满,里面涉及不少与土地权利相关的问题。但是国家整个土地制度大改革风生水起,包括国家空间规划的部署,关于土地改革试点的方面,[今年年初全国人民代表大会的会议内容涉及了31个省市33个县(市、区)试点改革再顺延一年的问题],国家在处理这个问题时很慎重,基本都是围绕问题繁多的“三农”,土地改革说到底就是农地改革,这始终是中国的问题。

毛泽东同志曾经讲过,中国的问题只有一个,这就是农民问题。历届国家领导人都是十分清楚的,中国如果将这个问题解决好了,很多社会难题都可迎刃而解。

总书记在这方面很有研究,且成体系、思维具有创新性,特别是将人民利益的实现置于法治保障的框架下,对我们的工作既是一种榜样,更是一种激励。多年的农村实践工作,涵养了总书记浓烈的农民民本情怀、深厚的农村理论功底和卓越的农村治理能力。他自己这么说,种庄稼出身,对农业深有爱好,曾在农村基层工作多年,对农业、农村、农民很有感情,由此使得总书记对“三农”情有独钟。他常常视察的地方,很多都在乡间村落,脱贫、扶贫也都是到农村。他深谙农村发展之道,始终思考和破解“三农”问题,这是他施政体系的重要内容、执政理念的重要品格。在我们的工作范畴中,很多人见到农字是绕着走,希望农业不要让自己分管最好,管管金融财政,管管企业、教育都可以,但是管农就很麻烦,管理农口不仅仅是种植质量、粮食安全问

题,更重要的是农民问题,而且一旦出事绝对是大事。广东几次风起云涌的事相当一部分是发生在农村。对此,学习总书记的思想,发现他并不是这么想的,“让农业腾飞、让农村美丽、让农民富裕”始终是他的宿愿和梦想。十八大以来,总书记不断描绘中国的“三农”梦,频繁到田间地头调研走访,多次到国外的农庄考察,在国际重要场合都发表“三农”梦的心声,并且在中国农村工作会议上直接提出:中国要强农业必须强,中国要富农民必须富,中国要美农村必须美。山水林田湖草,要一体发展,等等。

我看到佛山政府在施政材料里提到了山水林田湖建设问题,其中讲到了怎么建设山水林田湖,怎么将农村和城市的建设结合起来,说明我们也在很好地贯彻国家战略。不可否认,工作有时候很矛盾,若山水林田湖都能管好,就不只是管好公园、旅游地和城市建设,而是要直接管到乡下去,管到田野里,管到农户中,这些是重点……所以期待中国的农业强、农民富、农村美,是对总书记“三农”观深刻诠释和高度概括。

总书记在去年 10 月 23 日下午到广东省清远英德市电子商务园考察,就是了解电子商务盘活特色产业、特色农业推动精准扶贫等情况。今年 4 月 15 ~ 17 日他去重庆,又考察乡镇和村庄,他说:这次我专程来看乡亲们,就想实地了解“两不愁”“三保障”是不是真的落地了,还有哪些问题,脱贫攻坚明年就要收官,要将工作往深里做、往实里做,真脱贫、稳脱贫。一系列的论述,形成了系统的政策体系和清晰的时间表、路线图。可以说,习总书记的“三农”理论是农业、农村、农民的全面照应。

总书记关于中国特色“三农”观的农业观点,主要是集中在粮食安全上。现在有一种论断,认为粮食有什么不安全的,我买的米比你种的米还便宜、还好吃,不必担心。但是好吃的、便宜的来自国外进口,但如果人家卡你怎么办?世界上想卡中国的不是一家两家,相当一部分国家是有险恶用心的。所以确保粮食安全、巩固农业基础地位,这是总书记非常担心的,他一再强调农业的重要地位,称我们的饭碗必须牢牢端在自己的手里,粮食安全的主动权必须牢牢掌握在自己的手中,我们的饭碗应该装中国粮,一个国家只有立足粮食基本自给才能掌握粮食安全主动权,进而才能掌握经济社会发展大局。所以,我们不能将粮地都搞没了,还有,从放松心情的角度,城里人想下乡看一看麦穗、稻谷是怎样的,看一眼令人心旷神怡的一望无际的农田,但现在我们常常难以看到,这是个悲剧。为什么总书记说要有乡愁,乡愁是什么?不是发愁,而是人们对家乡生活美好纯洁的怀念、对亲情的思念。

在习总书记的"三农"法治观念中,给农业插上科技的翅膀,坚持和完善农村基本经营制度,推进农村土地制度改革是首当其冲的。这就是说,转变农业生产方式,提高农业现代化水平,根本在于深化改革,加快培育新型农业经营主体,解决"谁来种地"问题。

农村问题中让总书记始终牵挂的还有加强农村党建工作,发挥基层党组织堡垒作用;统筹城乡发展,推进新型城镇化等问题。新型城镇化是指城市建设乡村,把乡村变成和城市一样吗?应该不是。有时候城镇化就是在乡村里面发生,自己建设自己的家乡。这种历史的沉淀感,这种历史的风貌,可以说这是中国的财富、国家的财富。现在我们在搞有关农村建设时,特别是最近清远、茂名邀请我帮他们做村庄规划建设管理的地方立法工作,在这过程中我发现许多问题。城镇化不是说将破烂的房子推倒,然后全部征收过来建几个大楼、搞几个房地产就行了。而是注重保留一些乡间村落的历史传统、历史风貌。我到清远看到千年瑶寨的时候就有肃然起敬的感觉,不少外国朋友也都去那儿参观,这样厚重的充满中国智慧的历史让他们叹为观止。开展农村扶贫工作,共享改革发展成果;完善农村公共服务体系,建设社会主义新农村,也是其题中之义。

农民的问题是总书记最最牵挂的。总书记说要有乡土的味道,要保留乡村风貌,留住田园乡愁,这些都是针对人讲的。他还讲到,"我们既要绿水青山,也要金山银山,绿水青山就是金山银山。"总书记说,慎砍树不填湖少拆房,尽可能在保留原有村庄的形态上改善居民生活条件;农村的人口到城镇去,要住得下、容得进、能就业、可创业。我们保证这一点没有?这些都是针对农民讲的。当然还有农民群体本身的很具体的问题:提升农民技能,增加农民收入;农民有体面,小康才全面;小康不小康,关键看老乡……说得非常生动,蕴含着不少科学理念。他说,大批科技人员要进入农业主战场,要挤出资金大力轮训留得住、用得上的农业骨干。讲到农民收入的时候,就说到鼓励农民转移就业,保障农民同工同酬,有利于他的务工收入等。并且要重视农民,培育职业农民,提高农民的整体素质,形成增收致富的长效机制。总书记在福建闽东地区考察时说到,一方面要让人民过上比较富足的生活,另一个方面要提高人民的思想道德文化水平,农业的出路在于现代化,关键在于科技进步,要有科技人才队伍的培养,培养新型职业农民。我觉得在这一点上其实我们很有需求,提高农民素质、更新农民队伍的关键是要解决谁来种地的问题,培养好新型农民队伍才能保证农民后继有人。

我几次到日本考察,有时就是直接下乡调研,曾在福岛县调研了一周多,专门考察福岛农业。我发现日本也是一样重视农村风貌,想方设法留住乡愁,努力将进城打工的农民吸引回来建设自己的家乡,和我们的想法做法非常接近。日本同样认识到要提高农民素质,就要有科技人员下乡。日本农业农村部的一个司长级官员,退休后就承包了200亩农地种水稻,他说,干了一辈子农业,对农业太有感情了,要用自己的行动来影响和召唤年轻人回到村子里务农。日本的土地那么稀缺,但也是有强烈的粮食安全意识,就要把饭碗牢牢掌握在自己手中。应该说,日本比我们更有经济实力,可以买粮食,但为什么还要自己种呢?就是这个道理。

我们深知总书记的良苦用心,了解农民的诉求,坚持农民为本,保障农民权益,这便是他的"三农"法治观的核心和根本,包括前面讲到的公平正义问题。时间关系,不再展开。

习近平"三农"法治观是对中国历届领导人"三农"思想的继承和发展,体现了与时俱进、一脉相承、延展深化,这是与时俱进的可贵的创新思维。首先他的"三农"法治观继承发展了农业现代化思想,他说解决好"三农"问题根本在于深化改革,走中国特色农业道路,深化改革的重要基础在于全面依法治国。全国33个农村土地改革试点,即关于集体建设用地、关于宅基地、关于征地问题封闭式的试点改革,是经过中央同意,全国人大授权国务院对现有部分法律规范暂行停止实施的重大举动,符合总书记的"凡属重大改革都要于法有据"的思想。广东佛山就是改革试点的先行地,且非常成功,尤其是建设用地这个大块头,创新价值很高。宅基地问题,佛山也有做,是和建设用地结合起来了,将"三块地"改革变为"三块地"联动改革,而征地主要是针对公益项目,这些思路都很可贵,深值研究。

习近平"三农"思想还继承发展了坚持集体所有制,特别是实现集体所有制的思想。他在到安徽凤阳小岗村调研时讲,"不管怎么改,都不能把农村土地集体所有制改垮了,不能把耕地改少了,不能把粮食生产能力改弱了,不能把农民利益损害了",其体现了方向正确的崭新的发展观。他的"三农"法治观还浓缩了一点,这就是发展保护农民利益的思想。邓小平时期就主张农民获得自主权,提高农民的积极性,带领一部分人先富起来,最终实现共同富裕。江泽民同志也提出,人民是创造历史的真正动力,要增加农民收入。胡锦涛同志强调,要实施多予、少取、放活的方针,多方位确保促进农民持续增收。习近平总书记则提出以人民为中心的"三农"具体行动,包括精准扶贫、完善农村公共体系、发展职业农民队伍,特别是要实行基础农村社会治理,实施乡村振兴战略的法治保障。从毛泽东主席到习近平总书记,对农民利益的保护经历了从吃得饱、穿得暖到过得好、做得了主的大跨越,农民的政治、经济、文化等各项权利得到了全面保护。现在到农村随便访一个农民,可能他并不那么深入了解中央关于支农惠农强农文件精神的具体内容,但是对于贯彻执行的效果都比较满意。

习近平"三农"法治观体现了卓越的政治智慧和深切的民生关怀,实属高瞻远瞩。前面讲到中国强农业必须强,讲到农业对我们的重要战略意义,要保证以我为主、确保产能、立足国内、适度进口、科技支撑的国际粮食安全战略,这都被反映到农业法中。全面体现了贯穿全局的系统思维,体现了解决中国农业现代化的根本问题就是解决"三农"问题,即推进城乡一体化要从我们的自然禀赋出发、历史传统出发、制度和体制出发,统筹城乡发展、兼顾历史现实的整体协调法治思维。还有刚才我们所讲到的,不能忽视农业、忘记农民、漠视农村,包含了总书记深深的忧患意识,天下为公的为民情怀。在讲到过上幸福好日子时总书记说:一个都不能少,让广大农民一户都不能拉,这种直白易懂发自肺腑的话语,表达了总书记对最广大的基层人民群众的关怀和对其根本利益的维护。

习近平"三农"法治观的时代特质鲜明,闪烁着现代法治的光辉。有很多的论据可以说明,其最大的特色就是将法治和"三农"问题结合起来,"凡属重大改革都要于法有据"的思想无处不在。从 2015 年到 2019 年的中央一号文件都指出,农业、农村是法治建设相对薄弱的领域,必须加快完善农业、农村法律体系,同步推进城乡法治建设,善于用法治思维和法治工作做好"三农"工作,同时要从农业出发,善于发挥乡规民约的积极作用,将法治建设和道德作用结合起来。这便贯穿着总书记的"三农"法治观。

如何做到凡属重大改革都要于法有据,坚持法治建设和深化改革相统一呢?这就是,坚持改革的决策和立法的决策要统一,发挥它们的引导、推动和规范作用,凡属重大改革都要于法有据，就是指需要修法的时候应当修改法律，先立后改、先释后改、先废后改，一定要改的应先封闭了运行，效果合适了我们再改，这就是所谓“试错”。我对现在正在进行的 33 个地区的农村土地制度改革的基本判断是，不一定每一个都很成功，一定存在有经验亦有教训的地方。如果说它一定是全部成功的，那还需要试点吗？所以，实事求是地说实话、做实事很重要，在需要突破宪法和法律规定的改革试点上，也应采取这种授权改革，有关机关依法授权批准，有合法依据再改革，避免违法改革的发生。现在这方面应该开了一个好头。不久前我听到南海的同志讲到集体建设用地问题，现在试点中的业绩不错，但后续怎么发展和跟进，还是有一些困惑的。佛山市委领导能不能就土地改革问题，做一次专门的讨论呢？比如如何推广推进，推广推进中可能遇到什么样的问题，并不是什么都需要政府扶持。我看到有些地方的改革就是失败的，在自然资源部组织的一次总结试点讨论会上，有一个专家团评价试点时说，现在都是政府拿钱改革，今后一旦政府的钱抽走了，往下还怎么做？他们在会上脱开稿子讲得很直白。这也是我们做研究时的担忧，所以说我对试点有些喜忧参半，破冰之行固然好，是喜，但是里面有问题，不太重视暴露问题并下气力解决，这是忧心所在。其实，有问题不怕，办法总比问题多，问题总是可以解决的。我们也不要看着好像改革就是形势一片大好、奔走相告，并非如此，应该找到改革中的关键暗点、难点和痛点，找到症结所在，进而去攻坚克难，构建长效机制和长治久安的制度。

习近平总书记“三农”法治观主要体现在哪些方面？经过系统化的整理可以归纳为：关于法律主体的发展特色、关于财产权利的发展特色、关于农村基本经营制度的发展特色、关于乡村治理的发展特色四大领域。关于法律主体的发展特色，除了讲农民之外，特别讲到了农民的增收，讲到了集体所有权、集体所有制的根本问题。我们在乡村有时候由于分田到户便忘记农民集体组织即土地所有权主体的存在，有时候实行了所谓的股份制就将现行法律规则给忘记了。我去顺德调研农村土地时，农委的同志就问我股份制往下怎么实施？即下一轮承包怎么办？我回答说，按照法律规定，这是用益物权，下一轮承包还可以坚持，只要农户（农民）是集体成员你就应该给他。因此，首先需要将集体成员的问题解释清楚，不能说大学生毕业多少年了，在外面都当官、当兵了，已经具有国家干部等身份，固定吃国家粮了，结果怎么在村里还有一亩三分地呢？这是伪农民,很不合适。还有人说宅基地我还要,这个宅基地是我的,是我祖上留下来的,跟你(村集体)有什么关系？他们并不清楚,这是集体土地。我在清远和茂名的地方立法过程中,反复强调所有土地都不是私有,农村的是集体所有,非集体成员,祖上留下的房屋要用这个宅基地,怎么办？祖上的房屋属于私有,谁也不能侵犯你的私人财产权,但是房屋依托的是集体的土地,非集体成员不应空享集体土地的产权利益,房子是继承来的,你本人不是集体成员,也就是说你并不依靠农用地生活生存,这时的宅基地使用就应该向集体交租金,这个租金价格应由村集体按法定程序开会讨论确定。包括华侨回来,固然可考虑叶落归根,但是这个土地也不是华侨的,他的房子在这里有房屋产权,宅基地应该支付使用费。如果这个房子已经破落得没了,就不能说这个地还是我的,我还要重新盖房子……一户多宅也是违法的。还有,现在户有所居的问题在广东农村是一个极大的问题,宅基地多少年没有分配过,供需矛盾很大,于是乡村民居向空中发展,盖两层、三层楼的多得很,按照国家规定最多到4~5层不得了,就是连排房子的可以4~5层,单独的最多3层。但现在有盖到9层、11层的不少。茂名较为偏远的农村,我去后看到,高耸入云的乡居,当地管不了也管不好。他们告诉我说这里有一个特点,凡是楼高的,多半是没人住的,但家里有钱,比如儿子在外面挣了钱回来盖房子,今后万一政府征收了就捞一大笔。这是不正常的与国家争利,我们不能与民争利,但是也不能与国家这么争利,太不合适。

关于集体所有制、集体所有权的坚持,在总书记"三农"法治观中更是凸显。关于财产权利的发展特色,就谈到三权分置的改革方向,怎么实现坚持集体所有,如何让农民稳定承包,怎样放活土地经营权,在这个方面有很多丰富的内涵。"三农"法治观中还有农村基本经济制度发展特色的问题,总书记曾经讲到要构建三位一体的集生产、供销、信用为一体的农村合作金融体制。而我们现在的农村合作金融体制基本失败的,在民办、民管、民用、民受益方面做得不够,农民想借个钱、贷个款很难,有些地方现在已经尝试做了村内内置金融体制,效果不错,这可能是未来的发展方向。

最后,谈几点认识。在座都是领导干部,总结能力很强,在这里只提一些思路,即对总书记的法治观,要有研习的高立意、实践的新思路、改革的务实性、效果的特色化。希望大家继续走在"法治佛山"的道路上,做任何事情都要有法治思维,不管是高质量发展还是创新发展,还是解决“三农”问题。也不要以为佛山城镇化程度高,基本没有“三农”问题了,其实佛山就有发展不平衡不充分的问题,在我的调研中发现农村的问题也是大有所在。

今天就说到这儿,希望佛山的法治建设的经验不仅在广东可复制、可推广,更应能够为整个社会推广并成为典范,力促国家全面兴旺,人民普遍受益。

区块链技术与政法工作创新*

杨东

杨东，教育部“长江学者”特聘教授，中国人民大学未来法治研究院金融科技与互联网安全研究中心主任，大数据区块链与监管科技实验室主任、区块链研究院筹建负责人。

本文根据杨东教授于 2019 年 5 月 14 日在广州市政法专场报告会上录音资料整理而成。特别感谢中国人民大学金融科技与互联网安全研究中心助理研究员徐信予、王祎文对文本的后期校对整理。

区块链技术与法律界、政法界工作的关系非常紧密。在 2014 年区块链技术刚刚诞生时，中科院计算所技术团队找到我，希望能够研究将区块链技术运用到互联网金融、众筹等相关领域的方式。于是 2015 年 10 月，我结合电子商务、互联网金融等领域的研究，撰写了在中国或为第一本有关区块链的书。随后，我的硕士生杨勇创业，成立了中国第一

---

* 习近平总书记在 2019 年 11 月 24 日举行中央政治局第十九次集体学习，而在中央集体学习之前，广东省政法委便已邀请杨东教授等区块链领域研究专家来做演讲报告，就区块链有关内容组织了学习。

个区块链金融公司(金股链)。[①] 作为网信办世界互联网大会高级别专家委员会办公室专家成员,我参与了世界互联网大会每年的互联网发展报告,以及乌镇展望数字经济部分的撰写工作。我就区块链技术向网信办等有关部门做了一系列汇报和介绍,提到习近平总书记提出的"数字经济"这一伟大战略思想。特别是在和"一带一路"政策结合后,数字经济尤其需要区块链技术的加持,以期更好地发展。

区块链技术为什么如此重要?对于新经济、新金融而言,区块链技术某种意义上不仅仅是技术,更是一种规则、法律,甚至是生产关系的一种重构。它既然是生产关系的某种技术演变,制度、法律的表达,就当然能够反作用于生产力,反作用于新兴经济、共享经济、数字经济的发展。从这个角度来说,实务工作者、法学研究者和法律制定者,其实都需要研究思考这一新技术为国家治理体系可能带来的影响。当然,在具体的政法工作中,这样的影响也会长期存在。

2005年时,我已在日本留学6年。在长期的观察、学习、思考后,我认为中国和日本在立法方面最大的区别在于,我们的立法比较严谨,一部法律往往花五年、十年才能够修订或者推出,相比之下,日本需要花费的时间则较短。《电子商务法》已经是最快的了。自我参加起草工作组后,《电子商务法》从起草到实施经历5年时间,最终在2019年通过。[②]但是我也有参与起草、推出的《证券法》《期货法》等其他法律,其立法过程相对缓慢。但正因我们立法的严谨,才成就了类似于阿里巴巴等大型互联网企业,给予了它们良好的创新和发展空间。

但是面对新的趋势、新的技术、新的发展、新的业态,必须有及时有效的监管制度。如何利用技术手段加强治理、增强监管、防范风险,特别是应对金融风险以及大

---

① 杨东教授自2016年开设区块链和数字货币课程,赴中南海、全国人大等讲授区块链。担任联合国国际电联数字货币顾问、中欧数字经济专家组成员。区块链相关文章受到习近平总书记长文批示。2015年把区块链介绍给时任贵阳市委书记陈刚率先在贵阳落地,2015年开始对青岛、娄底、深圳、成都等地方政府区块链实践进行了指导推广。杨东教授2013年以来接受中央电视台《焦点访谈》《新闻1+1》等栏目专访区块链等热点问题数十次,在《人民日报》等主流报纸期刊发表区块链相关文章上百次。被澎湃新闻称为"区块链风口的策源地与思想高地"、区块链应用的第一推广大使、布道者。

② 杨东教授全程参与编撰全国人大财经委电子商务法起草组出版的《中华人民共和国电子商务法条文释义》《中华人民共和国电子商务法条文研析与适用指引》《中华人民共和国电子商务法律法规政策汇编》《中华人民共和国电子商务法解读》等电子商务法配套权威书籍。为此全国人民代表大会财政经济委员会专门书面嘉奖。

数据时代到来以后个人隐私的保护问题、个人信息安全的风险等,需要给予足够的重视。对于各类风险防范的应对迫切需要加强,这种应对不仅要靠法律,更需要技术驱动的监管、技术驱动的治理、技术驱动的执法工作创新。

一、新时代的政策背景

从大的背景来说,习近平总书记在2018年5月中国科学院第十九次院士大会、中国工程院第十四次院士大会上,第一次提到了区块链技术:“新一轮科技革命和产业变革正在重构全球创新版图、重塑全球经济结构。以人工智能、量子信息、移动通信、物联网、区块链为代表的新一代信息技术加速突破应用。”听完十九大报告的当晚,已经感觉到了这样一种新经济、新技术驱动所形成的数字经济革命,必然会带来数字文明等一系列思想的突破。尤其是“一带一路”、数字经济这两大经济思想,是非常具有战略意义的。而这两大经济战略思想,特别需要区块链技术来加以推动。只有区块链技术在和其他技术相组合的基础上,才能真正实现“链”接21世纪数字经济的“数字丝绸之路”。

一旦央行数字货币(或称法定数字货币,DCEP)推出,[①]“一带一路”沿线国家在投资贸易过程中,可以不使用美元、欧元等其他国家货币进行支付清算结算,直接使用央行数字货币结算将非常便利,且兼具效率高、成本低等优势。央行数字货币的推出,对“一带一路”倡议的实施具有重大意义。可以说一旦央行数字货币推出,对银行将是一个革命性的颠覆。当然,这对中国来说更多的是机遇:随着央行数字货币的发行流通,人民币流动性短缺问题将得到大幅缓解,人民币国际化将迎来新的发展契机。

长期来说,中国和美国的贸易战的焦点问题是资源的争夺,是货币话语权的争夺。现阶段,美国要维持美元作为国际结算货币的地位,就要保持长期贸易顺差以维

---

① DCEP(Digital Currency Electronic Payment)是中国版数字货币项目,即数字货币和电子支付工具,是中国人民银行未发行的法定数字货币,是DIGICCY(数字货币)的一种。DCEP的完整字面意思就是数字货币电子支付。支付通过某种方式传输的是数字的东西不是纸面的货币,所以电子支付本身也是有数字货币属性的。

持美元币值稳定和坚挺。而中美贸易逆差近年来不断增加,必然进一步加剧中美摩擦。但总体而言,目前中国在全球环境下是贸易和资本顺差国,人民币没有形成良性的全球循环。只有让人民币“走出去”,才能构建一个平衡的全球循环。所以如何摆脱美国对我国在贸易战中的围追堵截,根本出路就是在新维度、新高度,在数字经济、数字贸易、数字货币的世界里,推出中国的法定数字货币。前不久工业和信息化部中国信通院的最新统计数据显示,数字经济占我国 GDP 比重已逾 30%。2018 年我们刚刚完成了杭州数字经济报告,2018 年杭州数字经济的比重已经达到全市 GDP 的 24%以上,而且浙江省发改委预计数字经济比重在 2022 年将占到省 GDP 一半以上。只要数字经济在整个 GDP 中的比重越来越大,中国的话语权、中国的地位自然而然就会越来越高,尤其是推出央行数字货币这一举措,将会对中国掌握全球货币使用和话语权具有重大意义。当然,国际上也面临一些竞争。近期澳大利亚和新加坡两国的央行已经签订了两国之间使用区块链、数字法定货币推动两国跨境支付清算的协议,试图通过区块链技术来推出数字货币。

从技术背景来说,新时代的技术目前主要是四个方面——人工智能、5G、物联网、区块链。新时代的技术所带来的变化是革命性的,虽然人类社会过去几百年都是技术驱动发展,但是最近这几年来各类技术的叠加组合产生了核裂变式的变化。人工智能的基础是大数据和算法,大数据相当于“石油”。通过 5G 技术,数据会核裂变式地增加。尤其是在同物联网结合以后,数据的增加程度能够支撑各行业大量的数据资源利用需求。

因为金融是最敏感的行业,所以在金融领域已经率先有大量人工智能的应用,包括智能投顾、智能化风险定价和分析、银行金融机构欺诈的预测分析等,这些都已经开始应用并表现出较好的应用效果。

5G 技术近期也是备受关注的一个方向。目前 5G 技术已经被广州互联网法院开始用于互联网审判当中,效果非常好。5G 技术的推进,真正标志着大数据时代的到来。因为它兼具速度快、基站多、功率低、多天线等多个技术特征,使得传输速度与传输数据量有较大的提升,会为金融、智慧城市的发展带来非常大的变化。特别 5G 技术是同 AR/VR、无人驾驶、人工智能、云计算等相关技术结合后,会在未来带来根本性的突破和发展。

与5G技术相配套的或者关系非常紧密的技术是物联网。某种意义上,5G技术和物联网技术的结合才真正造就万物互联时代。不光是传统设备能够上网链接,人体的各类数据以及我们所能看到、接触到的各种装备都能够实现实时的链接监控、信息采集。总而言之,万物互联时代已经真正到来,“地球村”已经变为了现实。另外,IPv6、互联网协议第六版的部署推进,都从基础设施层面加快了物联网的发展。大数据就是数字经济时代的“石油”,5G和物联网加快了大数据发展,加上算法又推动了人工智能的发展,机器人正式取代人进行劳动的时代真正到来了。

然而,万物互联时代也会带来各类风险,包括网络攻击的风险、数据安全和隐私泄露的风险、技术标准不统一、数据歧视和数据鸿沟等问题。在每一个人的个人隐私数据完全暴露,信息安全、网络安全时刻处于被攻击的背景下,法律、政府监管能力、国家治理体系现代化面临着巨大的来自监管和治理方面的挑战的风险。我们需要有相应的技术来作为支撑,保护隐私和数据安全、提升监管能力、增强风险防范能力。而区块链技术不仅是我们正在寻求的一项技术,它还能够带来监管治理层面上具有重构性意义的改变。

首先,**区块链技术最大的特点就是去中心化、分布式,它是改变人与人、人与技术关系的一种技术代码**。去中心化是互联网产生以来的必然趋势和发展规律,而区块链技术正是符合了人类社会发展的必然趋势和规律。20世纪70年代,互联网领域的TCP/IP协议以及后来的LINUX主导的初始技术搭建其实就是去中心的思维。区块链技术也是沿着互联网这样的一种去中心趋势进一步发展。区块链可以说是互联网2.0,它与互联网最大的相同点就是致力于实现全人类的互联互通、数据开放,让七十多亿人类能够互联互信。

互联网时代的最大弊端是缺乏信任。在区块链时代要解决互联网上交往交际的信任问题,要让七十多亿人真正生活在地球村,就必须有可靠的技术手段来实现相互信任。区块链就是创造信任的一种技术,能够实现价值的点对点传递。它的原理基本上就是去中心化的信任方式,共同维护可靠数据库的技术方案。根据规模大小、应用场景不同,区块链可以分为以下三种方式:

第一种是私有链。一般来说是部署于单位内部的,中心化程度、性能效率也比较高,因为中心可以对其进行控制。但是某种意义上,中心化的程度高也意味着链上的数据容易被单位内部进行篡改。

第二种是联盟链。比如说公安局内部是私有链。联盟链类似于把政法系统内部数据串联的一种形态,场景规模更大一点,效率就比私有链低一些,但是总体上更加符合现实需求。例如,广州互联网法院的“网通法链”、北京互联网法院的“天平链”都是联盟链。目前来看,联盟链在中国推行得较世界其他国家都更快,有很多现实的成功案例。

第三种是公有链。公有链从实施的角度上看的确比较困难,因为它是完全开放、完全公开、大规模的类型,目前只有比特币被证明是唯一成功的公有链。虽然很多人都在说比特币就是21世纪最大的诈骗、非法集资,但是个人认为比特币依然被证明是全世界唯一一个通过技术手段实现人与人之间相互信任的机制。此前,人类社会都没有出现过一种机制完全能够通过机器、数学实现相互信任。

联盟链这两年在中国发展得非常快,被证明是目前区块链中最可能实现大规模突破的技术。联盟链的每一个节点都有相对应的具体实体机构组织,而且相对封闭,被授权以后的机构组织才能加入。例如,广州互联网法院的“网通法链”、北京互联网法院的“天平链”都是有门槛的,是各个机构组织成立的利益联盟。广州互联网法院的“网通法链”中最核心的是广州市中级人民法院、铁路法院、广州互联网法院等法院系统组成的节点,而在核心外围将腾讯、华为、电信等互联网企业纳入,再外围就是其他一些技术公司等相关机构形成的联盟,所以是多维度的联盟。因此,联盟链作为技术手段本身应该说是可控的,是能够分成多层次、多维度的方式。

总体来说,区块链技术具备了去中心化、安全性高和去信用的特点。在近年的实践中,联盟链、私有链等已经在法院、政务、供应链金融、跨境支付等领域有比较成功的应用,技术已经开始落地。在安全性方面,私有链和联盟链的安全性也是可控的。

区块链最大的作用就是形成了一个新的信用形成机制,运用一套基于共识的数学算法在机器之间建立信任网络。易言之,既是通过技术就可以实现信用,又不需要通过第三方背书和担保。参与方不需要清楚相关交易方是谁,只需要信任基于区块链技术的共同算法就可以为创造者创造信用、产生信任、达成共识。

当然,这项技术还处于萌芽阶段,还存在很多的问题。目前而言,最大的问题就是安全性。因为区块链技术是基于算法、基于数学的,所以很多方面都存在物理上的安全问题。如何解决物理上的安全问题,目前我们国家已经有一些团队在研究。比如我国李幼平院士提出,区块链技术虽然在数学算法方面非常先进,但是存在物理上的安全问题。所以需要"以天补地",即以天空、太空的卫星精准定位填补地面区块链技术基于数学、基于算法的缺陷和不足。区块链只是一种计算方式、一种数学算法,缺乏物理空间的维度,所以如果再加上太空卫星的定位、物理的维度、时空的维度,就能够有效提升区块链技术的安全性。

区块链是创造信任的机器,是人类社会几千年以来唯一单纯依靠技术实现相互信任的模式。对中国来说,我们国家信用体系建设是非常重要的任务。我们的信用体系建设一直没有跟上。阿里巴巴、支付宝通过大数据建立了芝麻信用等信用体系,芝麻信用等信用模式在过去几年也做了一些大胆尝试,我本人也用芝麻信用分使用了一次免押金的共享单车,这对共享单车公司来说可能是一个较好的规避风险的办法。小黄车如果要交 99 元或者 199 元的押金,押金一旦形成巨大的资金池,就可能带来巨大的风险。传统依靠押金来提供服务的模式,是一种旧的,也是风险比较大的模式。2018 年小黄车等共享单车遇到了很大困难,就是因为没有找到真正可行的信用模式。基于大数据的信用模式,某种意义上就是要改变传统抵押担保等种旧的信用模式。

几年前我曾有机会向阿里巴巴马云等高层建议,应该加强对区块链技术的研发和投入。经过这几年的努力,中国在区块链技术方面应该说走在了世界前列,全世界区块链技术专利最多的机构是阿里巴巴。中国的一些机构或公司,比如中国央行的数字货币研究所,都获得比较多的区块链专利。

大数据产业发展、大数据交易必须解决个人隐私信息安全问题,而区块链技术就是个人隐私信息保护最重要的基础工具。贵阳市率先用区块链技术进行数据的交易和发展,还成立了全世界第一个众筹金融交易所,将金融资产上链,使金融资产的交易标的更加可信、更加安全。贵阳市做了一些非常好的尝试和探索,也取得了一些成功的经验。在研究贵阳市的案例后,我们提出了"主权区块链"概念。区块链技术虽然具备了去中心的特点,但是去中心是相对的,或者说它更多的是"多中心"概念,能够使组织流程的各个环节更加扁平化、网状化,更有利于管理和降低中间环节、提高效率。与我党的政府监管和治理、主权维护不仅不矛盾,反而相辅相成。某种意义上来说,将各类中间环节打通,实现点对点链接,更有利于我们实现为人民服务的目标。现在为什么要"扫黑除恶"?因为那些黑、恶就是某一个地区的黑中心。将这些黑中心扫掉,我们党和政府的服务能力就直接触达老百姓,这实际上有利于提升我们的服务能力、监管能力、治理能力。

当然对区块链技术本身也要治理。区块链技术无法完全摆脱国家,必须由国家主权对区块链加强监管、加强控制。我进一步提出了"以链治链"的监管思维,也就是"师夷长技以治夷"。

另一方面,政府监管也要用区块链技术来加强治理、加强监管。在我们所描绘的数字世界、数字主权、数字空间里,也要实现国家主权、数据主权。即便是分布式、去中心化的,最高层、最核心的部分还是国家和党控制的数字世界、数字经济体、数字空间。包括央行发行的数字货币中有各种各样的部分,比如说合约层、共识层、网络结构、治理结构、数据层等,但是整个控制体系是在国家控制之内的。

总而言之,应当将区块链作为一个新型技术工具,构建一种网状结构,更好地治理和监管。司法机关和政府机关某种意义上就成了这个网络结构中的超级节点,和其他的犯罪分子或者是市场主体在某种意义上是平等的。但是在另一方面,超级节点的地位有利于对相关的市场主体的资金、账户、行为、数据等实时触达、实时监控。一旦发现问题和风险,可以通过智能合约作出迅速、有效的指令,及时制止和减少违法犯罪,防止局部性风险的爆发。

二、区块链技术与互联网金融监管

目前互联网金融乱象较为突出,其关键是监管没有找到一个合适的模式,容易出现监管的极端化——要么不监管,要么"一刀切"。不监管成就了阿里巴巴支付宝。支付宝当年是第三方担保的运作机制,如果央行不给它发牌照,它就是非法的。但央行当年给它发牌照是在法律法规没有授权的情况下的举措,是伟大的创新。因为我全面参与了央行政策制定工作和《电子商务法》中电子支付部分的起草工作,所以感受特别深。[①]《电子商务法》最终通过法律确认了央行2011年发牌照的行为,也因此合法化了。中国法律的滞后,在某种程度上成就了像阿里巴巴、微信支付这样世界级的移动支付平台。另外就是"一刀切",比如对P2P的监管。原来对此缺乏监管,到现在"一刀切"的行为造成了P2P频频爆雷。但老百姓的资金需求和小企业融资的需求都是刚需,是无法制止的。倘若没有很好的监管手段,盲目"一刀切"容易造成更大的危害。但根本问题还是在于金融监管没有找到一种更加高效的监管模式。正因为没有监管模式、监管工具、监管手段,有时候只能采取这样极端的手段。

"以链治链"就是以区块链治理区块链,这是"法链"的基本思想。希望政府监管部门能够更快更高效地掌握技术,建立大数据的监控体系和监管体系,通过区块链技术的加持,更好地对活跃市场、控制风险、维护老百姓的利益。我个人一直都在呼吁要加强技术驱动型的监管和思维,恰好区块链技术给中国带来了历史性机遇。

三、区块链技术与法院、检察院等工作创新

广州互联网法院具备较强的创新能力,尤其是通过区块链技术建立了以广州互联网法院为中心,广东省其他法院、互联网企业等机构为联盟成员的数据共享联盟体,这一举措在全世界具有首创性。北京互联网法院和杭州互联网法院只是将区块链用在电子证据的登记上,还没有在数据共享方面进行深入研发。广州互联网法院准备以互联网法院为契机和切入点,实现法院之间以及法院和互联网企业、电信部门之间的数据共享,具有首创价值。

北京互联网法院通过区块链技术落实司法工作的公平公正,真正实现证据存储、取证程序的高效便捷和可信,使得证据前置、专业化水平提高。电子诉讼平台会直接

---

① 现行我国《反垄断法》第三章专章规定了禁止滥用市场支配地位的行为,无相对优势地位的条款。笔者承担原国家工商行政管理总局(现国家市场监督管理总局)委托的反不正当竞争法修改8个课题中的互联网反不正当竞争条款的修改研究和起草,设计的滥用相对优势地位等条款被采纳,2015年4月全国人大常委会审议国务院提交的修订草案送审稿中也保留了该条款(草案第6条),但最终通过的新反不正当竞争法删掉了相关条款。笔者此后有幸成为全国人大财经委电子商务法起草工作小组成员,在设计起草了电子支付的相关条款后也研究设计了电子商务经营者滥用相对优势地位条款即后来的第35条,该条实质规制就是滥用相对优势地位行为。

进行标记，实现技术和法律的相分离。同时采取了区块链存证，如此存证费用比传统的取证费用低很多，而且可以自行操作、自动操作。当事人对于证据的真实性认可度高，有利于调解及时化解矛盾，降低成本、提高效率，反映出司法和区块链技术天然的结合，区块链“代码即法律”，是法律、监管、治理，也就是生产关系层面的突破。区块链电子证据平台能够发挥区块链技术防篡改、可追溯、安全性的优势，把电子数据变成电子证据，规范共享经济、电子商务、数字经济中的产权证据认定，极大提升了司法效率。①

北京“天平链”与百度合作，采用百度的部分安全技术。在性能和容量方面采用了超级节点架构。因为是超级节点，所以数据是可控的。并且采取了 DAG 并行技术、可回归侧链技术及平行链管理技术相结合的这样一种技术手段，使联盟链的效率更高、容量更大、性能更好、安全性更强，保护隐私信息更加方便。在技术性层面，百度超级链通过采用超级客户端技术，普通人的电子数据也能快速便捷接入天平链。目前得到的信息，已经有 24 个平台接入，存证材料数已达 18 万条，验证证据文件接近 400 个，效果非常明显。2019 年 3 月，广州互联网法院发布的“网通法链”智慧信用生态系统正式上线，基于区块链技术构建了开放中立的数据存储基地，引导电信运营商、金融机构、互联网企业等接入联盟链，实现多方监管、共同致力。广州互联网法院同中国电信、阿里巴巴、华为共建了可信电子证据平台，降低了当事人举证的难度和成本，进一步提升了司法公信力。特别是减少了因信息不对称带来的违法行为，建设了一个智能化的信用评价机制，着力打造溯源治理“广州方案”。这也是第一次用区块链技术实现金融机构、电信公司、互联网企业等第三方接入法院层面数据共享的创新。可以说，广州互联网法院的系统非常大胆、非常有创新、非常了不起。

杭州互联网法院是最早成立的互联网法院，与其同时成立的是中国第一家区块链司法系统，主要也是用于在线提交电子合同、维权服务流程，包括区块链的实名认证、电子签名、数据存证、区块链全流程的可信服务。此外还有司法的联盟链，将公证处、司法鉴定中心、法院等连在一起的联盟链，是全国第一个司法区块链系统。

---

① 杨东教授 2020 年年初在最高人民法院主管、国家法官学院主办的《法律适用》上发表《区块链与法院工作创新——构建数据共享的司法信用体系》一文，系统阐述了区块链与法院工作相结合的场景、机理与应用前景。

北京互联网法院的首个涉区块链"天平链"的判决,其案件涉及的是照片侵权的问题。照片被侵权的案件在传统诉讼过程中,起诉周期比较长、成本比较高,有些被侵权方可能因此选择不起诉而蒙受损失。但是通过区块链"天平链",极大地降低了举证成本,减少了诉讼、庭审的证据相关环节,使整个环节的成本降低、效率提高。相关证据图片只要上了"天平链",将侵权的线索存入链,通过跨链操作将信息数据在"天平链"上存证。诉讼发生时原告通过法院的电子诉讼平台进行网上立案,同时提交起诉状以及包含了区块链存证编号的相关文件。只要提交了存证编号,法官就可以直接对"天平链"里经过验证的相关证据进行认定,而且当事人双方都很认可。另外,像小额纠纷举证难问题、程序问题,都可以因此大幅度减少。法官可以聚焦到证据所体现的事实认定和法律适用上,这样法官的专业能力就能够更好地体现,进而减少不必要的程序,更好地保护当事人,使诉讼当事人更加诚信,当事人也更将愿意选择调解。2018 年 6 月 28 日,全国首例区块链存证判决在杭州互联网法院诞生。这起案件是网络著作权侵权,原告发现被告没有经过授权就在网站上转载了自己的作品,侵害了他的信息网络传播权。如果以传统的起诉方式要花很多成本,很多人可能就放弃了,但是通过区块链存证、取证,就比传统的公证方式更加高效、低成本。所以 2018 年 6 月 28 日作出判决以后,全国各方面的反响都非常好。

从案例的角度来说,杭州市西湖区检察院在全国率先用上了检察区块链取证设备,所有取证的证据都会被直接上传并存储到支付宝专门为检察院司法机构定制的法证链上。蚂蚁金服、支付宝的区块链技术服务帮助西湖区检察院,使传统取证设备的数据上链并且加以存储,为检察院司法机构建立数据联盟链、法证链提供了有力的技术支持。

武汉市检察院建立了智慧检务创新研究院平台,利用区块链和卫星遥感技术解决公益诉讼中侵害土地、水域案件取证难问题。公益诉讼通常人多、范围广、影响大、取证难,所以如何做到高效、低成本的取证,是公安、检察院、法院最大的痛点。借助区块链技术降低存证成本,提高证据材料流转效率,能够化解该类案件取证难问题,实现了相关问题解决的一大突破。区块链本质上是一种高度可信的数据和计算技术,解决的是信息不对称、不确定环境下的信任与成本问题,公证是依法对民事法律行为、相关事实和文书的真实性、合法性予以证明的活动,二者可以相互互补、相得益彰,实现双重增信、双维监管。

总而言之,公证数据的查询机制、公证数据的调用机制会更加高效合理、低成本。从公证文件的生成、数据到公证文件的查阅删除共享行为,都要实现上链。查阅和删除行为也是产生行为数据,这就形成了数据全链条的闭环,防止了公证数据的篡改,实现了数据的可追溯。

对于电子公证各方的主体,无论是公证行业的行业管理者、公证机构、用户,基于区块链一站式的公证服务、数据共享、隐私保护,都能够得到很好的实现。在这一过程中,关于隐私保护的问题,我们初步认为可能需要公有链、跨链、联盟链这三条链的共同组合,才能实现隐私安全,并且要注重构建多层多链的架构。广州互联网法院构建了一个多层多链聚合的架构体系,有效发挥私有链、联盟链、公有链各自的优点,更好地保护个人隐私。包括金融机构、银行在内的联盟之间都可以进行数据的共享,总而言之,区块链对于数据的产生到可溯源、全周期监管,目前都非常有价值和意义。

四、区块链技术与政府治理工作创新

只有将监管、政府、司法、政法融入相关主体中,才能够实时触达数据;只有触达数据,才能够更好地防范风险,更好地予以监管。目前技术前沿领域一直都在探索数据的触达、确权、开放、共享、赋能,而区块链技术就是真正实现数据的触达、确权、交易、共享、开放、赋能最主要的技术工具。在娄底诞生了全世界第一张不动产区块链电子凭证,一个房产证或者是土地、国有资产的一个证在区块链上就可以证明,并且几分钟就可以拿到。老百姓、企业完全实现零跑腿的关键是通过区块链技术将传统政府的地税、国税、国土资源局、房管局等政府不同部门的数据通过区块链这样的一个登记方式,能够有效、安全实现数据共享和数据打通。

娄底市的区块链项目某种意义上帮助地方政府实现了从原来的土地财政,到未来靠数据产生价值的初步转变。数据可以用于金融、银行等方面,因为不动产通过区块链登记以后,银行的登记系统更加发达,所以银行的成本降低,银行便愿意合作。另外还有一些其他交易衍生出来的服务,例如法院司法拍卖等都能够一一打通。数据更多,数据价值得到应用的可能性就越大。跟政府成立合资企业,产生的利润和政府共享,实现了数据利益共享,这应该是全中国最早的一种模式。

湖南省娄底市"区块链+政务"的基本原理很简单,就是把有关买房子的登记录入各个环节,房产证就用一张上面有区块链地址、有一连串哈希值数值的电子凭证,因此湖南省娄底市的不动产区块链凭证就是联盟链,联盟链是一种解决了区块链不动产凭证很好的方式。因此"区块链+政务"目前来看是非常可行的,无论是提升数据安全保护能力,还是以智能合约技术创新共享机制,还是通过分布式自主促进简政放权,还是通过利用区块链记录的可追溯和不可篡改来实现廉洁政府。另外,区块链与政务的结合,也可以实现政府内部的精准治理,上传下达,保证信息传递的真实、及时、有效。

娄底市发行了全世界第一张不动产区块链电子凭证。其打通了政府数据,通过区块链建立了一条高速公路,既保证各自部门的数据独立,数据本身不出门,但是数据经过区块链加密以后,信息出门,实现信息的共享,但是数据本身得到了保护。

我的老家宁波市宁海县有一个非常有特色的基层治理经验。宁海县这几年做了村级小微权利36条,还上了今年中央一号文件。经过调研,我建议在这个治理方式的基础上加入区块链技术,构建村民e点通村务钉钉App系统。分为管理端和村民端两个版本,村民办事或者是县政府要发布公告或者是信息,同时信息公开。村级小微权力清单36条通过文字、图片、语言等方式快捷高效反映问题和诉求,由村里的服务团队及时沟通处理、在线回答,及时对各类老百姓提出的诉求进行反馈受理处置查询评价,形成了一个完整的闭环。所有的这些主体都上链、都形成了数据,更好地形成数据的闭环。我的"共票"理论也准备在这里实现,也就是说村民反馈的意见有被采纳的,就奖励你"共票"。基于你数据的贡献、基于你数据的价值,这样就充分发挥了老百姓村民参与公共服务的积极性,自觉维护村里各种政策执行,包括卫生、管理维护,都可以通过数据区块链对数据确权定价。奖励就相当于给积分,将积分通过区块链的共票转化为更有价值的回报。拿着积分或者共票就可以兑换产品、商品,建立一套村民的大数据服务平台,有利于化解村民矛盾,促进村民参政议政,建设美丽乡村。

国有资产数量大、范围广包括土地资源等。如何才能有效登记,防止被篡改、被侵吞,也是一大难题。若有国有资产流失问题,通过区块链能够保障国有资产的真实性，防止篡改。针对国有资产管理分散化的现状，可以将资产形态数据化，而突破传统的“实物管理”模式，并通过区块链技术进行集中化、全流程管理，能够极大程度的优化现有国有资产管理模式。区块链技术保障了国有资产信息的真实性。一方面，区块链上的数据不可篡改。一旦国有资产信息通过登记上链，相关信息就永久储存在区块链上。无修改权限的相关人员，无法对链上信息做出任何修改，这保证了链上信息的绝对真实性。另一方面，数据的录入、修改与删除都将被全流程记录。通过操作的全过程留痕，可以防范数据被恶意修改，正确信息能够迅速恢复。

五、区块链技术与公安工作创新

其实区块链技术和公安部门关系也非常紧密，公安工作和区块链结合起来的发展空间也是巨大的。公安部门其实技术能力非常发达，对技术尤其重视，所以相关的应用场景也尤其多。广东省佛山市禅城 2018 年 5 月就有“区块链 + 社区矫正”案例，这就是“社矫链”平台。通过数据的跟踪、行为的监控，对社区服刑人员进行精准分析，建立信用评价，帮助服刑人员重塑社会人身份。通过这些数据，平台也为在矫人员建立了信用评价系统，社区服刑人员的日常行为都会被写入个人的信用评价系统中。这其实是帮助社区服刑人员重塑了社会人的身份，使其能够更快、更好回归社会。根据区块链技术，对现有信用的评价就不再是基于对社区服刑人表面的认识，而是根据数据，重新建立起信用机制。

公安部门的信息数据系统最为发达，但问题也是最多的。首先，信息共享问题比较严重，也就是说公安部门体量大、人员多，各大业务部门都是独立运作，共享程度非常低。最典型的例子是没有及时根据车流量调整红绿灯的转换时间分配，很多年来都没有实现的原因就是公安内部的数据没有打通。杭州市宣布全中国第一个打通红绿灯数据实现了智慧城市，也就是首先通过阿里巴巴云大数据服务系统将公安部门内部数据打通，然后实现了智能化的杭州红绿灯控制。

其次，信息准确性问题需要关注。由于业务繁杂造成的公安警力短缺，导致很多数据录入后出现不一致、不完整甚至是错误。公安部门虽然采用内网通信，但由于公安网络覆盖比较广，面临着很多控制不严、信息泄露、信息篡改、信息丢失等问题，信息安全机制并不健全。而通过区块链技术则有望解决公安的信息管理问题,将数据进行集合,以区块数据的形式链接分布存储在不同的公安业务部门。既实现了原来公安业务部门内部数据独立,又实现了一种分布式的数据信息共享。

在此,共识机制和时间戳,有效保障了数据真实和准确。一旦通过网络节点的验证,便可将添加到区块链上的信息永久储存起来,并且带有时间戳。这种分布式和自治性的模式,保障了公安信息的安全,每一个部门在数据更新维护时都需要通过全网认证,认证以后这个数据就会全网共享了。

具体来说,公安部门在以下几个方面可以通过区块链很好加以提升。首先就是跟每一个人都有关系的身份证。身份证关系到每一个人信息最核心的部分,目前全世界只有爱沙尼亚实现了身份证的数字化推出了 EID,也就是数字身份证。近几年他们用区块链技术,进一步地进行巩固。通过区块链技术将我们的身份证数字化,可能今后就不需要随身携带身份证了。经过区块链加密,身份数字信息既安全又能够共享,因为身份证使用次数越多,身份信息泄露的机会可能就越大,个人信息泄露的风险就大。但是若采用区块链的 EID,与之相关联的隐私信息、生物特征、信用记录、行为轨迹等都可以加密到区块链中,更加安全。当个人认证的时候,仅仅披露自己的信息和行为记录,比如在金融行为中披露自己的信用记录,快捷高效,网上就可以完成身份认证,方便快捷,让有限的警力从纷繁复杂的社会管理事务中解脱出来。万物互联时的身份认证,无论是人、物还是货币,都需要区块链这样的技术来实现加密。

最后,公安部门内部对数据的管理要打通。公安办案的侦查效率、各类案件办理、社会治安、出入境管理,这些都需要查看公民相关数据,实现数据全网搜索和监控。这就需要对数据有效加以监管,有效对相关的证据信息进行提取。在这方面区块链技术能够发挥一些作用。

在交管领域,区块链技术可以用于案件侦查。通过预设的共识机制触发智能合约,自动检索到案件线索,根据车辆的区块链信息锁定与案件相关的所有电子证据。还可以采用自主处理交通事故,一旦发生交通事故或者是违章即可触发智能合约,驾驶员自主处理交通事故或违章,相当于区块链的智能合约系统代替了交管员执法。借助摄像头以及相关监控,驾驶员自己就可以处理。如果不及时处理就会受到更加严厉的处罚,大大减少了交警人员的出警。区块链还可以用于智慧城市交通管理,车辆区块链关联交通运输联盟链后,通过智能合约选择合理的行车路线,找到符合自己要求的停车位。这样,大城市的堵车、停车难等问题有望得到解决。

总之,区块链可以解决上述痛点。公安部门不同应用系统的数据一直以来没有很好共享,一些数据比较隐私,特别可能还涉及国家机密问题,共享起来比较困难。所以就希望能够开发出一种好的技术手段,既能够加密保护国家秘密和个人隐私,又能够实现公安部门的信息化建设、数据信息共享。

公安情报当中的一些痛点,比如说情报信息员的问题,信息采集质量不高。假信息太多,情报产品和数据的共享较弱,情报人员激励不足导致情报产品的效率降低,情报产品出现不正确使用,情报产品的反应机制运行不畅,绩效文化限制了情报产品发挥作用等问题,这些也可以通过区块链技术加以解决。区块链能够为公安情报工作提供可信、安全、规范的数据库,因为区块链有严格的加密数据安全机制,能够有效保障数据的传递和存储。区块链技术通过智能合约这样一种机制,实现了规则的执行和相关数据的共享。区块链为情报搜集带来新模式,而且搜集来的信息比较而言是更为可靠的。区块链技术的可追溯性,能够实现动态、持续、真实可信的信息搜集,使情报更加准确。区块链技术扩充了情报信息搜集的广度,增强了情报的搜集能力。区块链还可以从微观和宏观层面实现数据共享,区块链技术也可以通过设置共识机制,为系统各个虚拟主体设置共同运行规则,具备自执行、自履行、自流程的优势,减少了人为干预,降低成本、提高效率。另一方面是实现情报人力资源的科学激励。因为工作信息无法篡改,相关记录信息就成为组织激励与情报人员评级、晋升的公开依据。这些记录信息经由区块链处理,也能够同时保障其存储、传递过程的安全、隐蔽,有效提升情报工作的工作环境。

还有区块链与公安合成侦查方面,传统上也有很多痛点,主要就是数据信息没有共享。区块链技术在公安合成侦查力的保障方面,可以解决畸高的情报信息交易成本,发挥区块链警务的应用技术,保障所有共享行为能够在技术之下突破原有的数据樊篱。

总体而言,区块链技术与公检法的关系非常紧密,某种意义上可能比政府部门与区块链技术的结合更加紧密、更加需要区块链技术,区块链技术在公检法系统能够发挥更加重要的作用。一是区块链技术在电子证据、电子存证方面会发挥巨大作用,再就是能够有效打通公检法系统内部长期以来的数据壁垒。广州互联网法院可能是全中国第一个真正意义上通过区块链技术打通公检法系统数据壁垒的,在全国乃至世界上都极具参考价值。

区块链用于司法机关刑事全方位案件记录方面,司法机关特别需要相互合作、信息共享,当然过程中也需要防止篡改、防止造假、防止人为因素、防止腐败。如果通过区块链技术进行有效数据、信息、档案的管理,可以减少人为干预。而人为干预少了腐败就少了,黑恶也就少了。如果能够建立区块链司法大生态系统,将是政法系统对国家治理体系、对国家法律体系、对国家依法治国战略目标实现、中国梦实现,发挥极为重要的作用和意义。

六、共票经济学助力数据共享

对于数据共享、数据权利边界的问题目前仍有争议,法学界也出现了许多有价值的观点,包括人格权在民法典中独立成编等都是具有重大理论性的突破,解决了数据的权属问题、数据的共享和开放问题。中国目前在这个方面应该说做得最好,甚至是最前沿的。

但我个人认为还要进一步去解决数据的价值如何真正地实现,如何同“一带一路”、数字经济战略更紧密地结合起来,如何让老百姓的数据信息价值得到回报。现在上市的互联网企业非常多,但其能够上市其中一个重要的价值原因就在于消费者、老百姓为它们提供了数据。但是,这些数据价值几乎都被大的互联网企业垄断。所以我认为数据仍然是埋藏在地下的石油,没有被真正挖掘,需要有恰当的制度安排。当然,政府的数据也是如此。

伟大历史的技术革命,必然会要求制度层面、组织层面有所突破,所以我几年前一直都在研究众筹制代替公司制的相关问题。我最初研究众筹,[①]后来研究区块链,将众筹模式在贵阳市、海南省、青岛市进行了一些尝试。区块链经济某种意义上是一

---

① 经原银监会等机关推荐,杨东教授前往中南海国务院办公厅专题讲解互联网金融相关问题。提出众筹是大众创业万众创新的基础设施和支撑,相关内容在国务院《关于加快构建大众创业万众创新支撑平台的指导意见》中有所体现。

众依托点对点的众筹模式新形态,是真正实现大众化的利益共享机制的数据利益转化平台,是赢得数字革命时代的制度变革及技术突破。所以必须基于区块链技术构建一个制度的规范、制度的机制。区块链本身就包含了生产关系的重构、包含了制度的规范、利益的共享,共票机制本身我认为就是基于区块链技术的生产关系变革及重构。共票(Coken)①是在众筹思想上衍生出来的,代表着共享、共产主义、共同等这样的权属属性。而共票机制是嵌入在区块链系统中的数据共享激励机制,类似数据权益凭证。基于共票,能够为数据贡献者反馈某种数据权益,激励数据贡献者持续、有效地产出数据资源,进而为数据赋能形成良好的数字生态循环。在共享时代,权利边界的模糊时代即将到来。数据如果不去利用则其收益就仅仅为零,如今需要主动迎合权利共享,在数据共享实现"1 +1 大于 2",的基础上进一步探索"1 +1 +1 大于 3",最大限度地把数据共享机制的潜能发挥出来。这就必须有一套技术工具,更需要一套制度规范。提出共票,就是基于区块链技术加制度这样的工具和手段。不仅关注数据的使用环节,还要关注数据的产出环节并加以有效激励。只有构建出有效激励、有效监管、有效保护的制度结构,才能最大限度地在全环节发挥出数据的价值。真正要实现从农业时代到工业时代再到数字时代的转变,就必须依靠区块链技术更好地加以保障,同时以共票等制度规范来实现生产关系适应生产力发展。生产关系是生产力的表现形式,生产关系也要反作用于生产力。

大数据、共享经济、数据共享时代已经到来,我们要为这样一个数据共享时代提供好的制度。区块链技术在中国可以说是全世界领先。通过区块链技术将数据价值很好挖掘利用起来,使其成为真正最重要的核心生产要素,这是我一直都在研究的。

对中国来说,区块链对于社会治理、数据共享、新的激励机制的产生,都是一个重要的机遇。要做好充分、完善的制度设计安排,让技术服务于我们的实体经济,服务于我们的社会治理,服务于国家的治理体系,真正使其成为生产关系领域的重大技术

---

① 杨东教授 2019 年年底在英国著名出版社出版了全球第一部中国区块链以及中国原创的数据理论的英文专著 An original data theory from Guizhou, China: Blockchain and Coken Economics: A New Economic Era(《区块链与共票经济学:新经济时代》)。该书作为国家自然科学基金委员会与英国经济与社会理事会合作的重大跨学科跨国研究项目成果,第一次系统地将区块链的中国经验和中国学说向世界推广。

革命。对于区块链的风险,我们也要高度重视,包括安全的风险、被攻击的风险。风险的确是要做好防范、做好研究,但是从另一个方面来说,其实区块链技术最大的风险,就是我们可能错过这个伟大的技术革命。这个伟大的技术革命可能给中国带来巨大的机遇,为中华民族的崛起创造千载难逢,甚至是百年、千年不遇的机遇。如果我们错过了可能是莫大的损失。[①] 宁可主动地研究和应用,也不要错过,这是我作为学者所呼吁的。

① 2019年11月26日,杨东教授在人民日报理论版发表了《适应新技术革新和产业变革新形势推动区块链技术和产业创新发展》等系列文章。

坚持依规治党与党内法规制度建设

周叶中

周叶中，武汉大学党委常委、副校长，武汉大学法学院教授、博士生导师。本文根据周叶中教授于 2019 年 8 月 15 日在深圳市委理论学习中心组专场报告会录音资料整理而成。

尊敬的各位领导、同志们，非常高兴再一次到深圳向大家学习。2017 年 6 月，中共中央发布了《关于加强党内法规制度建设的意见》，在这个意见中明确提出“探索赋予副省级城市和省会城市党委在基层党建、作风建设等方面的党内法规制定权”。为了落实这样一个举措，党中央决定在深圳、武汉、沈阳、福州、青岛、南宁、南京七个城市进行地方党委制定党内法规的试点。我们深圳在七个城市里面应该说是做得最好的。因为我们深圳市委第一次就公布了五部党内法规。因此，能够有机会来深圳学习，无疑是非常好的一件事情。

今天我要向各位报告的题目是“坚持依规治党与党内法规制度建设”。实际上这个题目体现了我们中国共产党人非常鲜明的特点，也很好地展示了中国共产党人的政治智慧和领导智慧。因为从世界各国来说，明确提出“依规治党”的只有我们中国共产党，其他所有国家的政党都没有这个提法，也没有党内法规制度建设这样一个任务、这样一种安排。所以说,依规治党、制度治党,实际上充分体现了中国共产党对人类政治文明探索的成果,以及对人类政治文明发展的贡献。

2018 年我们修改宪法的时候,在《宪法》第 1 条第 2 款增加了一句话,也就是在“社会主义制度是中华人民共和国的根本制度”后面加了一句话,即“中国共产党领导是中国特色社会主义最本质的特征”。应该说,增加这个内容,意义重大,它不仅揭示了中国特色社会主义最核心、最根本、最关键的内容,而且也表明,中国共产党在坚持和发展中国特色社会主义、实现中华民族伟大复兴中国梦的过程中所处的领导核心地位。于是,这里有一个在本次讲解开始之前我想予以展开的问题,这就是我们到底应该怎样认识中国共产党?本来这是个非常常识的问题,似乎没有专门提出来的必要。但实际上,怎样认识中国共产党,恰恰对于我们理解和把握依规治党、制度治党具有极其重要的作用。

在我们国家的思想理论界和广大民众中,总有那么一些人把西方国家的政党与中国共产党进行简单比较和对照,甚至以西方国家的政党理论、政党制度为参照来批评中国共产党以及中国的政党制度。所以,当我们党提出依规治党、党内法规制度建设的时候,他们便说“西方国家没有这些,凭什么中国要这么做?”等。这里的前提就是,他们觉得中国共产党跟西方国家的政党既然都是政党,那就应该差不多。实际上,中国共产党与西方国家的政党完全是两回事,完全不能够拿来相提并论。为什么这样说呢?

第一,西方国家的政党都是因为利益关系而产生的政治组织,从本质上都是为少数人的利益服务的。你们看“政党”的英语单词是 party,party 的词根是“部分”,“部分”就是为部分人的利益服务。另外,从西方国家政党的产生过程来看,英国是西方最早产生政党的国家,当年英国国王跟法国打仗,因为没有钱,就通过征税筹钱。在征税的过程中,新兴的工业阶层、商业阶层,提出一个响亮的口号——“不出代议士不纳税”。意思就是,你让我交税可以,但你得给我分配议会的席位。为了征到税、拿到钱,国王没办法,不得已给新兴的工业阶层、商业阶层分配议会的席位。这些议员进入议会以后,要制定法律、讨论法案。为了把自己的诉求、自己的利益在法律和法案中得到反映和保障,他们就想方设法对立法进行影响。为了使来自相同利益阶层的这些议员在表达诉求和反映利益的时候步调一致,他们就相约组成政治组织,运用组织的力量进行利益博弈。这些政治组织后来在英国历史上就被称为“辉格党”“托利党”。所以,从西方国家政党的产生过程和历史发展来看,西方国家的政党都是因为利益关系而存在,为着利益而服务,并且是为少数人利益而服务的。那么中国共产党呢?中国共产党是因为共同的理想信念而产生的政治组织,本质上是为全中国人民服务的。从这点就可以看出,西方国家的政党与中国共产党根本就不能相提并论。

第二,从政党的政纲来看,西方国家的政党现在都已经沦为选举机器,他们的政纲就如同变色龙一样变来变去。中国共产党人九十八年如一日,“为中国人民谋幸福、为中华民族谋复兴”的初心和使命却从来没有变过。尽管我们党过去也走过弯路,也犯过错误,但是在这个初心和使命的问题上从来没有变过。因此,西方国家的政党能够与中国共产党相提并论吗?显然不能。

第三,从组织体系和纪律要求来说,西方国家的政党组织松散、纪律松懈,而中国共产党组织严密、纪律严格。

第四,勇于自我革命、从严管党治党是我们党最鲜明的品格。勇于刀刃向内,勇于刮骨疗毒,勇于壮士断腕,始终围绕党的先进性和纯洁性这样一个主题主线加强自身建设,请问除了中国共产党,天底下还有哪个政党是这样的?没有!我们中国共产党之所以提出依规治党,之所以强调要加强党内法规制度建设,就是为了推进党的自我革命,把我们党建设得更加坚强有力,更加能够担当起领导实现国家富强、民族振兴、人民幸福这样一个使命和责任。所以,有些人动不动就拿西方的政党理论和政党制度与中国共产党和中国的政党制度简单进行比较和对照,这在理论上是不科学的,在实践中也是有害的。

在有了这样一个基本认识之后,我们再来看依规治党和党内法规制度建设这个问题。它是怎样被提出来的?在实践中推进得如何?今后我们应该怎样进一步加强?我想今天就以这样一个问题脉络跟大家谈谈我的认识。

众所周知,办好中国的事情关键在党。所以 2017 年党中央在《关于加强党内法规制度建设的意见》中特别提出,治国必先治党,治党务必从严,从严必依法度。那么这就明确告诉我们,要想使中国能够很好地发展下去,关键在我们党建设得如何,而从严治党是必然的选择。但在从严的过程中必须遵循“从严必依法度”的原则。2016 年 12 月 24 ~ 25 日,全国党内法规工作会议召开。习近平总书记作出重要批示,特别强调“加强党内法规制度建设是全面从严治党的长远之策、根本之策……必须坚持依法治国与制度治党、依规治党统筹推进、一体建设”。党的十九大报告把“依法治国和依规治党有机统一”作为一个重要任务明确提出来了。2018 年 8 月 24 日，习近平总书记在中央全面依法治国委员会第一次全体会议上再次强调:“依规治党深入党心,依法治国才能深入民心。”习近平总书记的这一系列论述极其深刻,非常重要。2019 年 6 月 24 日,习近平总书记在十九届中央政治局第十五次集体学习时强调:“我们党作为百年大党,如何永葆先进性和纯洁性、永葆青春活力,如何永远得到人民拥护和支持,如何实现长期执政,是我们必须回答好、解决好的一个根本性问题。”另外,2019 年 4 月 15 ~ 17 日,习近平总书记在重庆考察的时候提了三个问题:中国共产党为什么能?马克思主义为什么行?中国特色社会主义为什么好?这一系列问题的提出需要我们深思。而要回答这些问题,我们同样要面临历史层面的思考和实践层面的总结。

第一个部分:“依规治党和党内法规制度建设问题的提出”。

换句话来说,依规治党、党内法规制度建设是基于一种什么样的考虑而提出来的?毫无疑问,这既是对历史经验进行总结的结果,也是对现实状况进行分析的选择。提出这个问题,首先是基于对“历史周期率”这个问题的思考。

关于“历史周期率”大家都很熟悉。1945 年 7 月,知名民主人士黄炎培与毛主席进行了一场著名的“窑洞对”。在这个谈话中,黄炎培特别提出“一人、一家、一团体、一地方乃至一国,不少单位都没能跳出这周期率的支配力”。黄炎培先生曾是清朝的举人,他经历了清朝、北洋、民国三个时期,在一系列的历史发展变化过程中,他得出“没有能跳出这个周期率”的结论。但是,毛主席非常自信地回答:“我们共产党已经找到了新路,能够跳出这个历史周期率。这条新路,就是民主。只有让人民来监督政府,政府才不敢松懈;只有人人起来负责,才不会人亡政息。”2012 年 12 月,习近平总书记上任后不久,就到黄炎培先生曾担任领导职务的民建中央考察,他特别强调,破解历史周期率仍是中国共产党的一项大课题!那么,什么叫历史周期率呢?一般来说可以从三个角度进行概括:第一,历史周期率是对历史经验的总结。大量的中国历史告诉我们,历史周期率是一种对历史上治乱兴衰教训的总结和概括;第二,历史周期率是对历史规律的认识。从世界范围来说,各国执政党,无论是无产阶级政党还是资产阶级政党,都面临着历史周期率的考验;第三,历史周期率是对历史使命的概括。中国共产党要始终致力于实现党的初心和使命,就必须走出历史周期率,探索一条长期执政、稳固执政的道路。

大家都知道,1944 年,郭沫若先生曾经写过一篇著名的文章——《甲申三百年祭》。1644 年,在中国历史上发生了一些著名事件,一是李自成打进了北京,二是崇祯皇帝上吊,三是清军入关。针对这些历史事件,历史学家们在分析原因的时候提出了很多种说法,例如有的说吴三桂打进来以后,李自成没办法只能逃离北京;还有的说北京当时发生了瘟疫,所以农民军不得不走,等等。实际上,李自成在北京只待了几个月而不得不逃离北京,最重要的原因是农民军自己的原因。郭沫若先生通过总结,最后提醒中国共产党人不要当李自成。所以,1949 年 3 月,中共中央机关和中国人民解放军总部由西柏坡进入北京(当时为北平)的时候,毛主席就曾在路上反复强调,今天是“进京赶考”的日子,我们决不当李自成。从中国的历史发展来说,历史周期率既是一种经验总结,也是对历史规律的一种概括。

另外,从国际共产主义运动来看,苏联东欧社会主义国家的共产党在长期执政以后出现懈怠与腐化、脱离群众、失去党纪和法纪的约束,最后导致 1989 ~ 1991 年纷纷“改旗易帜”,苏联东欧社会主义阵营不复存在。对于东欧剧变的原因,黄苇町教授曾经写过一本书——《苏共亡党十年祭》,他在书中特别指出:“在苏共亡党亡国的教训中,有一个不能忽略的重要事实,即苏联共产党不仅被国内外的反共势力搞垮,还被其一直代表的工人阶级和苏联人民所抛弃,而后者是苏共亡党亡国的决定性因素!”可见,这个历史周期率不仅在中国如此,在其他社会主义国家亦是如此。实际上,资本主义国家的执政党也面临着同样的问题。你们看墨西哥的革命制度党,以及日本的自民党,曾经也有这样的轮回。正是基于这样一些历史发展事实,我们可以得出以下几点启示。

第一,巩固党的执政地位是一项长期的历史任务。党的十六届四中全会通过的《中共中央关于加强党的执政能力建设的决定》有这么一句话,这是以前没说过的,即“党的执政地位不是与生俱来的,也不是一劳永逸的”。中国共产党之所以能够率领人民建立新中国,之所以能够执政掌权,这是我们无数革命先烈抛头颅、洒热血努力争取来的,所以它不是与生俱来的,当然也不是一劳永逸的。习近平总书记在党的十八大以后多次强调:“过去先进不等于现在先进,现在先进不等于永远先进。”在党的执政过程中,如何巩固我们党的执政地位,长期执政、稳固执政,这是我们必须面对并解决的一项非常艰巨的历史任务。

第二,不忘初心使命,始终保持党执政初期的朝气和正气。我们党现在正在进行“不忘初心、牢记使命”主题教育。在这个主题教育中,我们所提的“守初心,担使命,找差距,抓落实”环节,其实围绕的正是习近平总书记曾经多次讲的“无论我们走得多远,都不能忘记来时的路”。也就是说,我们时时刻刻要对我们当初为什么参加中国共产党,对党的性质、宗旨、理想、奋斗目标到底是什么,我们应该永远牢记在心,始终保持执政初期的朝气、正气。习近平总书记围绕这些方面有很多论述,例如“人心向背关系党的生死存亡,党只有始终与人民心连心、同呼吸、共命运,始终依靠人民推动历史前进,才能够做到坚如磐石”等。

第三,党的建设必须与法治建设结合起来,坚持制度治党。我们党过去在自身建设过程中,更多的是重视思想教育。应该说思想教育是我们党不断进行思想洗礼,不断使党的先进性、纯洁性得以很好保持的重要方式。但是光有思想政治教育是不够的,特别是随着我们经济社会的发展,特别是现代法治精神、制度治国、规则治国慢慢成为我们治国理政最基本的方式时,怎样把法治精神里的一些核心思想运用于我们党的自身建设,就给我们党提出了一个重大时代课题。正是基于这样一种认识,习近平总书记特别提出“制度治党”“依规治党”。当然,现在我们谈党的建设是强调思想建党、理论强党、制度治党三个环节的有机统一。

历史经验告诉我们,中国共产党作为领导党、执政党,必须始终保持旺盛的生命力,为世界政党贡献中国共产党的智慧和方案。那么从现实状况来讲,我们党的重要文献曾经这样描述过党内存在的问题,例如党的领导弱化、党的建设缺失、全面从严治党不力等,这些大家都很熟悉。另外,习近平总书记反复强调我们党面临着“四大考验”“四种危险”“四大不纯”。“四大考验”,是指长期执政考验、改革开放考验、市场经济考验、外部环境考验;“四种危险”,是指精神懈怠的危险、能力不足的危险、脱离群众的危险、消极腐败的危险;“四大不纯”,是指思想不纯、政治不纯、组织不纯、作风不纯。这些都是党的十八大以来习近平总书记针对我们党自身所存在问题的一些说法,应该说,这些说法都是一针见血。

从现实层面来说,我们要全面深化改革,要维护国家政治安全特别是政权安全、制度安全,唯有不忘初心、继续前进。2016 年 7 月 1 日,习近平总书记在庆祝建党 95 周年重要讲话中,讲了八个“坚持不忘初心、继续前进”。2019 年 6 月 24 日,习近平总书记在中央政治局集体学习的时候又特别强调,“我们党要求全党同志不忘初心、牢记使命,就是要提醒全党同志,党的初心和使命是党的性质宗旨、理想信念、奋斗目标的集中体现,越是长期执政,越不能丢掉马克思主义政党的本色,越不能忘记党的初心使命,越不能丧失自我革命精神”“党的自我革命任重而道远,决不能有停一停、歇一歇的想法”“严重的问题不是存在问题,而是不愿不敢直面问题、不想不去解决问题”。我觉得这些话讲得太好了,十分深刻。习近平总书记“6·24”讲话内容已经刊载于《求是》2019 年第 15 期。

历史和现实一再证明,一个执政党进行社会革命不容易,进行自我革命更不容易;而不进行自我革命,就必然会被历史所淘汰。我们党在带领人民进行社会革命的同时,要把党不断建设得更加坚强有力,时刻走在时代前列,就必须不断进行伟大的自我革命,这是我们党不断从胜利走向胜利的关键所在。习近平总书记在十九届一次全会闭幕会见记者的时候,他特别讲道:“我们党不仅能够领导人民进行伟大的社会革命,而且能够领导全党进行伟大的自我革命。”而自我革命的一个基本路径就是加强党内法规制度建设,通过制度和规则来约束我们党的各级组织、全体党员,让他们切实按照党的初心、使命来执好政、掌好权、履好职。所以,依规治党和党内法规制度建设这个问题,是我们党在新时代面临的一个非常重要的课题。

第二部分:“依法治国与依规治党、制度治党统筹推进、一体建设”。

“依法治国与依规治党、制度治党统筹推进、一体建设”,这句话到底是什么含义?在具体推进过程中,我们面临着哪些问题和挑战?在解决这些问题,推进相关工作的时候,我们应该怎么办?等等。在此,我们首先讲讲“法治”的内涵。什么是法治?按照古希腊著名思想家亚里士多德的说法,法治就是已经制定的法律得到很好的执行,而执行的这些法律本身又是制定得良好的法律。后来我们在理解和把握的时候,往往把“法治”理解为“法的统治”,即法律支配权力,权力服从法律;在治国理政的过程中,法律具有至高无上的权威,这就是法治。习近平总书记对法治有一句非常通俗的话,他说:“用法律的准绳去衡量、规范、引导社会生活,这就是法治。”我们通常讲"以事实为根据、以法律为准绳",所以法律往往就是一种"准绳",用它去衡量、规范和引导社会生活的状态就是法治。换句话来说,我们依法治国的过程就是依据法律这样的准绳,使整个社会生活和治国理政的各环节在法治轨道上运行,这就是法治。

党的十八大以来,习近平总书记围绕依法治国的问题发表过很多重要讲话,其中有一段话我印象特别深刻。2015 年2 月2 日,在省部级主要领导干部专题研讨班上,习近平总书记说了这么一段话,他说"党的十八大以来,我对全面依法治国的重要性、紧迫性多次讲、反复讲,在党的十八届四中全会上做了集中阐述。我说过,法治兴则国家兴,法治衰则国家乱;什么时候重视法治、法治昌明,什么时候就国泰民安;什么时候忽视法治、法治松弛,什么时候就国乱民怨。我之所以反复强调这个问题,是因为治理一个国家、一个社会,关键是要立规矩、讲规矩、守规矩,而法律就是治国理政最重要的规矩。"习近平总书记用这样一段通俗易懂的话把他对法治精神的透彻理解讲出来,讲得真的是太好了。后来关于法治,关于依法治国,习近平总书记提出了"十个坚持",也就是习近平全面依法治国新理念新思想新战略,我们在新时代全面依法治国、加强法治中国建设过程中,必须以习近平总书记的这个思想为根本遵循。

"党内法规"这个词最早使用于 1938 年。当时毛主席在党的六届六中全会上提出:"须制定一种较详细的党内法规,以统一各级领导机关的行动。"党的十四大把"党内法规"载入党章。党的十八大以后,习近平总书记对党内法规的制定、实施等工作突出加以强调,不仅多次作出重要批示,而且在一些重要会议上进行了非常多的阐述。可以说,党内法规制度建设是中国共产党将治国理政基本规律与中国实际相结合进行的重大制度创新和战略安排。

从基本规律来说,世界各国都是政党政治。随着现代法治的不断推进,把政党政治与法治精神相结合,已经成为各国政党政治发展的一般路径。但是中国不一样,中国有自己的特点。如果说其他国家主要运用法律从外部对政党进行相应的规范,以限制政党行为的话,那么中国共产党则更加注重从执政党内部通过党内法规制度这样一个载体来推进党的建设。我想,可能有的领导同志曾听说过,在我们国家,过去也曾有人主张制定"政党法"。之所以我们党反复强调不能制定政党法,原因就在于，西方国家例如德国、日本等，它们的政党体制是多党制，因此通过制定和运用政党法，可以规范和限制各政党在政权争夺过程中的具体行为；而在我们国家，中国共产党不仅是执政党，而且是领导党，我们在要求“党必须在宪法和法律范围内活动”的同时，通过从内部加强党内法规制度建设，就不仅能使我们党既依据宪法法律治国理政，也依据党内法规管党治党，并因此而使我们党建设得更加坚强有力。因此，在不同的制度体系和政治构架下，情况是不一样的。我们可以对西方政治制度包括政党制度等进行借鉴，但关键是要符合中国实际、符合中国国情。西方国家所谓的“政党法”并不适合中国的国情和实际。我们党通过加强党内法规制度建设，会比西方国家在这一块做得更好，发挥的作用也更加明显。所以对这方面的认识我们一定要非常清楚。

同时，我们的党内法治建设水平是国家法治建设水平的重要组成部分。我们应从中国特色社会主义法治体系，以及国家治理体系和治理能力现代化的角度，来认识和理解党内法规制度建设的重大意义。党的十八届四中全会明确提出，全面推进依法治国的总目标是建设中国特色社会主义法治体系，建设社会主义法治国家。从过去的“法律体系”到党的十八届四中全会提出的“法治体系”，这是一个重大飞跃。法律体系是由静态的法律规范构成的，法治体系则是法律体系贯彻落实而表现出来的实施状态。大家知道，中国特色社会主义法治体系包括五大部分，即“完备的法律规范体系、高效的法治实施体系、严密的法治监督体系、有力的法治保障体系，完善的党内法规体系”。大家注意，“完善的党内法规体系”前面是逗号而不是顿号。当初《中共中央关于全面推进依法治国若干重大问题的决定》在征求意见的时候，也有人对把党内法规体系纳入中国特色社会主义法治体系不理解、不认同。为什么呢？他们认为，党内法规跟国家法律完全是两码事，因此把党内法规体系纳入中国特色社会主义法治体系不合适。但在我看来，这恰恰是中国特色社会主义法治体系的特色之处和优势所在。当我们把完善的党内法规体系纳入中国特色社会主义法治体系的时候，这就意味着党和国家的工作是一个整体，应该统筹推进、一体建设。实际上，我们现在的党和国家机构改革，就是作为一个整体来考虑的。而且事实表明，这样的思路解决了许多过去没办法解决的难题。所以，依法治国与依规治党相统一，这是中国特色社会主义法治体系非常重要的特色，也是非常重要的优势。

当然,中国特色社会主义法治体系还有另外一个特色,那就是依法治国与以德治国相结合。说到中国特色社会主义法治体系,我一直强调其除了五个组成部分以外,还有两个大的特点:一是依法治国与依规治党相统一;二是依法治国与以德治国相结合。实际上,当年提出“依法治国与以德治国相结合”的时候,也有不少人并不认同这个提法。因为在他们看来,依法治国实际上就是法治,而以德治国则是人治。法治和人治怎么能够统一起来呢?所以,在过去相当长的时间里,不少人对依法治国与以德治国相结合的说法并不怎么认同。党的十八大以来,习近平总书记对这个问题作了一系列论述,使得“依法治国与以德治国相结合”的必要性、必然性、理论逻辑、实践逻辑等都得到了非常深刻的阐述。习近平总书记曾经指出:“法安天下,德润人心。”同志们,你们看这两句话说得多好!然后还说“法律是成文的道德,道德是内心的法律”,即法律调整人的行为,道德调整人的心灵。这些论述就把依法治国与以德治国何以能够结合论述得非常深刻、非常透彻。因此,我们讲中国特色社会主义法治体系具有两大特色和优势,是完全可以成立的。另外,世界各国的法治模式可以概括为三种:第一种是欧洲各国的“法律+宗教”,即法律调整人的行为,宗教调整人的思想;第二种是中东模式,即法律就是宗教,宗教就是法律;第三种便是中国的“法治+德治”。所以我们把依法治国和以德治国相结合看成是中国为人类政治文明贡献的“东方瑰宝”。

由于“完善的党内法规体系”是中国特色社会主义法治体系的重要组成部分,所以我们要坚持依法治国与制度治党、依规治党统筹推进、一体建设。当然,党内法规制度建设有自己的目标。2017 年中共中央发布的《关于加强党内法规制度建设的意见》明确提出,“到建党 100 周年时,形成比较完善的党内法规制度体系、高效的党内法规制度实施体系、有力的党内法规制度建设保障体系,党依据党内法规管党治党的能力和水平显著提高”。对于这个大家很清楚,即一个时间节点——2021 年,三大体系——党内法规制度体系、党内法规制度实施体系、党内法规制度建设保障体系。

什么叫党内法规呢?关于党内法规的概念,《中国共产党党内法规制定条例》(2013 年印发)第 2 条第 1 款规定:“党内法规是党的中央组织以及中央纪律检查委员会、中央各部门和省、自治区、直辖市党委制定的规范党组织的工作、活动和党员行为的党内规章制度的总称。”这一规定把党内法规的制定主体、涉及内容进行了全面概括。党内法规制定主体主要就是四类：一是党的中央组织，包括党的全国代表大会，党的全国代表大会选举出来的中央委员会，中央委员会选举出来的中央政治局和中央政治局常委会，这些都属于党的中央组织；二是中央纪委；三是中央各部门，例如中央统战部、宣传部、组织部，中央政法委等；四是省、自治区、直辖市党委，例如我们中共广东省委，其他各省、自治区、直辖市党委。当然，现在还有七个副省级城市和省会城市党委，其中就包括我们深圳市委，正在开展基层党建和党的作风建设等进行党内法规制定的试点工作。

关于副省级城市和省会城市党委制定党内法规试点工作，有学者曾建议予以铺开，但是从七个试点城市目前制定党内法规的情况来看，试点效果并不是特别理想。所以目前在修订《中国共产党党内法规制定条例》的时候，就没有放开让所有的副省级城市和省会城市党委都制定党内法规。至少到目前为止还没有，毕竟现在条例还处于修订讨论过程中，党中央还没正式开会审议。实际上，在党内法规制定工作这一块，长期以来我们的理论研究极其不足，实务部门工作队伍严重不够，当党中央把党内法规制定权给副省级城市和省会城市党委以后，大多数地方制定出来的党内法规的质量的确还有待提高。这就像当年立法法修订以后，规定凡是设区的市都可以就城乡建设与管理、环境保护、历史文化保护等方面的事项制定地方性法规，于是各个地方人大及其常委会热情高涨，纷纷要一年立三个法、四个法的。由于他们以前都没有搞过立法工作，人手又不足，于是在实际立法过程中便这里搬几条，那里搬几条，最后凑起来就报到省人大常委会。而省人大常委会只是看报上来的地方性法规是不是跟上位法有抵触，没抵触的就必须批准，于是很多地方制定了一大批毫无质量的地方性法规。

那么，现阶段在党内法规制定过程中同样也面临这个问题，各个地方党委的立规力量实际上非常薄弱。说句实话，在党内法规制定工作方面，没有相应的专业素养，没有相应的实务经验，要想制定出比较高质量的党内法规压根儿就不可能。所以这个工作，我们当前真的还得要一步一步来推进。另外，例如一些自治州、地级市以及区县等党委也需要发布决议、决定、意见、通知等，但这些都不用条款形式，而党内法规一般是用条款的形式进行表述。

关于党内法规和国家法律的关系，首先，应该说它们的性质不一样，一个是国家法律系统,一个是党内法规系统;其次,对象不相同,国家法律是面对所有的公民,党内法规只面对所有的中国共产党党员;最后,分工任务也不一样。虽然党内法规和国家法律在价值取向上是一样的,都是我们党治国理政、推进国家治理体系和治理能力现代化的重要依据,都是我们所有共产党员必须遵循的规矩,但是,党内法规不能代替国家法律,必须严于国家法律。

根据中共中央发布的《关于加强党内法规制度建设的意见》,党内法规制度体系是以党章为根本,以民主集中制为核心,以准则、条例等中央党内法规为主干,各领域各层次党内法规制度组成的有机整体。那么对这个基本构架,我们可以从内容和形式两个维度进行解读。从内容维度的解读就是"1+4",即"1"就是党章,这是核心,是根本性的规定;"4"就是党的组织法规制度、党的领导法规制度、党的自身建设法规制度、党的监督保障法规制度。

所谓党的组织法规制度,就是全面规范党组织的产生与职责的党内法规,是夯实管党治党、治国理政的组织制度基础。例如《中国共产党地方委员会工作条例》《中国共产党党组工作条例》《中国共产党工作机关条例》《中国共产党支部工作条例》,这些就属于党的组织法规制度,并且都是中央层面的。再看我们深圳市委,在第一批发布的五部党内法规里面,就有四部属于党的组织法规制度,例如《中国共产党深圳市街道工作委员会工作规则(试行)》《中国共产党深圳市社区委员会工作规则(试行)》《深圳市社会组织党的建设工作规定(试行)》《党支部书记履行党建工作职责考核办法(试行)》。

所谓党的领导法规制度,前面提到,我们党不仅是执政党,而且是领导党,在这个问题的认识上,二者不能分割。过去有些人老是说,中国共产党只是执政党,既然是执政党就应该跟其他国家的执政党一样。但是,在中国的政治框架里面,中国共产党不仅是执政党,而且更是领导党。党的十九大报告明确提出,坚持党对一切工作的领导。党政军民学,东西南北中,党是领导一切的。所以现在我们所说的领导是党的全面领导。所谓党的领导法规制度,是规范党的领导和执政活动方面的党内法规,为党发挥总揽全局、协调各方的领导核心作用提供制度保障。例如《中国共产党统一战线工作条例(试行)》《中国共产党政法工作条例》《中国共产党重大事项请示报告条例》等。《中国共产党政法工作条例》明确规定:"坚持党对政法工作的绝对领导。"过去有些同志认为,政法工作有它的业务特点,具有专业性,因而在政法工作中,党的领导更多的应该是一种间接领导。但是,政法工作条例对此规定得很清楚,“坚持党对政法工作的绝对领导”,这是非常明确的。而且,习近平总书记对这个问题曾说过一句很经典的话:“法治工作是政治性很强的业务工作,也是业务性很强的政治工作。”这就把政法工作的本质特征概括得极为清楚。因此,政法工作条例里面的很多内容非常值得我们政法战线的同志们好好学习。另外,关于《中国共产党重大事项请示报告条例》,过去我们好多党员、领导干部一直不太重视请示报告工作。有人还私下嘀咕:“为什么要制定这个条例呢,是对我们不信任吗?”那这是为什么呢? 这是为了真正地实现党的集中统一领导,真正地做到对党绝对忠诚。作为党员,作为党的领导干部,最基本的要求就是对党绝对忠诚,有什么问题就要跟组织报告,重大事项就要请示,不能淡化而必须强化“组织”观念。还有《中国共产党宣传工作条例》,以及党对于群团工作、人才工作、外事工作等方面的党内法规等,都是党的领导法规制度。

所谓党的自身建设法规制度,就是中国共产党自身建设过程中的相关问题制定的党内法规。它通过规范党的政治建设、思想建设、组织建设、作风建设、纪律建设和制度建设等自身建设活动,着力提高党的建设科学化水平。例如,党的十八届六中全会通过的《关于新形势下党内政治生活的若干准则》,这个准则很长,内容非常丰富。还有《中国共产党廉洁自律准则》,这个非常简短。还有《中共中央关于加强党的政治建设的意见》。我们现在在强调加强党的全面领导的时候,包括我们在座各位领导,你们在领导相关部门和相关领域的时候,能不能够始终做到以政治建设为统领,这是我们能不能够把党的全面领导贯彻落实非常重要的环节。

所谓党的监督保障法规制度,就是指党内法规通过规范党组织工作、活动和对党员行为的监督、考核、奖惩、保障等,来确保行使好党和人民赋于的权力。例如《中国共产党纪律处分条例》《中国共产党党内监督条例》《中国共产党巡视工作条例》《中国共产党问责条例》等。

所以说,“1+4”的内容非常丰富,而且党的十八大以来,这些基础性、主干性的中央党内法规都已经制定出台。

从形式方面来说,党内法规有七种表现。根据《中国共产党内法规制定条例》(2013 年印发)第 2 条第 2 款和第 4 条的规定,党内法规的形式有党章、准则、条例、规则、规定、办法、细则。具体来说,首先是党章,党章是最根本的党内法规,是制定其他党内法规的基础和依据。党章对党的性质和宗旨、路线和纲领、指导思想和奋斗目标、组织原则和组织机构、党员义务和权利以及党的纪律作出根本规定。仅次于党章的是准则,准则是对全党政治生活、组织生活和全体党员行为作出的基本规定。同志们看一看,党章是作出"根本规定",准则是作出"基本规定"。习近平总书记在党的十八届六中全会上做说明时,其中就阐述了准则和条例到底有什么区别。他讲道:"在征求意见过程中,一些地方和单位建议,把准则稿搞成条例那样的体例。"那为什么不像条例那样将准则写成条文的形式呢?习近平总书记接着说:"准则在党内法规体系中位阶比较高,仅次于党章。这次制定的准则,是一个思想性、政治性、综合性很强的文件。"也就是说,准则不仅在党内法规体系中位阶比较高,而且准则往往具有思想性、政治性、综合性,需要多多讲道理。大家看我们那些党内法规条文,它们只是干巴巴地作出规定要求,如果这个准则也这么干巴巴地作出规定,想必大家思想深处还是很难理解,很难统一认识。为了把道理讲清楚,用准则这样的文体和文字形式更加合适。而且,准则一般由党的中央委员会全体会议通过。

随后就是条例,例如我们前面说的《中国共产党政法工作条例》《中国共产党宣传工作条例》等。所谓条例,是对党的某一个领域的重要关系或者某一方面的重要工作作出全面规定。条例一般由中央政治局会议审议批准。同志们看,党章是根本规定,准则是基本规定,条例是全面规定,这是党内法规形式上的三个核心成分。除了这三个以外,还有规则、规定、办法、细则,这些都是对党的某一方面重要工作或者事项作出具体规定。一般来说,中纪委、中央各部门,以及省、自治区、直辖市党委制定的党内法规,都称为规则、规定、办法、细则。这样一来,就形成了从根本规定、基本规定、全面规定到具体规定这样的四个层次。中央其他的党内法规,一般由中央政治局常委会会议审议批准,中纪委、中央各部门以及各省、自治区、直辖市党委制定的党内法规一般由会议审议批准。

党的十八大以来,我们党在推进党内法规制度建设方面成就卓著。具体来说,一是数量多,党的十八大以来,党中央制定修订了140余部中央党内法规;二是意义大,通过了一系列具有标志性、关键性、引领性的党内法规;三是成体系,制定了《中央党内法规制定工作五年规划纲要(2013—2017年)》《中央党内法规制定工作第二个五年规划(2018—2022 年)》,党内法规制度建设规范体系、工作体系的基本框架已经形成;四是建机制,党内法规的制定机制、实施机制、监督机制等逐渐形成;五是改观念,党内法规的基本意识已经深入党心。应该说,现在我们党的各级领导干部对党内法规已经不像过去那样陌生,大家已经知道有党内法规,并且也知道党内法规是怎么回事。

当然,党内法规制度建设在取得成绩的同时也存在不少问题。这些问题我们称为“短版”。第一是认识短板。无论是党员、领导干部,还是其他同志,对党内法规及其规范属性的认识还需要进一步明确。例如,曾经在法学界就有人提出,党内法规没有规范属性,党内法规是没有规范效力的“软法”。这种认识就值得推敲。如果党内法规是不能产生规范效力的“软法”,那么它制定出来以后怎么发挥作用呢?这当然就有问题!因此党内法规跟国家法律一样,也是要具有强制力的。除此之外,现在我们研究党内法规的同志,习惯于把法学的基本命题毫不区分地套用到党内法规制度领域,这种现象非常普遍。因此我曾多次说过,现在的党内法规理论研究远远滞后于党内法规制度建设实践,理论界真正对党内法规的本质属性、基本规律有非常深刻认识的人特别少。那么,我们究竟应该怎样认识党内法规呢?我想可以用这样一种简单的话进行概括:党内法规制度在内容上是党的建设,在形式上是规范制度。这两句话可以说把党内法规最本质的特点概括出来了。换句话来说,简单把法学领域、国家法律层面的那些概念直接套用到党内法规领域是不行的。因为党内法规的内容是党的建设,只不过以制度规范的外在形式表现出来。正因如此,所以我认为,党内法规领域是跨学科领域,党内法规制定者一定要对党史党建有着非常深刻的认识基础,只有这样才能够制定出高质量的党内法规。这也是我刚才为什么说七个试点城市,以及一些省、自治区、直辖市党委,他们在党内法规制定工作中还存在一些问题的原因之一。因为他们往往简单地以为学法律的人就可以搞党内法规制定工作。实际上并不是那么回事!学法律的人当中,有不少人其实对党史党建并不怎么了解,对党的基本规律也没什么深刻把握,甚至很多人连习近平总书记的讲话都不看,连党中央的重要文件都不去学,让这些人做好党内法规制定工作,怎么可能呢?因此,对于党内法规的认识一定是“内容是党建,形式是法规”。只有这样,我们才能够把握住党内法规最本质的特点。这也说明,从事党内法规制定工作的人,既要有学法律的,也要有学党史党建的,以及学马克思主义理论的,只有这些不同学科的人凑到一起,才能够把党内法规制定工作真正做好。目前在这个方面,我们的认识还存在比较大的缺陷。

第二是规范短板。现在,我们已经有了基础性、主干性的党内法规,但是与之相配套的实施细则等十分缺乏。毕竟党的十八大之前党内法规这一块确实没有引起全党应有的重视。党的十八大以后,在短短这么几年就把整个党内法规制度体系的主干性党内法规制定出来,这已经是非常了不起的成就。不过,没有与之相配套的实施细则等,当然也会出现不少问题,所以这一块需要进一步加强。

第三是实施短板。我们现在的确制定了不少党内法规,但是有规不依、执规不严的现象还比较普遍。这就是我们的实施短板。

第四是保障短板。例如人、财、物等保障方面。目前党内法规领域的财和物问题基本不大,但是人的保障和研究成果的理论保障则比较缺乏。绝大多数搞党内法规研究的人都是"半路出家"。我们武汉大学是全国第一个招收党内法规研究方向硕士、博士研究生的学校,但也要到明年才有毕业生。由此可见党内法规专门人才的奇缺。另外一个就是党内法规理论研究。我在前面提到过,我一直认为党内法规理论研究远远落后于党内法规实务工作。因为现在大多数真正在琢磨这个事情的人都是"半路出家",因此都存在这样或那样的不足,这就必然会导致在理论研究方面存在短板。

第三部分:"以党章党规为标尺,推进全面从严治党"。

所谓"标尺",就是行为准则、行为规范。我们说的以党章党规为标尺,就是要以党章党规为行为准则和行为规范,时刻按照党章党规的要求做合格党员,无愧于共产党员的称号。当然,我们习惯上说,理论上的清醒是政治上坚定的基础。新时代我们在以党章党规为标尺,推进全面从严治党的过程中,首先应在理论上有非常清醒的认识和把握。为此就要求我们必须深入学习贯彻习近平新时代中国特色社会主义思想。党的十九大有一系列重大政治成果,其中最为重要的政治成果就是明确提出"习近平新时代中国特色社会主义思想"。另外,我们在 2018 年修改宪法的时候,把习近平新时代中国特色社会主义思想作为国家指导思想的重要内容载入宪法,从而实现了国家指导思想的与时俱进。

但是,从党的十九大到现在,仍然有不少人对习近平新时代中国特色社会主义思想存在一些不同的看法。主要有以下几种:第一,针对2018年的宪法修改,有人认为这一次就把习近平新时代中国特色社会主义思想写入宪法,太快了。为什么会认为太快了呢?他们说,以前都是中央领导同志退下来后再写,而现在习近平总书记还在任上;还有人认为,习近平总书记才任职五年就把其思想写入宪法,也显得快了。那么,把习近平新时代中国特色社会主义思想这一次就写入宪法是不是快了呢?我的回答是:恰逢其时!中国特色社会主义进入新时代,就需要基于新时代中国特色社会主义实践基础之上的理论来指导。只有这样,我们才能坚持好、发展好中国特色社会主义。否则,我们就会迷失方向,就会偏离轨道。从这个意义上说,这一次就把习近平新时代中国特色社会主义思想写入宪法恰逢其时。

第二,有人提出,习近平新时代中国特色社会主义思想与中国特色社会主义理论体系里面的邓小平理论、"三个代表"重要思想、科学发展观,它们之间到底是包含关系还是并列关系?我曾听一位专家明确说应该是包含关系。他认为,邓小平理论、"三个代表"重要思想、科学发展观,完全可以包含习近平治国理政新理念新思想新战略。然而如果真的是"包含关系",那么言下之意就是说,习近平新时代中国特色社会主义思想作为一个独立的理论体系还没有形成,还不成熟。那么它们之间到底是包含关系还是并列关系呢?党的十九大报告在两个地方对此有非常明确的阐述:一处提到,新时代中国特色社会主义思想,是对马克思列宁主义、毛泽东思想、邓小平理论、"三个代表"重要思想、科学发展观的继承和发展……是中国特色社会主义理论体系的重要组成部分。这句话告诉我们,新时代中国特色社会主义思想,既是对过去党的指导思想的继承,更是对过去党的指导思想的发展,并且它和中国特色社会主义理论体系的其他三个组成部分一样,都是这个理论体系的重要组成部分。另一处用两个自然段进行阐述,"十八大以来,国内外形势变化和我国各项事业发展都给我们提出了一个重大时代课题,这就是必须从理论和实践结合上系统回答新时代坚持和发展什么样的中国特色社会主义、怎样坚持和发展中国特色社会主义……围绕这个重大时代课题,我们党坚持以马克思列宁主义、毛泽东思想、邓小平理论、'三个代表'重要思想、科学发展观为指导,坚持解放思想、实事求是、与时俱进、求真务实,坚持辩证唯物主义和历史唯物主义,紧密结合新的时代条件和实践要求,以全新的视野深化对共产党执政规律、社会主义建设规律、人类社会发展规律的认识,进行艰辛理论探索,取得重大理论创新成果,形成了新时代中国特色社会主义思想"。那么党的十九大报告的这两段话告诉了我们什么呢?它告诉我们,习近平新时代中国特色社会主义思想主要针对两个问题:一是坚持和发展什么样的中国特色社会主义;二是怎样坚持和发展中国特色社会主义。围绕这两大课题,我们党在改革发展稳定、内政外交国防、治党治国治军等各个方面,进行了一系列艰辛的探索,取得了一系列重大的理论创新成果。可以说,作为一个独立的思想理论体系,习近平新时代中国特色社会主义思想已经形成、已经成熟。

第三,还有一些专家在学习党的十九大报告的时候提出,十九大报告作为如此重要的政治文献,竟然存在逻辑瑕疵!为什么说有逻辑瑕疵呢?他们认为,"八个明确"和"十四个坚持"在内容上是完全重复的。正因为是内容重复的,所以就存在逻辑瑕疵。那么为什么会说内容重复呢?我们来回忆一下它们的具体内容:"八个明确"是明确坚持和发展中国特色社会主义,总任务是实现社会主义现代化和中华民族伟大复兴;明确新时代我国社会主要矛盾是人民日益增长的美好生活需要和不平衡不充分发展之间的矛盾;明确中国特色社会主义事业总布局是"五位一体"、战略布局是"四个全面";明确全面深化改革总目标是完善和发展中国特色社会主义制度,推进国家治理体系和治理能力现代化;明确全面依法治国总目标是建设中国特色社会主义法治体系,建设社会主义法治国家;明确党在新时代的强军目标是建设一支听党指挥、能打胜仗、作风优良的人民军队;明确中国特色大国外交是推动构建新型国际关系,推动构建人类命运共同体;明确中国特色社会主义最本质的特征是中国共产党领导。这是"八个明确"的内容。那"十四个坚持"呢?分别是坚持党对一切工作的领导,坚持以人民为中心,坚持全面深化改革,坚持新发展理念,坚持人民当家作主,坚持全面依法治国,坚持社会主义核心价值体系,坚持在发展中保障和改善民生,坚持人与自然和谐共生,坚持总体国家安全观,坚持党对人民军队的绝对领导,坚持"一国两制"和推进祖国统一,坚持推动构建人类命运共同体,坚持全面从严治党。从字面上来看,"八个明确"和"十四个坚持"似乎真的存在内容上有"重复"。这也是为什么他们认为十九大报告有逻辑瑕疵的理由所在。那到底有没有瑕疵呢?我的回答是:"完全没有瑕疵!"为什么这样说呢?这是因为"八个明确"和"十四个坚持",它们针对的分别是两个不同层面的问题。"八个明确"是从指导思想和世界观的层面回答坚持和发展什么样的中国特色社会主义;“十四个坚持”则是从行动纲领和方法论的层面,回答怎样坚持和发展中国特色社会主义。这两个部分其实是相辅相成的有机统一整体,因此完全没有逻辑瑕疵。

第四,还有人认为,既然党的十九大报告说,新时代中国特色社会主义思想是党和人民实践经验和集体智慧的结晶,那么凭什么在这个思想前面要加上“习近平”的名字呢?“三个代表”重要思想前面没加名字,科学发展观前面也没写名字,凭什么这个前面就要加名字呢?在我看来,这是因为在这个思想产生和形成的过程中,习近平总书记发挥了决定性的作用和影响。这个决定性的作用和影响主要表现在两个方面:一方面,党的十八大以来,我们党在治国理政各个方面的重大战略、重大论断、重大举措,都主要由习近平总书记提出来;另一方面,新时代中国特色社会主义思想里面的主要内容,与习近平总书记在数十年从政经历过程中进行的实践探索和理论总结息息相关,是这些探索和总结的必然产物。2017 年上半年,我在中央党校中青一班学习的时候,我把能够找得到的习近平总书记的论著都读了一遍。读完以后,就跟一位同志合作,写了个建议——建议在党的十九大明确提出“习近平思想”。那么,我们为什么会有这样的一个认识呢?有几本书,建议各位领导去读一读。

第一本书——《知之深　爱之切》。这是习近平总书记 1982 年 3 月至 1985 年 5 月在河北省正定县担任县委副书记、书记期间所发表文章、讲话的一本文集。你们现在去读这本书,一定会非常诧异的。早在 20 世纪 80 年代初,习近平总书记就这么想、就这么说!比如他那个时候关于尊重知识、尊重人才的阐述,同他在后来的相关论述就如出一辙。再如他关于群众路线的很多论述,也同样如此等。

第二本书——《摆脱贫困》。这是习近平总书记 1988 年 9 月至 1990 年 5 月在福建宁德地区担任地委书记期间所发表文章、讲话的一本文集。在这本书里面,习近平总书记围绕怎样推动闽东地区经济社会发展发表了他的一系列看法,提出了“弱鸟先飞”“滴水穿石”“四下基层”等一系列的创新理念。2019 年 8 月初,“滴水穿石”故事涉及的福建寿宁县下党乡的村民向习近平总书记汇报脱贫喜讯,总书记还专门写了回信。在这本书里面,也有很多思想同后来习近平总书记的一些提法一脉相承。

第三本书——《干在实处　走在前列》。这是习近平总书记 2002 ~ 2006 年担任浙江省委书记期间所撰写的一本专著。这本专著的主题就是“八八战略”,即进一步充分发挥浙江的八大优势,进一步采取八大举措。在这本书里面,他明确提出了“平安浙江”“法治浙江”“绿色浙江”等主张,担任总书记以后,这些话就变为“平安中国”“法治中国”“美丽中国”,等等。

第四本书——《之江新语》。这是习近平总书记2003年2月至2007年3月在《浙江日报》“之江新语”专栏发表的232篇短文章的一本文集,习近平总书记围绕怎样推进浙江经济社会科学发展、回答人民群众关心的热点问题发表了他的一系列看法。

另外还有《习近平谈治国理政》《习近平党校十九讲》等。当把这些书都读完以后,你就会觉得,在治国理政的各个领域,习近平总书记都有非常深刻、非常成熟的思考。因此,习近平新时代中国特色社会主义思想里面的主要内容,与他几十年从政经历过程中的实践探索和理论总结直接相关,以他的名字命名可谓实至名归。

因此,党中央要求我们在进行主题教育时,要把学习习近平新时代中国特色社会主义思想贯穿于主题教育的全过程之中。同样,习近平新时代中国特色社会主义思想也是我们以党章党规为标尺、推进全面从严治党必须遵循的指导思想。

与此同时,以党章党规为标尺,推进全面从严治党,我们还有以下几个方面的工作要做。

第一,认真学习党章,严格遵守党章。《认真学习党章,严格遵守党章》,这是习近平同志上任总书记以后的第一篇署名文章,在《人民日报》《光明日报》《求是》都刊登过。党章是党内的根本大法,记载了党的初心、使命,是党的总章程、总规矩。邓小平同志曾经对党章也有非常明确的论述,“国要有国法,党要有党规党法,党章就是最根本的党规党法”。党章是由党的全国代表大会通过的,你们看每次召开的党代会,一般都要对党章进行修改。党章处于党内法规制度体系的最高效力位阶,是党的整体意志的根本体现。另外,党章是党内普遍的行为规范,是新时期党内政治生活的根本遵循,所有党组织、党员都必须执行和遵守,不允许有特殊党员存在,这是党章所具有的行为效力。不仅如此,党章还具有规范效力,要求所有其他党内法规都不能与党章相抵触。

除此之外,学习和遵守党章,还需要注意以下几点。首先,必须对中国共产党的性质和使命有充分的认识。中国共产党是中国工人阶级的先锋队,同时是中国人民和中华民族的先锋队。共产主义远大理想和为中国人民谋幸福、为中华民族谋复兴的共同理想应该有机结合起来。习近平总书记在和中央党校县委书记培训班的学员进行座谈的时候,曾经有一个非常好的讲话——《做焦裕禄式的县委书记》。他特别强调,共产主义作为远大理想,“不能因为实现共产主义理想是一个漫长的过程,就认为那是虚无缥缈的海市蜃楼,就不去做一个忠诚的共产党员。革命理想高于天。”所以,我们既要坚持共产主义的远大理想,同时还要脚踏实地做好自己的工作。其次,必须对党的基本路线有充分认识。党的基本路线是党的生命线,是人民的幸福线。对这个问题我们一定要有非常清楚的认识。邓小平同志曾经说:“党的基本路线一百年不动摇。”这个说得很有道理。我们的党章特别对党的基本路线作出了非常明确的规定。党的基本路线的内容是“一个中心、两个基本点”,就是以经济建设为中心,坚持四项基本原则,坚持改革开放。所以,“一个中心、两个基本点”作为我们党的基本路线,必须要很好地坚持。习近平总书记强调:“要以党的基本路线为根本遵循,认真领会和正确把握党的理论和路线方针政策,多从人类发展大潮流、世界变化大格局、中国发展大历史来认识和把握党的基本路线,深刻领会为什么基本路线要长期坚持。”最后,还必须对党员义务和党员权利的内容和重要性有充分认识。党章同国家法律在规定上有一个非常大的不同。国家法律是以规定公民的权利为主,而且是先规定权利、后规定义务。但是党章对于党员的权利义务首先是规定八项义务,然后再规定八项权利。所以曾经有人说,党员也是公民,但是作为先锋队组织里面的一员,党员应比公民更加先进,所以是以义务为优先。这也恰恰说明,中国共产党没有自己的特殊利益,有的只是全心全意为人民服务的这样一个宗旨、这样一种使命。

第二,把纪律和规矩挺在前面。我们党的党内规矩是党的各级组织和全体党员必须遵守的行为规范和规则。那么什么叫党内规矩呢?习近平总书记曾经专门有一个论述,他把党内规矩概括为四个方面:(1)党章,前面我已经讲过,它是全党必须遵循的总章程、总规矩;(2)党的纪律,要求所有的党员必须遵守党的纪律,这是刚性约束;(3)国家法律,这是党员干部必须遵守的规矩。当然,前面这三个,大家都好理解,主要是(4)——党在长期实践中形成的优良传统和工作惯例。对这个应该怎么理解呢?对此,我曾经同有关部门的同志探讨过。现在一般的说法就是,指党在长期执政实践中形成的优良传统和工作惯例,经过实践检验,约定俗成、行之有效的,就是重要的党内规矩,需要全党长期坚持并自觉遵守。那么这些优良传统和工作惯例具体包括哪些呢?我看主要有这么几项:一是每个党员应有的政治意识、组织意识、原则意识、团结意识、程序意识等思想觉悟;二是党在长期奋斗过程中形成的理论联系实际的作风、密切联系群众的作风、批评与自我批评的作风,这“三大作风”是我们党在长期实践中形成的优良作风,大家也很熟悉;三是立党为公、执政为民的理念,这是胡锦涛同志担任总书记期间提出的两句话;四是立足中国实际锐意进取的务实态度;五是坚持真理、修正错误的品格;六是我们现在强调的“四个意识”“四个自信”“两个维护”“政治规矩”等,这些大家也很熟悉。上述这些都是我们党在长期执政实践中形成的优良传统和工作惯例。

另外,把纪律和规矩挺在前面,还涉及我们党监督执纪的“四种形态”,包括经常开展批评和自我批评、约谈函询,让“红红脸、出出汗”成为常态;党纪轻处分、组织调整成为违纪处理的大多数;党纪重处分、重大职务调整成为少数;严重违纪涉嫌违法立案审查成为极少数。

第三,讲一下全面从严治党的“六把标尺”。

标尺之一:是否坚持“四个意识”?是否坚决维护习近平总书记党中央的核心、全党的核心地位?是否坚决维护党中央权威和集中统一领导?这些简单来说就是能否做到“四个意识”和“两个维护”。一个国家、一个政党,领导核心至关重要。正因如此,所以全党必须坚持“四个意识”,坚决做到“两个维护”。全体党员干部要不断增强拥护核心、跟随核心、捍卫核心的思想自觉、政治自觉、行动自觉,始终同以习近平同志为核心的党中央保持高度一致,以实际行动维护党中央一锤定音、定于一尊的权威,服从党中央的集中统一领导。

与这个说法相联系的有两个问题,我在这里也进一步说一下。第一个就是我们去年修改宪法,把国家主席、副主席“连续任职不得超过两届”的规定做了调整。有一些干部群众对这个举措不理解,海内外也有不少人以这件事为由攻击习近平总书记。那么,我们为什么要对这个内容进行调整呢?我认为应从以下几个方面来理解。

首先,什么样的制度才是最好的制度?我的回答是“最合适的制度才是最好的制度”。这就如同我们穿衣服、穿鞋子,衣服都不合身、鞋子都不合脚,你能说是最好的衣服、最好的鞋子吗？当然不能！治国理政也是如此。就治国理政的制度来说，只有最合适的制度才是最好的制度。党政军“三位一体”的领导体制，是我们党在长期执政实践中探索出来的成功经验，是实践证明，最适合中国国情、最适合中国实际、最符合中国发展要求的领导体制。但是，我国宪法和党章对这个问题的规定却不统一。党章规定“党的中央委员会每届任期五年”，没有规定党的总书记和党的中央军委主席连续任职不得超过两届。但修改前的我国《宪法》第 79 条规定：“中华人民共和国主席、副主席每届任期同全国人民代表大会相同，连续任职不得超过两届。”这样一来，宪法的规定与党章的规定就不统一。

我之前在某个地方讲课，讲到这里的时候，有一个学员在底下嘀咕了一句：“那就修改党章嘛，把党章改得跟宪法一致不就统一起来了吗？”我说，在这个问题上改党章不行，只能改宪法！为什么呢？因为随着中国日益走近世界舞台的中央，中国的国际地位、国际影响力日益增强，以美国为代表的西方国家一直在试图对中国进行围堵和遏制。为了对这些围堵和遏制各个击破，我们必须充分发挥元首外交的作用。但我国宪法关于国家主席职权的规定实际是一种虚位元首。什么叫虚位元首呢？就是说，根据宪法的规定，我们的国家主席根本没有多大职权，比如接受外国使节递交的国书，公布全国人大常委会作出的决定，等等。如果若干年以后，总书记、中央军委主席是一个人，国家主席是另外一个人，那么希望这个时候的国家主席在国际重大场合对西方的围堵和遏制进行各个击破，是很难取得理想成效的。因此，只有党的总书记、中央军委主席，同时以国家主席这个身份参与重大国际场合，才能对美国的围堵和扼制有效地进行各个击破。所以，在任期这个问题上，我们只能修改宪法。

其次，这个修改是落实全面深化改革重大举措的重大安排。党的十八届三中全会提出了一系列重大改革举措，中央全面深化改革领导小组(委员会)进行了很多顶层设计。但客观来说，我们有很多重大改革举措并没有切实落地。因此，如果我们不进行这样的制度调整，我们的很多重大改革举措最后就可能不了了之。

最后，这一修改会不会导致领导干部职务终身制？这是大家最关心的问题。我的回答是“应该不会”。为什么这样说呢？一是我们有相应的制度安排。早在 20 世纪 80 年代初，我们就建立起了领导干部的退休制度。从党的十二大通过的党章到党的十九大通过的党章，对此都有明确规定。党的十九大通过的《党章》第 38 条第 1 款明确规定:“党的各级领导干部,无论是由民主选举产生的,或是由领导机关任命的,他们的职务都不是终身的,都可以变动或解除。”党的各级领导干部当然包括党的总书记。所以说,我们党章已经明确规定各级领导干部的职务都不是终身的,这方面已经作出相应的制度安排。我在某个地方讲课讲到这里的时候,有位同志站起来说:“教授,制度是可以改的。”我说制度的确是可以改的,但在这个问题上,即使制度改了也不行。为什么呢?这就是第二大原因——中国当前已经没有终身制赖以生存的土壤。任何制度,如果没有土壤,它就立不起来,就发挥不了作用。那么现在有没有终身制赖以生存的土壤呢?没有!一方面我们已有制度安排,另一方面当前也没有相应的土壤,所以我说职务终身制不可能出现。

说到这里,曾经又有人提问。党的十八届六中全会提出,习近平同志是党中央的核心、全党的核心;党的十九大还把“核心意识”“坚定维护以习近平同志为核心的党中央权威和集中统一领导”载入党章,现在我们又提出“两个维护”。如果把“核心”的问题跟宪法上任期制的修改问题放到一块,我们心里还是不踏实。这就产生了另外一个问题:我们为什么要确立“核心”?我认为,我们要确立核心、维护核心的原因很多,但至少有三条。

第一,这是为了扭转过去领导体制中存在的“九龙治水”的弊端。党的十八大以前,在各级领导组织中,往往是各管一摊。你管的地方我不插嘴,我管的地方你也不要说话。在这样一种状况下,组织的力量和权威就会被大大削弱。这种现象过去在党中央也曾存在过。因此,为扭转这样一个弊端,我们必须确定核心,并且以核心为基础重新树立党中央的权威,加强党中央的集中统一领导。

第二,“核心”就是担当,“核心”就是责任。中国现在的改革已进入深水区、攻坚期。我们每改一步,都会遇到各种阻力甚至抗拒。在这个过程中,“核心”就是担当,“核心”就是责任,“核心”就是总书记在前面率领全党“堵枪眼”。我一直认为,中国到目前为止,各方面改革最彻底、最全面的是军队的国防改革。但是在党的十八大以前,我们遇到军队国防方面的问题总是小心翼翼的。党的十八大以来,军队国防改革进行得既全面又彻底,而且军队现在的战斗力发生了翻天覆地的变化。而如果没有习近平总书记这个“核心”,这可能吗?毫无疑问,不可能!

第三,这是为了保持我们党和国家的政治定力、战略定力,不至于发生颠覆性错误而进行的重大制度安排。当前我们面临的无论是国内矛盾挑战,还是国际矛盾挑战,都异常错综复杂。在这个过程中,如果我们没有"核心",没有以"核心"为基础的党中央权威和党中央的集中统一领导,我们就会自乱阵脚,就有可能犯颠覆性错误。一旦如此,那后果将不堪设想。从 2018 年开始的中美贸易战就是一个很好的例子。正是因为我们有习近平总书记这个"核心",有习近平总书记的明确指示,即无论美国态度如何,我们都将按既定方针做好自己的事。因此,尽管中美贸易战肯定会对我们的经济造成消极影响,但只要我们始终在以习近平同志为核心的党中央这个"压舱石""定心盘"的坚强领导下,不自乱阵脚,不犯颠覆性的错误,努力按既定方针坚持下去,那么若干年以后,我们中国一定会不得了的！所以,我们对党和国家的一些重大政治安排,一定要从战略的、长远的、全局的角度来理解和把握,切忌只看表面现象,更不能以西方的所谓观点、分析框架来评价我们党和国家的这样一些重大举措。

标尺之二:能不能严守党的政治纪律和政治规矩？应该说,在党的各项纪律中,政治纪律和政治规矩是最根本的纪律。因此,必须克服"违反政治纪律无所谓,只要不拿不贪就是好同志"的心理。我们过去确实存在这方面的问题。一些人认为,只要不贪不拿,有时候说点错话或者做点什么不恰当的事也无所谓。这是绝对要不得的！为什么我们党提出要"以政治建设为统领"？就是因为政治纪律、政治规矩是最重要、最根本的纪律,在这个问题上决不能有丝毫的含糊。

标尺之三:能不能正确认识监督与信任的关系？信任不代表不监督,监督不代表不信任。这一点必须要有清醒的认识。

标尺之四:能不能推行廉洁政治？这个大家都很熟悉,就是慎独、慎初、慎微、慎欲。

标尺之五:能不能勇于担当,承担党纪国法赋予的职责？这里面有两句话:法无明文不可为,法定职责必须为。这些年,不作为、乱作为的情况有所遏制,但不作为的现象却比较突出。因此,必须引起高度重视。

标尺之六:能不能正确认识党内法规和国家法律的关系？这个问题我们在前面已经有所提及。一是必须认清党内法规与国家法律的关系,党内法规是红线,国家法律是底线,共产党员对此不能混淆,必须坚持纪在法前;二是必须认清党内法规义务本位的性质,这个问题我们在前面也已说过,切不能把法学界的权利本位观念运用于党内法规领域;三是正确认识违纪与违法的关系,党内法规是更高要求的规范,违反党内纪律的不一定违反国家法律,一些不违反法律法规的行为,一样可能违反党的纪律。

最后,我想说的就是,党内法规制度建设是新时代党的建设持续深入的制度保障,也是巩固全面从严治党成果,推进党的自我革命和党的建设科学化水平的重要载体。2019 年 6 月 24 日,习近平总书记主持的第十九届中央政治局第十五次集体学习,主题就是"牢记初心使命,推进自我革命"。在党的自我革命过程中,党内法规制度建设是重要载体。因为党内法规记载着中国共产党的初心和使命。不忘初心、牢记使命,就应将党内法规制定好、执行好、实施好,用党内法规夯实不忘初心、牢记使命的制度基础。目前,尽管党内法规制度建设取得的成就卓著,但党内法规理论研究仍处于滞后于实践的状态,有关理论思考还很薄弱,所以今天我就只能围绕这样一个题目谈谈粗浅的认识。毫无疑问,我所说的内容当中肯定有不妥、甚至是错误的地方,恳切地请求大家批评指正。谢谢大家!

民营企业发展的法治保障

李曙光

李曙光，中国政法大学研究生院院长、教授、博士生导师。 本文根据李曙光教授于2019年8月21日在广东省企业联合会专场报告会录音资料整理而成。

非常高兴有这样一个机会来广州，来做一个有关民营企业发展方面的法治保障这样一个题目的交流。广东是一个很特别的地方，也是我非常有感情的地方，因为广东可以说是中国改革开放的最前沿，中国所有一些重大的改革开放举措，广东都具有代表性。春江水暖鸭先知，广东的经济、法治水平，某种程度上就代表着中国的经济、法治发展水平。民营经济、民营企业广东发展得如何、状况如何，实际上也可以说是全国的标板，所以到这里讲这个题目有一点难，但是我想跟大家交流，谈谈我的一些看法，介绍一下北京学术界和实务界讨论的一些信息，我想这还是一种有价值的互动。

一、宏观经济形势与民营企业发展状况

中国的民营经济非常重要，习总书记说中国民营经济现在是“五六七八九”，50%以上的GDP，60%以上的税收，70%以上的创新或者是技

术进步、技术成果,80%的就业,90%以上的新增就业,这些都是由民营经济创造的。这个"五六七八九"的比例到了广东,特别是到了广州,就不是这样了,应该说比重、比例更加高,但也就意味着民营经济受宏观经济、国际国内经济形势的影响更大。

全球经济都在下滑,2008年的全球金融危机、美国次贷危机的影响到今天都没有完全缓过来,全球经济从早期的西班牙、葡萄牙、希腊等欧洲五国,到北美的经济,很长一段时间都处于经济结构的动荡调整过程,甚至还发生过一系列国家的国家破产,像希腊、阿根廷、冰岛等国都经历过非常大的财政危机。全球经济的调整有各个方面的原因,是西方文明经过长期的发展以后,在一定的阶段遇上停滞期,需要反思看看未来的路怎么走。但是更重要的,我想可能还是经济结构,特别是技术的发展,包括现在我们讲得比较多的人工智能、大数据、网络时代的来临,这些在前期的反映,使得经济都会有停滞期,人类任何一次非常大的科技革命前夜都会有一个沉静期,都有一个拳头往后缩的阶段。

中国经济发展实际上面临着这么一个大的世界经济转型的背景。因此,中国经济我想可以分为两个阶段:2000年之前与2000年之后。即我们40年的改革开放,前20年是一个制度松绑、是一个取缔"文化大革命"中的恶法、建立新的更加宽松自由的商品经济或者说双轨制经济的时代。2000年之后,中国加入WTO,遵守国际贸易游戏规则,给整个中国如何更好参与国际贸易体系、参与国际合作、各种国际分工,更多参与到国际经济的各种交往、各种交易,提供了一个非常大的空间,也让中国人打开了视野、打开了国门,让中国的经济潜力、中国人的经济发展冲动有了更大的空间,中国因此有了一个更开阔的国际市场,能够被国际市场接纳。

但受全球经济下行压力的影响,中国经济发展也终究会受拖累。实际上2008年已经埋下种子,2008年中国4万亿元的刺激投资,一方面刺激了世界经济,也刺激了中国经济,可是也给中国埋下了一些问题的伏笔。我们应该进行的结构调整没有进行,应该进行的大范围的经济转型也没有完成,之后经济的一些弊病、弊端就出来了。2015年中国开始进行供给侧结构性改革,供给侧改革很重要,是制度性的变化,制度性的改革。中国经济的制度供给是不足的,一直没有做真正的结构性调整,许多企业粗放式经营,经济发展注重规模不注重质量等,中国经济改革开放后这三十多年基本上都是在需求侧做文章,供给侧结构性改革一出来,就指出产能过剩很严重,要"三去一降一补”。我们要去产能、去库存、去杠杆,要降成本、补短板。

从宏观经济来看,2000 年之后我们的经济发展非常高速,GDP 增长率基本上在 8% 以上甚至到了百分之 14% 多。到了 2012 年,我们的经济就破了 8% 以上的增长率,在 8% 以下。到了这两年增长率持续在下滑,2018 年我们的 GDP 增长率是 6.57% 。

在这种情况下经济形势就有很多变化了,一个是国际经济贸易形势发生了重大变化,大家都比较关注中美贸易摩擦的结果会怎么样?中美贸易摩擦可能不仅仅是贸易摩擦,还有关税摩擦、产能摩擦、金融摩擦、科技摩擦,甚至是整体的经济摩擦。贸易问题完全可能会扩展到其他领域,甚至在一些领域这种冲突已经开始了。中美在金融、科技领域的竞争,两国之间的互相碰撞已经开始了。但是能不能说是金融战、科技战,现在还谈不上,但是确实有这样的苗头。中美经济贸易摩擦影响是比较大的,对于中国的经济,特别是对于我们占了“五六七八九”的民营经济影响是非常大的,而且这个影响不是短期的,中美贸易摩擦也不是短期可以结束的。如果从世界上两个最大的经济体、两个最大的经济贸易伙伴之间的这样一个经济战争来看,中国经济包括民营经济要做非常大的调整。现在大家还停留在过去中美蜜月期的思路上,还是在以前那样一套中国外部贸易环境好的惯性轨道上思考问题,认为中美贸易摩擦会峰回路转,中美关系能够鸟语花香,我看是不太可能了。很多人的心态现在还没有转过来,还是在过往中国加入 WTO 以后,中国经济一路高歌猛进这样的思路下考虑问题,实际上我们的国际贸易环境已经发生很大的变化。

WTO 目前处于非常重大变化的过程中,我个人认为 WTO 规则现在就要停用了,不太可能持续。首先是以美国为首的一些西方国家,它自己制定的规则现在它自己反对。第二次世界大战之后形成的 WTO 规则也到了要改革的时候,但正好又遭遇全球贸易环境、贸易形势发生巨大的变化。WTO 由 164 个成员国组成,旨在制定全球贸易规则,自 2015 年放弃“多哈回合”谈判以来,并未产生任何重大国际协议。在过去几十年,WTO 规则之所以是一个很重要的游戏规则,WTO 组织在国际贸易、在整个世界经济中扮演很重要的角色,是因为它是一个长牙齿的老虎,国与国之间的经济纠纷、贸易纠纷、商业纠纷,可以通过一个法定的渠道解决,这个渠道就是上诉机构,比如说中国和美国、美国和德国、法国和中国、英国和法国,它们之间如果有贸易纠纷的话,就可以提交到 WTO 上诉机构来仲裁,这个机构还是比较公正的,各国都比较认可,WTO 上诉机构被称为“可能是世界上最繁忙的国际争端解决机构”。其对涉及数十亿美元的国际贸易争端拥有最终决定权,其裁决具有约束力。这是 WTO 有效的缘由。但是现在这个上诉机构出现了问题。作为争端解决机制的一部分,上诉机构常设 7 名法官,每人任期 4 年,每起案件至少需要 3 名仲裁法官进行审理。现在,随着多名成员任期陆续届满,只剩三位在职仲裁法官,但 2019 年年底其中两位即将到期届满,本来应该补选两位法官,以保证其能受理日益增多的诉讼。但美国说现在的 WTO 和美国想象的 WTO 作用不一样了,WTO 出问题了,太偏袒中国这样的国家,必须进行大规模改革,如果不同意美国对 WTO 改革的建议,他们就不允许补选两位法官。而根据规则,贸易争端裁决,必须有 3 名法官在场,而现有 3 名法官中,有两人的到届时间是 2019 年 12 月 10 日,现在有大量的 WTO 仲裁案等着上诉机构来审理裁判,不增补法官,这个上诉机制基本上就陷于瘫痪。现在上诉机构已经停止运行,不能再受理新的案件了。换句话说,WTO 是个大群,美国人坚持要求这个大群做比较大的改革,否则他们就要退群。美国市场在全球还是最大的市场,如果美国要退群的话,那么以美国为主的国际贸易交往机制,这个游戏规则就要发生变化。大家都在建自己的小群,搞一些新的经济交往小圈子,环太平洋贸易协定、北美自由贸易协定、东南亚贸易协定等。这些小群有的是规模很大的,像 CPTPP,即全面的跨太平洋战略经济伙伴关系协议,现在已经有澳大利亚、日本、韩国等十几个国家加入了。很多新的游戏规则建立起来了,这些新的游戏规则可以说有的是针对 WTO 的弊病,有的就是针对中国来的,比如说《跨太平洋战略经济伙伴关系协议》要求所有加入国家,政府对企业不能补贴或受到非常严格的限制,要求加入国有很高的环境保护标准以及劳资关系的标准等。这些在原来的 WTO 框架中都是没有的,或者不那么完善。所以说现在国际贸易形势与环境发生了非常大的变化,我们的民营企业在这样的一个大背景下就要做好准备了。

另外,宏观经济的一些数据也很重要,如中国市场主体的数据。民营经济在中国经济当中究竟占有怎样的一个分量,光“五六七八九”的说法还不足以说明这个问题。中国的市场主体截至今年上半年的统计数据，是 1.1 亿户。什么是市场主体？就是所有在市场上进行商业交易活动的主体，主要包括各类企业、个体工商户和农村专业合作户，共有 1.1 亿户。企业截至 2018 年年底的数字，共 3400 万家，这是在工商或者是在市场监管局进行登记注册了的。每年新增企业，2018 年一年 620 万家，当然每年退出的企业数也比较大，2018 年 180 万家企业退出市场。这个数据中绝大多数是民营企业，现在国有企业的数量在 2017 年的数据大概是 15.2 万家，其中央企，也就是财政部和国资委管的央企，大概是 5 万家，地方国资大概是 10 万家。当然这些国企，特别是央企，有些是非常庞大的巨无霸，包括三桶油，中石油、中海油、中石化，包括国家电网、国家电力，中国移动等等，还有中粮、中国航天等都是非常大的企业，是一些"巨无霸"的资源垄断性企业。它们每年的营业收入规模非常大，所以进入世界 500 强。根据今年最新的数据，国有企业的量实际上在减少，很多国有企业因为现在也在搞混改，进行混合所有制改革，在搞兼并收购，国有企业的数量现在已经减到 12 万～13 万家。国有企业的户数在急剧地减少，中国实际上就是民营经济的汪洋大海了。只不过是民营企业在规模上，对国家对社会生活的影响力上没有国企那么大，但是有的民营企业也已经非常大了，已经非常有影响力了。我们现在要将传统产业和现代产业做区别，传统产业是线下，制造业为主，现代产业是线上，IT 行业、现代高科技行业为主。现在一些线上企业已经成为超级企业帝国了，像阿里巴巴、腾讯、百度等民营企业，无论是营收规模、利润率，还是社会影响力，比我们许多国企影响力大多了。这些线上平台企业对用户、对消费者的控制力，比我们的国企厉害多了。这说明我们的企业生态、经济生态发生了巨大的变化。

现在世界经济形势及环境的变化，特别是像中美贸易摩擦，对于中国民营经济的影响还是比较大的。首先是我们的心理准备，中国现在的股市为什么老是跌跌不休，大家都在说中国股市在拼命割韭菜，韭菜就是我们的股民，投资者是受害者。很重要的一个原因就是我们投资者的心理还停留在过去经济快速增长的心态上，股市不涨了，就出现了信心危机。还有一个比较重要的原因，中美贸易摩擦确实对通讯行业、机械行业、生物医药行业、一些高科技行业会产生直接影响，包括对芯片依赖比较严重的行业，确实会带来比较大的负面影响。对于国内主要以进口或者是出口贸易为主的行业，当然也会带来比较大的冲击，而在最前沿的这些行业很多都是民营经济。

中美贸易战无论是在信心层面,还是在行业层面,肯定都会对民营经济带来很大的影响。

现在看来,民营经济处于这样复杂形势的一个状况,民营企业家、民营企业就要做好准备,首先要有心理上的转变,不要期望经济环境突然一天就变好了。当然好与坏都是一种自我评价,世上的事总是有麻烦的,企业家就是一群解决这些麻烦的人。怎么去突围、怎么去破局?从企业家的心态上我想要有比较大的调整。另外,对民营经济的政策,从国家、从政府的角度看,也要进行调整。现在我们学者老在帮政府提一些建议,制定一些政策。从政府角度来说,政府也不能够按照现在这样一套老思路来应对变化,要有新的思路与制度解决目前的一大堆难题。过去留下的一些问题,都是改革中难啃的硬骨头,这么多年经济发展过程中被忽视,或是有意避开有意逃避,现在不能逃避了,必须要正视和解决它。中国需要应对这样一个新的全球经济贸易形势环境发生变化的状况。特别是由于互联网的发展、大数据、人工智能时代来临,政府应通过现有经济结构和制度的调整去给民营经济创造更好的发展条件与环境,这是现在摆在决策者、摆在中央政府面前不可回避的问题。

经济如何更好高质量发展?原来都说企业规模越大越好,很多企业家也是这样的心态,但是许多企业家实际上没有控制企业发展规模这样的能力。一些企业家将企业规模做得很大,负债率很高,高杠杆率地发展。现在我们看到这些企业崩塌了,一些企业破产案件涉及负债几十亿元、几百亿元、甚至几千亿元,连贷款银行也出现问题。许多企业的经济状况现在确实是形势倒逼,当然一些大民营企业宣告破产只是最极端的情况。之前有许多民营企业退出市场,是没有通过法律程序破产退出,而是通过工商行政注销退出去的,这使得企业破产的数据不准确。供给侧结构性改革之前,2013 年全国各级法院受理的破产案不到 2000 件。但到 2018 年,全国各级法院受理的破产已经到了 21000 多件,短短五年时间破产案件增加了 10 倍。企业破产,并不是说这些企业都是一走了之、一破了之,如果这些困境企业有正常的应对,特别是专业的应对,很多企业还是能够找到出路的,还是能够拯救的,破产本身就有三个程序,清算、重整、和解。后两者是挽救程序。现在企业重整用的很多,很多企业在重整,而且重整的效果非常好。并不是说企业在整体经济下行的压力下企业都要死去,我们还有很多很好的企业,也有很多非常有潜力的企业,即使遇到一些困难,企业通过一些方法、通过一些金融工具法律工具的使用,我们还是可以改变、拯救它,使其得到更生,让它们有新的出路。

从民营企业家的角度看,民营经济发展过程中,遇到了一些问题与障碍。遇到什么问题呢?有很多种说法,比较流行的就是"三山""三门""三荒""两高一低"。什么是"三山"呢?民营企业家说现在遇到的问题是三座山:一是市场的冰山,市场像被冰冻一样,市场不活跃;二是融资的高山,融资很难,挡在那里就像是看不见的高山挡着你,融不到资;三是转型的火山,一家企业要转型很难,从这个行业转到那个行业、从传统行业转到现代行业、从夕阳产业转到朝阳产业,就像是经过火焰山的锤炼。民营企业发展遇上了市场的冰山、融资的高山、转型的火山,我觉得这个形容是很恰当的。

"三门"是指民营企业进入体制内会遇到三门:玻璃门、旋转门、弹簧门。各级政府出台了很多有利于民营企业发展的政策,但是这些政策就像是玻璃门一样,看得见摸不着;你进不去,或者是进入之后又转出来了,就像旋转门一样;或者表面接受了,实际上反弹力量更大,民营企业刚刚涉足某一声称开放的行业又被一些"硬性政策"弹出。换句话说,平等对待民营经济的政策就是落实不了。

"三荒"是指用工荒、用钱荒、用地荒,现在的劳动力成本和以前不一样了,经济学上有个概念,就是刘易斯拐点:即劳动力过剩向短缺的转折点,是指当一个国家的经济在起飞阶段时,一般都是从第一产业向第二产业转移,即在从农业向工业转移的过程中,前期发展会非常快,因为工业用工的劳动力价格非常低廉。但当城镇化率开始高起来,农村富余劳动力逐渐减少,农村劳动力慢慢用尽,最终达到瓶颈状态,就会有一个拐点,这个拐点就意味着劳动力的价格就和城里用工的价格是一样的,此时整个用工的价格就会大幅度上涨。中国实际上在10多年之前已经出现了刘易斯拐点,劳动力红利已经没有或者很少了,于是就有了民营企业家所说的用工荒。还有用钱荒,民营企业家现在要发展做大企业,要持续经营,要完成订单任务,就需要有资本、资金持续的支持。但很多企业就死在一些短期的现金流上,现金流断了,出问题了。用地荒则是因为土地越来越少,企业要将规模做大就需要大量生产用地,但现在生产用地不仅在减少,而且土地价格越来越昂贵,土地短缺也是民营企业家遇到的很现实的问题。

另外还有"两高一低",即融资成本高、税费负担高、利润率低。民营企业从正规的金融机构融资难,就到市场上借高利贷;经营一家企业的税费负担,明里暗里越来越重;中国很多民营企业做的是山寨版的产品,或是做的贴牌产品,没有什么技术含量,也没有创新,利润率当然是上不去的。我们缺乏行业产品领袖的企业,即隐形冠军企业,缺少能把产品做到全世界最厉害的企业,但也不是说没有,比如像一些玩具、国旗产品,中国产品的量做得很大,也做得很好,美国在总统选举时都是找浙江企业做宣传用的国旗。某种角度来说,产品做到这样,你就是这个方面的隐形冠军,你做得好订单就给你。但是我们很多出口产品利润率还是比较低的,利润率不高。

民营企业遇到这么多的问题,"三山""三门""三荒""两高一低"等这些问题,我觉得这些问题有的是政策的问题,制度的问题,有的是企业家本身理念的问题,创新能力、经营能力的问题,但归结起来,最重要的就是营商环境的问题。

二、在中国语境下解读营商环境

"营商环境"这一词汇近年来越来越响亮,对营商环境重要性的认识,一个很重要的推手就是世界银行。世界银行有一个专家组,他们在2003年出台一个全球营商环境报告,对世界190多个国家和地区的经济实体的营商环境进行打分和排名,每年进行一次评估。我们国家开始并没有注意。2012年以后,党中央和中央政府都开始关注这个营商环境的排名,当时我们在全球排第91位。营商环境就是竞争力。习近平总书记说:法治是最好的营商环境。我们要建立一个能够增强微观活力、能够让企业和企业家具有积极性,公开公正透明的规则体系和法治化营商环境。李克强总理说,营商环境就是生产力,要建构一个市场化、法治化、国际化的营商环境。在很多场合,包括政府工作报告,中央各种会议,中央领导都强调营商环境,说明这个词汇被我们的决策层作为一个推动供给侧结构性改革的抓手。2015年我们提出供给侧结构性改革之后,对营商环境就越来越重视了。营商环境真正在中国热起来就是在中国提出供给侧结构性改革以后,供给侧结构性改革的“三去一降一补”,实际上就是强调制度供给,制度供给最重要的就是软制度、软环境的供给与改革。优化营商环境就是要进行制度改革,就是你的开办企业的制度、保护投资者制度、商事交易制度、税收制度、破产制度以及对外贸易制度的改革,就是你的市场环境、市场各种要素的改革重组。

法治化营商环境当然是最重要的。世界银行推出这个报告以后,中国越来越注意营商环境的打造了。虽然现在中国已经是世界第二大经济体,但营商环境排名却和第二大经济体的地位差别太大,我们2019年的全球排名是第46位。目前国家发改委也在搞中国城市营商环境排名,这个国内营商环境排名实际上就是对标世界银行的营商环境指标体系,同时将中国的一些特殊要素放进去了,包括5个发展理念:环保的指标、民生的指标、城市吸引力的指标、政府放管服指标等,进行评估打分。

我们可以具体看看世界银行营商环境报告的十项指标,即世行《营商环境报告》的10个子指标:(1)开办企业,包括注册一家公司的时间和便捷度。(2)办理施工许可证。(3)获得电力,中国这几年的变化比较大,获得电力排第14位。(4)登记财产,这是很重要的一个指标,财产登记是产权保护的基础,是财产权利的基础,而财产权利是市场交易的基础。财产登记现在我们排在第27位,但世界银行在中国只抽取上海和北京的数据,但在其他省份,特别是在一些不太发达的中西部省份到不了这个水平。(5)获得信贷,即获得贷款的便利度与成本。(6)保护少数投资者,我们说法律肯定是保护大多数,但是这不准确,法律也要关注对那些少数者权利的保护,以及权利受到侵害时维权的途径。这一点可能更加重要,而不是一味保护弱者这个概念,法律更加平衡强和弱股东的权益,这是法律所追求的目标。(7)纳税,这个指标中国排在很后,全球第110名,说明中国企业的税负是比较重的。(8)跨境贸易,即贸易的便利度等。(9)执行合同,这项指标即合同履行我们排名很高,在世界上是第六名,说明中国人对合同的履行很看重。(10)办理破产。这几年我们很多省在各城市的中级人民法院都成立了破产审判庭,包括一些高级人民法院,共成立了98家破产审判庭。去年和今年又在上海、北京和深圳,建立了三个独立的破产法庭。这些都是非常重大的破产法实施改革。世界银行很关注各国破产法框架的改革。我们最高人民法院在推动这一块改革,出台了《破产审判工作会议纪要》,出台了《破产法司法解释(三)》等司法解释,但是我们可以看到世界银行不仅仅关注破产法框架的改革,也关注企业破产中债权人的回收率。我们目前排第61位,不是很高。

营商环境就是民营企业的生命线,营商环境中除了关注注册成立一家企业的成本是否很高外,也关住企业的退出机制。最近国家发改委、最高人民法院、中央人民银行等13个部门出台了一个国家级文件,《关于加快完善市场主体退出机制改革方案》,有一些非常重大的信息,与我们民营企业是密切相关的。现在民营企业经营过程中有一个比较大的问题,由于融资难,所以企业一旦现金流断了,不能清偿到期债务,就可能破产。这种情况怎么办?现在中央政府要求商业银行等金融机构必须给民营企业、中小企业贷款。金融机构虽然勉强向中小企业发放贷款,但要求民营企业家用个人资产、家庭财产等进行担保,于是出现了公司不能还贷,就必然连带到企业家个人的担保责任,企业家承担全部债务。这就在实质上让公司法无效了,有限责任公司的有限责任全部是无限责任。民营企业家个人也得破产。民营企业也没有办法,我们的金融生态就是这样的,所以说民营企业遇到“融资的高山”,说得一点儿也不过分,甚至是遇到融资的绝境。无限责任就要求有个人破产,而我国又没有个人破产法,所以制定个人破产法这两年在中国呼声比较高。

国际上,个人破产法允许那些还不起债的人在法律的框架下豁免债务,即给那些诚实而不幸的债务人一次再生的机会。个人破产的意思就是允许你每个月保留一定的基本的生活费用,即最低生活费用,而其他的财产与收入要还给债权人。在这种前提下,经过几年时间就可以豁免债务。在美国是允许一个破产人一个月最多保留税前2400美元的收入,各个州有一点区别,但是2400美元将税一扣掉,也就是不到2000元美元的生活费,可以保留你的锅碗瓢盆等基本生活用品,其他财产都属于债权人的。这些条件具备以后,就可以申请个人破产,在7年以后你还偿付不了欠债就可以将债务全部豁免。个人破产制度的好处,就是可以给那些欠了一身债而确实还不起的人一个希望,一个再生的机会。但是这7年对债务人有很多限制:不能出入高消费场所,不能坐高铁、飞机,不能从事一些公共职务,不能做企业的法人,不能再创办企业等。美国这种个人破产的人很多,2018年是70多万人,2017年是80多万人,个人破产数量最高的时候在2010年,150万人破产。因为有个人破产法,就给债权人、债务人一个稳定的预期,给债权人提供了预期,也给债务人一个再生的希望。个人破产在中国其实已经有了基础性的条件,财产征信、失信黑名单制度、强制执行制度等。我们要建构法治化的营商环境,法治化的营商环境就是要有很好的各项制度,给投资人各种稳定的预期。国家发改委等十三个部委出台的市场主体退出改革方案,现在提出要对这一批有担保的民营企业家可以采用个人破产方式来解决,这实际上提出了中国现在大量有担保的债权债务关系,与个人财产的关系怎么处理的问题,指出了一个可以用个人破产解决的方向。但是我们现在建立个人破产法还缺乏很多具体制度支持。这实际上也是强调要优化营商环境,给民营企业家更好的市场预期这样一个概念。

三、民营企业发展法治保障的几个重要问题

1. 民营企业家的社会作用与营商环境关系。企业家要认真看待中共中央、国务院、中央领导支持民营企业、民营企业家的很多论述以及一些表述,企业家的社会作用很大。德国思想家马克斯·韦伯的《新教伦理资本主义精神》里就讲到过企业家的作用,马克斯·韦伯研究地中海沿岸为什么会出现欧洲的文艺复兴,为什么欧洲在漫长黑暗的中世纪宗教统治之后,会突然出现文艺复兴、配套的发达商业文明以及跨度很大的人类文明欣欣向荣景象,很重要的一个原因就是企业家群体的出现。这些地中海冒出的企业家阶层有一些共同的特征,他们的开拓性很强,非常勤奋,又非常节俭,拼命赚钱又不花钱,而且有非常高的道德自律,信奉天职理念。马克斯·韦伯认为这就是新教伦理与他认为的资本主义精神的结合。

我认为应将企业家和企业管理家区别开来,这是两个概念。企业家指的是敢于创新、敢于冒险、有担当的这么一群人,这些人实际上很少,但是一个国家是希望这样的人越来越多。奥地利经济学家米塞斯讲什么是企业家:企业家充满了想象力,他敢于迈入人们从来没有涉足的领域,而且他们的资本投入完全有可能打水漂,但他们依然敢闯。所以企业家要有冒险的精神。企业家的社会责任感很高,美国为什么会出现马斯克这样的企业家?一个私人企业家搞了一个全球星链计划,要将一万多颗卫星送上天,使全球通讯无缝联结。许多人不相信,他就将特斯拉汽车通过火箭发射到火星上去了。这就是企业家,马斯克就是有想象力、敢于冒险、敢于创新的企业家,这

种人如果在社会上多了,这个社会当然是充满活力的。我们要营造这样的环境,将各方面的制度都营造好了,肯定就会冒出有闲心闲钱的人,这些人就会有想象力,就会琢磨一些创新的事,他们没有后顾之忧,就会愿意去创业创新,去冒险干大事。

什么是企业管理家?一个企业建立起来之后,如何让公司治理结构规范、管理有序,它的研发投入、它的生产经营、它的市场营销,如何做到合规合矩,服务市场需求,如何跟上市场产品的潮流?这是企业管理家的事,这是企业经理人、职业经理人的事。严格说起来这些人不能叫企业家,而是职业经理层。中国现在将这些人也叫企业家,这不准确。我们希望中国的民营企业家是有想象力、有创新、敢冒险、干大事的人。中国缺企业家,缺真正的企业家,缺有想象力、创新精神、开拓精神,不怕前面的路有怎样的风险,能够甘冒风险去闯去干的人。中国缺这样的企业家。营造法治化的营商环境,实际上就是要提供一个涌现一批这样企业家的环境。

当然我们也需要职业经理人,专业素养很高,有经营头脑,有基本法律思维的企业管理家。我特别强调民营企业家要有基本的法律素养、法律思维,什么是企业家、企业管理家的法律思维呢?简单来说就是要具备四个意识:第一要有敬畏法律的意识,你可能不了解许多法律,但是你要敬畏它,要有基本的法律理念。第二具备契约精神、合同精神,你要遵守合同,重信守诺,与他人达成的协议,就是你的承诺,你就要做到。第三要有程序意识和程序思维,什么事都要讲程序正义,不能跳开程序,拍脑子决策,不讲办事规矩。第四要具备证据意识,很多纠纷难题的解决到最后都是看证据,比如说当年你借给一个朋友500万元或1000万元,对方赖账说没有借过,借据呢?证据呢?你没有,当年都是很好的朋友,在合作的蜜月期,什么借条都不要,但这种不靠谱的蜜月期一过,双方关系就出问题了。这时候再谈法律关系就要有证据。企业家不需要都成为法律专家,但是要有这四个意识,具备这些基本的法律意识,才能放胆去做创新的事业。

企业家要敢做创新的事、冒险的事,做一些有“破坏”性意义的事情。熊彼特说所谓的创新就是一种破坏,就是一种对传统体制机制的打破,他说的是生产技术的革新和生产方法变革的体制机制,不是讲破坏法律规则,“创造性的破坏”必须是有法律规则做支撑做保障的,所以企业家要具备基本的法律意识、法律思维。民营企业家要有一点法律思维。

2.民营企业法治保障与平反冤假错案。中国在四十年的改革开放过程中取得了骄人成绩,发展中也出了一些问题,一些民营企业家跟着改革开放的节奏在呼吸。在企业家奋斗过程中,有时候也有一些经营决策把握不准,也确实有很多因素不是个人能够控制、能够把握的,因此,企业家一定要有法商结合的思维。也有一些因素是政策性因素,不是企业家个人因素带来的问题。最近,中央决策层、司法部门现在正在对一些有影响的民营企业家冤假错案进行平反。这些都是重大的政策问题,这对改善营商环境最很重要。我个人认为,营商环境有软硬之分,软性环境就是我们地方政府改进服务,改进政商关系等,硬环境就是刚性的要求,就是一些制度改革完善问题。

现在中央又出了很多有利民营经济发展的新政策,我想中国经济从全球来看,目前还是处于相对的比较好的阶段,虽然受到了一些全球经济下行的影响和中美贸易战等的影响,我们这两年的经济有所下滑,但是我想中国的民营企业家还是有能力、有动力、有水平的,还是能够做好的,关键是要了解民营企业家最希望的是什么?现在我们有一部分民营企业家开始进行资本出逃,把资金转移到国外,为什么?我们的民营企业家最希望的环境就是法治化的营商环境。最近这一段时间,无论是从中央到地方政府,都在提出要保护民营企业家的人身权利、财产权利特别是知识产权,实际上不仅仅是保护这三权,我们民营企业家其他的权利,法律规定的权利都应该得到保护。现在一些地方司法机关动不动就羁押企业家,一个企业家被抓起来,他的信誉、他的企业马上就会受到影响,更重要的是现在很多强制措施是违反诉讼程序规定、违反诉讼法的规定,对民营企业家超长羁押,1个月、3个月、半年家属都不让见面,这个企业就完了。现在中央也出台了很多新的政策,最高人民法院、最高人民检察院都出来了相应的指导意见,要求法院系统、检察系统、公安系统对涉民营企业家的案件要罪刑法定、疑罪从无;要审慎定罪量刑,对民刑交叉的案件要特别慎重,对于民事案件要禁用刑事手段;要甄别历史上的冤假错案;对一些复杂的、疑难的案件,一定要遵守程序规则和证据规则,不能用刑讯逼供所得出的结果作为证据。

3.民营企业如何重视企业法务?中央出台的这一系列新政策,对于法治化营商环境建设是有重要作用的。希望民营企业家能够对现在的一些基本法律,像《公司法》《民法总则》《合同法》《物权法》,金融法像《证券法》《商业银行法》《票据法》《担保法》《企业破产法》等要有一些了解。现在很多民营企业处于危困当中,破产法对拯救这些民营企业很有作用,重整、和解程序可以用来调整企业债权债务关系。民营企业家要有比较好的法律思维,至少要有好的法律团队,在经营决策过程中帮助你进行法律上的顾问咨询。现在世界上一些大的企业,都有自己数百人的法律团队。即便这样,有些专业的法律业务还要外包给专业的律师事务所来做。如果企业家具有法律意识、法律素养,企业储备了高素质法律人才队伍,这样的企业肯定有竞争力。

最后,我们一方面希望民营企业家重视法治思维,更加注重运用法律武器来保护自己,从法治保障中得到支持;另一方面,也希望各级政府和司法机关更加注重法治、用法律手段保护民营企业、民营经济和民营企业家,我们希望民营经济民营企业的发展应始终有法治的保障。在法治化的营商环境中,民营经济、民营企业能得到更好更持续更健康的发展。

现场提问

未来三年的经济有哪些方面的法律风险?作为企业又如何的应对?谢谢。

李曙光

这个问题挺好也挺大,未来三年就要看什么样的企业了,如果是做"一带一路"的话,法律风险可能会很多,"一带一路"很多国家不是WTO成员,实际上法律更加具有本国性、有属地性,企业进入到这样一些国家,产品、交易方式都要符合当地国的政风民俗,对这样一些国家的民商事法律要熟悉,并且对它的政治环境、安全环境也要有预判。

未来三年,我们国内民商事法律体系基本进入到比较丰富的阶段,不能说它完善成熟了,我们很多法律还不完善。特别在金融领域,一些基本的法律,像商业银行法、人民银行法、商业银行监管法、证券法等要进行修改,还有期货法等在起草。金融领域的法律变化会比较大一点,破产法现在也要进行修改,很快要启动了,目前可以说在最后的法律实施评估阶段。这些都是对商事交易影响非常大的法律,包括担保法、合同法、票据法,这些都是要进行修改的。

未来的发展,中国的经济,不管中美贸易摩擦进展如何,我们会更加强调改革开放。像海南正在搞海南自贸港条例,自贸港的力度非常大,甚至可能出台一个专门的自贸港法律,未来中国肯定会更加开放。在互联网领域,线上的法律关系发展迅速,基于算法带来的商业交易变化,区块链技术,智能合约,包括人工智能相关的法律问题,网络交易当中的证据等,这些都发生了很大的变化。法律界、企业界都要关注这些变化。目前有大量的法律空白领域,现在网络平台的垄断独占协议是一个非常大的问题,线上平台很关键的策略就是交叉补贴,用另外一块赢利来补这一块,要的就是用户的黏性,强调我先将这个市场占领了,赚钱不赚钱不重要,包括滴滴打车、拼多多等新业态企业,现在线上很多企业的产品是不赚钱的,而是用另外的产品与方式来赚钱,这个产品与方式是比较隐蔽的,跟原来产品没有关系。未来这些领域是民商事领域面临的问题,在互联网时代来临以后,对于财产权、知识产权的认定,对于交易的方式,这些领域未来可能都会出现很多法律上的纠纷。

中国在进行供给侧结构性改革,供给侧结构性改革的核心就是"三去一降一补","三去"中去产能的核心就是治理"僵尸企业",治理"僵尸企业"就是破产法的使用,未来三年破产案件我认为会急增暴涨,现在很多律师事务所都在申请做破产管理人,目前破产已经成为最前沿的业务,律师、法官、学术界都很重视,各地破产管理人协会如雨后春笋一般涌现出来,有很多专业的论坛与研讨会,很快就要成立全国性的管理人协会。一个专业性的行业就这样出来了。所以,企业家、律师、法律执业者都要关注这些动态。

另外金融市场的法律,现在我们的证券法今年年底也要做一次比较大的修改,特别是新的多层次资本市场,科创板注册制已经登台亮相,但是法律依据还没有。证券法修改中有信息披露的定义、内幕交易、操纵市场、欺诈发行等,原来证券市场的法律供应是远远不足的。中国市场经济和市场交易的一些方式,已经要求我们的法律要更加专业化、更加精细化、更加有一套精确对应的技术。

企业家要注意法律上的新风险。如现在一些交易也可以通过微信进行,微信的往来就可以作为证据,大家以往认为私密的关系其实一点也不私密。又如现在办事要留身份证信息、电话信息、家庭人口信息、学历信息、工作职业信息、年龄信息、身体疾病信息等,你所有的个人信息如果没有个人信息保护法,没有很强的个人信息隐私法律保护,这些信息将来可能都会出问题的。这些是我们法律专家要努力去做的。民营企业家也要关注,不要涉足买卖这些隐私信息的行业。未来法律风险可能会在很多领域,我们更多关注民商事领域,这个领域的案件也是在巨量增长的。

现场提问

在全面依法治国的背景下,企业经营管理机制体制要有怎样的改进?谢谢。

李曙光

从我们的角度来说,全面依法治国是要建立法治国家、法治社会、法治政府。法治公民、法治企业也是题中应有之义。法治企业是怎样的企业呢,首先是公司法人治理结构规范,治理结构要遵守公司的章程,要遵守《公司法》。公司经营管理体制也好,经营管理面临的问题也好,怎么规范经营也好,核心问题是股东的权益,要特别注重保护股东的合法权益。当然股东的权益有大股东、小股东、控股股东、参与股东等的权益,按照现在的公司法、现在的公司章程,一般都会将股东、董事、高管相应的权利义务责任边界分清楚。企业家要注重的核心问题有三个,第一是保护股东权益,具体到企业决策中、具体的企业经营中,肯定是股东的利益如何平衡。第二是公司控制权,公司控制权的争夺是很大问题,公司控制权的分配和运用比较容易出法律问题。公司控制权也是一个公司治理结构问题、公司平衡问题。第三还有公司激励机制和分配机制。实际上理解公司法有三大块,第一块是建立一个规范的公司决策机制,有比较好的权力制衡,比较好的决策机制,包括你的经营管理决策,解决谁来决策问题。第二块是激励机制,公司选用什么样的管理者,选择什么样的人才,这些人才能不能留得住,给他们什么样的薪酬,底价薪酬和激励薪酬怎么制定。第三块是公司利益分配机制,包括如何分红,利润和损失去怎么分配等。如果将这三个方面都做好了,那么基本上《公司法》就领悟透了,也就知道企业经营管理机制如何改进了。

现场提问

随着中美贸易摩擦的持续发酵，境外经营的企业如果遇到一些骚乱或者是法律风险，以及贸易摩擦因素的影响下，如何用法律的手段途径保障自身的合法权益？谢谢！

李曙光

中美贸易摩擦相对敏感一点，但是我愿意说几句。现在中美贸易摩擦实际上有一个很大的问题，就是美国的长臂管辖原则，美国国内法很重要的法律适用原则就是长臂管辖，州和州进行贸易时，只要跟这个州有接触点、有相关性，那么司法的手臂就可以延伸到那儿，所以就叫长臂管辖原则。美国国内法现在已经伸展为美国国际法，美国的长臂管辖已经涉及中资企业以及美国发动的对有关国家的制裁，比如说对伊朗、对朝鲜的制裁，国内一些企业参与，按照美国的司法长臂管辖原则，就可以对你进行法律上的惩罚，对你进行一些法律上的适用。

实际上对于长臂管辖我觉得也不用怕，任何一个国家都有长臂管辖，中国法律也有很多在国外的适用，只不过管辖手臂没有美国那么长。美国是只要有一个接触点就可以管，中国是以事实为依据、以法律为准绳，法律没有规定的我们就不能够受案。因此，中国也得有自己的长臂管辖，而且长臂管辖的法律要更加新一些，有比较宽的解释。英美法系是判例法，与我们的传统有些不同，但是我们的民商事法律也融合了一些英美法的原则，将来这些方面我们也可能会有一些变化。应对复杂的国际贸易形势，包括“走出去”“一带一路”，以及全球经济的风险，风险是比较高的。我们可以通过国内法保护自己的权益，国内法要延伸我们的长臂管辖。中国现在也在给美国搞负面清单，要运用国内法的长臂进行一些制衡。更关键还是要懂你所在国家的这些法律。华为这次就请的是美国最前沿的一些大牌律师事务所，公司的法律专业团队很重要，一些民营企业图便宜、图关系熟、图简单，但是实际上可能保护不了你的权益，你还是需要有专业的团队、专业的人，还是要舍得花钱，一旦遇到问题就要舍得花钱，法律这笔支出虽然花了一点钱，但是解决了你的大问题。

尊重和遵守投资国的法律，在出现问题时如何更好地运用法律专业团队，如何借用国内法,如何运用好国际规则?现在国际上有很多专业领域的国际多边条约、国际多边协议,甚至是一些国际的多边参与指南,这些都很有用的。总之,我们的法律视野要有全球眼光,不能仅仅是看到中国法律是怎么规定的,国外不一定是这么样的规定,甚至他们的法律更加厉害,要有全球的法律眼光来看待现在走出去的一些企业遇到的法律风险问题。

现场提问

国家鼓励企业投资科研,在科研成果上怎么用法律保护好知识产权?国际纠纷中有哪些有效的处理办法?刚才还说到人工智能,德勤报告已经说到人工智能使用在法律、会计、投顾工作中,国家有没有相应的法律法规控制,或者给他们指引在法律上出现的问题?谢谢!

李曙光

知识产权问题非常复杂,我简单说几点。第一,知识产权实际上涉及专利、商标、著作以及一些专有技术、商业秘密等权利。在这个领域比较大的问题就是科研成果的分享,原来成果转化在中国没有很好的政策,这是一个很糟糕的状态。我们在推动国家出台一些类似于美国《拜杜法案》式的相关法律,国家投资项目的专利发明人可分享收益,鼓励发明人创新,希望法律出来后对专利成果的发明、专利成果的转化运用有积极影响。第二,知识产权的品牌保护。我们中国有很多创新就是学习型创新,而不是原创性创新。我们许多知识产权因为是学习仿造,有时候边界不分,就很容易产生知识产权纠纷。一个品牌在社会上打出知名度来后,大家就进行争夺,这是中国知识产权的大部分问题。我前面说的尖端科技是知识产权的小部分问题,如何保护最尖端的这些技术、这些发明、这些创新、这些创造,是我们法律的重点。对于这些原创性的东西,我们的知识产权各方面的法律一定要给予非常有力的保护。但是基于历史、文化的原因,我们也有许多进行学习、模仿型创新,也得适度保护,这就是平衡。知识产权的目标在于保护原创性的创新,对于学习型的这些创新可以采取一些利益平衡的方式,这是我的观点。

另外，谈到AI人工智能的问题，人工智能发展非常迅速，因为我也是围棋爱好者，人工智能机器人阿尔法把世界顶尖棋手李世石与柯洁轻易打败，阿尔法狗的招法都是很普通的。人工智能在早期的发展，它是运用算法的优势，人脑的转动是一秒钟转动多少，是有限的，但是到了人工智能那里是无限的，所以世界冠军柯洁复盘棋谱的研究最多就是十万盘吧，可是阿尔法是复盘一百万个棋谱，不仅仅是复盘，而且是装进去了。阿尔法的招都是很简单的招式，每一招都不像著名棋手马晓春那样是怪招、妖招。你人类棋手用妖招的话，阿尔法也是用普通的一招应对。一位全国围棋冠军跟我说，阿尔法这个招数既是平常的，又是很特殊的，就是应对你的招式的最好的一招，你都想不出有更好的一招，这个招我们称为阿尔法狗招。现在阿尔法已经过了那个年代，已经远远跨越打败围棋世界冠军的年代，发明阿尔法的工程师感觉问题大了，他搞了两个阿尔法狗，也搞了程序语言。有一天两个机器人在进行交谈，发明者工程师上去说你们别交谈了，你们停止交流。但是两个机器人不听发明者的，继续在自我交流，最后工程师发现两个机器人之间说的语言他也听不懂了，没有办法只能给机器人断电。将来像人工智能问题，如果说没有一个人类共同的法律机构，比如说联合国或者是搞一个人工智能方面的WTO，特别是涉及对于人格权、现有财产规则、知识产权确认等有重大影响的这些领域，要有一些基本的AI法律规则、游戏规则，要有一些禁止领域、限制领域。因此科学的发明、科学的实验还是要鼓励的，但是也要有一些限制，包括像无人机，无人机的发展现在也有很多问题，如对现在空域的管制、对于现在军事演习，对于一些地区游客的人身安全等，都有影响。现在很多企业都在搞无人机，肯定也要有所限制，但是现在没有法律依据。无人机到底是不是属于机动车范畴还是非机动车范畴？都要进行准确定义。这些都是未来我们要进行法律顶层设计的方面，也希望企业家、法律专业工作者呼吁和推动，能够对AI方面的法律有更好的规划，能够尽快出台一些基本的未来法律规则。我就讲到这里，谢谢大家！

党的十八大以来推进全面依法治国的成就和经验

薛刚凌

薛刚凌，华南师范大学法学院教授、博士生导师，华南师范大学政府改革与法治建设研究院院长。 本文根据薛刚凌教授于 2019 年 9 月 20 日在梅州市委理论学习中心组专场报告会录音资料整理而成。

今天这个专题我想和大家交流四个方面的内容，一是十八大以来依法治国的新理念、新思想、新战略；二是十八大以来依法治国取得的成就，按理说这些成就应该以数据说话，但这是非常庞大的工程，我也没有给大家提供具体的数据，会有一些感受或者是具体的做法和大家交流；三是十八大以来依法治的经验和困难，我们有哪些方面的具体做法是值得充分肯定或者是具有中国特色的，在依法治国过程中有哪些障碍、有哪些问题；四是挑战与展望，从未来的角度看我们依法治国还面临哪些问题，需要从哪些方面完善。

一、十八大以来依法治国的新理念、新思想、新战略

十八大报告、十八届三中全会决议报告、十八届四中全会的决定、十九大报告和习近平总书记多次的讲话（包括在中央全面依法治国委

员会报告里的一些讲话）总体构成了对这些新理念、新思想、新战略的归纳。首先我将这些新的说法给大家做一个介绍，实际也是反映了中央对依法治国方向性的把握。

（一）概念发展

“依法治国”是1997年十五大提出的，1999年“依法治国”入宪，经过十多年，到了十八大，2012年我国提出全面推进依法治国，概念拓展实际上表达了我们推进依法治国的决心。从萌芽到社会共识、到中央推进依法治国的决心，反映出我们对依法治国方向的坚守。

从法治国家到法治中国，实际上体现了中国特色，法治中国和其他的法治国家建设是不一样的，我后面也会特别讲到中国特色。法治是人类社会共同的追求，但是法治的模式是各不相同的。我们这些年已经创造了一种中国模式，当然现在理论界还在争论、在讨论，但法治中国建设显示出我们自己走社会主义法治道路的信心和决心。

十八届三中全会还提出一个概念，我觉得非常好，就是国家治理体系和治理能力现代化。这是第一次从系统的角度提出了我们的转型、法治的目标。我们这些年的改革是渐进式的，经常是哪儿有问题我们就改哪里，成熟一块就改一块。但是我们这种渐进式的、分散的改革带来了系统内部的不协调和相互矛盾。要真正走向法治，治理系统一定要严谨，上下左右前后不能有冲突，不能够各种力量相左，国家治理体系和治理能力现代化，强调的是系统性建构，这也是更高层次的国家治理要求。

十八届四中全会将法律体系转向法治体系。国务院曾经颁布白皮书，谈到社会主义法律体系包括以宪法为主的七大法律部门已经基本建成。四中全会提到的是法治体系，一字之差，却是从过去的平面的法治走向了立体的法治。法治体系包含了法律规范体系、法律实施体系、法律监督体系、法治保障体系和党规体系，五个子体系构成了法治的整体。和过去相比，这也是一个质的飞跃，强调它的系统性。

十九大还特别提出，要强化党对全面依法治国的领导，这也是十九大以来最大的变化。

总之，十八大以来，概念、术语上的变化可以反映出依法治国在一步步推进，走向深入。从点、面到系统，从社会需求、改革转型到中央的顶层设计，可以看出依法治国的发展趋势。

(二)主要内容

关于新理念、新思想、新战略的主要内容,习近平总书记讲话中用了“十个坚持”,不仅概括了十八届四中全会依法治国决定中“五个基本原则”,也凝练了十九大报告中的法治精神。

1. 坚持党对依法治国的领导。在这里是要加强党的领导和改善党的领导。关于党对依法治国的领导,从十八届四中全会开始明确,尤其是十九大特别重视党对依法治国的推动,强调党的领导和保障。这不仅体现在党的重大决策上,也反映在组织建设方面。十九届三中全会关于党和国家机构改革的决定中,专门设立了中央全面依法治国委员会进行顶层设计、综合协调,对依法治国中的重大问题、重大事项进行决策,体现在组织体系上怎么来加强党的领导。此外,也加强了党内法规的制定,进一步明确党的领导职责和方式方法,如《中国共产党政法工作条例》等,这些都体现了党对全面推进依法治国的决心、重视、支持和保障。

2. 坚持人民主体地位。推进依法治国首先是为了人民的福祉、为了社会的公平正义、为了人民的幸福生活、为了每一个人的自由、全面发展,同时又要依靠人民。因为法治是一个整体,法治建立在每一个人自治的基础上,需要每一个人的参与。在这个过程中,每一个人的主体性要充分体现。人民主体在国家的法治中非常重要,这些年我们的发展之所以有今天的成就,就是充分尊重了个体的独立和自由,将每一个人的积极性、创造性调动起来了。和改革开放前相比,个人有了更多的知识、财富、能力和发展空间,才有了今天中国的繁荣。

3. 坚持中国社会主义法治道路。要符合中国国情,社会主义法治道路体现在经济领域、社会领域、管理领域、政治领域、文化领域等。比如社会主义市场经济,其法律框架一定不同于资本主义市场经济的法律框架,它们一定是不一样的。政府在经济领域的作用独特,主导引领了经济的发展,不仅具有管理职能,更是直接参与经济运作。这里涉及一些经济学的讨论,就是政府的经济职能如何定位?要不要介入经济,如何介入经济?不论理论怎样,在实践中政府对经济的发展有着非常大的推动作用,这就是中国模式。政府以经济建设为中心,我们党领导一切,在行政中发挥了重要的领导保障作用,这些都是我们自己的特点。法律制度建设要符合中国国情,不能法律制度是一套,实践又是另外一套,法律制度就无法支撑和规范实际运行。

4. 坚持建设社会主义法治体系。从法律体系到法治体系,虽然是一字之差,实际上是一个质的飞跃。不仅仅是建立法律规则,还包括法治的实施、保障、落地和支持系统、辅助系统。我现在也在研究法治的指标体系,我觉得学术界包括实务界过去讲的指标体系比较侧重结果指标,其实要素指标也非常重要,就是法治系统需要哪些要素来支持推进。比如说法治的一个短板是我们的法治意识欠缺,虽然有法律规范,但是遇到事情就将法律扔在一边,凭自己的感觉处理问题,法治意识和思维缺位是制约我们法治发展重要的要素之一。法治是一个系统,只有各个要素具备时,产出才是最好的。

5. 坚持依法治国、依法执政、依法行政共同推进,法治国家、法治政府、法治社会一体建设。这里也是强调了互动性、系统性。依法治国如果仅强调依法行政,不重视依法执政,会出问题。如果我们党内法规经常和法律冲突,那也肯定不行。我们要依法执政,十八大以来一个特别重大的发展,即将党内法规纳入整个法治体系。过去我们对党内法规研究不够,但这是中国的特色。现在我们党内法规数量很多,依规治党是加强党的纯洁性、先进性和科学性建设的重要手段。我也在做党内法规的研究,发现对党内法规的解释存在着任意性、随意性的问题。举一个简单例子。有一个地方发生了自然灾害,上级要求随时到达灾害发生地点,当地的县民政局局长自己没有车,就把单位的公车从灾害现场回来以后停在了家门口,这就和党的纪律在表面上发生冲突了,因为公车私用到家门口了,最后有关部门就要处分他。考虑到公车私用的目的没有问题,最后通过容错机制,免于处分。问题是民政局局长本来就没有错,而是有关部门机械理解了公车不能停放私人家门口。从法的精神来看,特殊情况特殊对待,要符合公平理性的要求。所以这里适用容错机制有问题,容错机制是确认有错,因为特殊原因免于处分,而这个民政局局长本身没有错。因此党内法规的适用应该和法律的适用一样,要符合公平正义的精神,而不能机械解释。

依法治国包含了依法执政、依法行政,它们要共同推进。法治国家、法治政府和法治社会也要一体建设,光有政府的法治建设,社会不理性、老百姓不配合、个人不自治,就实现不了法治国家的目标。用法律的手段治理社会,就要求全社会比较理性,但是中国人情感至上,理性不足,包括中国传统文化也是比较重视情感,情感到了利益可以牺牲,情感不到有理也不成。

当然法治政府建设也是很复杂的系统,现在对法治政府建设的理解有一点狭隘,只讲外部执法或者放管服,这是不够的。社会主义市场经济决定了政府的双重身份,既是经济管理者同时又是建设者。政府大量地参与经济建设,这里的资源配置行为,直接或间接的经营行为都需要纳入法治轨道。我们的政府职能和西方的政府职能不一样,职能宽泛,权力很大,不能照搬国外的行政法制度而忽略我们中国自己的国情。现实生活中大量的官员腐败都发生在经济领域,这与法治政府建设不重视政府的经济建设职能有关。当然,学界研究滞后也是造成法治政府建设缺位的重要原因。

6. 坚持依宪治国、依宪执政。要统领整个法治,最根本的大法就是宪法,所以要依宪治国,所有的国家治理活动都要在宪法的框架下进行。依宪执政,就是党要在宪法的框架下来领导人民走向法治,走向繁荣富强。

7. 坚持全面推进科学立法、严格执法、公正司法、全民守法。与过去的有法可依、有法必依、执法必严、违法必究相比,现在的提法更完整、更全面。科学立法,需要提升立法的品质,包括立法体制的改革完善。严格执法,不仅是政府对外管理,也包括政府落实法律的规定和政府依法参与经济运作。公正司法,主要是从司法运行来看,如何保证每一个案件的裁判公平正义。全民守法,每个人都要遵守法律、依法主张权利也履行义务。当然,要实现科学立法、严格执法、公正司法和全民守法的目标并非容易,期待和现实之间仍有非常大的差距,这有机制、技术、人员素质和文化的问题,非常复杂。

8. 坚持处理好依法治国的辩证关系。这里涉及政治与法治、改革与法治、依法治国和以德治国、依法治国和依规治党等很多复杂关系。我们的法治是中国特有的,非常特殊,比如说中国政治的特殊性,和西方不一样,我们是共产党领导。我国政治和法治的关系、包括我们的党内法规和法律的关系、政策和法律的关系都需要深入研究。我曾经参与论证一个刑事案件,一个县主管计划生育工作的副主任被当地检察院以渎职罪提起公诉,原因是有人举报其对超生二胎的又拒绝缴纳社会抚养费的当事人放弃了向法院申请强制执行的职责(标的额为180多万元),而该副主任放弃向法院申请强制执行的理由是省里在国家放开二胎政策后出台文件,要求不再申请强制执行。但法律还没有跟上。这里涉及一个突出的问题,就是法律和政策冲突时如何适用?作为执法部门,当政策和法律冲突时如何执法?这需要建立相关的规则予以解决。从法治的要求来看,将来的政策和法律应该有更好的一致性,在不完全一致的情况下,到底应该怎么办?这是需要研究的。否则执法部门就乱了。就具体案件来说,认定该被告人构成犯罪不大妥当。因为被告人是在执行政策,毕竟党的政策是放宽了,立法只是时间问题,肯定不会颠覆我们十八大放开生二胎的政策,从未来的走向来说是没有问题的。但政策是否能够成为检察院办理案件的依据,比较复杂,需要建立相关的冲突解决机制来妥善处理。

改革与法治的关系,也很重要。我们特别强调要立法先行、改革有据,不能因为改革而突破法律。因为改革就可以随便突破法律,这有严重问题。我曾经去参观调研一个县政府,其放管服做得很好,是全国的榜样。这个地方进行了多项改革,其中一项就是把项目落地前的环评改成了事后备案,取消了事前的环评。这个地方污染很重,各种各样的小厂子特别多,土壤和水的污染也很严重。我问主管环境的领导,谁让你们改的?2014 年我国制定了最严格的环保法,县政府有什么权力将全国人大的法律给改了呢?后来他们的工作人员说,领导来了都说改得好,起到了表率作用。我说你们擅自将法条改了,这是违法犯罪行为,造成严重后果,是要承担刑事责任的。任何改革都要有法律依据,至少是有法律授权。上海自贸区建设的时候,上海法制办主任带队专门到国务院各个部委请示,就希望停止适用的法律条文向各部委请示、协商,最后取得全国人大常委会的授权。如果改革可以随便突破法律,还要法律干什么?大家都可以随便改,法治就变成了一句空话,法律秩序也就荡然无存。

依法治国和以德治国,这是相互支持和相互依存的。依法治国和依规治党,我们要将党内法规纳入法治体系中,两者需要有机对接,这也是需要研究的。十八大以来很突出的就是对党内法规的研究,大概现在全国有几十个党内法规研究中心,我们广东省就有 6 个,应该说受到空前重视,而且党内法规学作为一个专业开始专门招收博士、招收硕士,我觉得这也是非常好的变化,回应中国国情,真正研究法治的一体化进程。

9. 坚持建设德才兼备的高素质法治工作队伍。这涉及法律职业教育的改革和高素质法律人才的遴选,当然也涉及制度性改革,包括法检系统的员额制改革等。特别重要的是法学教育。我国的法学教育有很大问题,法学教育的定位不清晰,是以大众化的教育方式培养职业化的法律人才,难以达到目标。职业化的培养和大众化教育的目标不同,路径不同,投入成本也不一样。我们缺乏一套严格理性的职业化培养模式。

10. 坚持抓住领导干部这个“少数关键”。依法治国需要领导推进,同时要规范领导的权力,尤其是要保证领导的廉洁和他的法治思维,所以中心组的学习,包括法律顾问制度,其实都是在强调领导干部这个关键岗位、关键作用。

二、十八大以来依法治国取得的成就

法治是系统工程,十八届四中全会把它分为三个层次。第一个层次是法治体系,包括立法、法律实施、法律监督、法律保障以及党内法规系统,五位一体。第二个层次是各领域的法律制度建设,包括经济领域的制度、社会领域的制度、文化领域的制度、国家安全领域的制度、环境生态的制度、管理制度这六大领域的制度。第三个层次是最高层次的宪法统领和党的领导保障。

(一)社会主义法治体系建设

1. 法律制定

十八大以来,我们制定了二十多部法律,修订了一百多部法律。有一个明显的进步就是强调了体系化建设,比如说我们制定的民法总则,正在制定的民法分则等。过去没有法,现在有了法律但常有冲突,所以要逐渐编撰成法典。我们的管理领域也是这样,我特别建议要制定土地法典、建设法典、教育法典,因为这些领域的法律规范很多,层次各异,需要编撰。在行政诉讼中,最典型的就是征地补偿案件,数量总是排在行政案件的前几位,后来就发现征地补偿大量都是程序违法,为什么会程序违法?是因为三大类的制度冲突。第一大类是项目制度,项目是从发改委、财政等各个主管部门拿项目,拿了项目以后多少钱都要花出去,因为这个钱不能老留在银行,财务成本太高。按照项目方面的规定,不在规定时间花完就可能被收回。第二类制度是行政许可制度,搞项目就需要有很多许可,建设许可、规划许可等各种各样的许可,这些许可跑下来也需要很长时间,甚至于几年。第三类制度是征收和补偿制度,征收和补偿节奏慢，要做征地决定、公共听证、评估，要不断地协商沟通，如果达不成一致，还要行政复议、行政诉讼诉讼，没有三年五年走不完流程。三套制度没法全部遵循，按照项目管理的要求，要把钱花出去，只能“先斩后奏”，先违法地将农民从土地上迁出去，否则就没有办法开展项目工作。很多预征收都是没有法律根据的，一打官司就是程序违法。要项目还是要合法，你要项目就很难合法，要合法可能项目就跑了。我们三套制度是各自制定的，兼容性不够，所以容易出问题。有一次我去法院讲课，同法官交流时也说到这个问题，我说我们行政诉讼不能只讲主观救济，要讲系统的客观秩序建构，就像修路一样，如果路不好当然就会不断地发生交通事故。现在客观秩序不好，我们却把重点放在了主观权利的救济上，所以立法上要强调系统化、法典化。

在立法体制上，我们在推进多元立法，新修订的《立法法》已经将立法权扩展到设区的市（包括几个没有设区的地级市），这是扩大地方自我治理的需要，也在很大程度上是因为地方发展差异性很大，需要通过立法解决地方问题，建构相应的法律秩序。现在我们有200多地级市都有地方立法权，现在看来地方立法权用得还不是特别好，其中一个重要原因就是立法专业人员欠缺，立法技术能力不强。与执法、司法一样，立法也是技术性很强的工作，要有专业人员的辅助，这些方面我们还比较弱，包括广东在内也是比较弱的。我们改革发展非常快，但是立法制度还比较滞后，满足不了实践需求。

2. 法律实施

法律实施包括三个部分。第一部分是个人守法，现在我们比较注重公共领域的守法，但还有一些领域做得不够。比如家庭领域，孩子的抚养和家长的监护方面是不够的。我们儿童受保护程度不够，当然这也有客观原因。比如我们的留守儿童，父母出去打工，孩子留给老人，受制于知识和能力，儿童受侵害的比较多。家长履行监护职责也是很重要的，要尽可能地让孩子与父母在一起生活。社会学家很为这些留守的孩子担忧。他们长大后与父母不亲，没有家的感觉，没有归属感，将会带来行为失范等一系列问题。每一个人都应该尽到自己的职责，除了不违法、不损害他人利益外，还要尽到家庭的职责，对孩子监护，并赡养老人。

第二部分是政府对法律的执行，包括两个方面，一方面是落实法律的规定，如为适龄儿童提供义务教育等，政府自己忠实履行法定职责；另一方面监督其他主体实施法律,对违法的要予以处理,后者又叫行政执法。政府对法律的执行涉及安全、经济、社会、文化和环境各个领域。

第三部分是司法对法律的执行。其中,民事案件、刑事案件都是直接通过司法来保证法律的实施,对政府违法的老百姓提起诉讼,通过行政诉讼来监督反馈,来保证政府对法律的执行。司法对法律的执行涉及公正性问题。这些年来,我们进行了许多改革,十八届四中全会有190多项改革措施,其中有48项措施都涉及司法改革,比如说员额制、责任制,还有以审判为中心的公检法在刑事诉讼中结构的调整,也包括行政诉讼法的修订,知识产权法院、环境生态法院的建立,行政诉讼相对集中的审判等。这些改革应该说取得了很好的成果,但是也面临很多问题。

司法公正体现在审判公开上,如案件上网、庭审直播等。更进一步将是全面的案件材料上网,现在公开得还不够,上网的仅有裁判文书,裁判文书还看不出来到底有没有问题,还应该公开起诉状、答辩状、辩护状、关键证据、庭审笔录等,要对整个案卷研读才可以对案件的事实问题和法律适用进行评判。现在做案例研究都非常难,因为案卷不完整。有记者曾采访我让我评价一个案子,我说我不评价,因为我没有拿到完整的案卷就不敢评价。将来我们的司法公开仍然有空间,我上次看到一个信息,不知道准确不准确,审委会讨论也要公开。法官对案件的裁判是否公平正义,要从论证过程得出。

司法实践中,还存在虚假诉讼,最高法院也在打击虚假诉讼。在一定程度上让法官个人来判断事实真相比较难。其实我觉得任何一个法官都要有破案的意识,要还原事实,还原事实的能力更是一种综合能力。福尔摩斯不是学法律的,但是他可以破案,从细节中进行逻辑推理,所以需要的是知识面,需要的是逻辑能力。当然现在我们还有辅助的司法鉴定。现在司法鉴定的问题也很多。2005年,司法鉴定体制改革,从公办走向社会,这项改革是否成功,值得反思和检讨。司法鉴定走向社会后,就变成了一个企业,谁给钱、谁关系好我就做有利于谁的鉴定,很难确保中立和公正。如果鉴定错了,整个案子可能都错了。

法官个人来判断事实问题还存在知识的局限。许多案件非常复杂,如果法官的知识和经验不足,就难以支撑他对很多复杂事实的判断,因此,事实问题要有更多的专业人士参与。当然知识产权方面还好一点,有很多技术法官,普遍的民事诉讼和行政诉讼也有大量的技术问题，如果没有专业人士的参与，难以准确判断。因此，司法审判的科学性、技术性方面一定要加强。

3. 法律监督

法律监督现在最大的发展就是监察机关的监督，原来的权力机关监督、行政机关监督、司法机关监督、社会监督都有发展，当然现在网上监督也在发展。监察机关的监督是十八大以来非常重要的进步。反腐败对我国的法治推进作用很大。监察体制改革涉及体制性转换。我们过去是横向的政府内监督，现在变成了国家层面的监督，而且是从上往下的监督。中国的文化中上对下的监控作用比较突出，而横向监督很难，因为面子、熟人社会等原因，平级的一般不会去挑战。尤其现在还要投票，我现在监督你了，下次你不投我票了怎么办，所以也是冲突的，投票和监督之间有内在的紧张关系。但是上对下是可以超越的，所以现在的反腐败提高了监督的等级，巡视制度超越了地方的层级，真正独立行使监督权，这应该说是非常大的成就。反腐败，不管发现的是谁有问题，一律终身追究责任。虽然从法律上说终身追究还要研究，但是至少我们强调做了违法的事情就要承担相应的后果。

我们在努力建立不敢腐、不能腐、不愿腐的机制。不敢腐主要通过事后监督的威慑力实现。不能腐靠制度设计的科学性达成，客观上不能腐败，而不是靠个人的品质去阻却腐败发生。比如法官腐败，多是因为同学关系、熟人关系等，中国人的人情关系非常严重，让法官个人跟整个环境对抗非常难，因为他也要生存。但如果全面实行法官的巡回审判，就可以在很大程度上杜绝法官与律师的捆绑关系。法官在一个地方干两年、再换一个地方干两年。许多国家都是法官流动工作制，在一个法院不超过三年，日本、法国都是如此。不愿腐就是靠道德修养，现在我们确实要加强道德教育，道德教养好的人让他干坏事，他心里就有罪恶感，不愿做坏事，做了就不舒服。但是现在有一些人做了坏事还有成就感、愉悦感，觉得自己比别人高了一等，因此切实加强道德教化非常重要。

法律监督有多重途径。权力机关的监督更多是在规则体系上，比如说地方违法、违宪了，可以撤销规范性文件、撤销地方立法。行政机关的监督，更多是上级对下级的控制。司法机关的监督，其功能是纠正违法，解决纠纷，实际上还有保障秩序的动能。司法应该有更高的站位，是一种法律秩序的弥补和保障，如果出了问题就需要修补。但是我们的司法对法律秩序的修补功能比较弱,主要是解决问题,而不是修补秩序。司法既要保护主观权利,也要维护和修补客观法律秩序。现在司法比较强调主观权利,对客观秩序的修补比较弱。社会监督现在还有网络、自媒体,形式多样。

4. 法治保障

首先是人财物的保障,包括我们对这方面的财力投入,如员额法官、检察官的工资的提升。另外是专业人才的保障,这方面我们也在做很多改革。比如说法学教育的改革,但是我们的法学教育应该说还是有很多问题的,最突出的是职业化教育不够。世界上有两个法学职业教育模式比较成功,一个是美国JD模式,研究生起点,本科生毕业后才能考JD。70%考逻辑,30%考知识面。入学后,24门课程,以案例教学为主,教你怎么判案、怎么分析事实、法条、先例等,要考虑当时的情景、政策学和伦理学的要求,然后作出衡平的处理。通过大量的案例学习,学生出来以后就基本上具备了做案子的思维。然后再考律师,进行实践,很多年下来,一般到50岁左右开始被遴选为法官。英国有些不一样,主要是学徒式的。我曾经去苏格兰上诉法院和一个资深法官交流,我就问起他的经历。他说自己17岁考入牛津大学,三年的法学本科,一年的法律技能课程。毕业之后他做了9年的事务律师,然后做了18年的出庭律师,50岁被遴选到苏格兰上诉法院。当时他是63岁,我问他还准备再干几年呢,他说按照他们的退休制度,65~70岁是弹性退休制,这个时候退休工资很高,但是如果过了70岁,退休工资就低了,所以一般人都会在70岁之前选择退休。到了50岁,经济独立了,也不用考虑升官,主要是为社会做些有价值的事情。

第二种模式是法国模式,分大学学习和职业培训两个阶段。法国本科、硕士有很多人都可以学习法律,当然有很高比例的淘汰。毕业后如果要选择法律职业生涯,需竞争考入职业学院包括法官学院、行政学院及律师学院等,进行为期2~3年的职业培训,侧重培养职业技能。如法官学院要培养法官需要的13种技能,比如怎么主持法庭辩论、怎么写裁判文书、怎样考虑到裁判的可执行性、可实施性、考虑到社会的反映。还有大量的专题风暴式的社会问题研究,各种讲座,比如说黑人问题、打胎问题、同性恋问题、非法移民问题等。除了国内问题外,法官要关注全世界的热点问题,还有半年时间到欧盟其他国家学习,因为欧盟是一体化的,要学习欧盟法。还有就是要到法院实习,法院有专门的副院长管这些人的实习,因为这些人是准法官。

我们的司法改革要朝着科学性、精准化的方向发展，提升法律人才的能力和知识面也是非常重要的，真的要进行精英培养，因为他们是给社会“看病”的，他们要懂社会、经济、管理、人性、技术，法律人不拒绝知识，给社会“看病”都不懂社会怎么行呢？不是学两个法条就可以给社会“看病”的。我们对法律职业的理解，现在还是不够的，所以这一块的保障还是要强化。

思维意识、体制机制、信用体系保障等，现在这些都在强调，包括法律思维的训练我们也十分重视。中国人的伦理思维非常强，法律思维比较弱。法治是系统工程，包括系统内各要素之间的排列组合，包括系统运行的条件、手段，也包括外部环境，从系统论的角度来说，法治的有效运行，是非常复杂的系统，需要全要素的支撑，也需要环境的支撑。

5. 党内法规体系

党内法规体系包括一章四规，除了党章之外，还有组织法规、党内建设法规、领导法规（比如说政法委怎么领导，宣传部门怎么领导等），还有就是纪律监督法规。十八大以来，制定了大量的党内法规，现有党内法规有 100 多部，以规治党得到全党的高度重视。如果按照公法的角度，党内法规是三大块，即组织法、行为法和责任法。行为有两块，一个是对外的领导行为，一个是内部建设的行为。责任法就跟纪检相关了。组织法是我们党内法规最最核心的一套体系，这是有别于国家法律的，不是靠强制力、暴力来保证法律的实施，我们是靠组织体系来保障党规的运行、党的系统的运行。组织法是重中之重，通过组织法来凝聚各种力量，来推动国家的改革和转型。

党内法规和法律各有各的空间，同时又相互关联、犬齿相嵌。党内法规要在国家宪法框架下，但是也有它自己独立的地方，比如党内法规对党员伦理的要求。党的纯洁性、先进性体现为更高的要求，但是党员最基本的权利是宪法保障的，不能侮辱他的人格。宪法保证党员的人格权，这是不能违反的。党规高于法律我们也要辩证地理解，不能够越过宪法底线。十八大以来我们在加速制定党内法规，依规治党、从严治党，将党规纳入国家的法治体系，这是我国法治的进步。

（二）各领域的法律制度建设

1. 国家安全领域。我们制定了相关的国家安全方面的法律，包括十八大以后成立了国家安全委员会,加强各种安全风险防范,风险意识、危机意识得到加强。

2. 经济领域。包括营商环境要改善,也包括前面讲到的社会主义市场经济法律制度需要建设,尤其是政府的经济建设职能,要纳入法治轨道。我们现在经济运行的法律制度与实践不大匹配,法律制度滞后于实践需要。社会主义市场经济与资本主义市场经济有很大不同,如何在法律制度上呈现出来,如何通过法律进行规范和保障,许多方面研究不到位,还有一些制度存在严重问题。例如,我国的土地拍卖制度直接拉高了商品房的价格。我们的土地没有一级市场,城市土地国家所有,农村土地集体所有,处置权也归国家,当然现在有改进,农村土地可以上市、可以参与经济运作。土地拍卖就是公开竞价,土地由出价最高的参与者买到。实际运行结果是最后的成交价远高于初始价,溢价率很高。土地价格居高不下,商品房的价格自然无法降低。土地拍卖表面上公平合理,但存在严重的性质混淆。土地拍卖不是行使管理权,而是一种经营行为,也就是卖土地,而且是垄断性地卖土地。作为垄断性的经营行为,首先要满足市场供需的需求,如果土地供给过少,天价卖地,最后肯定是天价的房子。天价的房子,加上土地的不可再生性,导致对房子未来的预期高,现在我买了房子就意味着将来肯定要升值,只能往高不能往低,带来的后果就是全民买房。银行将钱也都投入房市,而房子的按揭一般又是三十年,周期比较慢,就没有钱拿来满足别的需求了,所以国家要控制买房。但是如果我们的土地供应充足的话,房价就不会那么高,四个一线城市里广州的房子最便宜,与土地供给充足有关。政府的土地出让首先要满足市场需求,确保供需平衡。这里我们将经营性的行为当作管理性的行为,是错位,导致市场的畸形。在经济领域,社会主义公有制如何和市场经济对接,我们的制度还是比较缺位的,比较模糊。

3. 社会领域。包括教育、卫生、劳动就业、社会保障等。21 世纪以来,这方面的法律制度建设也在加快,但缺口问题仍然很大,很多问题没有得到根本解决。其中,住房问题既是经济问题也是社会问题。

4. 环境生态领域。这些年我们在这个领域发展得特别快,我们建立了一套比较完整的环境生态保护制度,但执法困难较大。我们梅州青山绿水,确实非常漂亮,是非常宜居的城市。我来了以后可以感受到这里的生活指数特别高,也是特别令人向往的地方。

5. 文化领域。这些年文化领域也有发展,涉及文化市场化拓展,再有就是中国文化的重新打造,传统文化的现代化改造,这里面有很多问题需要研究,也需要制度建设的跟进。

6. 公共管理领域。这些年来我国的公共行政经历了很大的变革,政府法治建设也受到全社会的关注。在政府的管理方面,我们建立了许多法律制度,如重大行政决策程序制度、行政许可制度、行政处罚制度、行政强制制度、政府信息公开制度等。但政府在经济建设领域的法律制度还比较滞后。以经济建设为中心强调了政府的经济建设职能,也引发了政府之间的激烈竞争。争资源、争行政区划、争项目、经费、改革创新权等各个方面。我们政府间的竞争超过西方任何一个国家,尤其是经济领域的竞争、社会领域的竞争、管理领域的竞争,是全方位的竞争。但政府间的竞争规则没有完全建立,规范不到位带来了大量问题,如腐败,产能过剩、环境污染,无序化等。我去日本参加学术研讨会时,日本学者问我为什么中国地方政府竞争这么激烈?日本不是这样,因为日本的政府不管经济,只要福利到位就行了,而且在地方干得再好也不能到中央当官,地方自治,中央地方两码事,所以地方没有动力,而且经济下滑地方政府也没有责任。我们是以经济建设为中心,中央的考核指标在那里,干得好才提拔,但是实际上很多不是为了提拔,更重要的是为了地方的发展去争取更多的机会。因为中国有“父母官”这样的一种强烈意识,为政一方要给一方老百姓带来福利,多元因素造就了中国地方政府间的竞争。

(三)依宪治国与党的领导

在依宪治国和党的领导方面,我们也有很多进展,如建立了宪法纪念日、合宪性审查制度等。还有就是党的领导,为了推进依法治国,我们建立了党的中央依法治国委员会,已经开了两次会议,做出了许多重要的决定。加强顶层设计和重大问题及重大事项决策,整体推进依法治国,是我们党领导和推进依法治国的重要手段。

从整体上看,这些年来依法治国取得了突出的成果,从概念提出,到实际行动、到方方面面的改进,为我国的改革转型提供了支撑,但仍有许多需要改进完善的地方,也有许多制度需要建立健全。

三、十八大以来依法治国的经验和困难

(一)经验

1.坚定不移走中国特色的社会主义法治道路。法治建设也要符合中国国情。特别重要的是我们的国家治理模式跟西方不一样。社会主义法治道路具体可以分解为经济领域、社会领域、管理领域、政治领域、文化领域。我重点谈经济、政治和文化三个方面。在经济领域,我们创建的是社会主义市场经济,公有制为主,多元经济共存。政治领域我们是一党执政,9000多万的党员深入到社会的各个层面,包括我们党的组织机构,我们有直接的党的合署办公机构,我们有党组、地方党委,我们有中央的各个部门,有各种各样的党的组织。我国共产党执政和西方政党执政是不一样的,西方执政主要是推荐领导人,提供主要的政策。而我们不仅仅是决策,还涉及决策的执行,还要保障落实。在文化上,我们强调集体本位,同时改革开放后我们特别重视个人的独立和自由发展。我们和西方区别的就是整体利益下的自由和竞争,和西方国家相比我们多一个维度,就是对整体利益的追求。通过党的系统保证了对社会资源的全员动员、推进和支持,所以这种整体性是我们制度的优势,同时我们又认可自由和竞争。而西方是以自由主义为核心,缺乏整体性的维度。这种整体性追求非常重要,在我们和西方竞争的过程中保证了我们的竞争力、保证了我们的系统稳定。对整体利益的追求和公有制支持,我们才有能力实现我们一步一步的发展目标。我们这种整体性是靠党这个系统来保障的,在经济上我们是靠公有制支持,在文化上我们是靠集体本位来实现,但同时我们又强调自由和竞争。政府间的竞争和企业的竞争,双轮竞争驱动,我们一定会超过西方。政府竞争主要是要素市场的打造,人才、资源、技术、信息,我们这一轮的竞争在西方是缺位的。就拿粤港澳大湾区的建设来看,推进很快,中央一旦决策,粤港澳三地就开始各种各样的合作。包括基础设施建设,非常快速。现在广州到深圳城轨开通,开始一小时的交通圈运营,这在西方国家需要漫长的实践才能做到。因为西方强调个体、强调自治,缺乏整体运作的能力,建城铁需要每个地政府的同意,没有签署合同无法建设,所以要达成共识需要很长时间。而我们

的土地是公共的,是国家的,所以决策没有太大阻力。西方自由主义的特点是强调发挥个人的聪明才智,但是谁代表整体利益? 缺位。各政党是在各利益群体基础上发展起来的,利益倾向明显。但共产党的地位相对超然,代表整体利益,这是历史形成的,不是人为设计的结果,西方的制度也不是哪一个学者设计出来的,也是在历史演变过程中形成的。

我们模式的优势非常突出,但在制度层面还没有建设好。比如说政府间的竞争,其实我们的腐败跟政府间无序竞争有关系,政府竞争带来了活力、带来了创造,但是也带来了腐败、产能过剩、重复建设,因为没有规则。政府间的竞争规则如何建立?需要认真研究。我们的模式有优越性,我们强调整体利益,而且也有手段、有能力实现这个整体目标。在西方国家,比如特朗普虽然说这说那,但是他这么说、议会那么做、地方又这么做,他根本做不成,形成不了合力,而且政党轮流执政,奥巴马不断地加群、建群,现在特朗普又不断地退群、毁群,如果民主党一执政可能政策立马又变了,所以他们的政策稳定性差、连续性差。在我国,稳定保证了秩序与安全,这都依赖于整体性把控,为了整体利益也经常进行调整,但调整过程中个人利益保障不是很到位,需要对调控带来的特别损害建立补偿机制。

总体而言,我们的社会主义模式有优越性,但是制度建设不到位。不要以制度建设不到位来否定我们的模式,这是两个不同的问题。社会主义法治道路确实跟西方不一样,因为我们的经济结构、政治结构、文化历史都跟西方有非常大的区别。

2. 强调顶层设计、整体推进。法治中国怎么建设,涉及方方面面,尤其是十八届四中全会对法治中国建设做了全面的顶层设计,从立法到法律实施、法律监督、法律保障,到党内法规如何融入法治体系,到我们的经济、社会、管理、政治、文化、生态等各个方面。包括顶层设计,如何加强党的领导,如何推进依法治国,包括宪法的突出地位,宪法纪念日、宪法宣誓制度等。法治建设是一个系统工程,各个要素都要跟上,既包括规则、制度,也包括思维意识,还有经济社会基础,都会影响法治的发展。

3. 加强党的领导。党领导人民推进法治,党也必须在宪法法律的框架内活动,而且党依宪执政、依法执政,很重要的就是依据法律、法规,当也要从严治党、以规治党,所以党内法规需要完善。党内法规现在是学术界最热的研究领域,这也是中国特色。

(二)困难

1. 国家治理模式转型不到位。传统我们的治理是伦理治国,世界上有四种治理国家的模式,一种是武力治国,原始社会、动物界都是这样,胜者为王、败者为寇,靠实力说话,只要提供安全才能获得信服,谁掌握权力和实力,谁就说了算。第二种模式是宗教治理,借助于上帝的意志,从思想意识、经济生活、管理秩序统统都贯彻宗教的规则,遵守圣经、可兰经等经书的规定,谁掌握经文谁就来统治。其实宗教治理主要是靠神职人员,最典型的就像是天主教,从罗马教皇到各地的红衣大主教等各种各样的,建构了一套秩序。宗教对人类社会的影响,将野蛮人变成了文明人,但是同时又带来了很多奴役,什么都要服从教堂、神父的意志,而神父又有很多滥权的地方。第三种模式就是中国的模式,伦理治国。要注意伦理治国是一套机制,我国以德治国,按照儒家文化的君君臣臣父父子子,仁义礼智信,我们强调的是内圣外王的政策主张和政治理念,所以《论语》强调修身齐家治国平天下。我们是假定位高权重者拥有更多真理,所以就要服从他们。这些真理从哪儿来呢?就是修身齐家治国平天下,就是通过学习。因此中国人是重学重教的,培养君子、圣人,内圣才能外王。与此相联系的是命令服从组织体系,因为位高者权重者真理越多、道德修养越好、能力越强,所以你要服从他,服从就对了,不服从就错了。与伦理治国相联系还有去利益化的经济社会结构,要么全部是国家的,要么全部是国王的,谁讲利益谁道德败坏。我们的治理实际上就是按照儒家理论,以伦理道德修养为先。在这样的一个模式中,文化、规则、经济社会、政治模式都是高度的相互支撑。还有特别重要的就是科举制度,我们伦理治国是靠科举选拔的官吏治理国家,武力治国是靠军人,宗教治理靠神职人员。官吏对这套文化最熟悉,道德修养最高,所以全社会服从他们也是很正当。第四种模式是法律治国,现在我们也在从伦理转向法治,为什么?因为前三种模式都是一元利益,多元利益时代就出问题了。我凭什么要服从你呢,利益相左的时候我就绕着走。所以有许多违法,个人违法、政府违法都存在。地方政府违法因为地方有自己的利益。过去我们不准讲利益,谁讲利益谁道德败坏,但是市场经济打破了传统的治理模式,以多元利益追求为目标,追求利益是正当的。法治的特点就是强调多元主义,强调一种自由竞争,每一个人的权利都受保护。多元框架下谁能够得到什么样的利益,谁要尽怎样的职责，都是靠法律规则，尤其是市场交易要有规则，权利要受到保护，交易出现问题要通过法律途径来解决。

法治实际上是三个精神，一个是多元主义的精神，一个是理性主义的精神，要遵循规律（经济规律、社会规律、管理规律、社会规律、自然规律等），还有一个是妥协精神。不懂得妥协就不懂得法治，因为资源有限，不可能每一个人都得到，每一个人的主张不一样、每一个人的认识不一样，不可能都全部实现，所以要有妥协。当然也要看妥协的方案做得好不好，做得不好对整个社会发展、国家发展不利，做好了则有利于社会的发展。

我们从伦理治国走向法律治国，因为市场经济带来了中国翻天覆地的变化，利益多元，个人解放独立，有充分的自由和创新空间，同时强调整体利益。我前面讲了我们是在整体利益下面的一种自由和创造，带来了中国的快速发展。这里面政府贡献很大、社会贡献大、老百姓也贡献很大，中国逐渐发展成为西方国家攻不可破的一种模式。我们自己不大提中国模式，但是事实上我们是有中国模式的。我曾经在瑞士做访学，一个非洲教授有一天跟我谈了一个非常严肃的问题，就是中国模式。他说原来非洲都在学习西方模式，现在有了中国模式，发展更快更好，所以要研究中国模式。

2. 法治渐进发展与系统化、科学化要求不匹配。前面讲到我们是一步步渐进发展的，但是系统性、整体性不够，而且制度与模式不匹配。

3. 法学研究滞后。法学研究落后主要是对中国国情的提炼不够。我们这些年社会学、管理学等很多都是从国外借鉴过来，缺失中国自己的经验总结和制度构造。十八大以来我们开始强调对自己的研究，但是这需要过程、需要提炼。

4. 法治思维、法治意识不足。我们是伦理思维，情感至上。法治运行有一套规则，比如说法律的解释技术、法律的逻辑推理，但是我们比较擅长感觉，主观性比较强，客观理性不足。法治发展是多要素的，需要齐头并进。水桶效应理论强调盛水多少由最短那块板决定，法治建设也是这样。

四、挑战与展望

(一)挑战

国内的挑战是继续改革转型,继续中国模式的打造。在这里需要理论支持,要解决我们国家发展不均衡不充分的问题,还有中国的统一与法治的关系,比如港澳台的法律体系和大陆的不一样,一个很艰巨的任务就是怎么去统合。尤其是大陆的改革转型,很多重大理论问题没有讨论清楚。经济学界对中国经济模式的争论有很多,政治学也在讨论。美国学者福山在 20 世纪 80 年代末提出西方模式就是最好模式,但是过了 20 年以后他改变了,现在他认为中国模式也是需要好好研究的。其实研究中国模式最多的是外国人,而不是中国人。我们需要好好研究,需要提炼和总结。

国际上,中国发展对世界也产生重大影响,作为一个大国,也要参与世界秩序的构造。我们的理念相比西方是有优越的地方。比如说我们有家的概念,我们不管你弱还是强、小国还是大国,都是兄弟姐妹。中国文化具有这种包容性,而且更包容弱者,而不是完全以实力说话。在世界范围内,如果完全靠竞争,强者就将弱者给吞掉了,世界范围其实更要强调家的概念、共同体的概念。中国文化对世界的贡献,从未来的角度来看应该说更大。包括中美之间的竞争与冲突,也带给中国很多的反思,我们与西方相比,我们强势在什么地方、弱势在什么地方,用这样的参照系来反思中国的发展。

中国这些年的发展主要是大中城市的发展,将来我们还有第二个飞跃,就是县域经济的发展。我们的 2800 多个县域单位如果都充分发展了,中国还会有更大的进步。我们还有很多的行政手段是西方不具备的,比如我们的行政区划制度。最近我发现一个特别有价值的制度,这就是实践创造的“飞地”制度。深圳在汕尾搞了一块“飞地”,而且现在深圳也到哈尔滨搞了一个工业园区,也就是用深圳的理念、制度和人才来建设“飞地”。“飞地”制度如果能够发展成熟,可以用来扶持落后地区,还可以实现资源互补。过去我们对落后地区的帮扶,主要靠领导,作用不大,如果在一个地方引来一套先进模式和人才、资源,它会带动这个地区的发展。这在国外做不到,这种行政区划制度立足于整体性,在国外不可能做到。整体性也就意味着具有更多的调控手段、更多的工具来推进发展。

随着我国日益开放和走向世界，我们与其他国家的关系也日益复杂，机会很多，也面临着很多挑战，尤其是美国联合一些国家对我们进行打压。我国与西方的价值观不一样，我觉得我们很多的价值观和实践创造的中国模式，要从理论上说清楚，将我们的理论体系打造得更完善。

（二）展望

中国国家治理模式决定了依法治国的走向，我们的法治系统要建立在我们的模式基础上，法律制度建设要与经济社会制度及政治制度相匹配，要有文化支撑。依法治国涉及法治各个环节的改进。从法律立法到法律实施、法律监督、法律保障和党规体系的融入，都有很大的完善空间，实际上还有社会辅助系统、社会环境的打造也很重要。各个领域的法律制度，各个部门法都需要进一步建立健全和完善。很多具体法律制度可能还需要几十年的建设，不可能一步到位。

中国法治随着中国走向世界、民族复兴必将对世界秩序带来更大的影响，要建构一个世界共同体，包括“一带一路”，包括我们参与国际事务，都需要贡献中国的智慧。如何建立多元世界秩序，包括经济运行机制和国际安全结构，都在不断调整。世界就是这么两百多个主体，怎么来调整使得我们能够永续发展，使人类能够持续发展，是一个很大的问题。

总体来说，从十八大以来我们依法治国，尤其是强调全面推进法治中国建设取得了非常大的成就。我们有很多成功的经验，但是也有很多的问题，还有很多可以探讨的地方，任重道远。但是我们也坚信，在习近平总书记的领导下，有全国人民的创造和智慧，一定会走出一条光明的社会主义法治道路，为国家的改革转型和走向世界提供支撑和保障。

现场提问

薛教授您好，我是梅州市中级人民法院的一名法官。习近平总书记多次强调，要推进国家的治理体系、治理能力现代化。您的著作《法治国家与行政诉

讼——中国行政诉讼制度的基本问题研究》也阐述了行政诉讼是推进国家依法治理能力和治理体系现代化的重要手段。请问新时代应该如何进一步发挥行政诉讼或者进一步发挥人民法院在推进国家治理体系和国家治理能力现代化中的作用？谢谢！

薛刚凌

谢谢你的提问，这个问题提得特别好！行政诉讼在国家治理体系、治理能力的推进过程中能够发挥什么样的作用，实际上我们这么几十年来已经做出了很好回应。这些年我们从行政诉讼起步，推动了政府的法治建设。《行政诉讼法》于1989年制定，1990年10月开始实施，实际上更早在80年代就已经受理行政案件了。几十年来，通过行政诉讼化解了社会与政府的冲突，救济了老百姓的权利，而且对监督行政机关依法行政，养成依法行政的意识，培养依法行政的能力，都做出了共享。最早，行政诉讼强调对个人的救济，十八大之后行政诉讼有了很大发展，2014年及2017年两次修法，尤其是行政公益诉讼的建立，强调了行政法律秩序的维系。行政公益诉讼还有很大的发展空间。

行政诉讼实际上是两个目标，一个是客观法的维系和保障，另外一个是救济个人权利。最早的行政诉讼定位在救济个人权利，因为确实在传统中我们强调整体利益比较多，对个体性重视不够，行政诉讼第一次强调个体与国家的平等，可以平等对簿公堂，行政诉讼对中国最大的贡献在于它重构了国家和个人的关系，个人的独立、个人的自由、个人的权利受法律保障，任何人都不能侵犯它。行政诉讼对客观法秩序的维系和保障，在行政公益诉讼制度中得到充分重视，这是一个了不起的进展。从未来发展的角度来说，行政公益诉讼的空间非常大，在确保政府守法，保证政府间公平竞争等方面，都大有作为。法治中国建设，公法秩序的严谨性、完备性、科学性可能都有赖于行政诉讼的支持、修补和保障，所以应该说行政诉讼发展空间巨大。我为什么写这本书，写了一些文章，也是因为在最高人民法院挂职时有深刻体会，我们的诉讼好像对主观权利比较关注，对客观秩序不太重视。法律秩序建构不好，就会冲突不断，如果不从上游修补，光解决下游问题，永远都解决不完。就像河流污染一样，上游污染源不解决，下游再怎么清扫也没有用。客观法律秩序的修补和支持保障，可能是行政诉讼最重要的任务。现在法治观念有了，个人权利也强调了，终端解决机制也有了，问题是系统不行，客观法律秩序比较乱。

给大家举一个例子，国外是怎么通过行政诉讼来监督地方政府的。我们曾邀请法国一个上诉行政法院的院长来参加学术研讨会，她说法国中央每年告地方政府有3000多个案件，例如，原来在地方做行政法院的法官，有一个小岛发生了海啸，按照建筑法典，凡是发生严重海啸的，整个岛上的建筑设计都要重新评估，否则政府不许发放建筑许可证。但是这个地方政府为了省钱，海啸以后还是按照原来那样来发放建筑许可，结果有人举报，有200多个海啸以后发放的许可都有问题。经过审查以后，中央政府提起诉讼，她是主审法官，最后她将这200多个许可全部撤销了。

通过行政诉讼途径监督地方政府的好处就是具体化、精细化，检验每个行为是否能经得起合法性的拷问。我们都强调监督，但往往是出了大问题后，才开始追责，而不是连续不断地、通过每一个案例来保证行为的规范，然后来建构比较完整、客观、理性的秩序。过去行政诉讼的定位主要是救济个人，这个定位过于狭小，不太完整，所以才有了我这本书。

行政诉讼在法治建设中还可以有更大的用武空间。比如说，法治的体系化、系统化过程，也可以通过诉讼发现问题，在反馈到立法，进行制度的修补。虽然法院自己不能直接改变制度，但是可以发现这些问题，进而通过立法完善这些制度。而且诉讼过程也是强调整体性以及上游和终端的协调，终端要求的是理性，上游也必须理性。如果老是强调下游解决，而不强调系统性，这肯定会出问题。

总体来说，行政诉讼改变了中国，重构了个人和国家的关系，强调个人的独立、自由和创造以及对权利的保障，但是它对整个多元化的、理性化的秩序建构可能会有更大的作用。期待着行政诉讼有更好的发展，能够为中国的法治建设作出更多的贡献。谢谢！

粤港澳大湾区建设的法治保障

邹平学

邹平学，深圳大学港澳基本法研究中心主任、教授，博士生导师，广东省法学会港澳基本法研究会会长。 本文根据邹平学教授于 2019 年 9 月 27 日在清远市委理论学习中心组专场报告会录音资料整理而成。

非常荣幸来到清远，参加“双百”活动清远市委理论学习中心组专场暨南粤法治报告会第六十五讲。这次来到清远，我对清远有了全新认识，无论是在投资环境的建设，还是在招商引资、民生项目、教育、社会治安等各方面，很多数据、很多进步让我感到很振奋。我想起朱熹先生的一首诗：“问渠哪得清如许，为有源头活水来。”来到清远这座充满活力的城市，看到清澈的河水，呼吸着清新的空气，看到清洁的市容市貌，还有良好的城市管理和治安情况，我感到非常振奋。

2017 年两会《政府工作报告》首次提出“粤港澳大湾区城市群发展规划”，指出“要推动内地与港澳深化合作，研究制定粤港澳大湾区城市群发展规划，发挥港澳特区优势，提升在国家经济发展与对外开放中的地位与功能”。从此，粤港澳大湾区建设被纳入国家顶层设计，成为国家战略。党的十九大报告指出：“要支持香港、澳门融入国家发展大局，以粤港澳大湾区建设、粤港澳合作、泛珠三角区域合作等为重点，全面推进内地同香港、澳门互利合作，制定完善便利香港、澳门居民在内地发展的政策措施。”建设粤港澳大湾区城市群，是中国特色社会主义进入新时代以后，党和国家实施的重大战略，也是顺应世界发展规律潮流的重大举措。今年，《粤港澳大湾区发展规划纲要》已经出台，为大湾区建设立牌指路，规划了发展蓝图和实现路径，也奠定了政策基础。

我们可以从法治角度来看一下大湾区建设的保障路径。我打算从五个方面做介绍，首先是粤港澳大湾区概况及粤港澳大湾区建设的战略意义，第二个方面是粤港澳大湾区法治环境的特点及建设法治保障的意义，第三个方面谈一下粤港澳大湾区建设法治保障的内容，第四个方面谈一下粤港澳大湾区法治保障存在的问题，最后就粤港澳大湾区建设法治保障的路径和举措谈一些个人的学术见解。

一、粤港澳大湾区概况及粤港澳大湾区建设的战略意义：新时期国家战略

大湾区概念在2017年形成国家战略的背景下，我们通过研究发现，21世纪初很多专家学者就逐渐认识到湾区经济以及珠三角城市群建设具有非常广阔的发展前景。香港科技大学校长（吴家玮）先生，还有深圳市原来的副市长张思平先生，他们在2000年前后就提出过湾区设想。2008年国务院批复珠江三角洲地区改革发展规划纲要，提出珠三角九市一体化发展概念，并且在随后粤港澳三地政府签署粤港合作框架协议、粤澳合作框架协议，以及大珠三角城镇群协调发展规划研究，在这一系列文件里都提出了大湾区概念，可见湾区概念有一个认识逐步深化、不断成熟的过程。

2017年7月1日，习总书记在视察香港时亲自见证了国家发改委与广东省政府、香港和澳门特别行政区政府，在香港签署的《深化粤港澳合作　推进大湾区建设框架协议》。按照协议，粤港澳三地将在中央有关部门支持下，完善创新合作机制，促进互利共赢的合作关系，共同将粤港澳大湾区建设成为更具活力的经济区、宜居宜业宜游的优质生活圈和内地与港澳深度合作的示范区，打造国际一流的湾区和世界级的城市群。在十九大报告中，习总书记又提出：“香港、澳门发展同内地发展紧密相连。要支持香港、澳门融入国家发展大局，以粤港澳大湾区建设、粤港澳合作、泛珠三

角区域合作等为重点,全面推进内地同香港、澳门互利合作,制定完善便利香港、澳门居民在内地发展的政策措施。”

(一)大湾区的特点

大湾区有两个特点:城市群和经济中心。粤港澳大湾区城市群具有作为湾区经济突出的外向型特征,因为这是我国外向型经济最为发达的地区,同时也具有作为城市群突出的圈层结构和共同生活的空间特征。大湾区建设对标国际先进湾区建设:旧金山湾区、纽约湾区和东京湾区,无论是从面积、GDP以及人口这些数据,都可以发现粤港澳大湾区面积是最大的湾区,GDP总量大概是排在第三位,人口排在第一位。从湾区规划的力度、前景来说,它有希望成为全世界第一流湾区,从中央规划大湾区建设的目标发展来说也是着眼于此,这里是世界最大的湾区经济带。

粤港澳大湾区城市群由哪些城市构成?这里有“9+2”概念,这和以前大区域的“9+2”不一样,那是指广东辐射内地腹地省份的“9+2”概念,而这个“9+2”是指香港、澳门两个特区,加广州、佛山、肇庆、深圳、东莞、惠州、珠海、中山、江门,在中国南部经济带中这是最具活力、市场经济发展机制最健全的经济带。香港和澳门是自由港,是高度国际化的城市,同时香港、广州、深圳的经济体量特别大、创新能力特别强,构成了城市群的核心,与外围的佛山、东莞、惠州等九市形成了产业分工和互补关系,而一些相近的城市,比如广州与佛山、清远与广州,都已经形成高度一体化的发展。我们可以看到深圳与香港在融合方面、同城化方面有一些进展,但是内地像是广佛、广清的同城化发展,因为体制机制方面的对接更为顺畅,它的空间对接融合和发展速度更为快捷。

大湾区中有这么几个层次的金融中心。首先就是以香港作为国际金融中心这么一个非常重要的优势,世界其他三大湾区都有金融中心,且都非常发达。香港作为国际金融中心,在亚太地区也具有举足轻重的地位。广州和深圳是区域性金融中心,从国际金融中心以及区域金融中心的角度来看,大湾区在建设对标国际湾区具有金融方面的优势,香港、广州和深圳三大金融中心可以给粤港澳大湾区提供源源不断的资金支持,同时也能够给泛珠江三角洲地区提供源源不断的资金支持。

粤港澳大湾区城市群是中国发展潜力非常大的城市群,有些经济指标数据可以看一下,广州已经超越了新加坡,深圳超越了香港,珠海和意大利佛罗伦萨相当,佛山市直追荷兰的阿姆斯特丹,东莞已经超越了美国的拉斯维加斯,中山超越了日内瓦,惠州超越了德国不来梅,肇庆和英国利物浦相当,江门发展也日新月异。我们完全可以相信,整个湾区建设一旦进入快车道,它未来必然就会超过纽约湾区、旧金山湾区和东京湾区。西方学者通过研究中国改革开放四十多年来的历程,发现中国共产党在改革开放以来所有大的决策都成功了,没有一个是落空的,这是因为我们这个长期执政的党具有学习能力、决策能力和世界眼光,以及对中国国情的深刻把握。尽管今天我们和美国有贸易战摩擦,而且国际局势也有深刻的变化,但是我们一直能够保持定力、保持信心,底气就在这个地方。

(二)大湾区市场化改革的体制机制红利

大粤港澳大湾区的珠三角地区形成了市场化改革的体制机制红利,可以从四个方面来讲。

一是市场化改革的体制红利。整个中国的市场化改革就是从广东开始的,而且到目前我们广东的市场化改革仍然在全国占据了有影响的领先地位。深圳在广东市场经济改革中是比较有代表性的城市,也是获得市场经济红利收益最大的城市。世界 500 强企业中深圳有 7 家,全部都是民营企业,深圳的发展也是广东的缩影,以发展市场经济为改革开发的核心是整个广东经济很大的特点。80 年代广东兴办深圳、珠海等经济特区,率先引进市场经济因素,抢占体制改革红利的先机,到小平同志到南方视察,进一步解放思想,确立市场化改革取向和市场经济的框架、基础,以及后来国家加入 WTO 后推行的一系列重大改革,使广东最终确立了比较完善的市场经济新体制,这对广东、珠三角工业化、城市化、现代化和一些城市的国际化发展起到了非常重要和关键的作用。

二是 2001 年中国加入 WTO 使珠三角更快地融入国际经济体系,分享国际分工的红利,充分利用国际市场和国际资源,为利用外资、发展外贸提供了良好机会。

三是 21 世纪初中国经济十年持续高速增长的发展红利。广东、珠三角凭借改革开放的先机和毗邻港澳的优势,搭上了中国经济增长的快车。有一组数据,从 1998 ~ 2012年,广东省连续 15 年经济增长是两位数,2006 年增速高达 16.8%。2016

年广东经济总量在全球的排名达到了第16位,赶上了韩国。从2013年开始,随着国内外经济形势的发展变化,中国经济的发展进入了中速增长新阶段。大湾区建设正是在这个时期形成和提出的,对广东的进一步改革开放和发展繁荣具有非常重要的结构性、战略性意义。

四是"一国两制"港澳繁荣稳定的制度红利。回顾广东改革开放四十多年的历程,一个很重要的优势或者说红利就是我们广东毗邻香港这个国际性大都市的地缘优势,没有香港就没有深圳经济特区的成功,没有香港的带动和辐射就没有珠三角经济的繁荣,这一点随着香港回归,随着基本法的实施,香港对于珠三角经济社会发展的制度红利更为重要。对于珠三角的改革开放来说,香港的作用包括直接和间接的、有形和无形的。包括:(1)香港的繁荣稳定和国际金融、贸易、航运中心地位的保持,为珠三角提供了大量的资金、贸易等高端服务,辐射和带动了珠三角的经济崛起和世界制造中心地位形成。(2)香港高端服务业逐步进入珠三角市场,既为珠三角的经济发展提供了高端服务,促进了珠三角制造业的发展,也带动了珠三角第三产业的发展,促进珠三角经济结构的调整和升级。比如珠三角第三产业增加值占GDP的比重从香港回归前的40%左右增加到2016年的56%,其中深圳市2016年第三产业增加值占GDP的比值高达60.5%。(3)香港教育、科技、文化、人才等的巨大优势和珠三角制造业发展的有机结合,助推了珠三角尤其是深圳高科技产业的崛起。从某种意义上讲,没有香港在科技、教育、文化、信息、人才、国际交流等方面的优势支撑,深圳高科技产业二十年的崛起是不可能的。(4)香港航空、港口等基础设施的升级转型,以及与珠三角的合作竞争,为珠三角空港和集装箱港口的崛起以及基础设施的现代化提供了历史机遇。深圳的盐田港、广州南沙港在全世界都可以排到前列,其实也是得益于与香港的竞争和合作。

粤港澳大湾区城市群具有国家层面的重大战略意义,包括:第一,粤港澳大湾区城市群是重大的港澳工作战略;第二,粤港澳大湾区城市群是"一带一路"建设的战略性起点;第三,粤港澳大湾区城市群是国家重大的区域经济战略;第四,粤港澳大湾区城市群是国家重大的创新战略。中央要搞大湾区建设,很大程度既着眼于广东发挥它的体制机制、市场经济完善的优势,同时也要解决港澳深层次问题。

二、粤港澳大湾区法治环境的特点及建设法治保障的意义

大湾区的法治环境可以从一个国家、两种制度、三个法域来观察，这也是我们这个湾区和世界其他三大湾区相比较最大的差异点。一国就是指社会主义为主体的中国，大湾区是在一个主权国家之下的湾区城市圈。两种制度，香港、澳门实行资本主义制度，这已经写入了基本法，而且要保持50年不变。三个法域，内地是社会主义特色的大陆法系，澳门是大陆法系，香港是普通法系，而且是中国唯一一个普通法系地区。大湾区要协同发展、包容发展，这是国家战略，但是港澳和珠三角九市之间在法律体系和立法权方面存在明显的分割，三地之间的法律法规和规章存在差异或者较大冲突。因此大湾区建设中有很多东西需要以合作的观念来看，但是因为立法权的分割、行政权的互不隶属，导致出现合作障碍或者合作成本增长。

（一）大湾区法治环境的特点

1. 法律冲突明显。比如在金融业合作中，香港实行混业经营，银行资金进出证券市场是不受限制的。但内地实行分业经营，银行、政权、保险是分开的，银行之间不允许进行证券交易，也不能涉及保险。外汇管制方面，香港几乎没有任何限制，但大陆实行结售汇。汇率方面，香港实行联系汇率跟美元挂钩，大陆实行有管理的浮动汇率制。两地的金融法律冲突制度还有在监管方面，比如两地证券部门对金融监管的合作，仅仅能够解决公司的上市行为、融资活动的程序问题，但拥有法定执行权的香港证券和期货事务监察委员会，如果要调查内地企业，就必须得到内地证监会的配合，这就涉及两地司法管辖权的冲突。

2. 法律合作交易成本高，难度大。港珠澳大桥项目鲜明体现了粤港澳大湾区城市群协同发展中存在的困难，由于涉及“一国两制”、海关边检、三地之间车牌不通用、交通规则等不一致，带来的困难可想而知，协调共用是比建造难度更大的问题。比如边检设置、车道设置、道路交通问题处理等，大桥横跨三地，各地建设过程的法律规定、技术标准、监理要求也不一样，各方面都需要协调。

3. 缺乏解决法律冲突的更高层的协调机制。粤港澳大湾区合作虽纳入中央的顶

层设计,但如何跨越法律制度的冲突进行跨区域规划的协调,仍然需要付出巨大努力。

宪法条文里并没有确立处理不同法域冲突的原则,仅仅在第31条写明未来要解决港澳问题和台湾问题设立了特别行政区条款,即国家在必要时可以设立特别行政区,在特别行政区内实行的制度由全国人民代表大会根据具体情况以法律规定。后来我们制定了基本法,基本法也没有明确两地之间发生法律冲突时怎么协调,尽管有司法协助的规定,有全国人大常委会对法律特区的备案审查规定,有法律解释规定,还规定可以修改基本法,但是基本法将终审权授予了两个特区,在法域上就形成了三个终审权、三个终审法院的这样一个格局。所以在解决法律冲突时还是有先天制度障碍,而高层会议机制的执行落实机制、纠纷解决机制、监督实施机制都缺乏,所以在湾区建设国家战略已经确立的情况下,如何对跨越法律制度的冲突进行区域合作、协同协调,需要付出巨大的努力,不仅仅是我们大湾区的“9+2”城市要付出努力,其实中央顶层设计方面也要想办法,还要与时俱进进行制度机制的创新。

尽管存在这些问题,仍不可否认“一国两制”是大湾区法律环境最大的制度红利。第一,粤港澳大湾区11个城市中,港澳在“一国两制”之下有双重优势,既享有国家经济强劲及强大综合国力之利,也享有两制运作灵活之便。第二,香港的法治优势对于大湾区珠三角9个城市在社会主义法治政府、法治社会建设具有很好的借鉴意义。第三,不同区域具有不同制度优势,在不同的面向上具有不同的制度便利。一体化的制度固然有它的整齐划一和内部没有障碍的便利,但是另外一个方面,多元化、差异化、多样性也蕴含着机遇,因为这样带来了比较优势,带来了可以借鉴、可以学习的优势,带来了体制机制的叠加优势。欧洲在资本主义发展的早期,国家很小且不同国家在不同制度方面形成梯度差异,不断借鉴带来了整体发展,从而带动了西欧的发展。所以不是制度之间有差异就没有办法合作,全球化带来的各种贸易往来、科技教育文化交流,都是在不同国家、不同主权制度下的往来,如果全世界各国都可以合作发展,在一国之内不同区域的制度便利怎么会成为巨大障碍呢,所以我们要一分为二地看,制度差异有障碍的一面,但是也有不同制度体制机制带来的比较优势、叠加优势和发展机遇的一面。

(二)粤港澳大湾区建设法治保障的重大意义

1. 国际意义,能够夯实"一带一路"倡议和人类命运共同体建设的法治根基。大湾区法治建设,有助于从实质意义上积极推动港澳居民与祖国人民共同致力于"一带一路"倡议和人类命运共同体建设。表面看大湾区建设是一国之内的事情,它的收益好像只是中国内部的事情。其实不然,因为港澳回归祖国以来,中国加入 WTO 以后,中国融入全球化发展的趋势无法回避,尤其在美国不断实行封闭、退群的背景下,中国就担起了继续推进全球化的国际责任。中国提出"一带一路"倡议和人类命运共同体建设的国家发展战略以后,港澳融入国家发展大局,以及大湾区建设发挥港澳在国际交往、国际经贸中的独特优势,转化为"一带一路"倡议和人类命运共同体的源动力和体制制度优势,可以使"一带一路"倡议有更好的支点和抓手。

2. 国家意义,拓展区域法治理论的发展空间和法治实践的发展。从狭义的角度而言,区域合作是国家法治在一定区域内的展开,是根据区域不同的自然环境、经济基础、历史传统、民族习惯等因素实施法治治理,形成的具有区域特色的法治运行模式。大湾区法治建设突破了以往国内区域,法治合作的传统思维,属于单一制国家内的区际合作,这种模式虽然与联邦制国家类似,但根本性质却完全不同,一地两检问题的解决就很明显:高铁面临在哪一个地方进行通关查验、海关动植物检验和边警出入境管理等问题,最后采取了类似 CEPA 的方式,两地签署合作安排,由广东省省长马兴瑞和香港特首林郑月娥在香港签署合作安排,全国人大常委会审议并批准了这个合作安排,这符合宪法、符合基本法、符合"一国两制"政策。这就是区域合作解决法治冲突的成功方式。

3. 区域意义,促进区域法治平衡充分发展。当前,广清一体化、广佛同城化、深汕合作区等现象的出现,对于法学研究工作者提出了一系列区域法律合作的崭新课题。港澳治理是十六大、十七大以来确立的党和国家治国理政的崭新课题和重大课题,而且随着两个特区基本法的实施进入深水区,深层次的矛盾在凸显,从国家统一战略、从国家发展战略、从中华民族伟大复兴的角度,都为我们法律人才培养提出了更高要求。

三、粤港澳大湾区建设法治保障的内容

粤港澳大湾区建设法治保障的内容可以从立法、执法、司法、法律服务业、社会公众参与等方面理解。

1. 立法。特区立法权带有高度自治权的特征,但需要报全国人大常委会备案;随着2015年《立法法》的修正,粤港澳大湾区相对独立的立法主体增至12个。鉴于此,粤港澳大湾区内的立法权包括特别行政区的立法权、经济特区的立法权、设区的市的立法权等,立法权错综复杂。这些立法权的权限并非足以调整粤港澳大湾区的一些事项,如跨境合作中高新科技、互联网等涉及国家安全、体制等问题,亟须最高国家权力机关的授权方可为之。这就需要大湾区建设过程中必须厘清不同权限的立法权,并用足用好立法权,为大湾区法治保障作贡献。

2. 执法。执法方面,各城市互不隶属、行政级别不一样,两个特区还实行高度自治,内地不能干预,基本法规定中央人民政府各部门不能干预,中央政府虽然可以发布指令,但是比如教育部、公安部就不能对特区指手画脚、直接下命令,这样就会带来执法方面的一些障碍,也是法治建设面临的问题。

3. 司法。司法方面,因为两个特区都有独立的司法权和终审权,我们缺乏共同的上级司法机关,最高人民法院可以管内地九个市,但是管不到香港和澳门。这个问题从短期看很难解决,但是从长远来看我们可以发展出一些好的政策决策。现在对于民商事判决的裁定和执行的司法协助有大的进展,但是在刑事方面进展还很缓慢。

4. 法律服务业。法律服务业(仲裁及调解业、律师业等)在一定程度上影响着大湾区的法治现代化进程。由于法律服务业各类主体在献力建设大湾区的过程中,或会遇到各种"瓶颈",若主体间自觉地为共同之目标而献力,必将使城市群的法治障碍一一打破。以往湾区内各市长期独自进行法律制度建构,城市间长期的经济竞争,致使法律合作交流并未取得实质性突破,这对于推动法律服务业建设颇有不利之处。以微知著,以律师业为例,多年来,粤港澳彼此间的律师业不对接,许多跨境法律合作事项无法破解,这就需要统一的区际冲突规范予以协调。建设好大湾区必须首先得解决好这一类似的法律规范问题,方能更有效地提高大湾区各种资源的运作效率。

5. 社会公众参与。社会公众参与方面,习总书记在2018年参加广东两会代表团审议时强调,要加快形成社会治理人人参与、人人尽责的良好局面。这个公众参与是立法的基本规律。大湾区建设是一项长期的、宏观的、覆盖面广的工程,需要协调的利益甚多。若想大湾区建设落实到位,立法者必然要考虑到规范制定后居民的守法程度,而非规范制定的数量。在大湾区法治建设的过程中,扩大公众参与对象一般包括法学专家学者、社会组织、民众等主体。从目前的情况来看,法学专家学者、社会组织这两类主体发挥的作用比较多,将来还得继续发挥民众的优势。

四、粤港澳大湾区建设法治保障存在的问题

之前我已经讲了香港的问题,在这里我简单梳理一下,还是围绕五大方面的问题,包括立法协调机制不健全、执法联动机制缺位、区际司法合作水平有待提高、法律服务业开放不充分、社会公众参与不充分。

1. 立法协调机制不健全。缺乏一个强有力的立法协调机制,不用说和港澳了,即使在广东九市,有人大常委会主任的联席会议等立法工作方面的机制,但是更多还是面上的,其实在协调方面并没有很硬性的制度安排。立法的这种顶层设计协调现在还不够。法律实施方面,港澳与内地各承不同的法律体系,除《基本法》附件三之外的其他全国性法律也不在港澳实施,因而港澳与内地合作在各项法律标准上也存在巨大差异。比如我们去香港,内地海关就有规定携带人民币不能超过2万元,香港方面规定不超过12万港元就可以了,这就产生了差异,进出同样一个关口,两地规定不同。此外,市场的立法协同作用尚未完全激活。市场为主导的基础薄弱,市场在三地立法资源的配置中发挥的作用有限。

2. 执法联动机制缺位。首先,执法联动处于低水平状态。协调大湾区内各市的行政关系是一项重大而复杂的工程。就广东九市而言,由于已有广东省政府作为统一的上级,九市的行政监管协作工作显得相对容易。而摄入港澳后,这种相对简单的格局变得异常复杂。粤港澳三地除了联席会议外,几乎不存在其他的行政执法共享共商机制。其次,政务信息的不流动,政务信息不共享,在没有准确的信息共享的情况下,行为主体就难以有效制定有价值的政策,不利于大规模开展各类合作。

3. 区际司法合作水平有待提高。基本法规定“特别行政区可与全国其他地区的司法机关通过协商依法进行司法方面的联系和相互提供协助”,该规定为港澳与内地开展司法协助提供了法律依据,也即表明香港和澳门在开展司法合作的权限相对较大,但该规定是对港澳特别行政区的授权,对于大湾区中的广东九市来说,暂时还没有明确的授权。大湾区以外的其他区域想与港澳司法合作更是难上加难。这种地方司法事权与中央的司法合作审批权之间高度分离的困境也是广东九市及其他区域积极探索区域性司法合作面临的难题。目前,两地“安排”模式的司法协助发展较晚,覆盖范围仅限于相互认可和执行仲裁裁决、相互委托司法文书两方面;“安排”在特别行政区属于行政命令,法律层级不足形成制度性规范。三地间缺乏共同参与协商的司法协助多边合作机制,已有的“安排”制度呈现出临时性、碎片化特征。

4. 法律服务业开放不充分。首先就是港澳对内地不开放,另外就是内地对港澳开放的落地政策保障不够。如仲裁及调解业规则对接程度低,包括以下几个方面:第一,内地与港澳仲裁及调解规则对接机制缺位。第二,内地与港澳仲裁及调解人员交流的深度和广度低。第三,港澳国际仲裁机构及调解机构尚未能在内地设立分支机构。粤港澳律师业合作方面存在的问题:一是粤港澳律师业只能以合伙联营的方式进行,加之现有新设合伙制联营律师事务所的数量也是屈指可数,这些联营的律师事务所不能完全满足大湾区各市居民在跨境法律服务上的需求。二是单边律师业阻碍粤港澳法律服务业的全面合作。当前,粤港澳律师业的开放主要表现为广东律师业向港澳的单边开放,而港澳律师业尚未完全对广东开放,内地法律服务业难以直接为内地在港澳的投资者或者直接为港澳居民提供法律服务,不利于广东律师业“走出去”。三是根据香港法律,律师分为大律师与事务律师,大律师只从事诉讼业务,而CEPA只允许港籍律师在内地从事非诉讼业务。

5. 社会公众参与不充分。公众参与大湾区建设的群体仍仅限于法学专家学者和各行业的社会组织,许多居住在大湾区的民众并不了解大湾区的概念,甚至没有听说任何政府部门向社会征求大湾区法治建设的意见。

五、粤港澳大湾区建设法治保障的路径和举措

1. 立法方面,首先我们要构筑大湾区立法协调机制。我的设想是,除了中央层面中央进行顶层设计之外,大湾区"9 + 2"也可以尝试,但是因为两个特区有高度自治权以及它们和内地的法律制度有巨大差异,可以在湾区广东的九市先行,在地方立法中我们可以先行就立法协调作出安排。此外,要构筑大湾区立法评估机制。立法后的评估在整个地方立法中一直比较落后,很多法律法规制定出来,到底实施效果怎么样,有没有问题、需要怎样完善,这跟科研领域立了项、项目完成鉴定以后怎么转化、转化的结果、经济效益、科技效益、社会效益怎么样类似。另外,要发挥市场的作用,推动软法的适用。在立法协调中市场配置资源的方式即表现为公权机关以市场运行法治为导向,尊重市场参与者发挥行业规范、交易习惯的软法在实践中的作用,这是我们可以作出一些创新安排的。

2. 执法方面,就是要在大湾区建设领导小组的协调下,构筑统一的行政监管协作机构,构筑跨区域有关行政执法机制。可以广泛聘请港澳籍行政公职人员,加大港澳居民融入国家发展大局的人才政策改革,一些不涉密的职位甚至可以聘请港澳居民。

3. 司法方面。建立司法方面的共享机制,为服务于粤港澳大湾区的司法建设,以深港为试点,建议初步探索深港司法信息共享交流机制平台,实现司法案例、法律法规等信息的互联互通。建立常态化的合作交流协商机制,推动粤港澳警察、司法、司法行政、海关边防等机构之间建立常态化的合作交流关系和沟通协商机制,以便更好地研究、协商、解决粤港澳大湾区在司法合作中遇到的困难。还有聘请港澳籍人民陪审员、法官助理等(必须要有中国国籍)以及共同营造大湾区特有的多元化国际仲裁及调解规则、支持港澳调解机构在广东设立分支机构、构筑粤港澳法律职业对接机制、完善跨境执业保险制度以及社会公众参与机制等,这些方面都要加大改革创新的力度。

大湾区规划发展纲要中有很多政策规定,如何落实落地需要有更多创新举措。还有就是鼓励民众积极参与,法学教育的跨区域合作等。由于时间原因,我就讲这么多,后面内容很多都是创新改革举措,有些观点也很不成熟,希望在座各位给予批评

指正。谢谢大家！

现场提问

我来自交通局。请问邹教授，清远如何在法治方面找准定位，加快进入粤港澳大湾区建设？谢谢！

邹平学

清远在法治建设方面，我发现清远市委市政府在清远发展规划方面有很好的思路，善于从差别化发展道路上寻找先机，找到自己的定位。法治要讲统一，按照国家和省的统一要求，国家的宪法法律和省的地方性法规，都是清远市委市政府要在本行政区域内要贯彻落实的，这当然是我们应该坚守的。但是我们也要知道，正如区域经济发展有差异，有梯度开发、有差序格局一样，其实法治建设客观来看待，无论是在人员、机构设置，以及立法、执法、司法的思维、水平、机制，还有社会的法治氛围、法治观念方面，每一个城市是有差异的。清远可以从自己的实际出发，选取有差别化的地方进行一些突破性的，也就是通过以点带面的方式来带动。我听到郭书记介绍高等职业教育方面的情况，清远在相应的地方性立法方面是不是可以做很好的制度安排呢？高等职业教育是我国制造业大国特别亟须的，而且事实上这些年我们的高等教育在高速发展的同时，在职业高等教育方面并不能满足需要。教育部也想将现在很多普通高校改为职业高校，把它改回去，这是一个大趋势，清远现在这样做就抓住了发展趋势。我听了之后觉得很振奋，你们几年之内大概要达到10万大学生的规模，这很了不起。深圳这个2000万人口的城市，高等教育现在在校大学生目前不到20万人，实际上是远远落后于广州。广州又比不上武汉，武汉有100万大学生。当然广东有一个优势，我们能够吸引他们过来，这是我们可以尝试的。另外清远整个城乡的环保建设，青山绿水的建设搞得挺好，也可以在这些方面多下功夫。广清一体化建设，清远作为广州的一个腹地，大湾区建设，产业要进行转移，一些高污染的产业可能会逐渐往内地、往粤北，包括内地转移，听说清远也有很多这方面的企业被清走了，这是很有远见的做法,产业在进行升级换代。这方面的地方性立法、执法保障,是不是可以做出一些安排。

另外,现在我觉得最需要做的事情,就是政府的依法行政和服务行政方面。我国法律法规、党的政策的要求都一样,但是为什么有的城市招商引资、投资环境、民生福利、老百姓获得感幸福感高,这恐怕同集体地方公务人员的执法水平、服务水平有关系。清远可以不可以在这些方面多下功夫,在软实力方面上一个台阶,这也是清远在法治建设方面可以考虑的努力方向。广东省有那么多市,大家说到清远就觉得好,无论遇到什么问题,政府的服务好、执法人员的执法水平高、法治意识和规矩意识强,那么这是不是清远的优势?肯定就是优势。香港有传统优势,但是最近的风波一闹,曾经是法治典范的城市变成很多人不愿意去了,很多游客不敢去香港消费了,旅游业、零售餐饮业一落千丈。香港机场8月底的数据显示,货运量、客运量下降20%多,每天损失很多亿。这次我去日内瓦,订机票时我想都没有想,就不考虑从香港走,以前我去国外开会,比如以前去新加坡开会,今年7月去澳大利亚开会,都是从香港走的,但是这次我担心暴徒将机场堵了我不是飞不成了吗?我是从深圳飞的,还有一个备选就是从广州走。这就是好的环境,它的无形价值就在这里。如果清远在这些方面下功夫,广大执法队伍、司法队伍,我们的公务人员,有很好的依法行政、服务行政的意识与能力,那也不得了,这就是你的软实力。

人才引进方面,我早上听了郭书记介绍高等教育,以及介绍你们产业升级换代的设想,包括腾讯在这里的投资,这里就有人才的问题。人才政策其实是城市竞争力的核心,但是很多城市的思维、思想比较落后,老是觉得现在我的财政实力不行,各方面还不行,就不敢作出超前的安排。其实超前人才政策,也是你抢占先机的办法。"二战"之后为什么美国科技独占鳌头、占领先机,就是因为美国挖走了很多德国的科学家,爱因斯坦都是那个时候挖过去的,当然德国纳粹迫害科学家也给美国提供了机会,但是如果美国不提供很好的条件和发展机会,德国那些科学家也未必一定要去美国,美国人能有今天的科技发展实力吗?我看到一些数据讲到乌克兰有很好的军工,但是乌克兰从苏联独立出来以后,乌克兰和俄罗斯的关系交恶,自己很多军工企业在英美可以说带有阴谋论的摧毁下,整个国家一塌糊涂。而我们国家就引进了很多乌克兰的科学家,包括军工,在大飞机和军舰等方面。我看到一个报告,说是陕西一个大飞机制造厂,可以将他们整体的人员,包括家属都引进过来,他们觉得在中国生活条件好,又安全,待遇也好,都愿意过来。今天中国为什么能够有一个长盛不衰的定力和信心,这跟我们国家的人才战略,包括中组部的千人计划有关,美国现在都很忌讳我们的人才战略。清远我觉得也是可以的,你这里有超出本地一般人们认知水平的待遇,包括服务保障,我想你这里筑巢引凤会引来很多人才,这也是你不得了的发展动力。我这些建议当然是一管之见,不一定准确。

现场提问

邹教授,你好!我来自市发改局。清远离湾区是最近的城市,近两年广清也在推一体化高质量发展。今年市委提出要打造清远“两市三区”,其中就提到入珠融湾,打造清远建设粤东西北入珠融湾先行市。在法治保障这一块,清远如何与粤港澳大湾区法治保障齐头并进?谢谢!

邹平学

很高兴你提了一个很好的问题。你这个问题和前面几个问题也是有关联的,就是怎么齐头并进。经济发展、城乡环保等各方面的建设,城市之间是可以有差异的,甚至有历史先天优势带来的差异,这是客观存在的,因为有区位、有各方面的历史积淀、有政策倾斜带来的差异。但是在制度建设方面,在法治环境建设方面,我认为从国家的需要、从宪法法律的实施角度,是不应该有差异的,但是客观上现在又存在不同的差异。对清远而言,在这些方面完全可以有一个超前的思维,就是说我可能在其他方面,比如说房价我是8000元每平方米,我追不上广州,我也不希望追广州,希望保持这样的房价让更多的人才可以在这里买得起房。但是在政府的服务水平、执法意识水平,在司法、执法、立法协同等建设方面,我们可以高标准。学术研究传统认为北京是条件最好、上海次之,好像广东远离京城,但是实际上你可以有这样的意识,也可以作出对全国有影响的学术成果,就像明末清初的大思想家王夫之,他是躲在湖南瑶族山洞里写出传世之作的哲学书，他是对世界有影响的思想家。我们历史上两大思想家，一个是王阳明，一个王夫之，王阳明是在贵州的龙场悟道提出了心学理论，他们都不是在最发达的城市，可见，思想、学术方面的成功可以在一个条件很落后的地方实现。清远客观条件并不很差，只是和深圳、广州相比有一定差距。在法治建设方面我们要高起点、高标准，这样才能齐头并进，如果你自己觉得我这方面不如广州、深圳，司法建设、法治建设、人才引进等方面我也比它们低几个尺度，如果你自己将定位都定低了，想要保持齐头并进就不行了，你就要高标准。法治建设就要敢为人先、敢于创新、敢于高标准严要求。法治建设发展不是几年就可以见效的，不像经济项目的投资，教育、法治、人才等都要经过一定的积累，几年的时间，甚至市委市政府的领导一任、两任都不一定马上可以见效，需要久久为功，但是如果每一任都将标准定得很低，那可能永远都发展不起来。标准定下来，一茬接着一茬干，就像习总书记所说的，中国共产党的执政优势就是我们有长远目标，我们和西方的政治不同，他们是政党轮替，特朗普上台就将奥巴马定的全部推翻了，医疗改革也给推翻了，各种退群，而我们是有战略目标的，小平同志80年代确立的三大任务，到今天三大任务还在稳步推进，一直都在按照十一届三中全会所确立的基本国策在运行，这就是我们党的执政优势带来的，我们有这样的优势。只要我们确立了法治发展的高标准、高起点，尽管一时半会可能达不到，但是不要紧，目标有了，围绕目标创造不同的条件，一届接着一届干，肯定可以齐头并进，这是完全可以做到的。

营造共建共治共享的社会治理格局

葛洪义

葛洪义，浙江大学光华法学院教授、博士生导师，广东省法学会副会长。 本文根据葛洪义教授于2019年10月25日在江门市委理论学习中心组的专场报告会录音资料整理而成。

营造共建共享共治的社会治理新格局，目的就是要形成一个国家有权威、政府有作为、社会有活力的新秩序，即依法形成国家理性权威、政府依法有为、社会依法自治。其中一个“共”字，如大家所理解的，就是要切实解决公众参与的问题，也就是如何发挥社会成员、社会组织的作用问题。

这里的核心问题和关键词是“社会”。社会问题进入到中央的视野中，大致是在十六届四中全会开始的。我们可以回顾一下，2004年十六届四中全会提出要“加强社会建设和管理，推进社会管理体制创新”；2007年十七大报告提出要“建立健全党委领导、政府负责、社会协同、公众参与的社会管理格局”；2012年11月，党的十八大在十七大报告的基础上，针对社会管理创新，专门加了一句“法治保障”；2013年，党的十八届三中全会后，提法改为社会治理，有关机构也从社会管理机构变成社会治理机构。目前在国内，社会管理、社会治理其实是有一点混用的。变化的过程中，我们可以看出来，社会建设、社会治理与法治建设被紧密地联系在一起了。

现在各地都在分析、学习“枫桥经验”,枫桥经验毛泽东同志曾经作出批示,习近平同志在浙江工作期间也作出过指示。“枫桥经验”和那个时代有关系,其中也包含了很多在今天与时代不相符的东西,但是它有根本一条,这就是要求矛盾在基层解决、矛盾不上交。就这一条而言,在任何时候都是普遍存在的。现在学习分析“枫桥经验”,是与社会建设走向相一致的,也就是说要向枫桥学习,将矛盾消化在当地。新时代的“枫桥经验”,实质就是发动群众参与社会建设,也就是创建一个共建共治共享的社会治理新格局。

十九届四中全会的主题是完善社会主义制度、推进国家治理体系与治理能力现代化,我相信社会治理问题还是会被提出来作为一个非常重要的问题。我想围绕这个主题谈点自己的初步看法。主要从两个方面展开,第一个方面谈一下为什么要创新社会治理的格局,第二个方面谈一下创新社会治理与法治建设是什么关系。这两个问题其实是一个问题的两个方面,社会治理问题从法律角度看就是法治建设问题,而法治建设问题从另一个角度看又是社会建设问题,所以二者之间其实联系非常紧密。

一、为什么要创新社会治理格局?

谈到社会治理创新,第一个问题就是什么是社会治理;而要了解什么是社会治理,首先必须了解什么是社会;而要了解什么是社会,又需要从社会与国家的关系说起。这样一个提法本身就意味着社会与国家是不同的,社会与国家是两个不同的概念,从表面上看社会与国家很相似,在使用中有时候我们区分得也不是非常严格,但是实际上它们不同。它们表面上的相似在于社会和国家都是人的共同体,也就是人和人交往过程中形成的共同体,所以我们把它们称为人的共同体。社会是人的共同体,国家也是人的共同体。其实,国家与社会是两个不同的概念,国家是一个政治组织共同体,为了政治目的、为了公共生活。而社会是生产生活过程中人们之间形成的共同体,就是生产生活的过程中大家因为某种自然的需要而形成的,比如说婚姻,然后形成家庭,当然不同的历史时代、不同的生产条件下,婚姻的形态各不相同,而婚姻形态根本上是由生产的需要决定的,当然这是历史唯物主义的观点。

国家是人类创造的共同体,社会最初则是人们自发、自然形成的联合。也就是说社会这样一个共同体的形成,它是人们无意识的,或者并不是规划出来的,不是人们设计出来的,而是在生产生活的过程中,人们因为合作的需要而产生出来的,比如说劳动生产能力低下的时候,人们就要结成一个群体,然后去从事生产。社会这样一个形成的过程中,和生产条件的变化,按照马克思的说法这是自然历史过程。而国家不是的,国家是人类发展到一定阶段以后,人们精心设计出来的一个共同体,就像我们现在的国家这样一个复杂的政权结构,其实它是人们设计出来的。有关国家应该如何的书汗牛充栋,但是我们说社会则是另外一回事了。国家这样一个共同体往往是强制的,而社会不是的,它是人的自由结合。当然,随着国家的发展,社会的组织形式有时候也带有了某种强制性,这是现在的一个情况,但是从它的产生来说,它总是基于某种自愿而形成的。

这两种共同体存在于同一个时空范围内,就必然有一个关系问题。国家和社会之间是怎样的关系,而这个关系就涉及历史唯物主义,涉及马克思主义的基本观点了。简单来说,就是社会决定国家、国家反作用于社会。在国家和社会的关系中,社会是根本,国家是从属者。马克思主义的形成有一个过程,马克思本人早年是学习法律的,思想上更接近黑格尔的观点,而黑格尔崇尚国家,认为国家是最好的。为什么国家是最好的呢?在黑格尔看来,社会矛盾处处都在,但是要将社会矛盾控制住就要靠国家,所以国家是最好的。普鲁士国王一听黑格尔说自己国家是最好的,那他当然觉得很开心,所以就非常重用黑格尔,黑格尔的哲学曾经一段时间成了德国的国家哲学。

马克思受黑格尔的影响,在学习法律时就侧重于学怎么样用法律把国家搞好。在这个过程中,慢慢他的思想倾向就接近了黑格尔。研究马克思、恩格斯的一些著作中就说到,马克思、恩格斯年轻时思想上同情青年黑格尔运动,就是这么来表述的,实际上他们还是青年黑格尔运动比较积极的参加者。但是后来就分开了,马克思对黑格尔的学说不信了,不仅不信了,而且持批判态度。为什么?因为他毕业以后到报社当记者,当记者期间去议会旁听立法过程、去了法院旁听审判,在立法和审判的过程中他就发现一个问题,如果按照黑格尔的说法,国家是最好的东西,那么它就应该是最公正、最中立的,但是他发现在议会参加辩论的议员们,他们的发言代表的并不是公共利益,而是代表自己的党集利益,就是议员们在发言的时候代表的都是自己所在那个党集的利益,所以他们有偏私。这样一来就动摇了马克思对黑格尔观点的信任、确信,后来马克思在一个叫柯罗兹纳赫的德国小镇上养病,养病期间他就把黑格尔的《法哲学原理》这本书重新拿来看,看了以后他就在这本书的国家部分做了一些批注,批注的中心观点就是黑格尔所说的政治国家决定市民社会,这是不对的,应该是市民社会决定政治国家。后来这个批注就被收集到一起,编辑出版在马克思、恩格斯全集第一卷中,叫《黑格尔法哲学批判》,这是公认的历史唯物主义的萌芽作品。

马克思最初关于国家与社会的观点,其实是从对黑格尔的批判中形成的,是从对唯心主义向唯物主义的转变过程中形成的,所以他提出是市民社会决定政治国家,而不是像黑格尔所说的那样政治国家决定市民社会。马克思在思想上发生变化以后,他的研究思路就发生了变化。马克思有三个重要来源,第一是德国古典哲学,第二是英国政治经济学,第三是法国空想社会主义。其实这三个东西在不同时期影响着马克思,当马克思对黑格尔的观点产生疑问以后,他认为既然是市民社会决定政治国家,那么就要去研究市民社会了。而研究市民社会要怎么研究呢?他认为应该从经济生活开始研究,所以他开始研究政治经济学。他的思想开始发生转变,在转变的过程中接触了大卫·李嘉图、接触了亚当·斯密,然后写作了后来我们所知道的《政治经济学批判大纲》,还有《资本论》。

马克思、恩格斯所创立的历史唯物主义,就是从国家与社会的关系中产生出来的,这是所有马克思主义者和历史唯物者立足的一个根本点。在这个问题上,按照马克思主义的观点,国家与社会不同,国家是一定历史条件下的产物,不是从来就有的,是随着社会的发展,人类到了一定历史阶段,然后产生出来的。这个阶段具体来说,就是社会分裂了,出现了不可调和的矛盾,所以在这种情况下必须有一种力量能把社会矛盾控制在秩序的范围内,而这个控制它的力量就是国家,所以国家是表面上凌驾于社会之上的,国家是应历史条件下而产生的,相对于人类历史而言国家历史是比较短的。如果我们再认真一点说,其实国家的历史是近代以后的历史,近代以后才有国家的,我们现在所说的很多问题并不是在严谨的科学意义上说的。比如说清朝我们说是一个国家,是中国,这个话对也不对,因为清朝不是中国的,清朝是清朝皇帝的,是他们家的,是家天下,它怎么能够跟今天中华人民共和国人民所拥有的这个中国相提并论呢?所以一个是人民的国家,是一个是君主个人的国家,君主个人的国家就是他的家。这种主权国家的概念,是伴随着一种新观念的产生而产生的,也就是说现代意义上的国家都是主权国家,当然马克思在《资本论》中写道,中世纪以前的国家,他用的词是中世纪以前的共同体,中世纪以后他把它称为国家,当然也有他自己的分析,我们在这里就不说了。不管怎么样说明一个问题,国家这种东西它的历史并不是很长,它是因为某种社会发展的需要而产生的。国家这种上层建筑,包括法律在内,它都是服务于相应的经济基础,所以我们说国家与社会的关系,在马克思主义理论中是非常重要的一个问题。

这个问题搞清楚以后,当然就带来了一个问题,社会管理和社会治理是指什么意思呢?实际上就是指社会这个共同体我们应该怎么去组织它、怎么去建设它、怎么去管理它。组织和建设社会的方式有两种,一种是国家发挥主导作用,另一种是社会发挥主导作用。国家发挥主导作用,我们叫国家管理,所以过去社会管理就有这样的意思,就是国家管理住社会。社会发挥主导作用就是社会治理,为什么管理这个词要变成治理,其实强调的是社会共治这个问题。所以词汇在使用时有这样的思想观念变化。今天我们说社会管理、社会治理,实际上就是跟如何建设管理社会有关系。国家管理和社会治理其实都是为了把人组织起来,让大家和谐地生活在一起,但是社会治理中的国家管理,它的重点是发挥国家的主导作用,而社会治理则是发挥社会自身的作用。这样两种不同的管理方式、治理方式,所带来的具体工作路径就不同了。国家管理可以使用命令、计划的方式,而社会治理,则是使社会成员、社会组织在国家的统一引导之下,自主发挥治理作用。所以,这是两种不同的方式。

这样就有了第二个问题,这就是社会治理创新。我们讲社会治理的新格局,或者是创新,这些前前后后都是中央用过的词,其实表明的意思就是在社会领域中如何管理如何治理的问题,必须进行相应的改革。为什么进行改革?就是因为它太重要了,不改不行。从十六届四中全会开始,一直提到现在。为什么中央会觉得这是一个很大的问题呢?我觉得有这样几个原因,就是这个社会发生了变化,相应的管理方式也要变。

首先,同质化的传统管理体制明显无法应付多元利益主体的出现而导致的利益纷争。现在我们的管理体制是同质化的管理体制,但是现在我们面对的社会是多元利益主体的社会。这里需要说明一下,在中国改革开放之前全中国的干部拿的都是国家工资,都是中央财政发的工资。所有干部的工资按照一个标准,套到一个系列中,干部都有一个级别。唯一的差别在哪里呢?就是你所处的地区艰苦程度怎么样,比如说北京是标准地区,是8类。杭州比北京过得舒服,所以杭州是6类。但是如果去西藏,可能拿的就是11类。工人也拿的是国家工资,因为企业都是全民的,工人的工资和干部不一样,干部的工资是23级。工人拿的是1~8级工资,所以叫8级工资制。这就带来了一个问题,工人们拿的是国家工资,为什么要给企业干活呢?就像干部和各个单位是没有关系的,你是国家干部,是一样的道理。这样一来工人对企业没有忠诚感,干部对所在的单位和区域没有忠诚感,当然这个体制也会有它的一些问题了。后来改革开放的时候就发生了变化,广东的干部主动要求担当,中央给了广东政策实行包干制。第一年广东就超额完成任务,全国各地都包干,一包干以后大家就都干得很好了。

所以我们的国家机关都不同,中央国家机关、地方国家机关,政府部门之间都成了多多少少不同的利益主体,中央收得多了广东省就收得少了,这是明摆着的问题。因为过去我们这个国家所有的人都是国家管着的,所以国家收的多了以后,老百姓就应该高兴,各级国家机关都应该高兴。但是现在情况不同了,中央收得多了广东省就少了,广东省收得多了中央就少了,广州市就少了,就是这样的关系。市里收得多了,区里就少了。市里给自己少留一点,留区里多一点,区领导就开心了,其实这就是反映出这是不同的利益主体。今天中国是多元利益主体,和过去的情况不一样。

当年朱镕基谈分税制,在广东停的时间最长,说到底就是财政问题。为什么要费那么大劲呢?其实就是因为是不同的利益主体。我们必须要面对这个客观现实,不能以为还是同一个利益主体,国家收多了大家都高兴,这是不可能的事情。省里和各市干部待遇就不同,一个城市不同区的干部待遇都不同,广州市黄埔和萝岗合并,把增城撤市设区,萝岗收入比黄埔高,把两个区合在一起工资怎么发?萝岗的干部调到别的区当正职,都给上级写报告能不能让我在本地转非,因为工资高得多,不愿意去别的区,让他当正职他也不去,托人找领导目的是别升级留在本地。黄埔是老区,收入比较低,这两个区合并以后,发黄埔的工资萝岗这边不高兴,发萝岗的工资新成立的这个区发不起。最后广州市没有办法,就让他们各拿各的工资,在一个办公室里,现在不知道有没有解决,最严重的时候听说一个办公室里有五种工资。

今天我们呈现出来的是多元利益主体的样态,不是一个单一主体了,你认为你干好了别人也跟着开心,这个时代已经过去了,不符合中国改革开放以后的情况。我们今天中国的形势和当年不同,所以你的管理方式如果不改变,还以为中央收钱多了全国各族人民都敲锣打鼓,那是不可能的。这个事情应该是要有合理的分配,地方政府承担着大量的地方事务,中央明确规定省以下政府提供基本公共服务,基本公共服务就是政府要提供的,你基本公共服务靠什么来提供?况且有大量的基层干部他们的工资待遇、他们的生活保障,你地方政府都是需要提供的。在这样一种情况下,一种合理的分配是必要的,但是合理的分配就势必呈现出不同的利益主体。

今天中国面临的是这样一种情况,这种情况我们就把它称为多元利益主体。如果你是一个单一利益主体的时候,你有单一利益主体的管理方式,过去我们可以强调纪律、我们可以强调道德,像家庭生活中就是讲道德的,但是放到家庭之外,你跟人家讲道德的话,因为缺乏约束力,所以在处理外部关系时它的有效性是很小的。我国在转型,从过去利益主体单一的国家向利益主体多元的国家转型,这个转型的过程很痛苦,中共中央关于精神文明建设的全会开过三次,都是想强调道德建设的重要性,不要出现问题,但是因为面对利益主体的分化,而且这个分化像一个趋势、一个潮流一样不可逆转,所以那种强调道德建设的这样一种努力作用就很有限。

十八届四中全会,中共中央第一次就法治建设问题召开了中央全会,它反映的是时代的变化,我们不能再靠约束人内心的东西,我们至少要多管并用,你不能单纯像过去一样依靠纪律、依靠教育,要靠道德宣传,我们还要靠一些外部的力量。中国这样的一个转变,其实带来了一系列的变化,在多元利益主体已经客观存在的背景下,管理者方面,像我们的政府、国家机关发生变化了,呈现为不同的利益主体,不同的利益主体和居民之间、和社会成员之间的关系是不一样的,它是非常复杂的,就像过去我们有时候会说地方保护,为什么会说地方保护?因为地方和一些企业的关系与中央和同样一些企业的利益关系不同,管理对象也不同。你要把它当自己家的人来管理,是一种管理;你要把它当成一个陌生人来管理,这又是一种新的管理方式。现在我们面对陌生人时代,你不能把他都变成亲人,变成亲人就有风险了。我们就要用别的方式来管理，可是如果我们的管理方式跟不上，还是沿用过去的管理方式，最后能管好吗？显然就管不好了。我们说社会变了，管理方式如果不改变，就没有办法适应社会发展的需要。

过去我们管社会成员，通过一个非常重要的要素，这个要素就是单位，在农村就是集体经济组织。国家在任何情况下都不可能把社会成员管得太多，但是我们这个国家曾经就想把社会成员尽可能管起来，但是尽可能管起来的方式就是集体化，在农村是集体经济组织，把农村的农民、农村的社会成员都统合在集体经济组织之下。城市里的人就统合到各单位，由单位领导，单位本来是社会组织，企业肯定是社会组织，事业单位应该也是属于社会组织了。在这样的情况下，社会组织再把它的人管住，我们组织社会是这样的方式。中国历史上说皇权不下县，县以下是老百姓自己管自己的事，中国历史上很少听说人结婚还要到政府登记，更别说经过组织批准，结婚就结了，他爸他妈同意就行了，离婚也是一样，过去都是这样的模式，老百姓的日常生活就是自己家管自己的事，广东也有很多大祠堂，其实就是干这些事，社会治理用的。中国历史上非常重要的制度是乡绅制度，现在有些社会治理创新经验中就提到建立新乡绅制度，当然这样的说法我是觉得不太可能，因为乡绅制度有历史条件，中国古人做官做到一定程度，老了告老还乡就是回到自己的家乡造福乡梓、修路办学校，帮助别人解决纠纷、赈灾，而且制约地方官员、打击地方恶霸，这些当了官的人回到乡村就是这样，所以中国历史上乡村非常稳定，政权不断变革，但是几千年中国乡村秩序是非常稳定的。

但新中国成立以后，我们将乡绅制度改了，用党领导下的集体经济组织把它取代了，农民也被管住了，其实这也是我们管社会成员的一种方式。但是问题在哪里呢？这样一种管社会成员的方式付出的成本代价非常大，因为你必然国家要管很多很多的事情，所以中国政府公务员最多，但是其实中国政府管的事情是古今中外历史上最多的，对老百姓操的心是最多的。过去更重要的是通过单位覆盖，当年单位管的事情就很多了，一个职工的生老病死你都要管，而且他的亲人生老病死你都要管。改革开放了，单位领导、企业领导不能再把精力花在这方面做这些事情，所以就开始改革，改革很重要的内容就是把社会化的事务从单位中切出去，他不管了，除了中央极其重视的像法轮功、计划生育，单位领导还要负责，大量的事情他都不再负责了。

过去社会成员对国家的依赖其实是通过单位实现的,所以是双重依附,国家对社会成员的控制是双重控制,所以在那样的背景下,你可以得罪一个干部,但是绝对不能得罪单位领导。过去一个单位把你全管好了,现在单位慢慢这些都不管了,你就要有新的管理方式,就面临着这样的问题。当单位退出社会管理的时候,社会谁来管呢?只能搞社会自己管了,社会管不了的情况下大家都去找国家了。为什么政府部门的工作压力这么大,特别是基层,就是因为这样,在改革开放的过程中各种法律问题都涌向了基层的国家机关,其中一个缘由就是原来的单位和集体经济组织不再有能力承担这些任务了,这是一个客观情况,也迫使我们来探索新时代怎么来管社会,或者是怎么使这个社会很好地组织起来。

我们这个社会由熟人社会转向陌生人社会,过去每一个单位的职工都不需要保安,也不需要物业公司,每一个单位的职工轮流值班,一人戴一个红袖标坐在院子里看着大门,一进来不是本单位的人马上就认出来了,因为大家都是熟人。但是在今天的中国社会人们都生活在陌生人圈子里,你连邻居是谁都不知道。

由一个熟人社会向陌生人社会转变了,就需要有一个新的组织体制了。比如广东是外来人员流入大省,大量的外来人口,过去我们管人靠单位、靠户籍、靠组织,但是当生人来了以后户籍管不着他,单位也管不着他,组织也管不着他,所以在广东各地外来人口和本地人之间的矛盾时有发生。

如果不探索新的管理方式,那么就会带来很严峻的问题。过去我们谴责黑社会,现在也在扫黑除恶,当然我非常赞成,但是有时候我们也要想一想,这些黑社会为什么会形成,黑恶势力为什么会形成。黑恶势力的形成一定是有原因的,黑社会的人不可能一出来就说我是干坏事的,你们跟着我干吧,所有黑社会都是从帮助别人中间来的,所有的帮助都是来自需要帮助的人,通过正常渠道找不到救济的时候,就给黑社会的滋生创造了条件。我们的干部队伍、我们国家机关人员都在努力工作,其实就是在消灭黑社会滋生的土壤,社会建设就是要解决好这些问题,如果不解决好的话就会用别的方式生存,因为正义总是要实现的,对于一个人来说觉得受了委屈,忍不了的,国家帮不了,他就会用自己的途径寻求帮助,实在不行他就自己上了。在这些问题上,我想我们所做的每一份工作其实都是跟这样一些问题息息相关的,也就是说生活中发生的事都是相互联系的。

其次,信息传播方式的变化导致社会组织方式的变革。我们的组织体制是听领导的,碰到一个事该不该办要请示领导,本来有法律规定,碰到坏人了坏到什么程度就可以采取什么措施,但是有些拿捏不住,甚至拿捏得住也不敢动,然后就去请示领导。等找到领导的时候,这边群众说黄花菜都凉了。过去中央发文件是逐级传达,最后传达到县(团)级,县(团)级传达完了就可以向全社会公开了,所以需要一个时间。现在信息传递方式,领导还不知道呢,老百姓都知道了。如果你再依赖过去这样的组织体制就没有办法,你想讨论经过决策慎重对待,然后逐级消化,没有时间了。

信息传播方式既有向上传播也有向下传播,也有左右传播的,在这个过程中今天的科技革命、科技变化带来的影响太大了,再不去依法办事,还是抱着过去的管理体制,就根本没有办法应对现在发生的问题。

过去我们长期教育大家有困难找党和政府,现在大家有了困难都去找党和政府了,当都去找党和政府的情况下,显然是不符合中央现在的要求。十八届四中全会决定中,中央明确说了,各级党委要带头守法,守法有两个要求,一个要求就是大家要努力学习法律知识依法办事,学会用法律思维、法律方式解决问题;另一个就是要学会把问题、矛盾引导到法律渠道去解决。改革以后社会就变了,社会变了管理方式要不要变?要不要形成一个新的治理格局?这些问题就摆在了我们的面前。

二、创新社会治理与法治建设的关系

我们谈创新社会治理,为什么要从法治建设的角度来看这个问题呢?首先,我们要改革的社会管理、治理体制,根本问题是自上而下的管理与自下而上的治理之间的区别。自上而下和自下而上在一个治理体制中其实是并存的,只是哪些事情是自上而下,哪些事情是自下而上,这个问题必须要解决好。我们面临的问题是权力过于集中,所以治理都是自上而下的,今天中央强调要共建共治共享,法治德治自治,这些都是新提出来的。很多事不能让政府、不能让党委独立发挥作用,要让大家一起协作,而且有些事干脆就让老百姓你们自己要去干。不能再像过去那样都是由政府负责了。

我们的计划经济就是典型的形式,计划经济将大家的一切都管起来了,当然因为它管了你的一切,所以当然你也就对它产生了强烈的依附性,让你干什么就干什么,就出现了这样的一种体制。而这样一种体制的形成,因为我国国家与社会没有做严格的区分,国家、党、政府包办一切,全面、深入、直接管理社会,形成了一个全能型政府。中国的联产承包责任制都是在穷地方开始的,没有在富地方开始的,贫困逼着大家闯出了一条路,而闯出这条路的唯一要求就是你们不要再管我了,我自己管我自己行不行。在这个过程中可以看到一个问题:哪些事应该是政府、国家必须担当起来的,而哪些事必须由老百姓自己来负责,这就必须要区分开,区分不开后果就很严重了。我国现在就是这样,区分不开最后就是国家都在管,国家都在管的话所有的社会组织都没有办法正常运转了。

因此进行社会治理创新,就是要让社会、社会组织、社会成员承担起应该承担的责任,不能什么事情都让党和政府去做,一方面党和政府的能力也是有限的,另一方面有些事不能干也不该做。这就涉及法律问题,要最大限度地通过法律赋予公众各项法律权利,让公众自己解决自己的问题、自己对自己的行为负责。黑格尔有一句名言,他说刑罚是自由的结果,意思是说一个人之所以要接受刑事处罚,前提就是因为他们有自由。比如你出门了可以往东也可以往西走,撞到南墙上你就要负责,但是如果一个人出门以后没得选择,只能撞在南墙上他可以负责吗?所以我们说有自由才会有责任。

国家的责任是什么呢?国家的责任就是帮助群众,在群众自己无法解决问题的时候给他们提供必要的帮助。新的社会治理体制是共建共治共享,社会协同、公众参与才是我们长期缺的,是中央希望通过社会治理调动起来的。新的社会治理体制能不能建立,关键就是看能不能建立每一个人都必须对自己的行为负责的治理体制,不能再不负责了,出了事都推给别人这个就不是社会治理体制,我们要解决这个问题。

新旧社会管理体制的一个根本区别,一定意义上说,就是人治与法治的区别,也就是说只有坚持法治原则才能真正推进社会治理创新。资源从来都是稀缺的,在传统社会管理体制下,资源的分配是自上而下的,谁能够得到资源,取决于谁与资源分配者关系更接近、更受重视。上级掌握资源的情况下,与上级保持一致,就是获得资源的必要前提。所以过去全国都是高度服从的,高度服从就是高度依赖。现在搞社会治理体制的创新,不能再依赖原来体制了。今天我们面临的是什么呢?是争取平等权利,就是大家都是平等的,然后努力竞争看谁干得好,这样分配才是公平的。

今天的中国,我们说两种体制其实都还是有,一部分事情是市场的,一部分事情还是过去的老体制。老体制的典型特征就是人治,所以必须要改。在这样的情况下,我们的社会治理体制问题又涉及法治建设的问题了。在法治建设的过程中,我们围绕社会治理的创新就需要为社会主体活动提供普遍有效的游戏规则,保证大家在一个统一的规则之上,凭借自己的能力公平获取资源,从而保证分配的公平,当然这是指社会主体。国家的责任就是提供公平竞争的规则,来维护法律的严肃性,来保证违法行为被追究的不可避免性,这是非常重要的。意大利刑事法学家贝卡利亚说,其实法治不是靠法律的严苛,而是靠违法犯罪行为被追究刑事责任的不可避免性,只要违法、只要犯罪了一定会被追究刑事责任,这是必须要明确的。这跟我们在建设过程中发现的情况,就会发现我们的法治弱一点,因为我们的法治有时候合法行为没有得到保障,我们法律的严肃性就受到了影响,所以国家要保证法律是严肃的,通过确保规则的公平实施,然后在社会中建立起来一种权威的判断标准。这个权威判断标准建立起来了,大家当然就会信任规则,依照规则办事情。

因此,新的社会治理体制下,自上而下的管理,需要与自下而上的自我管理相结合,不能包办一切了,必须给社会留有足够的空间,让社会自己去处理自己的事情。要解决这个问题,必须摒弃人治观念,确立法治理念。表现在:(1)国家机关必须坚持分工负责的原则。各部门之间、上下级之间、同事之间必须分工负责,不分工就无法负责,但是分工明确就一定会削弱领导关系,所以既要有领导同时又要有分工,我们要建立这样的体制。(2)人民群众必须切实享有并依法行使自己的法定权利,写在法律中的权利要得到保障。

要把社会力量动员起来,让他们参与化解矛盾,这是非常重要的。过去老百姓的家事他父母解决;新中国成立以后,家事单位领导帮你解决,两口子有矛盾了单位领导出个面就给解决了。当年我的学生经常请我去参加他们的婚礼,当主婚人、证婚人。我当研究生导师,给我的研究生当主婚人、证婚人,开始我以为他们那么邀请我是很尊重我,后来发现不是,因为那个时候学生结婚必须导师同意,所以在找我签字时顺便请我,我自己理解错了,很高兴就去参加了。1996 年婚姻登记办法改革,不需要单位领导签字,然后请我的人立刻减少了,这是非常明显的一个变化。中国这个社会当各单位领导不参与的时候,矛盾出来以后就都跑到法院去了,人民法院现在的案件量非常非常大,法官基本上已经沦为计件工了,平均办案一年两三百件很正常,这是民事案件。什么概念?每一个判决一万多字,每一个工作日要出一万字以上的文字东西。大家想一想自己一天能够写多少字,所以他们就得套模板、搞助手。为什么那么多案件?就是因为我们的社会不起作用,没有社会力量帮助我们去处理矛盾,所有的矛盾都要党和政府在第一线对待,然后党和政府现在学会依法办事,也不管了,把他们都弄到法院去了,所以人民法院现在不堪重负。一个正常的社会,如果社会治理好的话,至少大部分的矛盾都应该在社会自己消化了,而社会怎么能够消化矛盾呢?社会组织、行业协会,包括律师、仲裁等能够化解掉矛盾,只是把那些最麻烦的事弄到法院来,由法院把关,代表国家指明一个方向,这样各自分工就清楚了。但是目前我们和发达国家没有办法比,因为他们有比较强的社会分流机制,而我国的分流能力比较弱。所以我们必须要把社会建起来,建设一个强大的社会,才能支撑我们这个社会主义国家,经济基础和上层建筑要匹配才行。

国家与公民、企业之间,应该遵循辅助性原则,国家不是家长,你的事就是你的事,你办不了请我帮助,依照法律规定有依据我就帮你,没有依据就对不起。每一个人都应该要有担当,承担起自己应该承担的责任,因为你是一个依法享有各种权利的人。过去单位分房,我们看都不看就住进去,有困难、有问题就找单位领导。有了买房的自由以后,全国一下子就出来了多少质量安全的监督员啊,一个社会当拥有了法律的时候,我们相信人民群众就可以依法参与到各项事务中,参与到各项事务的管理和治理中,包括自身事务的治理。在这样的背景下,人民群众、国家、党,我们站在不同的角度,各自发挥自己的作用,统一在党的领导下,在政府积极有为的作为下,共同参与到社会治理中,形成一个新的社会治理格局。

现场提问

葛教授,我来自民政局。在社区治理中如何调动和提高社区居民参与社区治理的积极性,从而让更多的社区居民参与到社区治理中?谢谢!

葛洪义

因为我不是特别清楚你说的社区是一个什么范围的概念,社区范围里有些事本来是该政府管的事,但是有一部分也是群众自治的事情。我们居住的这些小区事务在我的经验中,政府是尽量不去管的。在这样的情况下,小区事务居民管理的积极性非常高,所以就可以看出来一点,在没有办法依靠政府的情况下,群众一定会自发组织起来的。当然如何把群众这种自发组织纳入法治的轨道,如何把它引导到一个有序的渠道上去,这是一个新的问题。现在各地都在推垃圾分类,垃圾分类是很麻烦的,而且中国人能把垃圾扔到垃圾桶里已经是巨大的进步了,还要把它分类,那得多难啊。现在我所居住的那个杭州小区,有人还从窗户里把垃圾扔出来,所以把垃圾放到桶里,而且还要分为餐厨垃圾和其他垃圾,还要定点投放,难度非常大。但是小区有很多人都愿意做志愿者,守在垃圾桶边指导别人来做这些工作,因为大家觉得小区就是自己的家,自己家的范围内政府不太愿意管,政府唯一管的事情就是小区的业委会按照规定社区必须参与指导,所以那个时候就去找居委会了,其他时候基本上事情都是通过居民和业主委员会的成员,与物业公司在博弈。这个方面的参与积极性我觉得不用担心,主要原因是基层政府,如果不是上级政府特别要求,它是肯定不愿意介入居住小区事务的。另外一个方面,你不介入的话,居民自己希望有一个良好环境,所以一定会参与进来,所以在这个方面不用担心。至于社区管理的其他事务,这个情况就不是特别的了解了,但是我自己的感觉是这样的,因为过去有很多事情属于门前三包范围,打扫卫生就把它弄了,社会治安也是这样的,过去会戴个红袖标在单位巡逻,发现坏人保卫干事就赶紧报告,现在肯定是由专业机构去做了,所以居民参与我觉得在这里不一定要提倡,因为所谓的自治是自己管自己的事,如果自治到老百姓都想管别人的事就有风险了,别人的事还是交给有关国家机关来管,自己的事让老百姓自己多去管,这个方向是不是更恰当的方向,或者也是符合法治的方向。谢谢你的问题。

现场提问

非常高兴能够聆听葛教授的精彩讲座。我来自司法局。在法治社会共建共治共享的理念下和粤港澳大湾区建设的背景下,我们司法行政部门怎样才能更好地服务于大湾区建设?谢谢!

葛洪义

大湾区建设这个问题太具体了,但是我觉得司法行政部门现在确实面临一个很大的问题,去年司法部和厦门大学合作成立了公共法律服务研究院,研究院的成立大会邀请我去参加,并且我在最后一个做总结发言。在总结发言时我就提出来,司法部成立了公共法律服务管理局,这非常好,因为公共服务分为两种,一种是基本公共服务,另一种是市场化的公共服务。基本公共服务是由政府来保障的,而司法行政管理部门所管理的这些公共服务领域其实都是竞争性的,律师是竞争的,仲裁是竞争的,鉴定也是竞争的,因为鉴定机构很多,选哪一个鉴定机构必须要有竞争,所有管理对象都需要用户体验的,也就是说管理对象不是听领导就能够提高管理水平的,而是必须靠你的服务对象对服务情况来考核,如果你把服务对象搞得都没有竞争力了,如果把他们都管死了,那么公共法律服务管理局的成立就是中国法治的倒退;如果你能够把他们管出活力管出竞争力,而且在国际市场上有竞争力,国际市场上的大生意都愿意选择中国的仲裁委员会当仲裁庭,那么公共法律服务管理局就成功了。公共法律服务领域的水平直接决定了广东的营商环境,而广东的营商环境其实又是整个大湾区建设中非常重要的。总书记说法治是最好的营商环境,最好营商环境的营造其实就是对我们司法行政工作的一个非常重要的考验,如果我们能够锻造一个高水平的法律服务机构和队伍,我相信对优化经济社会发展环境,参与到大湾区建设的参与能力,其实都是非常有帮助的。

现场提问

葛教授您好,我是大学教师。今天讲的主题我觉得有两个范畴,第一个是共治和自治,第二是德治与法治,请问如何处理自治、德治和法治之间的关系?谢谢!

葛洪义

谢谢同行提出的问题。其实自治是共治的基础,我们之所以参加共治是因为有一部分事务需要我们去操心,所以它应该是在我们自治范围内的。如果我们不承认一个人有自己事务的范围,纯属私人事务的范围就谈不上共治了。那共治则是你参与到的是别人的事务中。从这个意义来说,自治是共治的基础,没有自治就不可能有共治。

法治和德治,其实中央关于这个问题也说了,德润人心,法律是调整人行为的。但是法律在调整人行为的时候,法律对人的行为要求中其实是包含着某种正当性的,比如说惩罚的应该是坏事,不应该是好事,保护的才应该是好人,而不应该保护坏人。有时候无法判决好人还是坏人时,推定他不是坏人,这样最大限度地保护好人,目的是很明确的。虽然有时候有人不理解法院怎么会将坏人放了,这是因为法院不知道他是好人还是坏人,如果他很清楚就一定不会这样做。法治是有道德条件和道德内涵的,所以我们把它称为法治的价值准则。同时在实践中,为什么中央要强调这样一个问题呢,这就在于我们在法律实施的过程中出现一种情况,我们把法律的规定当作一个僵死的东西,把它运用到保护自己的角度,也就是说法律规定里对自己有利的我就用,对自己不利的我就假装没有看到,法官在处理问题的时候有助于自己的就用、不助于自己的就不用,警察也是一样的。法律的目的就是保护好人,一个好人被人追杀,最后他奋起反抗,被公安机关定性为斗殴,这样的法律怎么能保护好人呢?在这些问题的处理上是不是有道德标准,这个案件暴露出来大家就批评了,为什么会有批评呢,因为违反了人们心中的常识,大家觉得法律都应该是保护好人的。德治和法治之间一定是有关联的,康德就说过,法律是最低限度的道德,在我们今天推进法治的过程中,我们一定就要想到用法律不仅是要建构一种秩序、建构人的行为模式,而且也要建构一个让人们从内心有更高认可度的制度,让他感到这个制度、这个规则是同我心目中的正义标准、道德标准是一样的。当然了,我们这里说的德治就不是某些你宣传出来的大道理,然后让你强制执行,这是不行的。因为道德主要是通过人们的内心发挥作用,不具有外部约束的力量,只有法律才能约束人的行为,道德中央说德润人心,对你要产生说服力,不要想把道德变成法律强迫大家遵守,这是做不到的。能够上升为法律的道德,就不再是道德了,而是法律了。从这个意义来说,二者之间的关系非常密切,但作用方式也不同。

粤港澳大湾区建设的法律服务和法治保障

张亮

张亮，中山大学法学院副院长、教授。 本文根据张亮教授于 2019 年 11 月 25 日在广州市政法单位专场报告会录音资料整理而成。

湾区经济是当下很著名的经济现象,60% 的经济总量集中在这里。"湾区"一般指的是围绕沿海口岸分布的众多海港和城镇所构成的港口群和城镇群,由此衍生的经济效应被称为"湾区经济"。目前,湾区已成为全球经济发展重要的增长极和引领技术变革的领头羊,全球 60% 的经济总量集中在入海口区域。湾区经济作为重要的滨海经济形态,是当今国际经济版图的突出亮点。目前,全世界最具代表性的三大湾区,分别是美国的旧金山湾区、纽约湾区和日本的东京湾区。这三大湾区是全世界经济最发达的地区,既是财富的集中地,也是人才的集中地。建设粤港澳大湾区,是习近平总书记亲自谋划、亲自部署、亲自推动的国家战略,是新时代推动形成全面开放新格局的新举措,也是推动"一国两制"事业发展的新实践。大湾区是我国经济建设的新动力。

一、粤港澳大湾区概况

国家战略的定位决定了大湾区的架构将非常不同,它并不仅是广东省与港澳之间的事情,因此粤港澳大湾区建设领导小组由国家牵头,由分管港澳事务的常委韩正亲自担任组长,成员包括各个部委、港澳特区和广东省的领导人。2019年2月18日,《粤港澳大湾区发展规划纲要》(以下简称《规划纲要》)发布,规划中提道:“粤港澳大湾区包括香港特别行政区、澳门特别行政区和广东省广州市、深圳市、珠海市、佛山市、惠州市、东莞市、中山市、江门市、肇庆市(以下称珠三角九市),总面积5.6万平方公里,2017年末总人口约7000万人,是我国开放程度最高、经济活力最强的区域之一,在国家发展大局中具有重要战略地位。”《规划纲要》中规定了大湾区的五大战略定位,分别是“充满活力的世界级城市群”“具有全球影响力的国际科技创新中心”“‘一带一路’建设的重要支撑”“内地与港澳深度合作示范区”“宜居宜业宜游的优质生活圈”。

大湾区是“具有全球影响力的国际科技创新中心”,大湾区的重中之重就是科创,科创是首要的,尤其是在去年以来的中美贸易战,中美贸易战打的就是高科技。今年出现了几个大的变化,比如科创板上来了,吸引资金往科创走,传统企业上市要三年以内,科创板不需要,甚至亏损都可以上,目的就是把资金往科创板上引。今年年初我们国家出台《外商投资法》,其中的许多条文体现了很多变化,彰显了我国对外开放的决心。科创是大湾区重中之重,现在很多重要的政策都是围绕着科创在进行。

大湾区是“‘一带一路’建设的重要支撑”。大湾区情况比较复杂,“一国两制”,存在三种不同的法域。“一带一路”沿线涉及的法域更多,不仅有英美法,大陆法,还有伊斯兰法以及社会主义法。“一带一路”沿线的文化也存在许多差异。我们该如何弥合不同法系之间的差异,怎样减少文化差异带来的阻碍?大湾区建设“一带一路”建设过程之中产生了相似的问题,而大湾区建设能够给“一带一路”积累宝贵的经验。

二、粤港澳大湾区的法治现状与展望

(一)《规划纲要》的相关规定

我们把法治分为很多种,这里主要讲立法和司法。习近平总书记讲到,重大改革于法有据,做什么都要按照法律的框架进行。大湾区建设要严格依照宪法和基本法办事,我们有再多的先行先试,也必须要按照宪法和基本法办事。

《规划纲要》明确写出大湾区是一国之本善两制之力,要建立互利共赢的区域合作关系。"一国两制"是我们的优势,我们通常讲人财物自由流动,但规则能不能自由流动?即大湾区能不能让规则、制度也流动起来,比如你想用英美法我们就可以给你提供英美法,你想用大陆法,在澳门是葡语系就可以为你提供这种制度,你想要我们的制度,社会主义法域的制度也能提供给你,我们是一个非常多元化,非常有竞争优势的地方,你习惯什么我们就给你什么,这种平台放在世界上就非常有威力了。中国其他地方无论是京津冀还是长三角,都给不了这种多元化,没有多元化在世界上就很难玩转。之所以我觉得大湾区是一个非常有魅力的地方,在于它能够提供多元文化,多种制度,无论是法律还是其他,换句话说某种资源来到大湾区都可以找到它生存的空间和范围,这对于我们打造国际科创中心是一个非常大的优势。只要我们制度用得好,世界上所有的人才都能吸引到我这个地方来。

2018 年 8 月 15 日,韩正常委在粤港澳大湾区建设领导小组全体会议上有一段话讲得非常好,他表示"一国两制"是保持香港、澳门长期繁荣稳定的最佳制度。推进大湾区建设,必须在"一国两制"框架内严格依照宪法和基本法办事,坚守"一国"之本,善用"两制"之利。要进一步建立互利共赢的区域合作关系,支持香港、澳门融入国家发展大局,为港澳发展注入新动能、拓展新空间。要加强沟通协调,深入调查研究,积极回应港澳社会关切,注重用法治化市场化方式协调解决大湾区合作发展中的问题。这段讲话第一是明确了要在"一国两制"框架内严格依照宪法和基本法办事,第二是明确了这是一种互利共赢的区域合作关系,第三是要注重运用法治化、市场化的方式协调解决大湾区合作发展中的问题。

近年来中央提到的法治是最好的营商环境。市场经济的本质就是法治经济,法治强调平等,近年来重大文件都是和平等有关的,如《外商投资法》实行准入前国民待遇 + 负面清单制度,这是对外资的平等,强调内外平等对待,除非法律明文禁止,外商都可以进来,外资可以进来,享受和内资一样的待遇。又如《优化营商环境条例》彰显了我们对非公有制和公有制的平等对待原则。伴随着中国法治的不断推进,中国在全球营商环境的排名日益靠前,三年前排名第 70 多名,两年前 40 多名,今年 30

多名,我估计明年至少会进前20名。中国排名最高的是合同执行指标,也就是司法指标,司法指标进入全球前10名,其中在程序方面的指标,法院的指标是全世界第一名,这个指标体系是看最高法院改判多少案件,包括审判时限等,这个指标体系是以上海占55%,北京占45%为标准测算的,如果拿广州、深圳作为考察对象,我相信排名会更靠前。世界级湾区的建设,要在讲究法治化、市场化的路径中前行。

(二)合作模式的演变与法律依据

现在凡谈大湾区必然是宪法,港澳基本法,过去还有一个CEPA协议。我稍微梳理了一下,大湾区有一个特点就是“一国两制”,三个关税区,三个法域,三种货币。香港地区、澳门地区都是独立的关税区,所以本身也可以以自己的身份加入世界贸易组织,独立地享有和承担相关的权利义务,在经济事务上有一定的独立性。我们都知道大湾区有三个法域,香港是英美法系,澳门是大陆法系,我们是社会主义法系。大湾区有三种货币,澳币、港币以及人民币。

我们在处理香港问题上首先要看宪法和基本法的规定,根据宪法才能够成立,特别行政区之所以能够设立,依据的就是宪法,没有宪法就不能设立特别行政区。我给大家列举几条《香港特别行政区基本法》的规定,《香港特别行政区基本法》第2条规定,香港依据全国人民代表大会的授权高度自治,享有行政管理权、立法权、独立的司法权和终审权。香港享有独立的司法权和终审权,这一内容最近很引人注目。第8条规定,香港原有法律,即普通法、衡平法、条例、附属立法和习惯法在不同基本法和立法机关修改相抵触的情况下,予以保留。第16条和第17条分别规定香港特别行政区享有行政管理权、立法权。第18条我略微谈一下,“在香港特别行政区实行的法律为本法以及本法第八条规定的香港原有法律和香港特别行政区立法机关制定的法律,全国性法律除列于本法律附件三者外,不在香港特别行政区实施”。附件三主要是关于国防、外交和其他按本法规定不属于香港特别行政区自治范围的法律,澳门也基本上类似,全国性的法律除了国防、外交等都不在香港实施。第20条规定,香港特别行政区可以享有全国人大及其常委会以及中央人民政府授予其他的权利,如果中央政府再授予它,还可以享有更多的权利,只要中央授权予它。

香港特别行政区在国际法上享有一定的身份,这是因为它是一个独立的关税区。

之所以香港的东西这么便宜,尤其是奢侈品,是因为香港是一个自由港,是一个单独关税区,有单独的政策,几乎没有什么关税,而内地则有比较高的关税。中国相对于世界而言有一个很特殊的地方在于,中国在世界贸易组织中有四个成员,分别是中国大陆、香港特别行政区、澳门特别行政区、台湾地区,每个地方都是单独关税区。我们和欧盟正好相反,整个欧洲是一个大关税区,叫关税同盟,我们是四个关税区,形成了一国四席的局面。香港在国际法中因此拥有一定的地位,虽然它是我们的特别行政区,是一国范畴下的特别行政区,但是由于单独关税区的身份,其在国际法上和我们不一样,广东在国际法中没有任何地位,但是香港是有的,它可以以中国香港的名义参加关贸总协定,也就是现在所说的 WTO,世界贸易组织。

过去我们是怎么促进内地与港澳之间的合作的?过去内地和港澳之间签订 CEPA 协议。CEPA 更多强调的是单独关税区的身份,签订的是自由贸易协议。签订 CEPA 的出发点是以成员方之间关税区的身份来做的这个协议,这是因为根据 WTO 规则中的最惠国待遇原则的规定,我们在 CEPA 给香港产品是零关税,按照 WTO 的最惠国待遇我们也必须给美国产品零关税,除非我们之间有这么一个 FTA 才可以作为一个例外。我们当年和港澳地区、大湾区全部签订了 FTA,这种就是世贸组织法律框架下最惠国待遇的例外,我们给台湾地区,给香港地区,给澳门地区的优惠统统不必给美国等其他 WTO 成员方。如果不签这个,在 WTO 框架下是不行的,我们是从这个角度来出发的。坦诚地说,CEPA 并不能解决香港融入祖国发展大局的问题,因为“一国两制”毕竟是在一国的范畴内。

大湾区时代情况则有所不同,我们的合作模式在变化。2017 年 7 月 1 日《深化粤港澳合作　推进大湾区建设框架协议》出台,签订的主体和过去不同,过去的 FTA 都是由中央政府,通常是由商务部代表中央政府和香港这边签,主要是关税区之间的协议,可是这次推进大湾区建设的协议是不一样的:2017 年 7 月 1 日,国家发改委、广东省人民政府、香港特别行政区政府、澳门特别行政区政府经协商一致,制定本协议。我们法律人第一反应的问题就是这个协议是什么性质的协议?由于现在这个协议性质不明,违反这个协议要不要承担法律后果?这不好说,它可能是一种政策性的东西,牵涉的主体和过去完全不一样,过去的 CEPA 是有法律约束力的,要到 WTO 进行备案的,无论是在国内法还是在国际法层面上都有明确的法律效力。而上述框架协议的签订主体:发改委是一个正部级单位;广东省人民政府,香港特别行政区,澳门特别行政区都属于正省级的单位,这几个单位签署的协议的性质如何还不明确。我们更愿意把它看作一种政策,对它的法律性质还在做进一步的研究。现在国内也出现了很多这种协议,包括京津冀、长三角也产生了类似的文件。在国外同样也有这些协议,但是国外的这种类型的协议一般在宪法上是有规定的,有明确的法律效力。而我们现在谈及的这种协议在法律效力方面暂时不明。

但是我们可以发现现在的思路有所转换,过去的CEPA是关税区之间的合作,做的是FTA,类似于国际上的自由贸易协议。但是今天大湾区的做法在变,我们的变是主体身份上的变,不是从关税区的角度,而是从中央政府,普通行政区划,特别行政区的身份出发,我们是在国内法的主体身份方面做文章,更强调的是国家框架下的这种主体身份,这个是跟过去完全不同的,发生了重大的变化。

“一带一路”,大湾区的建设都是一样的,首先是基础建设互联互通,叫“硬连通”,接下来就是规则的衔接,叫“软连通”,一硬一软。

接下来我讲两个案例,第一个是广深港高铁开通。为了实现西九龙“一地两检”花了很长时间,某种意义来说,广深港高铁能不能通车关键就在于规则衔接上怎么做。能不能一地一检?是可以的,国际上也有这种问题。过去从内地省份坐高铁去香港怎么做?没有办法直通香港,一般先到广州,从广州出境,坐直通车再去香港,在香港再入境,很麻烦。能不能直接坐高铁到香港,开到西九龙去,然后在西九龙完成内地的出境以及香港的入境,在香港完成一地两检?这对香港也很有好处,从香港到贵州等比较远的内地去,直接就在西九龙一地完成两检,先检一道出境,再检一道入境,上了高铁就直接到内地。否则的话就很麻烦,首先需要先入境到内地,然后再换乘高铁,但不是每个地方都可以入境的。现在从澳门都可以做联合查验,检一次就可以了,为什么要检两次呢?一地两检涉及什么问题?在西九龙一地两检涉及一个问题,内地要派人过去检且还要适用内地的法律,这就涉及在香港特别行政区境内设立内地口岸区以及内地与香港特别行政区之间的管辖权划分的问题。过去曾经做过一地两检:在深圳湾一地两检,香港地区派人到深圳这边来做检查以及适用香港法律。为此,全国人大及其常委会,中央政府授权给香港。问题是,现在要去香港做一地两检,则涉及全国性法律要在香港实施。而全国性法律原则上根据基本法只有附件三列名涉及外交、国防等法律才能在香港实施,所以在西九龙一地两检这个问题在香港引发了很多争议。于是中央就采取了一个比较稳妥的办法,以一种法治化的路径,严格按宪法和基本法办事,分三步走层层推进。第一步是由马兴瑞省长代表内地与香港特别行政区签订了一个《"一地两检"的合作安排》(以下简称《合作安排》);第二步是由国务院提请全国人大常委会批准这个《合作安排》,确保符合宪法和基本法;第三步通过各自的法律程序落实《合作安排》。香港沿袭了过去的传统,实行三权分立制衡的模式,基本法规定行政长官主导,但由于立法权与司法权的存在,其实行政长官很难主导。行政长官签署了这个《合作安排》之后,如果在香港立法会没有通过,那前面的努力都将付之一炬。

"一地两检"对香港是特别有好处的,一地两检能让香港和内地直接连通,由此产生的效益是巨大的。2018 年香港立法会最终以 40 票赞成,20 票反对,1 票弃权通过了一地两检条例的草案,这意味着乘客日后可以一次性在香港西九龙站完成香港和内地的通关程序,就能登车到达内地高铁网络上的所有城市。这是我们讲的硬连通和软连通的问题,硬连通广深段 2005 年 12 月 18 日动工,2011 年 12 月 26 日通车运营,香港段于 2010 年 1 月 27 日动工建设,于 2018 年 9 月 23 日通车运营。

接下来再讲一个例子:港珠澳大桥,这是国之重器,也是人类工程史上的奇迹,同时还是软连通,也是奇迹。港珠澳大桥怎么建设?港珠澳大桥是"一国两制"条件下,粤港澳首次合作建设的特大型交通基础设施。2003 年 8 月,国务院批准开展本项目的前期工作,同意成立由香港特区政府作为召集人,粤港澳三方组成的"港珠澳大桥前期工作协调小组",负责协调前期工作的有关事宜。2004 年 3 月,前期工作协调小组办公室成立;2006 年 12 月,国务院批准成立由国家发改委牵头的"港珠澳大桥专责小组",负责重大问题的协调。在"专责小组"和"前期工作协调小组"的领导下,协调小组办公室承担起了艰巨的大桥前期工作任务,协调三地政府逐项解决了两岸登陆点、桥位方案、投融资等多个重大问题。2009 年 10 月 28 日,国务院常务会议正式批准港珠澳大桥工程可行性研究报告,标志着港珠澳大桥前期工作顺利完成,工程正式进入实施阶段。12 月 15 日,李克强副总理亲临珠海宣布港珠澳大桥正式开工。2010 年 7 月,港珠澳大桥管理局(Hong Kong – Zhuhai – Macao Bridge Authority)成立。港珠澳大桥管理局(以下简称大桥管理局)是由香港特别行政区政府、广东省人民政府和澳门特别行政区政府举办的事业单位,其主要任务是:承担港珠澳大桥主体部分的建设、运营、维护和管理的组织实施等工作。

港珠澳大桥并没有采取商业运作模式,而是由三地政府出资,为了便于建设和管理成立了大桥管理局。大桥管理局的性质是什么?成立的依据是什么?是否在工商管理局注册?是在香港、澳门还是内地注册?这些都是需要解决的问题。实际上,2010年2月26日,粤港澳三地政府签订协议。2010年5月24日,港珠澳大桥三地联合工作委员会召开第一次会议。三地委成立,与协调小组进行工作交接,通过《港珠澳大桥管理局章程》。2010年6月,三地政府正式签署了《港珠澳大桥管理局章程》。2010年7月27日,大桥管理局获得广东省事业单位登记管理局颁发的事业单位法人登记证书和广东省质量技术监督局颁发的组织机构代码证,正式成立。

为什么港珠澳大桥这么成功,就是因为有一种大湾区的精神,借鉴了国际上的很多做法。国际上有很多这方面的成功经验:美国也有州与州之间通过协议成立一个交通管理局的例子,用来管理跨越州境的机场、捷运等;国际上也有国与国之间合作的例子,比如英法之间的英法隧道,在欧洲很多国家已经可以做到在一个国家完成联合查验,一检即可。这是国际社会长期以来积累的经验,这是出于经济便利化而采取的一种特殊安排,并不涉及对谁的主权或者自治权的损害。港珠澳大桥的建设参考了很多国际上先进的做法,并且通过大胆的尝试取得了较好的效果。

(三)他山之石:世界三大湾区之区域合作法治

大湾区是史无前例的,要建设世界级的湾区,眼光要放眼世界,大湾区要在世界上竞争,在法治上面不是要违反现有的法律,而是需要有一种规则衔接,变通融通的意识。下面分析世界三大湾区之间的区域合作法治。

1. 旧金山湾区

旧金山湾区(San Francisco Bay Area),简称湾区(The Bay Area),地处美国加利福尼亚州北部,靠近西海岸。湾区占地总面积1.8万平方公里,由沙加缅度河下游出海口四周的县组成。自1961年正式形成以来,旧金山湾区已在高新技术产业、金融服务业、文化产业和教育产业以及新兴的生物技术产业等方面取得了显著成效。在高度发达的交通运输业和信息产业的推动下,湾区形成了以创新著称的南湾硅谷科技研发中心，以风险投资著称的专业性科技金融中心，以斯坦福、加州大学伯克利分校为首的多所著名学府。

旧金山湾区整体在同一个州内，都在加州。但是美国的情况是越到基层权力越大，美国采取的是联邦制，宪法没有授权给联邦政府的权力都归属于地方，所以美国最基层的单位权力最大。美国各个州和各个城市各自为政，怎么做规划呢？加利福尼亚州在1961年政府出台了《联合权利法案》，首先解决合法性问题，确立两个及以上政府主体可以通过自愿联合的方式提供某些无法由单一政府主体提供的服务，比如跨区建设规划是需要合法性支持的。法律规定这些政府可以这样做，于是在这个框架之下建立湾区政府协会，然后再进行协同，最终实施的法律还是地方自己要通过，所以在旧金山湾区基于民主性和公平性，湾区地方政府愿意把他的规划通过统一合作平台进行协商，但是最终还是由各地进行单独立法，转化成当地立法。

2. 纽约湾区

整个纽约湾区以其发达的制造业和金融业、便利的城际交通、突出的产业优势孕育了众多全球创新潮流的科技企业。湾区内集聚了大量金融、证券、保险及期货市场的精英，是世界上就业密度最高的城市，有“金融湾区”的名号，也是公交系统最繁忙的城市，旅客量近3000万人/天。地处美国东北部大西洋西岸，是世界金融的核心中枢以及国际航运中心。人口达到6500万人，占美国总人口的20%。纽约大都市圈由纽约州、康涅狄格州、新泽西州等31个县联合组成，面积达33484平方公里。

纽约湾区法治的典型特点是重视管理机构。比如，纽约区域规划协会（Regional Plan Association）是美国最著名的城市研究与规划组织，致力于促进纽约州、新泽西州和康涅狄格州区域的繁荣、基础设施建设、可持续发展和提高生活质量。纽约区域规划协会通过组织独立的研究、提供计划和支持公众参与达到机构的目标。纽约区域规划协会每年举行一次春季会议。在春季会议上，政府的领导和专家、商业组织、市民组织和媒体会就区域建设相关的问题开展激烈的争论。纽约区域规划协会的工作基石是制定长期发展计划和政策指导区域的发展。从20世纪20年代起，纽约区域规划协会已经为纽约湾区进行了四次规划。但它是一个民间组织，非营利机构。大家为什么会认同这个规划？完全是因为其自身的权威性，基于自身的水平和影响力。

另外一个例子是纽约－新泽西港务局(Port Authority of New York and New Jersey)。它是在1921年由美国国会授权纽约州和新泽西州协议成立的管理机构。港务局旨在发展并经营纽约湾区的运输和商业设施。纽约－新泽西港务局由两州的州长各自任命6名委员组成,一直以来都是自我融资,不从任何本地政府机构获得税收支持。港务局既没有征税的权力,也不可以用任一市政府的信用做质押。港务局仅通过收取其所修建的桥梁和隧道的设施运营费、机场和公交站使用费、铁路交通网络运费、设备租金和零售商铺消费服务费等方式获取收益。纽约－新泽西港务局是根据《美国宪法》第3条(允许国会批准州之间达成协议)所创设的第一个州际组织。它不属于政府机构,远离政治压力,因此能以更有效的方式进行长期的基础项目建设与维护。

纽约湾区是跨州的,大桥管理局与纽约－新泽西港务局有类似之处,后者是由美国国会授权纽约州和新泽西州协议成立的管理机构,管理纽约和新泽西跨境交通事务。美国宪法允许国会批准州之间达成协议,州之间可以达成协议创设组织。这个港务局不是政府机构,远离政治压力。它的合法性来自美国宪法的规定,加州有州法规定,州下辖的各地方政府之间可以达成协议来处理彼此之间的事务。这就是美国湾区的做法。

3. 东京湾区

东京湾在地理位置上位于日本本州岛的中部,是一个纵深80多公里、面积约为1320平方公里的优质大港湾。东京湾区作为世界上第一个主要依靠人为规划而形成的大湾区,堪称世界规划主导而形成大湾区中的典范。东京湾周边腹地城市主要有东京都、琦玉县、千叶县、神奈川县等“一都三县”,共同构成了依托东京湾而蓬勃发展的“首都都市圈”,面积上占全国总面积的3.5%,GDP大约占到了全国总量的1/3,常住人口为3800万人。为了依法促进东京都市圈的建设,1956年日本国会制定了《首都圈整备法》,为东京都市圈的规划与建设提供了法律依据。随后又相继颁布了《首都圈市街地开发区域整备法》(1958年)、《首都圈建成区限制工业等的相关法律》(1959年)、《首都圈近郊绿地保护法》(1966年)、《多极分散型国土形成促进法》(1986年)等多部法律法规。

东京湾区的做法简单有效,东京湾区是由日本通过立法直接规划出来的湾区。

在20世纪50年代日本6大港口各自为政，无序竞争，产业重构，日本直接制定了《港湾法》以法律作为重要的抓手，直接把港口进行分类，分为特别重要、重要，地方港、避风港口，东京港、横滨港等。简言之，日本很注重立法，直接通过中央立法解决问题。

（四）展望

粤港澳大湾区通过协同立法来促进法治保障，短期之内想要全国人大通过法律有难度，目前全国人大还没有相关的立法计划。但立法是促进大湾区法治保障的重要支撑，这是确定的。未来要通过相应立法促进大湾区的建设，该怎样推进立法呢？是否有必要在中央层面制定粤港澳大湾区发展促进法（或条例）？是否有必要制定一部区域合作法（或条例）？这些都是大家在热烈讨论的问题。另外，在地方立法层面该如何进行？这也是一个需要探讨的问题。在涉及地方的时候，还要处理好中央事权和地方事权的关系。从某种意义上来讲，涉及港澳的问题都属于中央事权。未来推进大湾区协同立法的时候，协商机构怎样设置？如何通过协商机构促进区域协同立法？“一地两检”也是一种协同立法模式，是由中央出面进行协同，这是一种模式，以后还有没有更好的模式？未来能否直接由中央授权广东省直接以省的名义和港澳两个行政区进行协同？又或者能否通过示范法的模式，由智库来牵头，不需要中央牵头，智库就三地之间的问题，提供一种解决方案给各地立法机关，也就是示范法。或者也可以采用软法机制，不签有法律约束力的文件。软法通常是政策、文件、宣言、倡议等，本身没有法律效力，但是在现实生活中有一定的影响力，因为在实施机制上也有它独特的机制，尽管并不是我们传统的法律实施机制。

近年来大家的突破口都是在提升港澳居民在自贸区、在大湾区、在内地生活的便利程度，无论是中央还是地方都把这个作为重要的抓手，比如港澳同胞到内地工作生活后，子女的上学问题、医保问题、社保问题、购房问题等如何解决。在国家层面，港澳办发了很多港澳居民居住证，包括便利港澳居民在大湾区和内地学习、就业、创业、发展的政策措施，目前主要在解决这方面的问题。

未来我们要注重软连通的问题，要讲究规则衔接。李希书记讲的就是硬连通和软连通，连通、贯通、融通的问题，规则之间怎么样进行变通，如果三地能够形成统一的法律制度当然最好，但是现在很难，协同也不容易，那么我们能不能就规则进行一个变通?

目前大湾区还没有相应的立法,而从政策层面讲,现在大湾区出台最重要的政策是税收优惠,出台这个税收优惠政策是因为相比其他地方进行科创,大湾区更有优势。我对这个政策的评价是非常高的,这是我们盼望已久的大招。按照财政部、税务总局2019年3月14日发布的《关于粤港澳大湾区个人所得税优惠政策的通知》,广东省、深圳市按内地与香港个人所得税税负差额,对在大湾区工作的境外(含港澳台)高端人才和紧缺人才给予补贴,该补贴免征个人所得税。在大湾区工作的境外高端人才和紧缺人才的认定和补贴办法,按照广东省、深圳市的有关规定执行。按照这个通知的规定来看,在大湾区工作和在香港工作的税负是一样,这对于高端人才和紧缺人才来说就非常有吸引力。

此外,2019年8月9日,《中共中央、国务院关于支持深圳建设中国特色社会主义先行示范区的意见》出台,其中提到要把深圳打造成法治城市示范。示范区示范给谁看,我的理解就是示范给我们看的,就是要推广复制。意见里面提到一项规定备受我们的关注,就是要支持深圳实施综合授权改革试点,以清单式批量申请授权方式。大家一看不一样了,我们琢磨里面的含义,我把它做了更夸张的解读,既然是先行的示范区,我就把它和中国目前改革的方向结合起来做一个解读,解读的不对大家尽管批评。大湾区是史无前例的,示范区也是史无前例的,我们做一个比较夸张的解读,既然是综合授权改革试点,以清单式批量申请授权方式,突破传统的“一事一议”,进行打包式授权。结合我前面所说的正面清单和负面清单,如果是做正面清单再打包,也是若干授权的集合,法无授权不可为,我们要把它做成负面清单,法无禁止即可为,什么意思?如果将来授权是负面清单,就列明哪些事项不能突破,除此之外,通通可以突破,就变成了一个超级大授权,所以我认为终极目标就是要形成负面清单的授权模式,除了负面清单禁止的之外,其他的全部是允许的,这就是最厉害的综合授权,但是否能实现还不好说。

三、粤港澳大湾区法律服务

大湾区打造的是具有世界竞争力的法治化、国际化、便利化的营商环境。通常所说的公检法服务,严格意义上来讲不算是一种法律服务,法院、检察院都是司法保障,也可以说是司法的保障服务。我们通常说的法律服务是仲裁、调解、公证、司法鉴定等,形成一站式、多元化的法律服务高地或聚集区,提供多元化、一站式的服务。

(一)律师服务

第一,联营。粤港澳合伙联营,过去广东自贸区在联营这一块做得非常好。第二,大湾区建设将为律师行业带来巨大的业务机会。2019 年 8 月 1 日《广东省司法厅关于香港特别行政区和澳门特别行政区律师事务所与内地律师事务所在广东省实行合伙联营试行办法(2019 年修订)》出台,明确了只有总部设在香港、澳门的律师事务所才符合设立合伙联营律师所的资格条件。这就是为了避免有些外国律所先在香港设分所再进入内地。这个试行办法也在现有基础上适当降低了合伙联营律师事务所内地方的门槛,现在内地律所只要有 20 个执业律师就可以申请联营了。另外,在现有基础上相应降低合伙联营律师事务所的准入门槛,取消合伙联营律师事务所港澳方出资最低比例 30% 的限制。联营所的适用范围也扩大了,现在除了适用于广东自贸试验区外,还适用于整个广东省。联营所是大湾区的一个优势,联营所联营的好处在于既可以提供英美法的服务,也可以提供大陆法的服务,其中律师是很重要的环节。

合伙联营律师事务所的业务范围是承担民事诉讼、非诉业务以及行政诉讼法律业务,不得受理、承办涉及内地法律适用的刑事诉讼法律事务。对属于内地法律事务的,由内地律师办理;属于香港、澳门或者外国法律事务的,由香港、澳门派驻的律师或者聘用的港澳律师办理。某种意义来说,即便是联营所,涉及内地的法律业务也只能由内地律师代理,不能由香港律师代理。广东省在 2019 年 8 月 1 日已经把联营所的业务范围扩展到行政诉讼领域,现在是刑事诉讼领域还没有放开。司法部同意允许香港法律执业者同时受聘于 1 ~ 3 个律师事务所担任法律顾问,将法律顾问的聘用由核准改为备案管理,不需年度注册。司法部也允许符合资格的香港法律执业者通过特定考试取得大湾区珠三角九市的执业资质,从事一定范围的内地法律事务。现在我们不清楚这个是仅适用于联营所的香港执业律师,还是也可以适用于非联营所的香港律师。如果是两者都可以适用,那么就更放开了,以后只要是香港律师通过特定的考试就可以在湾区内从事一定范围的内地法律事务,这个是放得比较开的,跨度是比较大的。这个"一定范围"究竟有多大,我们拭目以待,看会不会渗透到刑事领域,比如涉港的刑事案件,我们现在还不清楚,要等细则的进一步落实。

大湾区是一个法治化、国际化、便利化的地方,律师在大湾区,将大有作为。比如港珠澳大桥、一地两检,包括南沙要推进粤港产业深度合作园,无论怎么深度合作,一定逃不一个问题,就是在内地管辖权和法律框架下提供与港澳衔接的公共服务和社会管理环境,怎么把规则衔接起来。香港人喜欢用香港的管理模式,内地人喜欢内地的模式,澳门人喜欢澳门的建筑标准,如何把不同的规则衔接起来,律师就可以在这些方面发挥作用。

(二)仲裁服务

仲裁服务是这些年发展最快法律服务之一。仲裁的"仲"字表示一个人站在中间,这个人是双方都信任的人,由他来裁决他们之间的争议。仲裁法本质就是一种商人法,是商人之间发展出来的争端解决模式。过去两个商人发生争议,就找一个双方都信任的人来居中裁判,后来国家赋予仲裁在法律上的强制执行力。

仲裁具有保密性的特点,不公开审理、不得对外披露。仲裁具有快捷性,目前是一裁终局。商事仲裁是一种民间性的、契约性的商事纠纷解决方式,充分尊重当事人的意思自治,当事人既可以选择来自不同国家或地区、不同法域的仲裁员,也可以选择仲裁规则,还可以选择仲裁地。从某种意义上讲,商事仲裁是一种非常国际化、市场化、法治化的纠纷解决方式,高度契合大湾区打造国际一流湾区和世界级城市群的目标。事实上,从国际经验来看,一流湾区和世界级城市群,必然是国际仲裁中心。否则,肯定不是一流。仲裁在大湾区纠纷解决上具有其独特的优势。比如在涉港澳案件中,可以选择港澳仲裁员;可以适用港澳的仲裁规则或适用国际上最流行的仲裁规则,比如 UNCITRAL 的规则,适用不同的庭审方式,把仲裁地设到港澳等;同时,内地与港澳之间均有相互承认和执行仲裁裁决的安排,裁决能够根据《纽约公约》在世界上 159 个国家得到承认和执行。

粤港澳大湾区仲裁联盟是由粤港澳大湾区范围内香港、澳门特别行政区和广东省珠三角九市的仲裁机构,于 2018 年 9 月共同倡议发起成立,联盟秘书处设在中国南沙国际仲裁中心。建立粤港澳大湾区仲裁联盟,有助于利用"一国两制三法域"的制度优势,整合法治资源,深化内地与港澳合作,为大湾区发展营造和谐的法律环境。

大湾区仲裁的两面旗帜是深圳国际仲裁院和广州仲裁委员会。深圳在仲裁方面的创新力度比较大,2012年深圳市政府引入法定机构管理模式,通过特区立法的形式,制定了《深圳国际仲裁院管理规定(试行)》,这是中国也是世界上第一个也是目前唯一一个对仲裁机构进行的专门立法。深圳国际仲裁院成为中国第一个通过立法方式确立法人治理模式的仲裁机构。理事会五年一届换届,对仲裁机构的运作进行约束和监督,所有重大决策都是多数票决,突破了传统上管理事业单位"一管就死、一放就乱"的行政干预方法,同时也打消了境内外当事人对中国仲裁地方保护和"内部人控制"的顾虑,体现了治理结构的国际化。深圳国际法仲裁院仲裁员结构也具有国际化的特点,根据《深圳国际仲裁院管理规定(试行)》,仲裁员至少有1/3必须来自香港和海外。目前深圳国际仲裁院仲裁员名册中共有870名仲裁员,覆盖50个国家和地区,其中境外仲裁员有353名,占比约40.6%,仲裁员结构国际化程度为中国最高。在境外仲裁员当中,共有146名仲裁员来自香港,其中88名是香港籍,有效解决了大量涉及港澳的纠纷。这种安排有利于跨境纠纷当事人选择在中国仲裁机构进行仲裁,特别是有利于中国"走出去"的企业实现"走出去投资、拉回来仲裁"的"主场战略"的实施。

深圳国际仲裁院仲裁裁决执行体现国际化的特点。深圳国际仲裁院在1989年开创了中国内地仲裁裁决按照《纽约公约》在境外法院获得强制执行的先例,从此中国仲裁裁决走出国门。自香港回归以来,据香港官方统计,根据最高人民法院《关于内地与香港特别行政区相互执行仲裁裁决的安排》,深圳国际仲裁院没有一宗裁决在香港被法院裁定不予执行。2014年,深圳国际仲裁院的仲裁裁决在香港获得执行的数量占全国所有仲裁机构的38.5%,为全国最高,也高于香港之外的世界上任何一个仲裁机构。

深圳国际仲裁院在仲裁规则方面也做了创新,第一,在中国仲裁机构中,率先将投资仲裁列入受理范围,这是中国第一个内地仲裁规则规定可以受理东道国政府与他国投资者之间的投资纠纷仲裁案件。2016年版《深圳国际仲裁院仲裁规则》第2条第2款规定:"仲裁院受理一国政府与他国投资者之间的投资争议仲裁案件。"这意味着深圳国际仲裁院受理案件范围除了传统的商事争议之外,同时还将东道国政府与他国投资者之间的投资仲裁纠纷也纳入了其中。这是在“一带一路”背景下,听取大量“走出去”企业的意见,经仲裁院理事会充分讨论且在最高法院及其他有关部门的支持和鼓励下而做出的制度创新。第二个规则创新是在中国内地率先制定适用《联合国国际贸易法委员会仲裁规则》的《程序指引》。2016年版仲裁规则规定在涉港澳涉外案件中,当事人可以选择适用《联合国贸易法委员会仲裁规则》的《程序指引》。第三个创新是有关仲裁地方面的创新,深圳国际仲裁院关于适用《联合国国际贸易法委员会仲裁规则》的《程序指引》规定:“当事人对仲裁地有约定的,从其约定;当事人没有约定的,仲裁地为香港,除非仲裁庭另有决定。”这既坚持了当事人意思自治,尊重仲裁庭的决定权,也鼓励当事人将仲裁地约定为香港。可以预见,当事人约定“由深圳国际仲裁院在前海受理和管理案件,以香港为仲裁地和程序法律适用地,以《联合国贸法会仲裁规则》为适用规则”,将可能常见于前海。这意味着将会有更多的香港专业人士以仲裁员、代理人或者专家证人等角色,参加前海国际仲裁业务,共享内地法律服务市场机会,共同面向世界,共建国际争议解决高地。

另外,首度探索确立“选择性复裁程序”,适应国际贸易和投资仲裁部分当事人的现实需求,严格限定复裁程序的适用前提:(1)仲裁地法律不禁止;(2)当事人约定任何一方可以向仲裁院提请复裁。在涉外案件中间,当事人可以选择法律,或者依照冲突规范适用法律,如果仲裁地法律允许复裁,深圳国际仲裁院就允许复裁,仲裁地法律不禁止复裁,香港就不禁止。所以现在选择性复裁程序的启动,很可能要在涉外案件中把仲裁地设在香港,如果设在内地,在涉港案件中,也有可能适用香港法,这个取决于具体的法律适用,如果当事人把仲裁地设香港,同时也约定是适用香港法,香港法是允许复裁的。以往都是仲裁一裁终局,双方当事人想申请复裁是不可能的。但是如果有选择性复裁程序,当事人签署了这种条款,仲裁地法律又不禁止,当事人约定任何一方可以申请复裁,必须双方当事人都同意复裁,法律也不禁止,那就可以复裁。中国的法律是禁止复裁的,所以国内的这种仲裁案件是不可能复裁的,这个是明文规定的。

(三)调解服务

我估计下一步调解将成为继诉讼与仲裁之外第三种能够在法院申请强制执行的

争端解决方式。目前来说,调解除非经司法确认,调解协议某种意义上只是一个和解协议,只是一种合同性质的,但是这种做法未来可能会改变。

中国加入了《新加坡调解公约》,公约旨在解决国际商事调解达成的和解协议的跨境执行问题,这个公约并不调整纯粹的国内调解,而是调解类似于营业地在不同的国家的当事人之间的商事纠纷,是一种国际商事调解,是一种涉外的。这颠覆了我们以前对和解协议的想象,调解是由第三方调解,有点类似于仲裁,但是比仲裁更灵活。公约将允许在国际商业纠纷中执行和解协议的一方直接诉诸缔约国一方的法院,该法院届时必须根据该缔约国的程序规则以及公约规定的条件执行和解协议。

国外的判决有一个承认执行程序,多半是根据互惠或者法律规定的条件。仲裁有一个承认执行根据的是《纽约公约》。现在根据《新加坡调解公约》的规定,和解协议需要法院去执行。在国内只有经过司法确认的和解协议才能到法院申请执行,比如和解协议通过仲裁庭制作成为仲裁调解书,在法院制作成为法院的调解书之后才能够强制执行。现在国内没有专门关于调解的法律制度,随着中国加入《新加坡调解公约》,会出现涉外商事调解拿到中国法院来执行的案件。因此关于这个公约现在国内都在研究,众说纷纭,值得大家关注。过去调解就是因为要诉调对接,调解和仲裁对接,现在不需要对接了,所以今后可能会形成诉讼、仲裁、调解三足鼎立的局面。

(四)公证服务

公证是法律服务中间最被低估的一种法律服务,但公证不仅在司法上大有作为,而且在“一带一路”上也都有巨大作为。举一个前海公证处的例子。前几天中山大学自贸区高端论坛在广州举行,公布了 2018 ~ 2010 年度“中国自由贸易试验区制度创新十佳案例”,其中法治环境方面有两个例子,一个是前海公证处提供的跨境公证法律服务,另外一个是自贸区提供的多元化纠纷解决机制。

前海公证处根据《公证法》《公证程序规则》的规定,依法向参与海外投资的企业提供背景资质等信息的公证服务和公证法律事务服务。除依法通过官方渠道公开获取相关企业的工商登记信息、披露信息外,还向被调查企业进行调查核实。通过与境外委托机构建立便捷的沟通渠道,在双方理解一致的基础上确定公证服务内容,确保公证书的使用效果。它的入选理由是:首创跨境公证法律服务,创新涉外公证业务领域,符合创新性原则;改变传统涉外公证单一证明模式,形成统一流程规范,具有很强的可操作性;该举措服务了中国企业“走出去”与国家“一带一路”建设,与前海战略地位相契合。

大湾区是“一带一路”的重要支撑点,随着国家“一带一路”倡议的逐步推进落实,越来越多的企业“走出去”,参与境外投资,类似的公证需求会越来越多。公证机构与境外律师事务所,开展跨境跨界协作,通过国内公证文书形式对境外律师事务所所需信息和资料进行调取和保全,快速解决境外律师跨境取证难问题,能够大大提高律师所出具法律文书的效率,为中国企业“走出去”提供切实便利。例如,深圳某上市公司积极响应国家“一带一路”倡议,在英国开展企业投资相关事宜。根据英国相关法律规定,中国企业需委托当地律师事务所对投资事宜出具法律意见书。该企业遂委托英国某律师事务所处理。因出具法律意见书需要,英国某律师事务所需要了解并知悉该企业在中国的工商登记信息情况、第一大股东情况等。于是英国律师事务所咨询并委托前海公证处通过权威渠道调取相关工商信息资料,根据该英国律师事务所的申请和委托,前海公证处在法律分析、信息保全、核查核实基础上,依法向其出具了中英文版的《公证咨询报告》,在前海公证处的积极协助下,该企业在投资大门即将关闭的最后时刻完成了法律审查手续。前海法院引入了前海公证处把很多司法辅助业务,比如文书相关的送达、保全全部打包给公证处,据说大概可以减少40%~50%的人力。

(五)一站式、多元化

一站式、多元化是国际商事纠纷解决机制的一个特点,尤其是最高法院设立了国际商事法庭,最高法院在国际商事法庭把调解、仲裁等衔接在一起,组成了专家委员会,并选定了符合条件的国际商事调解机构、仲裁机构与商事法庭共同构建调解仲裁诉讼有机解决纠纷的平台,形成“一站式”国际商事纠纷解决机制。国际商事法庭支持当事人通过调解、仲裁、诉讼有机衔接的纠纷解决平台,选择其认为适宜的方式解决国际商事纠纷。

（六）法律服务高地或聚集区

法律服务的高地或聚集区，以前海为例，前海审判机构类型非常齐全：包括前海法院、深圳金融法庭、知识产权法庭、最高法院第一巡回法庭及第一国际商事法庭等。前海还成立了知识产权司法鉴定机构、建立了域外法律查明中心、成立了“一带一路”法律服务联合会，粤港联营律所及外国律所代表处也纷纷落户。

2018年9月3日上午，粤港澳大湾区暨“一带一路”法律服务集聚区在南沙揭牌，以后在南沙就能享受到国际化的法律服务。集聚区选址南沙蕉门水岸广场，目前新组建的粤港澳大湾区仲裁联盟、中国互联网仲裁联盟、湾区法商研究院、“一带一路”服务机制南沙办公室和“一带一路”国际商事调解中心南沙调解室5家国际化高端法律服务机构已确定首批进驻办公。

四、结语：兼论司法

所有的法律服务离不开司法的支持，没有司法的支持法律服务业得不到一个良好的发展，司法技术监督也是支持，我们现在谨慎一点，还不敢完全说司法就是一种服务，但司法某种意义上说是一种保障，大湾区《规划纲要》说的是司法服务和保障，大湾区对司法的定位是为粤港澳大湾区建设提供优质、高效、便捷的司法服务和保障，最高法院院长周强也说，为粤港澳大湾区建设提供有力的司法服务和保障。

（一）司法协助

粤港澳三地之间已经在民商事领域形成司法协助，特别是有关支持仲裁方面的很多，起到非常重要的作用。比如仲裁裁决的承认与执行，我们内地同港澳之间都有相关协议，现在还签了一个很有意义的文件，就是2019年1月18日《内地与香港特别行政区法院相互认可和执行民商事案件判决的安排》。安排模式是我国区际民商事司法协助的主要模式，由内地、香港特区就双方的民商事司法协助问题进行协商，对于协商的成果，内地由最高人民法院以司法解释的形式予以生效执行，香港由立法机关修改或制定相关法律予以生效执行。其中，安排的磋商签署需要各方通过协商达成一致性意见,安排的转化生效需要各方完成内部转化生效程序,这是安排模式实施的两个重要环节,也是当前造成区际民商事司法协助制度化进展缓慢的两个突出环节。比如《关于内地与香港特别行政区法院相互认可和执行婚姻家庭民事案件判决的安排》,现在还没有生效。从 2011 ~ 2016 年内地与香港开展多轮磋商,在 2017 年 6 月 20 日完成了安排的磋商签署环节。随后,安排进入内地与香港各自的转化实施程序。2018 年 3 月 26 日,香港特区政府向香港立法会提交了《内地婚姻家庭案件判决(交互认可及强制执行)条例草案》,表明将在 2018 年年底向香港立法会提交条例草案。2019 年 2 月 8 日到 3 月 8 日,香港政府就条例草案开展公众咨询。时至今日,该条例草案仍未获香港立法会通过,离最初两地开始该安排的磋商已经过了 8 年时间。

2019 年的《关于内地与香港特别行政区法院相互认可和执行民商事案件判决的安排》是自香港回归祖国以来,内地与香港商签的第六项司法协助安排,也是覆盖面最广、意义最为重大的一项安排。这个安排的签署,标志着内港两地民商事领域司法协助已基本全面覆盖。但是该安排目前尚未生效,且为数不少的判决类型无法根据该安排获得认可与执行,尤其是把部分资产案件的认可和执行排除在外比较可惜。

(二)司法保障(内地)

目前,是广东省各级法院都在做司法保障。2018 年 8 月 28 日深圳前海出台了第一个大湾区司法保障意见,2019 年 9 月广州中院也出台了司法保障意见,关注如何为粤港澳大湾区建设提供司法保障。

司法保障有很多问题,很多都值得我们斟酌,比如第一个问题,我们曾经考虑涉外案件当事人可以选择法律适用,大湾区当事人非涉港澳人员或者案件没有涉港澳的因素能不能够适用港澳法?大湾区建设的关键在于规则能不能自由流动,在广州发生的案件,没有涉港澳因素,但当事人就要选择在香港诉讼行不行?第二个问题是有关仲裁的问题,案件完全没有涉外因素,内地的规定是含有涉外因素才能去境外仲裁,没有涉外因素可不可以去境外仲裁?一个是机构的问题,一个是法律适用的问题。第三个问题是在港澳达成的调解,如何与内地法院进行司法对接?这些都值得我们今后进一步思考。

推进新时代法治政府建设

石佑启

石佑启，广东外语外贸大学党委副书记、校长、教授，广东省法学会副会长。 本文根据石佑启教授2019年7月22日在东莞市行政办事中心专场报告会录音资料整理而成。

建设法治政府是政府治理上的一场深刻变革，是经济社会发展的客观必然要求，也是行政体制改革的重要目标。2004年3月，国务院就发布了《全面推进依法行政实施纲要》，提出用10年左右的时间，经过艰苦不懈的努力，基本上实现建设法治政府的目标。党的十八大报告提出：到2020年实现全面建成小康社会宏伟目标时，依法治国基本方略全面落实，法治政府基本建成，司法公信力不断提高，人权得到切实尊重和保障。可见，党的十八大把"法治政府基本建成"确立为到2020年全面建成小康社会的重要目标之一。党的十九大报告提出：从2020年到2035年，在全面建成小康社会的基础上，再奋斗十五年，基本实现社会主义现代化。到那时，我国经济实力、科技实力将大幅跃升，跻身创新型国家前列；人民平等参与、平等发展权利得到充分保障，法治国家、法治政府、法治社会基本建成。

从以上表述可以看出：建设法治政府是一个复杂的系统工程，非一朝一夕的事情,需要经过艰苦不懈的努力才能取得实质性的进展;也显示出我们国家执政党、政府建设法治政府坚强的意志和决心,且到2035年是法治国家、法治政府、法治社会一起建成,是一体化建设的过程,其中法治政府建设要走在前列。

党的十九大报告宣布"中国特色社会主义进入了新时代",这是我国发展新的历史方位。新时代对法治政府建设设定了新目标,提出了新要求。今天我们一起学习三个方面的内容:一是新时代的法治政府建设的目标;二是推进新时代法治政府建设的意义;三是新时代法治政府建设的新要求。

一、新时代的法治政府建设的目标

法治政府,简而言之就是法治之下的政府,要求坚持法律至上,把政府活动全面纳入法治轨道,政府要率先守法、依法行政,没有超越法律之外、凌驾于法律之上的特权,政府如有违法行为要承担相应的法律责任。

十八届四中全会《决定》提出:加快建设职能科学、权责法定、执法严明、公开公正、廉洁高效、守法诚信的法治政府。这是对法治政府的界定,也是法治政府建设的目标。2015年12月底,中共中央、国务院印发了《法治政府建设实施纲要(2015—2020年)》,提出法治政府建设的总体目标是:经过坚持不懈的努力,到2020年基本建成职能科学、权责法定、执法严明、公开公正、廉洁高效、守法诚信的法治政府。据此,我们可从如下方面解读法治政府建设的目标。

(一)职能科学

职能科学是法治政府的重要标准,是法治政府建设的基本前提。职能科学意味着法治政府是一个有限有为的政府,其核心是明确政府"应该做什么、不应该做什么",防止政府越位、缺位、错位。职能科学首先要理顺政府与市场、政府与社会的关系。政府的职能不是漫无边际的,而是有限的,要坚持市场化和社会化的导向,凡是市场竞争机制能够有效调节、行业组织或者中介机构能够自律管理、公民能够自主决定的事项,政府就不要干预。要发挥市场在资源配置中的决定性作用,更好地发挥政府的作用,推动政府职能向创造良好发展环境、提供优质公共服务,维护社会公平正义的根本转变。

职能科学还要理顺中央和地方政府以及政府部门间的关系,其核心是要合理划分中央和地方政府以及政府各部门的职能,防止纵向和横向上的职能交叉重叠,出现多头管理、权责不清、争权诿责、相互掣肘的现象,要充分发挥基层政权治理和政府整体效用。十八届三中全会《决定》提出,要加强中央政府宏观调控职责和能力。加强地方政府公共服务、市场监管、社会管理、环境保护等职责;直接面向基层、量大面广、由地方管理更方便有效的经济社会事项,一律下放地方和基层管理。要按照政府各部门的职责定位不同,科学合理界定各部门的权责范围和职能重点,坚持一件事情原则上由一个部门主管,确实需要多个部门管理的事项,明确牵头部门,分清主次责任,健全部门间的协调配合机制,降低行政成本,提高行政效率。

(二)权责法定

法治政府必然是责任政府,由法律法规明确规定政府的权力和责任是法治政府的内在要求。政府行使权力的活动要置于权责的状态之上,权力与责任相统一,做到职权要法定,有权必有责,用权受监督,违法须追究,侵权要赔偿。权力意味着负责任,责任意味着要担当。对政府而言,要建立权力清单和责任清单,做到法无授权不可为,法定职责必须为;对市场主体和公民而言,要建立负面清单,法无禁止即可为。

(三)执法严明

执法是政府履行职能的重要方式,是行政机关最大量的行政活动,是其管理经济社会事务的主要途径。执法严明就是要求政府要严格依法办事,做到规范公正文明高效执法,这也是各级政府依法行政能力和水平的重要体现。法治政府要求各级政府要严格按照法定的权限和程序行使职权和履行职责,确保法律、法规得到正确有效的实施,使公共利益和公民的权益得到切实的保护和增进。如果有法不依、执法不严、违法不究,那么法律制定得再多、再好也无济于事。执法严明要求政府不失职、不越权、不滥用职权、程序正当、内容合理。

(四)公开公正

公开公正是法治政府的题中应有之义,没有公开公正就谈不上法治政府。公正就是公平正直,没有偏私。公开就是要增强政府的透明度,防止"暗箱操作"。公正是法治的生命线,公平正义胜过太阳的光辉。公开是公正的保障,要以公开促公正,以透明保廉洁。法治政府应当是公开透明的政府,要打造阳光行政,建设透明政府,让权力在阳光下运行,让公平正义以看得见的方式实现。这就要求大力推进政府信息公开,除涉及国家秘密、商业秘密、个人隐私以及其他依据法律法规不宜公开的事项之外,政府作出什么样的决策以及如何决策都要向社会公开,行政执法的依据、程序和结果都要及时公布,以方便公众监督政府是否依法行使权力。信息公开的基本要求是全面、准确、及时。

(五)廉洁高效

法治政府应当是廉洁政府,廉洁是对政府的基本要求。建设法治政府,就是要通过制度建设,科学合理配置行政权力,既要防止权力的碎片化,也要防止权力的过度集中;要加强对权力运行的监督,从源头上防止腐败,要保证行政权力的公开运行,把行政权力的运行置于社会公众的监督之下;要建立健全包括行政问责制在内的政府责任体系,防止权力"寻租";要依法惩治腐败,建立反腐败的长效机制,推进权力制约与监督的法治化,实现干部清正、政府清廉、政治清明。党的十八届四中全会《决定》提出:要加快推进反腐败国家立法,完善惩治和预防腐败体系,形成不敢腐、不能腐、不想腐的有效机制,坚决遏制和预防腐败现象。

法治政府也是一个高效便民的政府。政府履行的是行政职能,行政不同于立法和司法,立法的生命在于民主,司法的生命在于公正,而行政的生命在于效能。如果政府履行行政职能时久拖不决,办事效率低下,相互扯皮推诿,那就会贻误时机。因为政府所掌控的资源也是有限的,机遇稍纵即逝,这就要求政府必须做到高效便民,最大限度地降成本、提效率、增效益。我国现在进行的放管服改革,简政放权、加强监管、放管结合、优化服务,这是政府刀刃向内的自我革命,也是促进经济社会健康有序发展的关键一招,所采取的"跑一次办公室,一个窗口对外,数据多跑路公民少跑腿,减证便民”等一系列的改革举措,就是要建立一个高效便民的服务型政府,提高政府办事的效率效益,更好地满足公民多样化的个性需求和价值期待。政府通过高效便民服务让公民得到实实在在的实惠,增强公民的获得感和幸福感,赢得公民对政府的认同、信赖、支持和拥护。怎样让高效便民成为一种常态,要靠规则来保障,要求政府要遵守法定的时限,要在规定的期限内积极地履行职责,提高办事的效率,提供优质的服务。

(六)守法诚信

法治政府必须是一个守法的政府,要求政府及其工作人员,尤其是各级领导干部要率先守法,依法办事。十八届四中全会《决定》当中就提到干部要尊法、学法、守法、用法。习近平总书记也强调各级领导干部要带头依法办事,带头遵守法律,对宪法和法律要保持敬畏之心,牢固确立法律红线不能触碰、法律底线不能逾越的观念。十八届四中全会《决定》在讲到推动全社会树立法治意识时也强调:坚持把领导干部带头学法、模范守法作为树立法治意识的关键。

法治政府也是一个诚信的政府,要求政府恪守信用,做到言必行,行必果,增强政府行为的公信力,保护行政相对人的正当权益和合理预期。政府诚实守信,是新时代的要求。我们通常讲三个陷阱,即修昔底德陷阱、塔西佗陷阱、中等收入陷阱。其中塔西佗陷阱所讲的就是诚信危机问题,政府或者公共机构如果不讲诚信,一朝失信,以后无论是说好话、做好事,还是讲假话、干坏事,公民都不会相信,都认为政府是在说假话、干坏事。政府一旦失去公众的信任,就可能陷入孔子所说的“民无信不立”的境地,即人民不相信政府,不信任政府,政府就会垮台,自古以来这样的经验教训非常多。讲正面的例子就是“商鞅通过‘徙木立信’推行变法”;讲反面的例子就是“周幽王的烽火戏诸侯”导致西周终结。

诚信政府要求政府做到:一是政府发布的信息要真实、客观、及时、准确。二是政府的承诺要兑现。三是非因法定事由并经法定程序,政府不得撤销、变更已经生效的行政决定(存续保护)。四是因公共利益或者其他法定事由需要撤回或者变更行政决定的,应当依照法定权限和程序进行,并对行政相对人因此而遭受的损失予以公平补偿(财产保护)。存续保护和财产保护是信赖保护原则的内容,也是对诚信政府的要求。

二、推进新时代法治政府建设的意义

推进新时代法治政府建设是深化行政体制改革和发展社会主义市场经济的现实需要,是提升政府的治理能力和水平、实现国家治理体系和治理能力现代化的根本要求,具有重大的现实意义和深远的历史意义。具体而言,有以下的历史意义。

(一)是落实依法治国方略的重要内容

党的十五大首次提出"依法治国,建设社会主义法治国家"。在1999年第三次宪法修正案中把"依法治国,建设社会主义法治国家"写进了宪法。党的十六大提出,党的领导,人民当家作主,依法治国,三者有机统一。党的十七大报告中,以科学发展观为统领,将深入落实依法治国基本方略列入实现全面建成小康社会奋斗目标的新要求。2010年,国务院发布了《关于加强法治政府建设的意见》,对加强法治政府建设作了全面规划,提出全面推进依法行政,不断提高政府公信力和执行力,为保障经济又好又快发展和社会和谐稳定发挥更大的作用。2012年,党的十八大报告首次提出:"法治是治国理政的基本方式。"2013年,十八届三中全会《决定》提出:推进法治中国建设,就是坚持依法治国、依法执政、依法行政共同推进,坚持法治国家、法治政府、法治社会一体建设。2014年,十八届四中全会提出:"法律是治国之重器,良法是善治之前提。""深入推进依法行政,加快建设法治政府。"在全面依法治国的进程中,法治政府建设居于重要地位,是整个法治国家建设的核心和关键,发挥着示范、带动和支撑作用。法治政府建设也是法治国家建设中的重点和难点。古人云:"天下之事,不难于立法,而难于法之必行。"法律的生命和权威在于实施,再好的法律如不能得到有效实施,就是一纸空文。我国80%以上的法律,90%以上的地方性法规,几乎所有的行政法规、规章都要靠行政机关来执行和落实。如果执法都没有成效,依法行政不能全面深入推进,法治政府建设没有实质性的进展,那么法治国家建设的目标就会落空。

法治是人类文明的共同成果,人类发明、追求、运用法治并享用其成果的历史由来已久。美国当代著名法学家博登海默说过:"法律是人类最伟大的发明,别的发明让人类学会驾驭自然,而法律的发明则令人类学会如何驾驭自己。”人类交往的根本点就在于利益,马克思说:人们为之奋斗的一切都与利益有关,利益是人们连接的纽带。法律是利益关系的调节器,是政府行为的尺度,是市场交易的准则。良好的法律加上有效的治理就是善治。习近平总书记指出:“法治是最好的治国理政的方式”“法治兴则国家兴,法治衰则国家乱。什么时候重视法治、法治昌明,什么时候就国泰民安;什么时候忽视法治、法治松弛,什么时候就国乱民怨。”全面落实依法治国基本方略,必须不断把法治政府建设向纵深推进。

(二)是发展社会主义市场经济的必然要求

市场经济是重规则、守信誉的经济;是权利有保障,利益能维护的经济;归根结底,是法治经济。这必然要求法治政府与之匹配。市场经济的健康运行既离不开政府,因为市场不是万能的,需要靠政府这只有形的手来发挥调控作用,以弥补政府的失灵;又不能完全依靠政府,因为政府这只有形的手又有好动、乱动的危险,一旦乱动、不按规矩办事,超越了法律的边界,就会出现权力寻租,损害社会公众的利益。因此,需要建立规则来规范和约束政府权力,推动政府从无限权力政府向有限权力政府转变,促使政府有所为、有所不为,防止政府权力过度膨胀和滥用而吞噬市场的价值。

要依法理顺政府与市场的关系,释放市场活力,使市场在资源配置中起决定性作用,更好发挥政府作用。习近平总书记指出:“更好发挥政府作用,不是要更多发挥政府作用,而是要在保证市场发挥决定性作用的前提下,管好那些市场管不了或管不好的事情。”

(三)是回应新时代社会主要矛盾转化的客观需要

新时代我国社会主要矛盾已转化为人民日益增长的美好生活需要和不平衡不充分的发展之间的矛盾。人民美好生活需要日益广泛,不仅对物质文化生活提出了更高要求,而且在民主、法治、公平、正义、安全、环境方面的要求日益增长。我国社会主要矛盾的变化是关系全局的历史性变化,对党和政府的工作提出了许多新要求。这些要求与法治建设、法治政府建设密切相关,政府要坚持以人民为中心的发展思想,积极回应社会关切,发挥好主观能动性,履职尽责、担当作为,但又不能滥用权力、肆意妄为,要运用法治思维和法治方式着力解决好发展不平衡不充分问题,大力提升发展质量和效益,更好满足人民在经济、政治、文化、社会、生态等方面日益增长的需要,更好推动人的全面发展、社会的全面进步。

(四)是提升政府治理能力和水平的根本途径

科学的宏观调控,有效的政府治理,是经济社会健康有序发展的客观必然要求。有效的政府治理,必然是“法治化”的治理,必定要推动政府进入良法善治的轨道。政府治理是国家治理的重要组成部分,国家治理现代化的关键是法治化,核心内容是法治体系的健全和法治能力的提升。要推进法治政府建设,实现政府治理观念转轨,治理的行为入轨,治理的方式创新,治理的水平提升。

(五)是建设和谐社会的题中应有之义

和谐社会的基本内涵是民主法治、公平正义、诚信友爱、充满活力、安定有序、人与自然和谐相处。和谐社会不是要求人们一味地顺从,是和而不同的社会,是要让人的主体地位得到认同,人的尊严受到尊重,人的价值得到彰显,人的权利得到保护,人的利益得到实现,人的积极性和创造性得到充分发挥,社会充满生机与活力,能健康有序地发展。

如果说稳定是硬任务,发展是硬道理,那么法治就是硬保障。社会和谐稳定的基础是公平正义,维护和谐稳定,实现公平正义,只有靠法治,不依法维稳,就会越维越不稳。习近平总书记指出:“维权是维稳的基础,维稳的实质是维权,要求完善对维护群众切身利益具有重大作用的制度,强化法律在化解矛盾中的权威地位。”要依法维护公民权益,畅通群众诉求与利益表达的渠道,建立有效的沟通磋商的机制,让政府和公民形成良性互动的关系,政府要运用法治思维和法治方式、依法行政,为公民提供优质高效服务,公民信赖政府,双方彼此信任、相互支持、通力合作,这样,政府有威信,公民有尊严,社会能和谐稳定,国家可长治久安。

(六)是在激烈的国际竞争中赢得主动的明智选择

现在是一个全球化的时代,世界已经融为一体,你中有我,我中有你,相互间在合作的同时也有激烈的竞争，这本质上是制度的较量和规则的竞争。如果要在竞争中赢得主动，实现利益的最大化，就必须在规则设计和执行方面占据主导地位。现在的中美贸易战，我国采取的是有理、有利、有节的斗争策略，我们需要尽快补齐的一个短板，就是在国际规则的博弈上要有更多话语权。在相互博弈当中，我们要有自己的“撒手锏”，要下好先手棋，打好主动战。这也对法治政府建设提了挑战和新要求，要求政府既要遵循规则、严格依照规则办事，也要用好行政裁量权，灵活机动、便宜行事，在应对复杂局面方面掌握主动权，以获取竞争的正效益。

三、新时代法治政府建设的新要求

新时代对法治政府建设提出了新要求，需要政府有新担当、新作为。十八届四中全会《决定》就“深入推进依法行政，加快建设法治政府”提出了六个方面要求。党的十九大报告进一步对法治政府建设提出了一些新要求，主要有：一是推进依法行政，严格规范公正文明执法；二是转变政府职能，深化简政放权，创新监管方式；三是增强政府公信力和执行力，建设人民满意的服务型政府；四是形成科学合理的管理体制，完善国家机构组织法。综合十八届四中全会《决定》及十九大报告的要求，结合我国法治政府建设的实践，下面从五个方面和大家一起做些交流。

（一）增强法治观念，善用法治思维和法治方式

观念是行动的先导，但观念非一朝一夕就能养成的。什么时候法治观念能深入人心，让人们把尊法、学法、守法、依法办事变成一种习惯、一种思维方式、一种自觉的行动，这个时候推行法治就有一个根本的支撑，就会减少很多阻力。故建设法治政府必须增强法治观念，用法治观念引领法治政府建设，要坚持法律至上、信仰法律、敬畏规则、依法办事，推动从“以法治民、治事”向“依法治官、治权”转变，实现政府在治理理念上的根本性变革。现实中一些领导干部法治观念不强，法治能力不足，存在错误观念，如将依法行政理解为依法治民，形成官民对立；认为依法办事就办不成事，不讲规则，信奉潜规则等。这些是推进依法行政，建设法治政府的一大制约因素。法律的权威源自人民内心的拥护和真诚信仰。法治政府不是写在纸上、讲在嘴上，而应深深

刻在人们的内心,尤其是执法者的内心。美国学者伯尔曼讲过:"法律必须被信仰,否则它便形同虚设。""没有信仰的法律将退化为僵死的教条。"哲学家卢梭说过:"一切法律中最重要的法律,既不是刻在大理石上,也不是刻在铜表上,而是铭刻在公民的内心。"心中有法,信法为真,才有助于推进法治。在此方面习近平总书记也做了很多重要论述,多次论及法治观念、法律信仰、法治思维、法治方式、法治素养、法治文化、法治能力等。这些是起根本作用的东西。

2012 年 12 月 4 日,习近平总书记《在首都各界纪念现行宪法公布施行 30 周年大会上的讲话》中指出:"各级领导干部要提高运用法治思维和法治方式深化改革、推动发展、化解矛盾、维护稳定能力,努力推动形成办事依法、遇事找法、解决问题用法、化解矛盾靠法的良好法治环境,在法治轨道上推动各项工作。"还提到全面依法治国必须抓住领导干部这个关键少数,领导干部要做尊法、学法、守法、用法的模范。领导干部要牢记法律的红线不可逾越,法律的底线不可触碰,带头遵守法律,执行法律,带头营造办事依法,遇事找法,解决问题用法,化解矛盾靠法的法治环境。领导干部谋划工作要运用法治思维,处理问题要运用法治方式,说话做事要先考虑一下是不是合法。要把对法治的尊崇、对法律的敬畏转化成思维习惯和行为方式,做到在法治之下、而不是法治之外、更不是法治之上想问题、作决策、办事情。党政主要负责人要履行推进法治建设第一责任人职责,统筹推进科学立法、严格执法、公正司法、全民守法。法治素养是干部德才的重要内容。要把能不能遵守法律、依法办事作为考察干部的重要内容。

2019 年 5 月 6 日,中共中央办公厅、国务院办公厅印发了《法治政府建设与责任落实督察工作规定》,目的在于不断把法治政府建设向纵深推进。领导干部带头守法,政府依法办事,对推进法治政府建设意义非常重大。只有政府率先守法、依法办事,在处理每一件事情中都能把公平正义彰显出来、把法治的精神擦亮,社会公众对法治的信心乃至信仰才会一点一滴汇聚起来。我们说领导干部一时一处依法不难,难的是时时处处依法;想问题做决策不难,难的是用法治思维去思考;解决问题和矛盾并不难,难的是用法治的方式。所以在新时代要继续大力提升领导干部运用法治思维和法治方式的能力,要把权力关进制度的笼子,抓住关键的少数,有权不得任性,全面提升政府工作法治化水平。

(二)推进依法行政,严格规范公正文明执法

推进依法行政的目的就是建设法治政府,法治政府建设最根本的要求就是要政府依法行政。依法行政包含两个方面的内容:一是政府在制定行政法规、规章和规范性文件的时候要依法;二是政府在执行法律法规规章的时候要严格依法办事。即行政立法要依法,具体的行政执法也要依法。在立法日趋完善的情况下,相比于行政立法而言,行政执法在依法行政中具有更为重要的地位。严格规范公正文明执法既是法治政府建设的重点,也是法治政府基本建成的重要标志。

严格执法要求执法者依法惩处各类违法行为,加大关系群众切身利益的重点领域执法力度,不放纵违法行为,不法外施恩,不徇私枉法。当然,严格执法并不是要行政机关遇到违法行为,一律刚性处理,都进行处罚与强制。执法要富含人文关怀,寓执法于服务之中,融处罚于教育之中,要创新执法的方式,提高执法的水平,消解执法冲突,克服执法的简单化、粗暴化倾向,增强执法的可接受性和公信力。规范执法要求执法者严格依法定权限、法定条件、法定方式和程序执法。公正执法要求执法者依法办事,无偏私;平等对待,不歧视;执法时,手段与目的要成比例;对违法行为人实施处罚时,要做到过罚相当;执法时只考虑相关因素,排除对不相关因素的考虑。文明执法要求执法者在执法过程中摆事实,讲道理,以理服人、以情感人,而不是以力服人、以势压人;执法时语言与举止要文明,要有亲和力,尊重行政相对人的人格;不得任性、恣意,不得主观武断、滥用职权;严禁暴力执法、野蛮执法、钓鱼执法。总之,执法不仅严格规范,而且要是文明理性的。

(三)转变政府职能,深化简政放权,创新监管方式

转变政府职能是深化行政体制改革的"牛鼻子",是推进法治政府建设的着力点。转变政府职能要求政府及其工作人员要牢固树立新发展理念,理顺政府与市场、政府与社会的关系,要管好、用好政府这只"有形之手",放活、激活市场这只"无形之手",培育、完善社会这只"自治之手"。十八届三中全会《决定》提出:"政府的职责和作用主要是保持宏观经济稳定,加强和优化公共服务,保障公平竞争,加强市场监管,维护市场秩序,推动可持续发展,促进共同富裕,弥补市场失灵。"十八届三中全

会《决定》将政府职能概括为五项,即宏观调控、市场监管、社会管理、公共服务、保护环境。转变政府的职能,就是要按照职能科学、权责一致的要求,推动政府转型到位,切实做到五为:为促进就业创业降门槛,为各类市场主体减负担,为激发有效投资拓空间,为公平营商创条件,为群众办事增便利。要坚持需求导向、问题导向和目标导向,在转变政府职能上持续发力、久久为功,为企业“松绑”、为群众“解绊”、为市场“腾位”,为廉政“强身”,为法治政府建设“提速”。

深化简政放权,要求政府做正确的事,把自己该干的事、能干好的事认认真真干好。管理学上有个理论,是“做正确的事比正确做事更重要”。当前,我国全面深化改革已进入攻坚期和深水区,经济发展进入新常态,对政府管理和服务水平的要求越来越高。这需要政府继续实现权力“瘦身”、职能“健身”。要深化行政审批制度改革,继续简政放权、放管结合、优化服务,为促进经济社会发展创造更富效率、更加协调、更为规范的行政体制环境。2018 年 6 月 28 日,李克强总理在“全国深化‘放管服’改革转变政府职能电视电话会议上”强调:“简政放权、放管结合、优化服务改革是一场刀刃向内的政府自身革命,也是近年来实现经济社会稳中向好的关键一招。”2019 年 6 月 5 日,李克强总理在“全国深化‘放管服’改革优化营商环境电视电话会议上”又强调:把“放管服”改革进一步推向深入,打造市场化法治化国际化营商环境。“放管服”的改革聚焦社会公众反映突出的“办事难、办事慢”“多头跑、来回跑”“奇葩证明”等问题,目的是除烦苛之弊,大兴便民之举,营造权利公平、机会公平的环境条件,以更好地满足人民群众对美好生活的新需求。要以攻坚克难的勇气,在更大范围、更深层次推进“放管服”改革,把该“放”的坚决放开,该“简”的坚决精简,该“管”的真正管好,该“服”的服务到位。要以更大的放、更好的管、更优的服务,最大限度激发市场活力、增强内生动力、释放内需潜力,进一步解放和发展生产力,着力提升人民群众获得感,全力打造便捷高效、公平竞争、稳定透明的营商环境。

创新监管方式就是要增强监管的便捷性、有效性和可接受性。要整合资源,实行分类监管;利用网络,促进信用监管;开拓视野,包容审慎监管。要充分发挥互联网、人工智能和大数据等现代科学技术在行政监管中的作用。利用现代科学技术进行监管不仅可以大大提高监管质量和监管效率,而且可以为行政相对人提供更多的便利(让数据多跑路,让相对人少跑腿),减少监管者与被监管者的对立和冲突。行政监管方式的创新还包括要扩大社会公众参与,推进政府在监管过程中与行政相对人的协商、互动,通过行政相对人积极配合及与政府的合作实现监管目标等。要通过不断的改革创新,营造法治化的营商环境,为高质量发展提供强大的内生动力和支撑。

(四)增强政府的公信力和执行力,建设人民的满意服务型政府

增强政府的公信力和执行力是建设法治政府的基本要求。增强政府公信力,首先要求政府依法履职,杜绝不作为和乱作为,减少和清除"三拍"决策和"政绩"工程,避免给人民群众利益造成重大损害。其次,要进一步推进政府和政府工作人员诚信守法。最后,需要全面推进政务公开,坚持以公开为常态,不公开为例外,大力推进结果公开、过程公开、决策公开、执行公开、管理公开、服务公开。政府只有在阳光下运作,打造"透明政府",接受全社会的观察和监督,才能不断增强其公信力。

政府行政也是执行,执行强调的是效率、效益和效果,这就要求政府要有执行力,一分部署,九分落实。增强政府执行力,要求政府及其工作人员既要敢担当,又要有本领,做到政治过硬、本领高强。要加强学习,全面提高依法行政的能力,提高政府治理能力和现代化治理水平。既善于运用法治思维、法治方式和现代科学技术进行执法,改进执法质量和提高执法效率,又善于运用法治思维、法治方式和现代科学技术解决行政执法过程中的争议,维护社会和谐与稳定。总之,法治政府也是一个执行力强的政府,而不是无所作为、一事无成的政府。

建设人民满意的服务型政府是法治政府建设的重要目标。党的十九大报告在阐述新时代中国特色社会主义思想和基本方略时,强调一切工作要以人民为中心,践行全心全意为人民服务的根本宗旨,要坚持在发展中保障和改善民生。法治政府与服务型政府是密不可分的,服务型政府是法治政府建设的目标。如果法治政府建设不能与服务型政府建设相结合,就可能沦为"依法统治人民"的政府而不是"依法服务人民"的政府,这就会背离法治政府建设的正确方向。法治政府建设的成效最终要靠人民来检验,政府只有不断为人民提供高效优质的服务,切实增强人民群众的获得感、幸福感和安全感,人民才会满意、才会拥护和支持政府。

(五)形成科学合理的管理体制,完善国家机构组织法

党的十九大报告是将行政管理体制放在党和国家整个机构设置和治理机制中进行考虑、谋划和设计的。十九大报告指出:"统筹考虑各类机构设置,科学配置党政部门及内设机构权力、明确职责。统筹使用各类编制资源,形成科学合理的管理体制。""在省市县对职能相近的党政机关探索合并设立或合署办公。"

我国现在党政机构的改革,从中央到地方力度是非常大的。纵向和横向上对完善职能设计、权力配置、机构设置、党政合署办公等进行了改革,取得了一系列理论成果、制度成果和实践成果。纵向上要进一步理顺中央与地方的关系,合理界定各层级间的职能配置,赋予省级及以下政府更多自主权,发挥各自比较优势;横向上统筹考虑各类机构设置,科学配置党政部门及内设机构权力,在省市县对职能相近的党政机关探索合并设立或合署办公,进一步推动机构职能的精简整合。实行职能相近的党政机关合并设立或合署办公的体制,意义是多方面的。一是有利于节约成本,提高效率;二是有利于减少机构职能重复,避免相互摩擦冲突,加强相应管理的统一协调;三是有利于加强党对政府工作的领导。当然,改革还在进行中,因为社会在不断发展,改革不可能一步到位,而是要与时俱进,在这个过程中可能存在试错的过程,需要不断地总结反思,然后加以改进完善,要保持改革战略定力,推动改革走深走实,推进改革成果系统集成。

2019年7月5日,深化党和国家机构改革总结会议在北京召开。习近平总书记出席会议并发表重要讲话,指出:深化党和国家机构改革,是对党和国家组织结构和管理体制的一次系统性、整体性重构。整体性推进中央和地方各级各类机构改革,重构性健全党的领导体系、政府治理体系、武装力量体系、群团工作体系,系统性增强党的领导力、政府执行力、武装力量战斗力、群团组织活力;是贯彻落实党的十九大决策部署的一个重要举措,是全面深化改革的一个重大动作,是推进国家治理体系和治理能力现代化的一次集中行动;是放在全面深化改革大盘子里谋划推进的,是我们打的一次全面深化改革的战略性战役。

习近平总书记强调,完成组织架构重建、实现机构职能调整,只是解决了"面"上的问题,要确保在"物理合并"的基础上产生"化学反应",还有大量工作要做。继续

巩固机构改革成果，要以坚持和加强党的全面领导为统领，以推进党和国家机构职能优化协同高效为着力点，把机构职责调整优化同健全完善制度机制有机统一起来、把加强党的长期执政能力建设同提高国家治理水平有机统一起来。要推进机构编制法定化，依法管理各类组织机构，继续从严从紧控制机构编制。

我国行政体制改革是纳入党和国家机构改革的大体系中统一谋划的，改革要与法治相伴而行。改革需在法治之下，重大的改革要于法有据，要在法治的轨道上推进改革。要完善国家机构组织法，巩固职能转变与机构改革的成果，并为进一步深化职能转变和机构改革提供依据。这也是对新时代法治政府建设提出的新要求。

总之，建设法治政府，是一项复杂的系统工程，是法治国家建设中的一个重要组成部分。法治政府建设任务重、难度大、要求高，不是一蹴而就的，需要我们有足够的信心、决心与耐心，坚持法治政府、法治国家、法治社会的一体建设，脚踏实地进行艰苦不懈的努力，推进法治政府建设行稳致远，最终实现建成法治政府的目标，享誉于法治政府的成就，受益于法治政府建设的红利。

政法领导干部如何提升领导艺术和领导力

刘可风

刘可风，中国经济伦理学会副会长，中南财经政法大学原副校长，教授、博士生导师。

本文根据刘可风教授于 2019 年 6 月 26 日在湛江市政法单位专场报告会录音资料整理而成。

今天同大家谈谈怎样提高领导力和领导艺术，我诚惶诚恐，因为我从来没有在政法战线工作过，不大了解政法工作的细节和规律，怕说不到点子上。但我毕竟在一所政法类大学做过多年的领导工作，其间有不少经验教训，是带有共性的，可以提供给大家，在实际工作中参考和借鉴。今天不是报告，只能说是敞开心扉，和大家交流分享一点心得体会，说的不对之处，请大家批评指正。

一、何为领导力

我们首先要简明扼要地交代一下，什么是领导力。在领导学研究中，关于领导力，有人喜欢用建立模型来表达，比较常见的有："五力模型"：领导力 = 感召力 + 前瞻力 + 影响力 + 决断力 + 控制力。"六维模型"：领导力是六个维度构成的六边形，包括持续不懈的学习能力，多谋善断的决策能力，有机整合的组织能力，化育人才的教导能力，有为高效的推行能力，凝聚人心的感召能力。还有其他一些模型，这里就不一一列举了。这些模型其实都大同小异，都不错，面面俱到，但是也都难免落入文人喜好“纸上谈兵”的俗套。

其实，简言之，领导力就是影响力。领导和负责是两个相互联系又有所区别的概念，负责侧重于针对一件事，一项任务；领导侧重于指向人，包括个体的人和群体的人。人与人之间，总是不断发生思想上和行动上的影响，不是我影响你，就是你影响我，或者相互影响。领导力就是这其中的一种独特的影响力——由领导制度、领导权力、领导方法、领导艺术、领导思想和领导人格多种要素组合形成的自上而下的影响力。

这种自上而下的影响力，究竟能否起作用，究竟能否产生正面效应，是强是弱是好是坏，需要得到实践的检验和证明。我们的政法工作长年面对复杂的斗争形势，始终要坚持以人民为中心，坚持为人民服务这一根本宗旨，坚持把人民群众满意不满意作为衡量我们工作好坏的唯一标准。所以，我们政法干部领导力的价值及其实现，不在于自我评价，而在于群众——包括下属、周围的人和工作对象——认同和拥戴的力度、广度和深度。

那么，群众最认可什么样的领导力呢？曾经有大媒体在基层做过一个问卷调查，把基层干部的领导力大致分为六种类型，看看群众最喜欢哪一类。调查的结果显示，排在首位的是头羊型，属于亲和温暖型，与群众打成一片，尊重群众，依靠群众，又时时刻刻站在群众的前面，吃苦在前，享受在后，冲锋在前，退却在后，第一拥护率达38.2%；其次是海豚型，属于博学睿智型，在知识的海洋里不停顿地游弋，信息吞吐量大，心胸开阔坦荡，不断吐故纳新，永不满足，第一拥护率占29.8%；第三是狮子型，属于威严强势型，行事果断，要求严厉，律人律己一视同仁，可以督促大家克服惰性，不懈怠，第一拥护率19.3%；第四是猴子型，属于活泛好动型，虽然聪明灵活，主意多，但不踏实，浮躁，朝三暮四，朝令夕改，令人无所适从，第一拥护率仅6.5%；第五是孔雀型，标榜炫耀型，喜欢做表面文章，特别自恋，贪功诿过，有一点成绩就夸张显摆，有问题就一推二躲三溜，第一拥护率更低，4.8%；第六是蚂蚁型，琐碎平庸型，看起来勤勤恳恳，任劳任怨，事必躬亲，但是只能守成，没有创新，整天忙忙碌碌，庸碌无为，连带着大家一起受累，结果第一拥护率最低，只有可怜的1.3%。这个调查表明：

前三种类型是群众欢迎的,拥护率加起来接近90%,说明他们的领导力价值得到充分体现。后三种就是群众不欢迎甚至反感的。最意外的是蚂蚁型,过去我们把蚂蚁和蜜蜂比作勤劳肯干的正面形象,但是这个调查中却拥护率最低。这意味着蚂蚁型也许是较好的普通劳动者,却不适合做领导,所谓“将帅不明累死三军”。我们可以借这个调查自我诊断一下,自己属于哪一型,然后尽量向头羊型、海豚型、狮子型努力,三者兼具最好,尽量避免做猴子、孔雀和蚂蚁。

今天,我们处在风云变幻的新时代,提升各级政法干部的领导力和领导艺术已经成为非常迫切的任务。首先这是以习近平同志为核心的党中央的要求。习近平总书记在各种会议各种场合多次提到提高政法干部依法治国的领导能力,运用法治思维和法治方法深化改革、推动发展、化解矛盾、维护稳定的能力,包括在法治轨道上,每一位政法工作者的统筹兼顾能力、开拓创新能力、知人善任能力、应对风险能力以及同媒体打交道的能力,而要解决能力问题,就要注重思想修养、理论修养、政治修养、道德修养、纪律修养和作风修养。在今年1月省部级主要领导干部坚持底线思维着力防范化解重大风险专题研讨班开班式上,习近平总书记又强调了干部的领导能力首先是思维能力,要提高领导干部的战略思维、历史思维、辩证思维、创新思维、法治思维和底线思维六大思维能力,才能在当前纷繁复杂的矛盾中把握规律,才能保持经济持续健康发展,社会大局稳定。所以,对于我们基层政法干部来说,在“不忘初心,牢记使命”的学习活动中,学习和提升领导力,不是你愿不愿意的问题,是组织的决定,是从党中央、中央政法委到广东省委政法委、湛江市委政法委等各级组织的明确指示,因此是你必须要做的事情。

二、提升领导力是政法干部自身的内在需求

提升领导力不单单是组织的要求,也应该是每一位政法干部自身内在的刚性需求,特别是基层政法工作者发自内心的愿望。为什么呢?因为我们在政法战线工作,无论各位同志具体的岗位、具体的职责是什么,分工有什么区别,都无一例外地面对巨大的共同的压力和复杂的矛盾,只有努力提升领导力,才有可能成功地转化压力和破解矛盾。

(一)领导者面对的压力

在政法工作岗位上每天都会感受到各种各样的外部压力扑面而来。通常来说，如果你只遇到一个压力，这是相对容易对付的，因为压力来自的方向单一，压力点集中，你只要聚精会神地朝着一个方向一个点抗压就行了。问题是，在实际的政法工作中，压力来自四面八方，突如其来，蜂拥而至，这些压力纠缠在一起，交互作用，形成"扭力"，像自然界的龙卷风，这就难以承受了，有时会让人感到晕头转向，束手无策。如果不注重提升领导力，就很容易被压扁压垮。我们工作中的外部压力，主要来自四大方面。

第一是职责的压力。当上级组织任命我们担任某一领导职务时，一开始都是很兴奋很自得的，因为这意味着组织和群众的信任与肯定，也意味着有了可以施展才华实现抱负的更大的平台。但是走马上任以后，不须多久，你就会感到责任如山，压力山大，常常压得透不过气来，精神高度紧张。

第二是形势的压力。我们对工作的投入程度与最后的成效并不一定成正比，原因之一在于，宏观的形势是我们基层干部无法左右的，你本事再大，能力再强，也拗不过形势。有时我们心里会想不通，为什么别人做的时候，好像没费多大劲，轻轻松松就取得了显著的效果，而我付出了洪荒之力，反而看不到什么突出成效？甚至问题越来越多。这可能就是，你做的时候和他做的时候形势变化了，经济形势、社会形势、国际国内形势不一样了。我们改革开放四十年来，经济持续高速增长，成就非凡，但同时也付出了高昂的代价，埋下了深层的结构性的矛盾和隐患，形成社会不稳定因素，现在以各种方式显现出来暴露出来了，这是不以人的意志为转移的，而这个时候正好轮到我们来接班了，担子历史性地落在我们的肩上，我们注定是要面对风险的，再难也要扛起来。

第三是舆论的压力。这里说的舆论，不是指党报党刊，大媒体，主渠道，这些主流宣传舆论渠道都是坚持正能量，弘扬社会主义核心价值观和把握意识形态大方向的。这里说的是民间舆论、网络舆论、自媒体。现在这个信息时代，人手一部手机，人人都是媒体人，人人都可以发布、传播、接受和评论各种消息，形成大大小小的舆论场，这里面的内容五花八门，林林总总，真真假假，是是非非，其中有一种倾向值得高度注意,它给我们的政法工作带来很大压力。这种倾向就是,但凡发生了干群矛盾,哪怕只是微小的摩擦、误会,民间舆论会呈现一边倒一头沉现象,一味地指责干部这一方,哪怕是一点小小的裂缝、瑕疵,也会被迅速地撕开,无限放大,甚至恶语相向,酿成舆论风暴。我们做干部的有时候只能保持沉默,不便介入,如果你忍不住在这种媒体平台中发声解释,反而会越描越黑,遭来新一轮更大规模的舆论攻击。这种舆论指责,有习近平总书记警示全党要提防的"塔西佗陷阱"问题,即一些政府部门可能失去公信力,你无论说什么做什么,公众都选择不信任。也有少数闲得无聊、心术不正或者别有用心的人,看热闹不嫌事大,唯恐天下不乱,煽风点火,推波助澜。撇开这些不说,这种舆论现象背后有一种不对称原理在起作用:在多数人看来,干部做对了,做好了,做得大家满意了,这正是他应该做的,理所当然的,他的本职工作,做得再多也引不起自媒体太大的兴趣,最多点个赞,形不成舆论氛围;可是一旦一件事做得不妥,或者不到位,或者稍有差池,或者触犯了少数人的既得利益,那就极有可能迅速扩张成一个负面的舆论事件。就好像我们喝粥,当发现粥里漂着一颗老鼠屎,或者疑似老鼠屎的东西,我们不会把老鼠屎剔出来再喝粥,而会把粥全部泼掉一样。这种近乎不讲理的舆论压力给我们的正面启示是,我们要时刻记住,我们政法干部的一言一行一举一动,代表党和国家的形象,要格外谨慎小心,如履薄冰,如临深渊。

第四是上级的压力。上级总在不断地给我们安排工作,布置任务,施加压力。原因很简单,因为上级的压力更大,越往上压力越大。我们的干部体制实际上是一个压力传导系统,这个系统不停地运转,源源不断地有效地输送、分解和转化压力。如果哪一天,上级不再给我们加压了,也就意味着我们的职业生涯结束了。就像我现在退了,"无官一身轻",再也没有什么工作压力了。在这个压力传导系统中,我们湛江市委政法委及其下属的各市县区委政法委,基本上处在传导的末端,我们不可能再把压力传给普通群众。从这个意义上说,我们是最辛苦的,我们要兜底,要把上级指示的各项任务落到实处,把层层叠加的压力一个一个转化为动力。

其实这四个外部压力对我们大多数干部构不成威胁,反而会更激起我们的工作热情和斗志。真正引起我们焦虑的是心理压力。这个心理压力就是心理预期刚性。我们每一个干部对待自己的工作,在心理准备上总是朝着一个向度,也就是好的方向、最优的结果预想的,我们总是预期自己的工作越来越出色,自己的业绩越来越突出，自己的成效越来越显著，自己的工作对象越来越满意，自己的工作环境越来越美好，自己的工作条件越来越优越，自己的同事越来越团结，自己的下属越来越拥护自己，自己的上级越来越器重自己，自己的团队越来越能战斗，自己的收入越来越增加，自己的职级越来越升迁……其实我们每一个干部都希望在正常的公平的选拔制度和程序中获得升迁，这不是自私，这是在体制内工作的人的正常心理，在规定的任期期满后获得职级晋升，这意味着组织和群众的认同，意味着自己的价值得到了肯定。但是，说到这里大家应该明白了，预期很美好，现实却很骨感，上述种种心理预期在多数情况下是不能完全实现的，是受挫的。也就是说，人们经过努力，一般只能比较接近理想的预期，了不起达到次优的状况，十有八九是不能最终完全获得满足的。就拿职务升迁来说，并不是你符合条件就一定能上，由于干部队伍结构是金字塔形的，越往上位子越少，各方面都适合的干部人数永远多于岗位数，粥少僧多，所以，对绝大多数干部来说，你干得再好，也总是升到某一点上就卡住了。这个时候，如果你多年的同事或者下级升上去了，你不能正确对待，心理就会失衡，甚至会泄气和抱怨。而与此同时，前面说的四个大的外部压力一个也不少，照样天天冲你来，与你的心理压力扭结在一起，久而久之，你心里的坎过不去，就可能被压趴下了。

所以，从个人内需来说，学习怎样提升领导力，是我们如何正确地对待压力，缓解压力，转化压力，变压力为动力的干部必修课。

（二）领导者要处理好的矛盾关系

除了解决压力之外，还要处理好矛盾。我们政法工作就是不断化解社会上各类不同性质的复杂多变的新旧矛盾的。这些矛盾，有些是显性的，有些是潜在的，有些是多年的存量，有些是近期的增量，有些在淡化，有些在激化，有些在缩小，有些在扩大。我们政法干部都是处理其中某类矛盾的专家。可是，对我们个人的领导力来说，我们自身也面临着四个大的矛盾，更准确地说，是四组带有共性的关系。

第一组关系，对上负责和对下负责的关系。我们知道，在我们政法战线，上下是高度一致的，权为民所用，利为民所谋，就是我们的唯一职责，除了人民群众的利益外，我们没有自己的特殊权利，因此把对上负责和对下负责对立起来是错误的。但是我们还应该知道，上下的这种一致性不是天生如此的，而是要通过我们的细致工作才能达成。如果上下之间天然一致,那就不需要我们这些基层政法工作者了。上级的要求带有全局性、普遍性、一般性和原则性,而下情总是具体、个别、特殊和复杂的,因此上下之间多多少少是有缝隙有错位的,不是那么严丝合缝的,这就是我们政法工作者存在的价值。我们就是要通过我们的卓有成效的工作,把上下贯通起来,连接起来,上情下达,下情上达。我们工作做得好,群众满意了,上级就满意,也就实现了对上负责和对下负责的统一。相反,我们工作没做好,群众不满意,那上级也会批评我们,我们就没有协调好上下关系,自己也感觉两头受气,里外不是人。

第二组关系,道德意识和角色意识的关系。什么叫道德意识?通俗地说,就是我们每个人对人对事的看法,这些看法源于我们内心的道德评价标准。大家想一想,其实我们心里都有一杆秤,一把尺子,去衡量和判断某个人或某件事的好坏,当然我们不一定说出来,只是心里有数。那么这个标准又是哪儿来的?是在我们每个人独特的成长经历中逐渐形成的。由于我们每个人从家庭到学校到社会的境遇都不尽相同,于是我们内心形成的标准就不完全一致。不要说一个集体一个单位,就是一个家庭,父母子女兄弟姐妹对人对事的看法也不可能一模一样。所以,具体的道德标准和由此带来的道德意识是各个特殊的、因人而异的,完全不同于刚性的统一的法律标准。但是,当我们走上政法工作岗位,我们能不能用个人的道德意识来待人处事呢?肯定不行。因为个人的道德意识是从本我的道德标准出发的,未必就是对的,未必就符合法律标准。如果我们由着个人好恶来从事政法工作,来决定工作关系中人与人的亲疏远近,那就太随意了,太任性了,就会犯错误。因此,我们必须克制本我意识,把它让渡给角色意识,按照现任岗位职责所规定的角色来思考问题,对待他人,处理工作。可是,这样做还没有完,难就难在我们也不能把自己完全角色化,我们还要守住自我道德意识的底线,否则我们容易失去个性,人云亦云,慢慢学会和习惯打官腔,办事和人际交往流于形式主义和官僚主义;更有甚者还有走向反面的危险。我们看到,党的十八大以来,反腐利剑之下,我们政法队伍中也有败类落网,在已经查处的一些腐败窝案中,不乏本质还不错的胁从,正是过于把自己角色化了,没守住内心底线,由不得已违心地跟从上司踩过党纪国法的红线,到后来同流合污,最后害人害己。所以,正确的做法是,在道德意识和角色意识之间保持合理的张力,把角色意识挺在前面,同时保留道德意识的底线。

第三组关系,同事间合作与竞争的关系。政法工作是一个浩大的系统工程,单靠哪一个人或少数人都不行。我们所有政法干部只有通力合作,才能事有所成,建功立业。但是合作者之间又免不了竞争,包括业绩的竞争和职级的竞争,这两种竞争是职场上的必然产物。我们身在其中,常常不由自主地卷入。这些竞争即便是良性的,有时也非常激烈,令合作关系产生裂缝,难以弥合,再也回不到原来那种亲密无间的状态。这是所有组织系统的难题,有待组织人事部门研究和破解。对干部个人来说,正确的解决办法只有一个,就是老子说的"为而不争"。我的解释是,"为",就是自己要努力有作为、有修为,这谁也拦不住你;"不争",就是对位子和名利的事,不去争,争也争不来,这是组织考虑的事。但是你有作为有修为,组织上用你的概率肯定是会加大的。

第四组关系,工作和家庭的关系。党的十八大以来,这一组关系被特别强调出来。我理解,过去我们的宣传给人感觉是把工作和家庭绝对对立起来。我们在认识上有一个定势,似乎一个优秀干部一定要有一个鲜明的"优点"——不顾家。我们总结一个好干部的优秀事迹材料时,一定要用专门的篇幅浓墨重彩地描写他如何全身心扑在工作上,牺牲家庭,以单位为家,为大家舍小家,三过家门而不入,孩子病了也不管,老人垂危也不管,"他是一个好党员好干部,但他不是一个好儿子好父亲好丈夫"等,听起来十分感人。现在看来,这起码是片面的。习总书记多次讲,一个领导干部要把家风建设放在重要位置。好干部应该同时是好家长、好家庭成员。除非特殊非常时期,在正常情况下,要尽量合理安排时间和精力,统筹兼顾,工作和家庭两不误,忠孝两全。我们考察一个干部,既要看他是否尽忠,也要看他是否尽孝,古代用人讲究由孝而忠,一个连亲生父母都不闻不问的人,怎么可能真心实意对老百姓好,这不合常理。如果一个干部有事没事经常找借口不回家,那多少是有问题的。所以,好干部不仅要独善其身,还有责任齐家,引领良好的家风。在处理工作和家庭的关系上,要防止牺牲家庭和纵容家庭两种倾向,后一种倾向造成的恶果更加严重。这些年我们查办的贪腐案子,其中有许多就是家不成家,家外有家,或者家风败坏,家族腐化,贪官和贪属相互影响,狼狈为奸,一人得道,鸡犬升天,给社会带来极其恶劣的影响。

我们要化解纷繁复杂的社会矛盾,同时要处理好自身面临的四大矛盾关系,我们就必须着力提升我们的领导力。

三、提升领导力必须打牢基础

要提升领导力,首先要打好基础。就好比盖一座大楼,必须夯实地基。基础不牢,地动山摇。我们领导力的基础就是一条:要积极主动地与被领导者,包括下属、周围群众、工作对象建立起硬核信任关系。

从发生角度,人与人的信任分为两大类,一类是天生的天然的信任,也就是血缘信任。一对夫妇生下一个孩子,孩子呱呱坠地就天然地信赖依恋父母,父母也天然地信赖爱抚孩子,这种信任不用建立,天生就有,只需要呵护、维护。维护不好,这种信任也会受到不同程度的损伤,但一般是不会完全破裂的,我们经常看到家庭中父子之间发生争吵、打骂,父亲家暴,孩子逆反甚至叛逆,看起来他们势不两立,其实内心深处的信任还在,假以时日,会慢慢修复的。就像一个桃子,常有表皮和桃肉的缺损,但是桃核的硬度丝毫不减,这就是硬核信任。在我们办的很多案子中,那些穷凶极恶的刑事犯罪人员往往还保留着对自己父母的这种硬核信任。当然,极其个别的反例也是有的,2015 年北京大学学生吴某弑母案就是一例,这种骇人听闻的完全灭绝人性的行为是千万分之一甚至亿分之一的小概率事件。

我们领导力所要奠定的信任基础是第二类,后天形成的信任,非血缘的信任。我们当了领导,走马上任了,千万不要误以为大家就会马上信任你。一般来说,大家会听你的,服从你,因为你是领导。但是,服从领导是基于对组织的信任,而不是对你个人的信任。你如果意识不到这一点,反而自我感觉良好,不去主动建立信任关系,那么,你就始终得不到同志们的真实信任,你和大家的关系只能是表面上的领导与被领导的关系,你就不能形成真正的有效的领导力。

如果我们不想徒有虚名,而要有所作为,实实在在地提高领导力,就必须主动去谋求建立人际间的硬核信任关系。怎么才能建立起来?我的体会,需要扎扎实实走三步,打牢三层基础。

(一)基于利益的信任

一个好的领导,首先要找准所领导的单位或地区的问题所在,哪些是群众反映最合理、最强烈、最普遍、最突出,也是最棘手的利益诉求。必须明白,你所面对的多半是一些久拖不决、纠缠不清、积重难返的老大难问题,因为容易解决的利益问题,一般在你之前就解决了,不会留给你。这时如果你想,这都是些陈年旧账,一团乱麻理不清楚,干脆新官不理旧事,我只管我上任以后的事务。那么,就没有人真正信任你,人们在心里认为你是一个溜肩膀,一个没有担当、不敢碰硬、怕负责任的胆小鬼,一个不关心群众利益的官老爷。你就得不到丝毫的信任。所以,你既然来了,就应该站出来亮剑,"为官一任,造福一方",迎着困难上,敢啃硬骨头,下决心去解决最迫切最合理的群众利益问题。能够彻底解决最好,如果因为各种客观原因,一下子不能彻底解决,也要前进一大步,为最后的解决创造条件。这样,领导者就与群众结成了合理利益纽带,群众都看在眼里,就对你有了初步的第一级信任。

但是,领导者千万不能停在这一级信任基础上。我们有的领导,为群众办了几件实事,解决了几个难题,群众满意的好评和夸奖多了起来,就以为大功告成,万事大吉,就停滞不前了,这是非常危险的。为什么呢?因为基于利益的信任有一个特点,就是特别的脆弱,特别的短暂,特别的不牢靠。道理很简单,首先是利益本身太错综复杂了,所谓合理利益和不合理利益的边界十分模糊,对于一部分群众是合理的,对于另一部分群众就可能是不合理的,你满足了这部分群众的利益要求,就可能伤及那部分群众的利益。其次利益问题的解决不可能一劳永逸,利益是层出不穷、没完没了、无休无止、无穷无尽的,还有的工作对象,你解决了他的利益问题,就会刺激他的新的利益诉求,他的诉求就像一个无底洞,怎么也填不满,你就是全力以赴,把眼前的利益都解决了,还会冒出新的,终有一天,你会精疲力竭,力不从心。当你无力再解决利益问题了,信任的链条就拉断了。这就是基于利益的信任的逻辑,你能解决利益问题,就获得信任;你不能解决利益问题,就失去信任,一切由利益要求能否被满足为准。这也被称作"信任的弊端"或"信任的假象",在我们的工作中,真正伤害到我们的人,往往是我们曾经帮助解决了某个利益问题,我们误以为可以相互信任的人。当你还在利益层次的信任上疲于奔命打转的时候,你会发现,你越来越陷入事倍功半,甚至事与愿违的怪圈。这是信任的悖论:过度信任与没有信任殊途同归。因为过度信任会造成警觉性放松,不设防,托付面加大,托付程度加深,可能的后果是失去判断的客观性,隐含利益损失的巨大风险,一旦失误则难以弥补。因此,我们在建立基于利益的信任之后,不能停顿,要马不停蹄地迈出第二步。

(二)基于了解的信任

领导者应该做有心人,时时留心,处处用心,走近下属,广交朋友,与群众打成一片。尽可能地与同志们近距离接触,认真倾听,平等交流,交心谈心,将心比心,以心换心,相互了解,知己知彼。彼此了解到了就能相互理解了,这就在原有利益纽带上加固了新的情感纽带。第二级的信任基础会相对牢固,尽管有时候有些合理利益仍然不能解决,但因为人们熟悉你了,理解你了,知道你不是故意推脱和懈怠,而是各种主客观条件所限,人们就继续保持对你的信任。有领导说,我这么忙,成天应对和处理各种公务都来不及,哪有时间去了解?听听组织人事部门的汇报或者其他人的介绍,查查档案材料,看看纸面的总结和鉴定就行了。这当然是必要的,却是不够的,这些间接的信息既不生动鲜活,也容易失真。

其实,真要了解一个人,并不需要花太多的时间和精力,只要用心把握“人之短,人之长,短中之长,长中之短”就行了,这可以归纳为三点:首先要了解对方所长,他的擅长和兴趣爱好,这比较容易,因为只要是健康的正常的兴趣爱好都是公开的。每个人的兴趣爱好都有所不同,这些兴趣爱好蕴含着大量的个人信息,你了解了,就可能与对方有了一定的共同语言,从而打开促进双方信任的大门。其次要了解对方所短,真正的短是他的隐秘的伤痛点和弱点,每一个人本人或者家庭或多或少曾经发生过不堪回首、不愿启齿、难以释怀的某种经历,在他的内心深处留下了深深的不可磨灭的烙印,影响着他现在的言行态度价值取向,有的人表面上看快快乐乐无忧无虑,其实是在下意识地掩盖伤痕,你了解到了,不要说破,不要戳穿,而要像他的亲人一样小心翼翼地呵护和抚平他们最敏感的这一点,他们会感受到你的良苦用心。最后,也是最重要的,要了解每个人的长中之短,短中之长,也就是人格特质。

人格也叫个性。作为领导,我们既要尊重每一个人的人格,一视同仁,也要了解他们的人格特质,因人而异地开展工作,取得信任。我们知道,每个人的人格特质也是多重的,分为首要特质、中心特质和次要特质。首要特质是这个人最典型的、最凸显的、最鲜明的第一特质,中心特质是构成这个人的独特性的若干个重要特质,次要特质是更多不太重要的经常变化的自相矛盾的偶然起作用的一般特质。领导者要准确了解的是人的首要特质,因为首要特质具有持久稳定概括性强的特点。那么,我们周围的人有哪些首要特质呢?如何分析呢?我觉得比较实用的是 DISC 四分法。

第一种类型,D 型,也叫掌控型。这是一种显性人格,雄心第一。喜欢冲锋陷阵,斗志昂扬,干脆利落,勇猛顽强,不怕艰难险阻,越是有挑战性的任务越兴奋,永远只争第一,得第二都觉得是失败。这是领导者最器重的骨干,用好了能够迅速打开局面,战而胜之。但是掌控型人格也附带着负面的特征,比较骄傲,瞧不起人,不大合群,而且有强烈的攻击性,如果发现还有一个人也是掌控型人格,他就会把对方看作是潜在对手,随时随地对对方采取攻击压制态度。具有掌控型人格的人说话也带有攻击性,气势咄咄逼人,甚至盛气凌人,刚愎自用,弄得不好也会把事搞砸了。领导者与这一特质的人建立信任关系是比较难的,因为他可能在心里也不一定瞧得起领导。你要走近他,就要以正面激励为主,放手使用,充分授权他去攻坚克难,而后再通过坦诚交流和工作调整,适时校正他的锐气和锋芒。

第二种类型,I 型,也叫影响型。这也是一种显性人格。这种人格雄心不大,热心第一。乐于助人,甘愿付出,什么事都愿意做,什么人都愿意帮,像一团熊熊燃烧永不熄灭的火一样温暖着大家,是一个战斗集体的黏合剂。用今天的网络语言说,就是“暖男”和“开心果”。这也是领导者偏爱的骨干。但是影响型人格也有负面性,不懂得拒绝,不会说“不”,火烧得太旺,过于在意别人的评价,活在荣誉和别人的赞扬声中,因此常常把自己搞得很累,很辛苦,有时会不务正业,反而把正事耽误了;有时又会为帮人,突破原则界限,成了“滥好人”,甚至好心办坏事。领导者与这一特质的人建立信任关系相对简单容易,最主要的一点就是替他收敛火势,代他说“不”,引导他懂得控制自己的热度,他就会从心底里感激你。

第三种类型,S 型,也叫稳定型。这是非显性人格。我们干部队伍中的大多数都是这种特质,耐心第一或者恒心第一。他们一般默默无闻,不显山不露水,似乎一无所长,但是他们忠于职守,工作不挑肥拣瘦,不讲价钱。他们在岗的时候,领导不觉得他们不可或缺,可是一旦他们请假离开几天,就会发现,一些脏活累活、不起眼的小事就没人做了。他们的负面性是能力不强导致心理偏自卑。领导者与他们建立信任关系,就是要更多地尊重他们,关注他们,及时发现他们身上的闪光点,肯定和表扬他们哪怕很微小的进步,激发他们的自信心。

第四种类型,C型,也叫谨慎型。这也是非显性人格,细心第一。思维缜密,心细如发,做事一丝不苟,不出差错,像计算机一样。领导交代工作任务,无须多言,他们制订的计划和最后完成的成果比领导要求的还要细致周到。他们的负面特征是不太好打交道,心眼偏小偏内向,容易斤斤计较,有时领导说者无意,他听者有心,耿耿于怀。领导者与这种特质的人建立信任关系也有点麻烦,因为他们不轻易信任任何人。好的领导与他们的交往应当简捷明快,直截了当,不拖泥带水,同时以各种喜闻乐见的方式引导他们参加社会活动,扩大人际交往范围,打开心胸。

经过第二步,建立起基于了解的信任,领导力的基础就相对牢固了,但是还没有完。我们在深入了解的同时,一定会发现,有极少数人是不值得信任的,虽然由于工作关系,我们还是要交往,但心里要有所警觉,保持距离。而绝大多数人是可以继续加深信任的,这就要跨上第三个台阶。

(三)基于认同的信任

建立基于认同的信任,即在了解的基础上,我们要更上一层楼,与周围大多数人达到志同道合的信任程度,在情感纽带之上增加最坚韧的信念纽带。所谓认同,就是要在带领大家一起学习、工作、奋斗的过程中,形成共同的理想、共同的目标、共同的志向、共同的信念,大家心往一处想,劲往一处使,同心勠力,同甘共苦,同舟共济,打造出一支拖不垮打不烂的过硬的铁的政法队伍。这种基于认同的信任才真正达到了硬核信任,这种信任硬核坚不可摧,其硬度甚至超过了天生的血缘信任。作为领导者,有这样值得高度信任的骨干队伍和基本群众,你就成功了,就可以一马当先万马奔腾,不辱使命,不负众望,创造政法工作的新局面。反过来说,你没有去努力建立并且夯实这三级信任基础,你的领导力就很虚,很薄弱,经不起风浪,见不得世面。即使在你任职期间,没有出大的差错,你也失败了。三年五载任期满了,你举目四望,一片茫然,不清楚周围的人谁真的值得信任,人心隔肚皮,谁在挖坑,谁在绊脚,谁好谁坏谁阴谁阳,你一概不知,你就举步维艰,寸步难行。你没有作为,毫无政绩,离任以后,什么痕迹都留不下来,人们很快就会把你忘了。

还需要指出的是,在中国这样的幅员辽阔人口众多的大国,整个社会信任状况是不一样的,呈现出一种差序结构,也就是说,人与人之间的信任不是基本相等的距离的。就像一个同心圆,圆心是自我信任,这是零距离信任、绝对信任,然后是血缘信任,信任半径最小,再后是旁系亲属,七大姑八大姨,再后是曾经一起生活学习工作的战友、同学、同事,再后是乡里乡亲……信任间距越来越大,随之信任度下降,直到生人,就是绝对不可信的。轻信陌生人,轻者上当受骗,财物损失,重者引来杀身之祸,灭顶之灾。这就是一种低信任的差序状态,这就导致关系社会,按习近平总书记的话说,就是人情社会。上下级、亲戚朋友、老战友、老同事、老同学之间,办任何事都喜欢讲个熟门熟路,找关系,送人情,以此来缩短信任距离。这种人情信任就会影响到政法工作的公正性,我们一事当前,就习惯于"先看亲疏,后看是非",这又反过来导致社会信任度的进一步降低,形成恶性循环。所以,在社会信任普遍处于差序结构的大的环境中,我们在自己领导的范围和空间,建立起高信任度的人际关系,尽量保持人与人之间相近的平等的信任距离,秉公执法,依法办事,我们的领导力就一定是高超的、卓越的、出色的,我们的政法工作成效就一定会脱颖而出。

四、提升领导力的内在要素

领导力的高下还取决于个人素质。过去我们认为,个人领导力素质主要由智商和情商构成,两商缺一不可,相对而言,情商更为重要。对于政法干部来说,智商主要是管入门的,你只有具备相关政法基础知识并公平竞考,才能进入政法队伍。智商是我们的资格准入的要素,能够进入政法工作队伍的人,智商基本上在同一水平之上,没有明显的高下之分,所以智商并不管我们的职业生涯是否成功。而且智商还有一定的先天性和局限性,它不会随着我们工作年限的增加和实际经验的丰富而持续增长;相反,人到中年以后,由于人体机能的衰退,智商水平还会停顿甚至下降。而情商则不同,情商不是天生的,它会伴随个人生涯不断上升,没有止境。情商主要指控制情绪的能力,它的范围很广,包括抗压能力、把握机遇的能力、走出困境的能力、在多种选择中找到最佳选择的能力、处理情感和复杂人际关系的能力等。情商的个体差异很大。与智商相比,情商是管成功的。

(一)成败系于情商

2013年,习近平总书记在天津河北视察时,就谈到了情商的重要性问题。为什么说干部的情商更为重要呢?我个人理解,这是一个双关语。从领导力的角度看,情商是领导力的必要条件,而不是领导力的充分条件。情商的重要性在于:一方面,只有高情商的人,才可能有高超的领导力;情商不高,领导力难以提升,领导者就不会成功。另一方面,情商高,领导力相应提升,领导者成功于一时,却未必能持续成功,也可能最终导致失败。党的十八大以来,我们党空前力度的反腐败斗争显示,那些落网的“大老虎”,哪一个情商不高?他们在显赫一方、仕途高升的时候,步步都是诱惑陷阱,险象环生,可是他们在一段时期都能左右逢源,化险为夷,在同资历的干部中脱颖而出,平步青云,升到省部级甚至更高的位子上。我们不得不承认,他们的情商非同寻常,他们就是靠情商包打天下,铺平加官晋爵的道路。这样日积月累,他们就过分相信和依赖自己的情商,自作聪明,自以为得计,最后势必一头栽在自己的情商上了。所以我们可以套句老话叫“成也情商,败也情商”。过分依靠情商、把自己的政治生命押在情商上的人,可以成功或者得逞于一时,却不能成功或者得逞于永远。

因此,我们要提升领导力,做一名持续成功的领导者,当然必须要有高情商,但更需要的是德商。这里说的德商,不是外力强加的,本来就是情商的组成部分,由于它特别重要又容易被忽视,就必须单独提出来予以突出强调。我们的情商好比风筝,谁都希望自己的风筝越飞越高,在蓝天翱翔,这意味着我们的事业蒸蒸日上,无限风光。但是风筝飞得再高,必须得把风筝线牢牢拽在手里,如果风筝线断了,或者不小心撒手了,风筝再风光也会坠落毁坏。德商就是这根风筝线,是领导力的生命线。领导力的德商由三者构成,一是信念,二是智慧,三是权威。

(二)信念:想清楚要做什么样的人

首先是信念。我们全党正在通过“不忘初心,牢记使命”的学习活动来坚定广大党员和干部的共产主义信念,这是我们的理想信仰和誓言,是我们必须历经一代又一代共产党人矢志不渝的艰苦卓绝的奋斗而追求的远大目标。对于现实的领导个人能力来说，仅有理想目标是不够的，必须有可检验的落地的实实在在的作为德商的信念，那就是一句话：必须经常想、想清楚你究竟要做什么样的人！如果你连自己在现实的领导岗位上、在有限的生命岁月里，要做什么样的人都没想清楚，或者想错了，或者模糊了，或者忘了，那所谓远大的理想信念就成了空中楼阁。

那么，怎样才算把自己想清楚了呢？我这里借鉴古今中外两位大家的观点，谈谈我的理解。一位是“当代管理学之父”德鲁克的观点，他认为一个领导者或者管理者，要经常地反复地问自己五个问题，叫作“经典五问”：

第一问：我是谁？这是一个总问题，就是在任何时候都要恰如其分地估量自己，不要过高也不要过低。有了成绩，受到组织和群众的赞扬，不要趾高气扬，妄自尊大；遇到挫折，受到批评甚至处分，不要气馁消沉，妄自菲薄。一个干部，是组织赋予你职权，是群众的信任和拥戴，离开了组织，离开了群众，你什么都不是，什么领导力都没有。这个问题还附带一问：我在这个组织系统中究竟有什么长处？有什么优势？能够实现什么价值？

第二问：我在哪里工作？有同志说，这还要问吗？我在湛江市，在政法系统工作，这都是明摆着的。当然不是这样理解。这个问题的意思是，我不是孤立的，单枪匹马闯天涯，要经常想一想工作环境的天时地利人和，也就是分析各种主客观条件的变化和对我可能产生的影响，权衡利弊，顺势而行。第二问也有一个附带问题：我擅长于做什么？这里有三个选项：决策、执行和参与。一个人不可能三者都擅长，如果你是一个性情优柔寡断的人，你就不擅长决策，就不要去谋求决策者的岗位，你就去做一个坚定的执行者、积极的参与者。

第三问：我能做什么贡献和做多大程度的贡献？这是最重要的一个问题。我们初当领导的人，往往有一种急功近利、快马加鞭的冲动，“新官上任三把火”，总想在最短的时间内，取得轰动效应，让上级和下属刮目相看。这样一来就容易好大喜功，不顾一切，恨不得一锹挖出个大金娃娃，毕其功于一役。这往往会适得其反，南辕北辙。对这个问题的正确回答应该是：第一，量力而行。要综合考量自己的实力，有的放矢，量入为出，千万不要透支。如果一个领导，动辄超出自己的能量和所能把控的资源，强行蛮干，而且长期消耗自己的精力和体力，就容易半途而废，甚至自己夭折了。这就不是贡献，而是损害。我们经常可以听到中青年干部在工作岗位上猝死的消息,这就是透支的后果。虽然我们非常敬佩和惋惜他们,但他们这种得不偿失的做法不值得提倡,这不是贡献,全都是损失——他本人英年早逝,家庭遭遇毁灭性打击,单位失去一个好同志。但是没有人是不可替代的,他走了,人们怀念他,可他的岗位很快就有人顶上去,他生前的作用也就很快消失得无影无踪。第二,留有余地。要用八成的兴奋度和能量去推进工作,保持足够可持续的后劲。有实验表明,成功者和胜利者多半是那些能够把自己的精力体力控制在八成的人,用力过猛,超过八成,效率就在下降,如果达到十成,不留余地,就是强弩之末,做的大都是无用功,就会导致报废或失败。正如一个高明的军事指挥员,越是打大仗恶仗,越要留足精锐的预备队,作为后续机动手段,如果把主力统统派上去,百分之百就输定了。第三,细水长流。要像涓涓细流那样开展工作,不要像咆哮而来的洪水,看起来声势浩大,气势汹汹,但是洪水来得猛,去得也快。这不是贡献,真正的贡献是日积月累、潜移默化、润物无声,工作一辈子,长流水不断线。第四,问心无愧。我们说量力而行、留有余地,不是偷懒的借口,不是惰性和懈怠,而是寻求工作的最佳效果和最长远效应。

第四问:我在各种人际关系中承担什么责任?我们走上领导岗位,常常把工作责任当作自己的全部责任,全身心地投入,单打一,一头沉,其他什么别的责任都不管不顾。可是,我们不仅是领导者,我们还有其他多重人际关系,我们还为人父、为人母、为人夫、为人妻、为人子、为人女、为人友……我们要想清楚,在这么多的人际关系中自己应当承担什么责任,学会弹钢琴,排一个序,把工作责任摆在第一位,然后轻重缓急,分门别类,把各种责任担当起来。这也是前面说的留有余地的原因,用八成力量承担工作责任,余下两成力量承担家庭和其他责任。特别是家庭关系中的责任,有些是时不我待的。有同志会说,政法工作的性质特殊,许多事件具有严重性、突发性、危险性,决定了任务的重要性、突然性和迫切性,干起来没日没夜,没完没了,哪里顾得上其他责任?当然这是客观的,在突如其来的任务面前,你必须二选一,以各种为重,在特定的时间里忠孝难以两全。但越是这样,你越要学会见缝插针和及时补偿。你如果借口工作忙而撒手不管,推卸责任,等你有时间有余力回过头来做,就来不及了。这样你做个领导者也是有愧的、失败的。

第五问:我有没有未来的目标和计划?有同志说,我自己能有什么目标?自己想多了岂不是有什么野心?工作安排是组织考虑的事,组织让我做什么我就做什么。

这就理解错了。这里说的目标和计划是你的修为目标和计划。你在什么样的岗位上,就应该制订一个相关的修为计划,在规定的时间里读几本书,学习哪些知识,使自己的素养与岗位匹配,并且为未来可能承担更加重要的工作担子作知识储备。机会总是青睐有准备的人。如果你毫无目标和计划,做一天算一天,那你很快就要落伍了。

其实我们的老祖宗那里也有类似的设问。《论语》记载,孔子的弟子曾子向老师汇报:吾日三省吾身:为人谋而不忠乎?与朋友交而不信乎?传而不习乎?意思是我们每天忙完以后,入睡之前,反问自己三个问题:我是不是忠诚于我的事业并且恪尽职守了?我是不是建立了新的信任关系?我是不是学习并且获得了新知?

"三省"和"五问"告诉我们,作为德商的信念,源于自省,把自己当下要做什么样的人想清楚,这样的信念才是实实在在的。当领导者不断地扪心自问,就有持久稳定清醒的做人信念,这些经过了自省的信念时时注入自己的工作能力,就不犯或少犯错误。在这方面,我们清除的那些党内腐败分子就是活生生的反例,他们中确实有一些原本很优秀的干部变质了,他们在台上仍然不忘记冠冕堂皇,讲理想唱高调,但是他们不自省,不检点,忘乎所以,丢掉了自己究竟应该做什么样的人这一基本信念,他们也就必然丧失理想,坠入深渊。

(三)智慧:分辨力与悟性的平衡

在中国传统文化中,智和慧是两个概念。作为领导力中德商的智慧,就是力求保持智与慧的平衡。

什么是智?智不是指一个人聪明与否,而是指一种明辨是非的能力,简单说就是分辨力。一个人再聪明,却不分是非,那他就不是智,是愚。当一个人有了分辨力,知道是非对错,什么能做什么不能做,他就有了进取的能力、获得的能力。

什么是慧?慧的含义有一个演变过程,最开始是指聪敏,如独具慧眼、慧眼识珠,后来佛教传入中国,慧有了新的蕴意,就是指一个人的境界,通过悟性达到的境界。悟性的最高境界是"了悟",也可以说是"无惑",不受各种功名利禄身外之物的诱惑。用今天说得最多的词,也可以理解为"初心"。对于我们党组织来说,初心是建党宗旨,为民族谋复兴,为人民谋幸福;对于我们个人来说,就是参加政法工作之初,那种透彻通畅、坦坦荡荡、干干净净的心境。当一个人有了悟性,他能力再大,获得再多,都有懂得放下、舍弃的境界。

但是,在我们领导力提升的过程中,常常会出现能力越来越强境界越来越低、智越来越多慧越来越少,甚至有智无慧的这种背道而驰的倾向。这是因为,随着一个人的职位越高、权力越重,他的分辨能力也越增加,他的事业也越成功,当然他在方方面面的获得就越多。但是越来越多大大小小的获得就容易把他的心胸塞得越来越满,舍不掉放不下,他的心就堵死了,一团乱麻,密不透风了。这个时候,他对是非的分辨力还是高的,但是明知不对他还是要拼命获取,因为他没有悟性了,没有境界了,他的智的能力和慧的境界之间形成一个陡峭的斜坡,他就迟早要滑坠。所以,德商要求我们在努力增强能力的同时,有意识地同步提升境界,成绩越大,进取越多,获得越丰,越在心里把它放下,让自己的心始终如初,始终保持通透的状态,达到智与慧的平衡。

(四)权威:内心最后一道防线

毫无疑问,我们政法工作的最高权威是法律。习近平总书记说,要办事依法、遇事找法、解决问题用法、化解矛盾靠法。一切以法律为准绳。这是我们法治社会的权威,工作的权威。而构成我们个人德商的权威,在这里是指内在的权威。在政法工作的实践中,我们发现,尽管我们的法律法规那么多,那么全面,却总有人铤而走险,以身试法,违法乱纪,他们以为可以把事做得天不知地不晓,神不知鬼不觉,瞒天过海,天衣无缝。可是有一个东西是怎么也瞒不过去的,那就是自己的内心。自己干了什么事,内心一清二楚,洞察一切。所以,在我们的德商构成中,内心是最后的绝对的权威。所谓"君子之心常怀敬畏",首先要敬畏的就是自己的这颗心。我们与下属和群众打交道,要守住内心的四道防线:第一是恕心,己所不欲,勿施于人。自己不愿做的事,不要强迫他人去做。第二是感恩心,群众是我们的衣食父母,我们为群众做任何事情,不要自以为是施舍,而是回报和反哺。第三是慈心,在依法解决问题时要由己推人,与人为善,在依法化解矛盾时要以德报德,以直报怨。第四是敬畏心,这是自己对自己下的绝对命令,以权谋私,损公肥私,侵犯群众利益的事,再微小,再隐秘,也坚决不做,守住最后一道防线。

归纳起来说,领导力的内在要素中,情商很重要,而在情商中,德商最重要。只要我们经常自省,想清楚究竟要做什么样的人,始终保持分辨力和悟性的同步提升,守住内心的最后防线,我们就可以不断提升领导力,成为一名一辈子持续成功的领导者。

五、提升领导力的思想资源

领导力的获得和提升不是无本之木,无源之水,需要大量汲取前人已有的思想资源。首要的资源是中国共产党的优秀传统,这是领导力源泉的主渠道,我们必须继承和发扬光大;还有一个重要资源是中国自先秦以来有识之士提出的“官德”思想,这里面有丰富的养料可供发掘,需要我们去粗取精,去伪存真,加以传承。当然我们还要借鉴和吸收世界上一切可以为我所用的为政之道的思想成果。这些古今中外的思想资源浩如烟海,由于时间所限,在这里只能删繁就简,扼要地谈一谈。

(一)继承发扬中国共产党的优秀传统

我们党在将近一个世纪的奋斗历程中形成和积累的领导力思想资源,概括起来说主要有:为人民服务和公仆意识,两个“极端”和两个“务必”的要求,整体至上和大局观念,大公无私和牺牲精神。

我入党已经45年了,做基层领导工作,如果从当国有企业共青团负责人算起,一直到做大学领导班子成员,前前后后也有40多年了。我和我们那一代人体会最深的就是毛泽东同志提出的两个“极端”和两个“务必”。两个“极端”是毛主席在《纪念白求恩》中说的:“对工作的极端的负责任,对同志对人民的极端的热忱。”两个“务必”是毛主席《在党的七届二中全会上的讲话》中向全党提出的要求:“务必保持谦虚、谨慎、不骄、不躁的作风,务必保持艰苦奋斗的作风。”我觉得,只要把两个“极端”和两个“务必”牢牢记在心里,落实在行动上,领导力就没有不强的,剩下的就是方式方法和领导艺术了。

党的十八大以来,习近平总书记又对干部提高领导能力、领导水平、领导素质提出了新的要求,2013年6月全国组织工作会议上,习总书记提出好干部的标准是:信念坚定,为民服务,勤政务实,敢于担当,清正廉洁。以后每次全国组织工作会议都重申这五条标准,这是我们党衡量一个干部领导力高不高的准绳。

(二)发掘传承中国自古以来的官德优良传统

几千年中华文明源远流长,给我们留下了很多"为政之道""为官之道"的精华。比如锲而不舍、居安思危、先忧后乐的忧患意识,学无止境、不耻下问、知之不如好之、好之不如乐之的乐学态度,"鞠躬尽瘁死而后已""苟利国家生死以岂因祸福避趋之""人生自古谁无死留取丹心照汗青"的无我精神,慎独、公忠、俭约、亲民、和合的个人品质。

新中国成立初期,党和人民政府毫不留情地惩办了刘青山张子善贪污案,毛主席为此深刻地指出:"我们杀了几个有功之臣也是万般无奈。我建议重读一下《资治通鉴》。治国就是治吏!礼义廉耻,国之四维。思维不张,国之不国。"这里他引用的是《管子·牧民》中提出的为官所应持的核心价值观。这对我们今天提升领导力的价值内涵仍然大有裨益。在我们的政法工作实践中,也要讲礼义廉耻:

所谓"礼",就是要讲规矩,没有规矩,不成方圆。但是这个规矩,不是在党纪国法之外另搞一套"江湖规矩",而是指在从严治党、从严治国、执行党纪国法中,所应具体把握的分寸和尺度。

所谓"义",有三个含义:一是指我们处理任何事情不能逞一时之勇,而要有理有据,特别是合法的根据,经得起历史的检验;二是指我们不是把政法工作当作自己谋生的手段,而是对党和人民忠诚的事业;三是指我们遇事不推诿不退缩,勇于担当。

所谓"廉",古今一义,就是公不挟私,在行使公权力的时候,不夹带任何私人利益和私人情感,干干净净,一清二白。

所谓"耻",是指知耻、明耻,守住底线。这是四维中最重要的一维,用在我们的领导力提升上,涉及两种领导模式或者领导思路。第一种模式是把主要精力放在"荣"上,依靠总结表彰先进人物和先进事迹来带动工作,通过先锋模范的引领作用,形成"一马当先万马奔腾""一花引来万花开"的争先局面。这种思路是我们宣传系统比较喜欢、比较熟练、比较习惯的,也是卓有成效的;第二种模式是管子主张的模式,领导者要把主要注意力放在"耻"上,因为任何社会,任何时期,先进永远是少数,社会成员的觉悟和思想境界总是参差不齐、五花八门的,人们愿不愿意学先进、能不能当先进,这不是领导所能完全左右和掌控的,但是,有一条底线对所有人都是一样的,这就是耻线。你可以选择不当先进,不要荣誉,但你不能掉到耻线之下,不能无耻。在耻线面前,无人例外。在这种模式下,衡量一个地方的法治环境的好坏,主要不是看涌现出了几个值得赞扬的高尚道德情操的人,而在于所有人——起码绝大多数人——是不越雷池一步的守法明耻者。如果一个地方或一个单位,不断冒出寡廉鲜耻、厚颜无耻、恬不知耻的人和事,接二连三地曝出丑闻,即使同时也产生了特别优秀特别过硬的先进人物,这里的法治环境就是打折扣的、不平衡的、混乱的;相反,只有在人人明耻有格、无人挑战底线的地方和单位,即使没有楷模标兵,其法治环境也是可靠的。在此基础上,再产生出先进榜样,就是可信的,其政法工作才是到位的,法治环境才是优良的。

我们还可以借鉴西方法治国家的某些领导力思想资源,比如他们的规则意识,对个人人格的尊重。这里就不赘述了。

六、提升领导力中的领导艺术

当我们打下了领导力的信任基础,又修炼了领导力的内在素养之后,还要解决领导方法和艺术问题。领导方法和领导艺术既有联系有区别,简单地说,领导艺术是领导方法的一种。领导方法分为制度化的方法和个性化的方法。前者是规定动作,无论谁做领导都必须遵循这些方法,比如民主集中制、党委会工作方法和议事规则等,谁违反了就会影响工作推进和预期成效的获得,轻则受批评,重则被惩戒。这些大家都清楚,我就不多言了。但是,在同样的制度方法之下,还是有领导做得好不好、群众欢迎不欢迎的问题,因为不同的领导者有各自的非制度的个性化方法,这就是领导艺术。领导艺术没有最好,只有最合适,运用之妙,存乎一心。以我的切身体会,我觉得下面的一些领导艺术是我们提升领导力所应该掌握的。

(一)快乐的重复和积累

这是最基本的领导艺术。作为领导者,你的第一职责就是把快乐带给群众,在你领导所及的范围内营造快乐的氛围,用你的快乐语言、快乐行为影响大家、带动大家。

习近平总书记说,中国共产党人的初心和使命就是为中国人民谋幸福,为中华民族谋复兴。具体到我们基层干部个人,你就要首先把快乐带给大家,没有快乐谈何幸福?当然这种快乐不是自己硬装出来的,而是发自内心的。一个领导者自己的心态应该是阳光的,才能真正感染大家,传递给大家持久的会心的快乐。

快乐的语言包括表扬、激励、肯定、赞美,快乐的行为包括身先士卒、助人为乐、集体劳动、联欢联谊等。一个好的领导者要善于不断地重复快乐的语言和行为,形成群体心理效应。心理学表明,领导者不断重复快乐或者不快乐的言行,可以对下属产生正面或者负面影响,从而改变他们的行为和态度。当人们反复听到同一句话时,就会格外注意这句话所包含的意义。当然,谁都愿意接受正能量,谁都愿意在快乐的氛围中工作,而不愿意在沉闷压抑憋屈的气氛里干活。一个人、一个团队,只有在快乐的状态下,才可能产生出主动性、积极性、创造性、感染力、凝聚力、战斗力。

有人说,政法工作是一项极其严肃的工作,有时甚至是严峻的斗争,不可能一天到晚嘻嘻哈哈,油嘴滑舌,讨好大伙。这既是对快乐的误解,也是对政法工作的误解。其实,真正的快乐是严肃的有分寸的,不是无原则的。我们政法工作与党的其他工作一样,本质上是给广大人民群众带来快乐幸福,因而也是其乐无穷的。

那么,既然要快乐,要不要严格管理呢?下面出了问题,犯了错误,要不要严厉批评、尖锐指出呢?当然要。但是,批评和自我批评,都是为了惩前毖后,治病救人,最后达到团结的目的。因此,正确的批评和管理也有快乐的艺术。我给大家介绍两个具体方法。

第一,波特定理。我认为这是有效批评的快乐定理,就是两句话:第一句话:批评只说一次。批评与表扬不同,表扬方式可以反复使用,而对特定人和他做错的特定事,一经核实,就只正式批评一次。既然只批评一次,领导就不能太随意,不分场合张口就来,而要根据情况,考虑清楚后,采取一对一私下沟通的方式,或者选择合适的范围和时间,狠狠批评一次足矣。因为人们对于挨批的印象是极其深刻的,甚至一辈子都忘不了。领导经过深思熟虑,字斟句酌,一次批评到位,之后就绝口不提了,这就给被批评者留下了纠错的空间和时间,他就想拼命改给你看。反过来,你对他揪住不放,今天批明天批,后天想起来又批,不断重复,被批评者心里就烦了,反正你领导已经把我看死了,撕破脸了,我再怎么做也是白搭,于是就在心理上产生抗拒,不想改了,破罐子破摔。这就没有达到批评的目的。波特定理还有第二句话:一次批评尽量长话短说,最好三五分钟说完,开门见山,一针见血,直击要害,然后马上转换话题。有的领导对人批评次数并不多,一旦批评起来却长篇大论,滔滔不绝,半个小时批不完,这就坏了。因为被批评者只记得住你前面几句话,后面思想就开小差了,你再说什么他也听不进去,只看到你的嘴巴一张一合,唾沫横飞,慷慨激昂,他心里在想,这个领导还有完没完,他已经把我看扁了,我下一步怎么办,是不是要找人求求情,或者干脆跳槽,换个地方?总之领导说了半天等于白费口舌。

第二,肥皂水效应。这更是一个简捷的快乐效应。可以把批评比作理发师给男士刮胡子,我们都知道,如果拿起剃须刀硬生生地刮,效果很不好,脸颊下巴的皮肤火辣辣的,还刮不干净,甚至刮出血道道。要想刮得服帖,就要先抹肥皂水或剃须膏。批评也是一样,你上来就劈头盖脸一顿批,被批评者很容易受不了,产生抵触情绪,要么感到委屈,要么直接顶撞,弄得大家都下不来台。最好是在批评一个人一件事之前,先表扬他另一件事,由表扬带出批评。被批评者明明知道领导的重心在后面的批评,因为前面的表扬已经重复过多次了,但是他内心还是舒服的,他觉得领导并没有因为自己做错了事而全盘否定自己,还能一分为二,功是功,过是过,他就心悦诚服,特别愿意改正。

当然,再好的方法也不是对所有人都有效的,总有个别人怎么批评也没用,说白了,他就不适合做一名政法干部,那就另当别论了。

(二)以柔克刚的语言表达方式

领导力分为领导语言的影响力和领导行为的影响力,在信息社会,领导语言对下属和群众的影响作用越来越大了。领导语言又分刚性语言和柔性语言两种。刚性语言是领导特有的语言方式,它是领导运用职务话语权自上而下的强制性的命令式语言;而柔性语言,则是领导有意识地不用职务话语权,以平等交流方式进行的非强制性的协商式语言。两种语言缺一不可。但是,我们在日常的领导工作中,应当尽量多地使用柔性语言,以商量、建议、客气、尊重的口吻替代强迫、生硬、傲慢、呵斥的口气。比如你打电话叫一位下属来办事,你说:“嗨,你马上到我办公室来!”“你跟我去办一件事!”就不如说:“某某同志吗?你现在有时间吗?能不能到我这里来一趟?”“请你去办一件事,有问题吗?”后面的话肯定比前面的话效果好,下属一定会更加尽心尽力地办。特别是对于那些资历经历年龄都不小、由于种种原因成为你的下属的同志,言谈举止要更加注意。

我自己也有这种体会,领导做久了,大家都顺着让着,不知不觉平时说话口气就变了,颐指气使,盛气凌人,官味十足,甚至回到家里也是这个架势。群众一般嘴里不说,心里是很反感的。总体来说,领导语言应该刚柔并济,以柔克刚,画龙点睛。平时画龙,以柔性语言为主,关键时刻点睛,刚性语言斩钉截铁,掷地有声,不容置疑,就能收到强有力的效果。

(三)永远的态度

其实领导力的强弱,有的时候不是看你说了什么做了什么,而是在于你的态度。领导对群众的态度首先是领导者的情感的自然流露,你是不是用心去贴近和感知对方;其次是领导者的以人为本的理念使然,你是不是平等待人,以诚待人,关心、爱护、尊重他人。

我们作为领导者,也是社会普通成员,自己和自己家庭也会发生这样那样不如意的事,甚至是飞来横祸,令我们措手不及,情绪低落沮丧。同时,我们的工作也可能出现意外,产生挫败感。但是,无论发生了什么,只要来到领导岗位,进入工作状态,就一定要调整到作为领导的正常态度上,表现在五个方面:在任务难以完成,你领导的团队普遍出现消极的苗头时,始终保持积极自信的态度;在突发事件,群众情绪普遍悲观低迷时,始终保持乐观热忱的态度;在形势告急,周围的人普遍慌乱时,始终保持沉稳冷静的态度;在情况不明,班子成员出现浮躁轻率时,始终保持深思熟虑的态度;在矛盾凸显,工作对象出现抵触不满时,始终保持换位理解的态度。

其实,人吃五谷杂粮,身心都会有疲惫、痛苦、烦闷、纠结的时候,但作为领导者,你千万不能把这些负面的东西表现于外,影响工作和他人。没有谁有义务分担你的忧愁,也没有谁有兴趣看你的苦脸,只有反对你的人想看你的笑话,幸灾乐祸。你要是成天愁眉不展,那就正中他们的下怀。

(四)解决分歧的人性化互动

在政法工作中,领导力的强弱不仅指个人,更指领导班子。没有一个领导者是靠单打独斗就可以获得成功的,必须依靠集体的力量。但是,领导班子的团结和谐,不是说大家没有矛盾和分歧,领导者之间的分歧是一块试金石,高超的领导艺术正是体现在正确对待和合理解决分歧上。

解决分歧的方式方法有很多,最主要的是人性化互动,由四个环节构成:

一是表达诚意。出现了分歧不要紧,切忌出现下面四种情况:相互赌气斗气,有意见闷着不说开;继而冷战,谁也不理谁,形同路人,把矛盾表面化;再后告状,动辄找上级评理讨说法,力图以势压人;同时搞小圈子划线,把下面的人离间成你的人他的人我的人,挑是拨非。这四种情况一旦发生一种,班子内的分歧就公开化了,也就没有诚意了,失去了解决分歧的契机。

二是保持风度。在解决分歧的过程中,无论结果如何,都要保持平和的风度。具体表现在“三不”:一不逼人:当多数人支持自己的意见,或者实践证明自己的意见是对的时候,不要咄咄逼人,把人逼到退无可退的墙角里,要懂得得理也饶人,对方的意见即使错了也有可取之处;二不抢先:在开会讨论时,要让持不同意见的对方先说,尽量让对方把话说完,不要中途打断和反驳,等对方意见充分展开了以后,再从容不迫地谈自己的意见;三不蔑视:当对方意见非常尖锐、非常难听、非常离谱甚至带有挑衅意味的时候,既不要用轻蔑的眼神和姿态回应对方,也不要有冲动和发怒的应激反应,始终以冷静善意的神态正视对方。

三是维护尊严。既要维护自己的人格尊严,也要维护对方的人格尊严。这主要体现在两点:一要防止把分歧扩大化,在解决分歧时,就事论事即可,不要从这件事又扯到其他事情上,特别不要把过去的陈芝麻烂谷子都翻出来,让别人觉得这个领导记仇,小心眼,锱铢必报;二要防止把分歧升级,随意上纲上线,动辄扣大帽子。这都是故意要打掉对方的尊严,须知这样做时,你自己的尊严也丧失殆尽了。

四是营造氛围。任何领导班子中有分歧总是难免的,当然要尽可能求得一致,这个一致是大的原则的一致,把分歧控制在大同小异、求同存异的范围就可以了。一个团结的领导集体不在于有没有分歧,而在于每位领导都自觉地营造班子的良好的、轻松的、柔性的、愉快的氛围,在这个氛围里,什么具体分歧、具体矛盾都是可以协商的、妥协的、互谅互让的。最怕的就是一有分歧,就非要争个你死我活、你错我对、剑拔弩张、鱼死网破,弄成高度紧张、空气凝固的恶化局面。这样,任何分歧也解决不了,班子的领导力就加速塌陷了。

除了人性化互动的四个环节外,还有其他一些领导艺术。比如延迟法,或者叫时间差法:这是克制可能出现的情绪化反应的一种方法。在我们的领导生涯中都出现过,当对方不是正常提意见,而是完全歪曲事实,甚至出现侮辱和人身攻击的时候,我们的第一反应是自卫,这时候我们往往头脑发热,连领导身份也不顾了,会脱口而出,予以回击。但是这种即时的反击,话赶话,只顾着痛快淋漓,就会急不择言,言不由衷,说出一些伤人的话语。事后冷静下来,我们会很后悔,但一言既出,驷马难追,覆水难收,再和对方修复关系就很困难。所谓延迟法,就是像排球比赛中扣球的时间差一样,顿一下,待拦网手落下时再起跳扣杀。也就是当应激的话到了舌尖,马上要一吐为快时,把它强行咽回去,冷却两分钟,再说出来的话就是有理有利有节有分寸有分量的了。又如搁置法,当分歧一时解决不了的时候,不要武断拍板,也不要强行表决和统一,只要无伤大局,就暂时搁置一下,各方再作调查研究,条件成熟了再作决定。

(五)善意的微笑

这是领导艺术的最高境界。领导艺术的最高境界是不用语言,此时无声胜有声。因为每一个人都有丰富的内心世界,每一个人都是自己内心世界的真正领导者。每个人的内心世界都有最私密的空间,不愿意他人靠近。如果你作为领导者,明察秋毫,说破了对方的私密空间,对方就会很不自然,很不安,很难堪。只有一种力量能够穿透他人的这个私密空间而不引起他人反感,这就是善意的微笑。

善意的微笑不是天天咧着嘴笑,真正的善意的微笑是眼神交流。比如你的下属来向你报告工作或者汇报思想,你答允了,但是在他讲的时候,你还在手忙脚乱地干其他事,那你到底是听了还是没听呢?说你没听,你好像还在听,支棱着一边耳朵,嘴里还会嗯嗯回应;说你听了,你一直盯着电脑或者手机或者纸质材料,就是不抬眼看他,这时这个汇报人心都凉了,他觉得你没有善意,他就会三言两语草草收住话题走人。从此他就和你这位领导疏远,至少在心理上隔离开来。所以,你如果很忙可以另约时间,或者让汇报人稍等,当你一旦答允了谈话,再忙也要放下手头的一切,心无旁骛地与他交谈,用眼神盯住对方的眼神,全神贯注地听他汇报。这时候哪怕你一言不发,对方也觉得有一股暖流流遍全身,他觉得你是有善意的,是值得高度信赖的,他恨不得把所有知道的情况统统倾诉出来,从此他就把你这位领导放在他内心最珍惜的位子上了。

七、提升领导力和领导艺术的前提

提升领导力和领导艺术是有前提的,总前提就是两句话:正确地对待自己,正确地对待他人。正确地对待自己,就是千万不要以为自己在这个领导岗位上是唯一最合适的,其实适合做你现在这个位子的干部有很多,为什么让你做了?当然你有你的能耐和本领,你也是适合的,可是更重要的这是组织的安排,群众的拥护,再加上一些阴差阳错、机缘巧合的因素。正确地对待别人,就是千万不要以为下属中哪一些同志是为我而来的。没有谁为谁而来,大家是为了共同的事业走到一起来的,正好摊上你是他的领导。如果你是个好领导,他佩服你,信赖你,尊敬你,但是他不是为你而来,他有他要实现的人生价值。有一天他不在你领导下了,也可能他干得更好。还有两个具体前提:

一是尽可能地了解同事和下属。前面已经说了,要建立基于了解的信任。主要了解以兴趣爱好、个人经历中的关键点、人格特质三大特征为主的各种基本信息,做到心中有数,知人善任。了解的方式,首先要放低身段,做一个倾听者,而不是动辄发号施令的人。习近平总书记曾引用老子的"多言数穷,不如守中"来告诫领导干部要少说多听。还有一个斯坦纳定理也是这么说的:你说得越多,听到的真话就越少;你说得越少,你听到的真话就越多。在具体方法上,要尽量采用非正式的自然而然无拘无束的交流方式,特别不要轻信"第一印象"和道听途说。

二是尽可能地让同事和下属了解自己。古代做官,总要拉开上下之间的距离,距离产生神秘和威严。今天我们反其道而行之,要主动地走进群众,拉近距离。做一个真实的人,而不是完人。如何才能让大家了解自己呢?把握好以下五点:

形象:外表自然得体,谈吐真切文明,风格亲和幽默,人品正直无私。

专心:善于发现、欣赏、鼓励和赞美身边哪怕微小的美好的人和事。

主动:率先与同事和下属打招呼、寒暄和交流。

坦白:推功揽过,从善如流,赏罚分明。

践诺:勇于承诺并且坚决兑现承诺。